Excel 高效办公

人力资源管理

AI 版

HRGO学堂 编著

北京大学出版社
PEKING UNIVERSITY PRESS

内 容 提 要

传统意义上的人力资源管理工作就是简单的人与人之间的交流，借助Excel工具，HR可以对人力资源数据进行有效的收集、整理和计算，从而提高工作质量和工作效率。在大数据时代，HR进行人力资源管理，更多的是对人、对数据的分析和整理，用数据说话，将人力资源工作进行量化管理，这些工作Excel都可以轻松应对，其强大的数据统计分析功能可以帮助HR对"人"这种资源进行汇总、分析、调配。

本书创新地将AI引入Excel人力资源管理技能的学习中，先通过AI认识和了解人力资源管理工作和Excel相关功能的基础知识，再根据实际案例，讲述在人力资源管理工作中使用Excel制作各种办公表格的方法。

本书既适合从事人力资源管理工作的人员学习，也适合作为广大院校人力资源管理相关专业的教学用书，同时还可以作为人力资源技能培训教材。

图书在版编目(CIP)数据

Excel高效办公：人力资源管理（AI版）/HRGO学堂编著. —北京：北京大学出版社，2024.1

ISBN 978-7-301-34483-5

Ⅰ. ①E… Ⅱ. ①H… Ⅲ. ①表处理软件—应用—人力资源管理 Ⅳ. ①F243-39

中国国家版本馆CIP数据核字（2023）第179353号

书　　　名	Excel高效办公：人力资源管理（AI版） Excel GAOXIAO BANGONG: RENLI ZIYUAN GUANLI (AI BAN)
著作责任者	HRGO学堂　编著
责 任 编 辑	王继伟　杨爽
标 准 书 号	ISBN 978-7-301-34483-5
出 版 发 行	北京大学出版社
地　　　址	北京市海淀区成府路205号　100871
网　　　址	http://www. pup. cn　　　新浪微博：@北京大学出版社
电 子 邮 箱	编辑部 pup7@pup. cn　　　总编室 zpup@pup. cn
电　　　话	邮购部 010-62752015　发行部 010-62750672　编辑部 010-62570390
印 刷 者	天津中印联印务有限公司
经 销 者	新华书店
	787毫米×1092毫米　16开本　25印张　456千字 2024年1月第1版　2024年1月第1次印刷
印　　　数	1–4000册
定　　　价	89.00元

未经许可，不得以任何方式复制或抄袭本书之部分或全部内容。
版权所有，侵权必究
举报电话：010-62752024　　电子邮箱：fd@pup.cn
图书如有印装质量问题，请与出版部联系，电话：010-62756370

人力资源管理日常事务那么繁杂，HR如何处理才能提高工作效率？

公司领导要求做人力资源规划，HR如何科学设计？

企业要招聘人员，HR如何做好招聘工作，又如何做好面试安排？

新进员工、在职员工需要培训，HR如何量化培训工作？

员工绩效与薪酬福利需要统计与管理，HR如何高效完成？

学习完本书，你就能应用Excel轻松解决以上问题！

　　本书创新使用AI对应用Excel学习人力资源管理技能的基础知识和方法进行解析，再结合实际工作案例，讲述了在人力资源管理工作中使用Excel制作各种文档的方法。本书通过上、下两篇内容讲述Excel在人力资源管理工作中的基础知识、操作技巧与实战应用。上篇主要以"不走弯路：HR树立正确的操作理念→经验之谈：HR使用Excel的一些避坑指南→工作高效：HR必须掌握的'偷懒'技能"为线索，讲解HR必知必会的Excel技能；下篇以"人力资源日常事务管理→人力资源规划管理→员工招聘管理→员工面试与录用管理→员工培训管理→绩效考核管理→薪酬福利管理"的工作内容模块为线索，精心挑选多个案例，讲解Excel在人力资源管理工作中的实操应用。

Excel 高效办公
人力资源管理（AI版）

本书特色

◆ 案例丰富，参考性强

本书不是一本Excel软件学习书，而是一本以如何使用Excel处理人力资源管理工作中相关事务为出发点的专著。全书结合工作应用实际，精心安排了丰富的工作案例模板，实用性强。

◆ 实战经验，不走弯路

本书旨在帮助人力资源管理从业者使用Excel来提高工作效率。内容设计从人力资源管理工作实际出发，考虑到工作中各项事务的数据统计、分析与处理等要求，精心安排了相关案例进行讲解。同时，总结了147个"温馨提示"和53个"教您一招"，让读者快速掌握使用Excel高效完成人力资源管理工作的技巧与经验。

◆ 双栏排版，内容超多

本书在讲解时，采用双栏排版方式进行编写，信息容量比传统单栏图书更大，力争将内容讲全、讲透。

◆ 配套资源，轻松学习

①提供与书中知识讲解同步的学习文件（包括素材文件与结果文件）；②提供与书同步的多媒体教学视频；③提供制作精美的PPT课件。

◆ 额外赠送，超值实用

除了提供书中配套的学习资源，还额外赠送丰富的学习资源：①赠送500个Office职场办公模板，包括200个Word办公模板、200个Excel办公模板、100个PPT商务办公模板；②赠送《HR小白职场修炼手册》电子书；③赠送117个HR职场工作范本与模板文件，包括16个人力资源管理工具、24个员工招聘管理工具、23个员工面试与录用管理工具、17个员工入职与转正管理工具、29个员工培训管理工具、8个员工关系管理工具。

　　以上资源，请用微信扫一扫下方二维码关注公众号，然后输入ER351m，获取下载地址及密码。

创作者说

　　本书由凤凰高新教育策划，由人力资源管理专业培训平台公司"HRGO学堂"组织老师编写，他们具有丰富的Excel职场应用经验和人力资源管理实战经验，对于他们的辛苦付出，在此表示衷心的感谢！

　　在本书的编写过程中，我们竭尽所能地为您呈现最好、最全的实用功能，但仍难免有疏漏和不妥之处，敬请广大读者不吝指正。若您在学习过程中产生疑问或有任何建议，可以通过E-mail与我们联系。读者邮箱：2751801073 @qq.com。

目录

第1章 不走弯路：HR 树立正确的操作理念

1.1 使用 ChatGPT 了解 Excel 对 HR 的重要性 02
  1.1.1 记录原始数据 03
  1.1.2 整理汇编数据 03
  1.1.3 数据处理 04
  1.1.4 数据统计分析 05

1.2 关于 Excel，HR 必须知道的那些事 05
  1.2.1 Excel 版本那么多，应该如何选择 06
  1.2.2 管理 Excel 文件要养成好习惯 07
  1.2.3 学好 Excel 要有积极的心态和正确的方法 07

1.3 数据源表格和结果汇总表格要区别对待 09
  1.3.1 数据源表格要这样设计 10
  1.3.2 结果汇总表格需要加工处理 11

1.4 专业表格设计三部曲 12
  1.4.1 明确制表目的 13
  1.4.2 设定表格字段 14
  1.4.3 美化表格 15

1.5 表格设计的正确三观 17
  1.5.1 大局观 18
  1.5.2 统一观 18
  1.5.3 时间观 18

AI 答疑与点拨
  01 打造适合自己的 Excel 工作环境 19
  02 养成自动备份的好习惯 22
  03 将常用的表格做成模板 23

第2章 经验之谈：HR 使用 Excel 的一些避坑指南

2.1 表格结构设计规范 26
  2.1.1 滥用多行表头 27
  2.1.2 不同类别的数据放一起 29
  2.1.3 字段顺序安排不合理 31
  2.1.4 多此一举的小计行、合计行 32
  2.1.5 随意合并单元格 32
  2.1.6 人为产生隔断 32

2.1.7 随意隐藏行或列 33	2.3.2 不注意保护工作表 42
2.2 表格内容输入不规范 33	2.3.3 文件保存不规范 45
2.2.1 滥用空格 34	**AI 答疑与点拨**
2.2.2 同类名称不统一 36	01 善用最终状态标记 46
2.2.3 数字格式不规范 37	02 如何赋予指定人员修改权限 47
2.2.4 批注应用不正确 40	03 适当缩短自动保存时间，减少数据意
2.3 表格存储不规范 40	外丢失的可能 49
2.3.1 工作表中出现多个不同表格 41	

第3章 工作高效：HR必须掌握的"偷懒"技能

3.1 巧用快捷键 52	3.3.6 查找符合条件的值，
3.1.1 常用快捷键 52	VLOOKUP函数 79
3.1.2 高效快捷键 53	3.3.7 计算两个日期之间的差值，
3.2 高效处理数据的技巧 54	DATEDIF函数 81
3.2.1 导入数据有诀窍 55	3.3.8 数字格式之间的转换，
3.2.2 高效输入数据 57	TEXT函数 82
3.2.3 快速填充数据 60	3.4 高效分析数据的工具 83
3.2.4 设置下拉列表方便序列	3.4.1 妙用快速分析工具 84
数据的输入 63	3.4.2 设置格式标识数据大小和
3.2.5 限制重复数据的输入 64	状态 85
3.2.6 让数据单位自动生成 66	3.4.3 快速排列数据 88
3.2.7 精确定位数据 66	3.4.4 项目数据快速筛选 88
3.2.8 快速替换数据 67	3.4.5 按类别汇总数据 91
3.2.9 用好"选择性粘贴" 69	3.4.6 合并计算有诀窍 94
3.3 高效计算数据的函数 72	3.4.7 图表智能创建 96
3.3.1 快速求和，SUM函数 73	3.4.8 按需创建报表 99
3.3.2 平均值计算，AVERAGE	**AI 答疑与点拨**
函数 74	01 巧妙输入位数较多的编号 101
3.3.3 判断是与非，IF函数 75	02 让单元格中的数据显示为单纯的
3.3.4 按条件求和，SUMIF函数 .. 77	数据条 102
3.3.5 按指定的条件计数，	03 查看函数的完整说明 104
COUNTIF函数 79	

第4章 人力资源日常事务管理

4.1 使用ChatGPT了解人力资源日常事务管理 107
4.1.1 HR的日常工作范畴 107
4.1.2 什么是员工档案管理 107
4.1.3 员工档案管理要做些什么 108
4.1.4 员工档案管理的注意事项 109

4.2 员工档案表设计 110
案例背景 110
4.2.1 员工档案表结构设计 111
4.2.2 限制身份证号和员工编号重复 112
4.2.3 为身份证号码列添加输入提示 114
4.2.4 提供性别和学历数据选项 114
4.2.5 制作二级联动下拉列表 117
4.2.6 套用超级表格样式 120
4.2.7 补充字段并让手机号码分段显示 121
4.2.8 从身份证号码中获取性别和出生年月 123
4.2.9 让首行/列始终显示在开头 125
4.2.10 加密保护员工档案表 126

4.3 制作员工信息查询表 128
案例背景 128
4.3.1 设计员工信息查询表 128
4.3.2 使用函数查询数据 130
4.3.3 锁定自动查询区域 134
4.3.4 对数据源表格进行全方位保护 136

4.4 通过员工档案表设计其他人事表 137
案例背景 137
4.4.1 员工生日明细表 138
4.4.2 员工劳动合同到期统计表 143
4.4.3 员工岗位异动统计表 147
4.4.4 员工转正统计表 150

AI 答疑与点拨
01 如何自动让多列数据合并为一列 152
02 标记表格中的无效数据 153
03 并排查看两个工作表中的数据 155

第5章 案例实战：人力资源规划管理

5.1 使用ChatGPT了解人力资源规划管理 158
5.1.1 实施人力资源规划管理工作的意义 158
5.1.2 人力资源规划管理的工作内容 158
5.1.3 人力资源规划管理的注意事项 159

5.2 制作总体人力资源结构表 160
案例背景 160
5.2.1 处理要分析的数据源信息 161
5.2.2 利用重复项删除技能快速制作结构统计表框架 165

5.2.3 使用公式函数统计在职人员结构 167
5.2.4 使用图表展示人力资源结构 172
5.3 分析人员流动情况 178
案例背景 178
5.3.1 统计分析各部门的人员流动情况 180
5.3.2 统计分析年度人员流动情况 185
5.3.3 统计分析人员离职原因 192
5.3.4 统计并预测近几年可能流失人员数据 194

AI 答疑与点拨

01 切换图表的行列显示方式 199
02 分离饼图扇区 200
03 使用图标填充图表数据系列 201

第6章 案例实战：员工招聘管理

6.1 使用 ChatGPT 了解员工招聘管理 205
 6.1.1 了解招聘管理的工作内容 205
 6.1.2 制订合理的招聘计划 206
 6.1.3 了解招聘的技巧和注意事项 207
6.2 制作招聘费用预算表 208
 案例背景 208
 6.2.1 创建招聘费用预算表 209
 6.2.2 计算招聘人数和招聘费用 209
 6.2.3 设置招聘费用预算表格式 210
6.3 制作招聘情况分析表 214
 案例背景 214
 6.3.1 对招聘数据进行汇总 216
 6.3.2 对招聘结果进行统计分析 220
 6.3.3 对招聘整个过程进行透视 223
 6.3.4 对招聘渠道进行统计分析 226

AI 答疑与点拨

01 一键就能把"0"值显示成小横线 231
02 在单元格内创建微型图表 232
03 让系统辅助你检查公式错误 234

第7章 案例实战：员工面试与录用管理

7.1 使用 ChatGPT 了解员工面试与录用管理 238
 7.1.1 面试人员必备的能力 238
 7.1.2 面试官在面试前的准备工作 239
 7.1.3 面试与录用过程中数据的记录要点 239
7.2 制作面试评估表 240
 案例背景 240
 7.2.1 创建面试评价表 241
 7.2.2 美化面试评价表 243
 7.2.3 用控件制作评估项 244
7.3 制作录用登记表 248
 案例背景 248

7.3.1 制作员工填写的录用
登记表 249
7.3.2 制作用人单位填写的
录用登记表 255

AI 答疑与点拨

01 如何用嵌入式的 ActiveX 控件 259
02 编辑嵌入式 ActiveX 控件的显示
效果 261
03 设置控件的默认选中状态 263

第8章　案例实战：员工培训管理

8.1 使用 ChatGPT 了解员工培训管理
.... 268
8.1.1 员工培训的意义 268
8.1.2 了解员工培训管理的工作
内容 268
8.1.3 制作培训安排表的方法 269
8.1.4 员工培训管理的注意事项 ... 270

8.2 制作培训需求调查表 271
案例背景 271
8.2.1 创建培训需求调查表 272
8.2.2 打印培训需求调查表 276

8.3 构建培训体系表格 278
案例背景 278
8.3.1 制作年度培训计划表 280
8.3.2 制作年度培训计划统计表 ... 281

8.3.3 制作培训班汇总表 283
8.3.4 制作培训成本表 286
8.3.5 制作员工培训考核表 289

8.4 员工培训效果评估分析 290
案例背景 290
8.4.1 对培训班情况进行统计
分析 292
8.4.2 对培训费用进行统计分析 294
8.4.3 对培训考核结果进行分析 297

AI 答疑与点拨

01 通过高级筛选功能快速筛选出
在职员工信息 300
02 插入分页符对表格进行分页 302
03 将表格变成网页文件，便于上传
到网站 303

第9章　案例实战：绩效考核管理

9.1 使用 ChatGPT 了解绩效考核管理
.... 307
9.1.1 绩效考核的意义 307
9.1.2 了解绩效考核管理的工作
内容 308
9.1.3 制定合理的绩效考核制度 ... 308

9.2 制作绩效考核表 309
案例背景 309
9.2.1 计算员工绩效考核成绩和
年终奖 311
9.2.2 突出显示单元格中符合条件
的值 312

5

9.2.3 按评定结果进行降序
排列 313
9.2.4 找出指定条件绩效考核
数据 313
9.2.5 使用数据透视表/图分析
各部门的绩效考核成绩 ... 314
9.2.6 制作考核查询表 318
9.3 制作员工业绩评定表 320
案例背景 320
9.3.1 制作和设置表格格式 321

9.3.2 使用函数显示出附加
信息 322
9.3.3 插入批注进行补充说明 ... 323
9.3.4 使用函数和公式计算各项
数据 324
9.3.5 完善表格效果 327

AI 答疑与点拨

01 一次性全部显示表格中的批注 ... 328
02 自定义一个常用的表格样式，
让效果一步到位 329
03 预测员工未来业绩 332

第10章 案例实战：薪酬福利管理

10.1 使用 ChatGPT 了解薪酬福利管理
.... 338
10.1.1 薪酬福利管理的具体工作
内容 338
10.1.2 薪酬福利管理的注意
事项 339
10.1.3 了解薪酬福利管理中需要
分析的数据 339
10.2 制作考勤表 340
案例背景 340
10.2.1 统计休假数据 342
10.2.2 整理考勤数据 349
10.2.3 生成完整考勤表 352
10.2.4 统计员工出勤情况 353

10.2.5 对员工加班情况进行统计
.... 355
10.2.6 按部门分析考勤情况 ... 358
10.3 制作员工工资表 365
案例背景 365
10.3.1 计算绩效工资 366
10.3.2 计算员工工资 368
10.3.3 生成工资条发给员工 ... 372
10.3.4 打印工资数据 378

AI 答疑与点拨

01 对多张工作表进行合并计算 381
02 为表格页面添加页眉页脚 383
03 打印表格时，如何快速设置
多页相同的标题行 385

Excel

第 1 章

不走弯路：HR 树立正确的操作理念

> **本章导读**
>
> 企业要真正做到选好人才、用好人才、留住人才，HR 需要及时对人力资源相关的数据进行收集、汇总、分析，特别是在招聘管理、培训管理、绩效管理、薪酬待遇及人力规划等方面。入门门槛较低的 Excel 成了很多 HR 工作中必不可少的助手，本章将通过 ChatGPT 让读者了解 Excel 可以帮助 HR 完成的工作，以及操作中需要注意的一些基础知识，以便后期大家能高效使用 Excel 完成工作。

1.1 使用 ChatGPT 了解 Excel 对 HR 的重要性

对于HR而言,"人"是最重要的资源,所有工作都是围绕"人"开展。掌握人力资源的相关数据,能更好地提升工作效率,把人力资源尽可能地管理好、运用好。所以,HR必须具备一些管理、汇总和分析数据的方式、方法。

对于大型企业来说,由于人员较多,员工信息繁杂,人力资源部需要随时了解的人事信息就比较多。没有合适的数据处理工具,就很难开展工作。Excel具有界面简洁、操作简单、易学易用的特点,是入门门槛最低的数据分析工具。很多HR首选的数据分析软件也是Excel。下面借助ChatGPT来了解一下Excel在人力资源管理中具体可以做哪些事情。

> **提问** Excel在人力资源管理中可以做哪些事情?
>
> **ChatGPT** Excel在人力资源管理中可以做如下事情。
>
> 1. 员工信息管理:Excel可以用来管理员工的基本信息,如姓名、联系方式、部门、职位等。
>
> 2. 薪资管理:Excel可以用来计算员工的薪资、福利、奖金等相关信息,并生成相应的报表。
>
> 3. 招聘管理:Excel可以用来记录招聘信息并进行筛选、排序和统计。
>
> 4. 绩效管理:Excel可以用来追踪和记录员工的绩效评估情况,并生成相应的报告和分析报告。
>
> 5. 培训管理:Excel可以用来制订和跟踪员工的培训计划及参与情况。
>
> 6. 考勤管理:Excel可以用来记录员工的考勤情况并计算相应的加班工资等。
>
> 7. 离职管理:Excel可以用来跟踪员工的离职情况并生成相关报表和分析。
>
> 8. 数据分析:Excel可以用来对员工数据进行分析,如员工流失率、员工绩效分析、员工薪资分析等。
>
> 9. 报告生成:Excel可以用来生成各种报告,如员工绩效报告、薪资报告、培训报告等。
>
> 10. 项目管理:Excel可以用来管理人力资源管理部门的各种项目,如招聘项目、培训项目、绩效评估项目等。
>
> 总之,Excel在人力资源管理中可以帮助企业完成信息管理、数据计算、报告分析等工作,提高管理效率和准确性。

从以上回复可知，Excel在人力资源管理中的应用主要是对各种数据进行管理。下面通过Excel在人力资源管理中可以实现的数据操作，来解答为什么Excel在人力资源管理中被广泛应用。

1.1.1 记录原始数据

对于HR来说，要想及时了解企业的人事情况，就需要对人事数据进行收集和管理。这些数据收集的时候可能比较零散，而且每项所包含的信息量也较少，并不能直接看出数据之间的联系，也不利于数据的计算、统计和分析。但这样的数据累积起来，才会成为后续进行数据统计和分析的基础，甚至成为指导企业成长和发展的人才风向标。

对于HR来说，Excel是一个记录和存储原始数据的好工具。每个公司都涉及大量的人事数据，Excel可以将收集来的原始数据进行有序排列和存储，并且一个Excel工作簿中可以存储许多独立的工作表，我们可以把不同类型但有关联的数据存储到一个Excel工作簿中，这样不仅方便我们对数据进行管理，还方便我们查找和使用数据。

例如，一说到员工工龄，可能首先想到的是他是哪个员工，属于公司哪个部门，什么时候进入公司，然后才会去算工龄年限。在Excel中收集员工工龄相关的数据时，我们就可以根据想到的数据进行收集，将其存储到Excel中。在输入收集到的数据的过程中，一定要保证数据的正确性，这样才能确保后续统计分析的结果正确。收集到的员工工龄相关数据如下图所示。

1.1.2 整理汇编数据

收集原始数据时会将注意力更多的集中到数据的准确性和完整性上，一般不会考虑数据的格式，以及排列顺序是否合理等。所以，对于收集到的原始数据，还需要进行整理加工，如检查收集的数据是否齐全、填写是否规范、信息是否完整、数据是否符合逻辑、是否符合实际情况等。必须确保表格中的数据符合制表规范，这样才能提升后续数据统计、分析的准确率。

收集的原始数据如下图所示，数据虽然齐全，但是有很多不规范或错误的地方。

部门分类排列不合理

员工编号不完整，一般都是“公司代码+数字”，不会直接用阿拉伯数字代替

	A	B	C	D	E	F
1	财务部	岗位	编号	入职时间	工龄年限	应休天数
2	陈妤熙	往来会计	3	2013.3.16	9	10天
3	张德芳	经理	6	2010/5/2	12	12天
4	孔强	总账会计	7	2013\5\25	9	10天
5	袁沈韵	出纳	15	2014\2\18	8	10天
6	王越名	成本会计	56	2015/3/7	7	10天
7						
8	仓储部					
9	郭旭东	理货专员	26	2012/11/5	10	12天
10	袁建	同上	39	2014年10月20日	8	10天
11	张峰	调度员	43	2015/4/18	7	10天
12	李青松	仓库管理员	46	2015/9/15	7	10天
13	刘平	经理	47	2015年11月26日	7	10天
14	王雪佳	检验专员	52	2012.4.7	10	12天
15	向涛	仓库管理员	62	2015\5\3	7	10天
16						
17	人力资源部					
18	蔡依蝶	薪酬专员	35	2012/9/23	10	12天
19	蔡骏麒	经理	36	2014/11/21	8	10天
20	王翠	培训专员	38	2012.7.14	10	12天
21	杨尚	同上	41	2015/6/13	7	10天
22	荀妲	招聘专员	60	2017/6/21	5	10天
23						
24	生产部					
25	沈鸿运	技术人员	10	2013/7/11	9	10天
26	李丽	操作员	17	2014/4/9	8	10天
27	余深	技术人员	29	2015.2.20	7	10天
28	吴文茜	同上	32	2014\8\16	8	10天
29	余佳	同上	45	2015/6/18	7	10天
30	蒋德	操作员	49	2015.1.14	7	10天
31	刘涛	经理	63	2015/5/9	7	10天
32	廖璐	检验员	65	2015/6/11	7	10天

Sheet1

岗位必须写具体的岗位名称，不能用“同上”代替

日期格式不统一

表格中数据后面不带单位，带单位也必须与数据分开

这些规范类操作在Excel中都可以快速完成，具体操作方法将在第2章中介绍。左图中不合理的地方整理后的效果如下图所示。

	A	B	C	D	E	F
1	员工编号	姓名	部门	入职时间	工龄	应休天数
2	HT0001	陈果	市场部	2013/1/14	9	10
3	HT0002	姜晓	行政部	2010/5/28	12	12
4	HT0003	陈妤熙	财务部	2013/3/16	9	10
5	HT0005	胡云亭	市场部	2013/1/20	9	10
6	HT0006	张德芳	财务部	2010/5/2	12	12
7	HT0007	孔强	财务部	2013/5/25	9	10
8	HT0008	唐三	总经办	2010/6/6	12	12
9	HT0010	沈鸿运	生产部	2013/7/11	9	10
10	HT0011	刘秀	销售部	2013/8/5	9	10
11	HT0012	李冬梅	市场部	2013/8/19	9	10
12	HT0013	唐琦	销售部	2012/10/19	10	12
13	HT0015	袁沈韵	财务部	2014/2/18	8	10
14	HT0017	李丽	生产部	2014/4/9	8	10
15	HT0018	谢艳	销售部	2014/4/27	8	10
16	HT0019	刘林	行政部	2016/5/5	6	10
17	HT0020	谭素月	销售部	2015/5/27	7	10
18	HT0021	杨利瑞	总经办	2010/1/26	12	12
19	HT0023	蒋晓冬	总经办	2010/8/9	12	12
20	HT0024	张雷	行政部	2011/10/8	11	12
21	HT0026	郭旭东	仓储部	2012/11/5	10	12
22	HT0028	赵嫣然	总经办	2011/2/9	11	12
23	HT0029	余深	生产部	2015/2/20	7	10
24	HT0032	吴文茜	生产部	2014/8/16	8	10
25	HT0033	高飞	销售部	2012/9/1	10	12
26	HT0034	姜倩倩	行政部	2000/9/29	22	15
27	HT0035	蔡依蝶	人力资源部	2012/9/23	10	12
28	HT0036	蔡骏麒	人力资源部	2014/11/21	8	10
29	HT0037	谢思思	行政部	2014/3/9	8	10
30	HT0038	王翠	人力资源部	2012/7/14	10	12
31	HT0039	袁建	仓储部	2014/10/20	8	10
32	HT0041	杨尚	人力资源部	2015/6/13	7	10

Sheet1

1.1.3 数据处理

在人力资源管理过程中，对数据的要求不仅是存储和查看，很多时候还需要对现有的人事数据进行统计计算，如统计员工人数、离职率、招聘情况、培训成绩、绩效成绩、考勤情况、员工工资等。Excel中提供了大量的函数，使用函数不仅可以对简单的数据进行计算，还可利用不同的函数组合，完成复杂的计算工作。例如，核算当月工资时，可以将所有员工的信息及其工资相关的数据整理到一个表格中，然后运用公式和函数计算出每个员工当月的工资明细，如应扣除的社保、个税、实发工资等。使用Excel制作的工资表如下图所示。

2023年3月工资表

	员工编号	姓名	部门	岗位	基本工资	岗位工资	绩效工资	工龄津贴	加班工资	考勤扣款	全勤奖	应发工资	养老保险(8%)	失业保险(0.4%)	医疗保险(2%)	公积金(5%)	个人所得税
3	HT0001	陈果	市场部	经理	8000	5000	4632	450	0	90	0	17992	1439.36	71.968	359.84	899.6	812.12
4	HT0002	姜晓	行政部	经理	8000	5000	4421	600	0	0	200	18221	1457.68	72.884	364.42	911.05	831.5
5	HT0003	陈妤熙	财务部	往来会计	4500	500	4358	450	0	50	0	9758	780.64	39.032	195.16	487.9	115.53
6	HT0005	胡云亭	市场部	促销推广员	3000	500	3647	450	0	60	0	7537	602.96	30.148	150.74	376.85	41.29
7	HT0006	张德芳	财务部	经理	9000	5000	4053	600	0	90	0	18563	1485.04	74.252	371.26	928.15	860.43
8	HT0007	孔强	财务部	总账会计	4500	500	3316	450	0	20	0	8746	699.68	34.984	174.92	437.3	71.97
9	HT0008	唐三	总经办	副总	10000	8000	10421	600	0	30	0	28991	2319.28	115.964	579.82	1449.55	2495.28
10	HT0010	沈鸿运	生产部	技术人员	3500	500	8500	450	796.5	30	0	13717	1097.32	54.866	274.33	685.825	450.42
11	HT0011	刘秀	销售部	销售代表	3000	500	4747	450	0	30	0	8667	693.36	34.668	173.34	433.35	69.97
12	HT0012	李冬梅	市场部	公关人员	3000	500	5337	450	0	50	0	9237	738.96	36.948	184.74	461.85	84.44
13	HT0013	唐琦	销售部	经理	8000	5000	3789	500	0	0	200	17489	1399.12	69.956	349.78	874.45	769.57
14	HT0015	袁沈韵	财务部	出纳	3000	500	4863	400	0	20	0	8743	699.44	34.972	174.86	437.15	71.9
15	HT0017	李丽	生产部	操作员	3000	500	3316	400	324	50	0	7490	599.2	29.96	149.8	374.5	40.1
16	HT0018	谢艳	销售部	销售代表	3000	500	5211	400	0	20	0	9091	727.28	36.364	181.82	454.55	80.73
17	HT0019	刘林	行政部	行政前台	3000	500	3279	300	0	30	0	7049	563.92	28.196	140.98	352.45	28.9
18	HT0020	谭素月	销售部	销售代表	3000	500	4805	350	0	20	0	8635	690.8	34.54	172.7	431.75	69.16
19	HT0021	杨利瑞	总经办	总经理	12010	10000	19789	600	0	0	200	42599	3407.92	170.396	851.98	2129.95	5099.69
20	HT0023	蒋晓冬	总经办	副总	10000	8000	8316	600	0	20	0	26896	2151.68	107.584	537.92	1344.8	2140.8
21	HT0024	张雷	行政部	清洁工	2500	500	1921	550	0	30	0	5441	435.28	21.764	108.82	272.05	0
22	HT0026	郭旭东	仓储部	理货专员	3000	500	3884	500	0	0	200	8084	646.72	32.336	161.68	404.2	55.17
23	HT0028	赵嫣然	总经办	副总	10000	8000	8421	550	0	170	0	26801	2144.08	107.204	536.02	1340.05	2124.73
24	HT0029	余深	生产部	技术人员	3500	500	7605	350	481.5	50	0	12387	990.92	49.546	247.73	619.325	337.9
25	HT0032	吴文茜	生产部	技术人员	3500	500	6237	400	459	30	0	11066	885.28	44.264	221.32	553.3	226.18
26	HT0033	高飞	销售部	经理	8000	5000	4579	500	0	50	0	18029	1442.32	72.116	360.58	901.45	815.25
27	HT0034	姜倩倩	行政部	保安	3000	500	2763	1100	0	30	0	7333	586.64	29.332	146.66	366.65	36.11
28	HT0035	蔡依蝶	人力资源部	薪酬专员	3000	500	2463	500	0	70	0	6393	511.44	25.572	127.86	319.65	12.25

工资表 工资条1 工资条2 工资条3

1.1.4 数据统计分析

HR在工作中使用Excel，不仅可以快捷收集人力资源的基本数据，进行数据计算，还可以使用排序、筛选和分类汇总等基础的数据分析工具对表格中的数据做进一步的归类与统计。利用筛选功能筛选出销售部考勤考评超过2分，且绩效总分超过80分的数据，结果如下图所示。

此外，也可以使用如下图所示的Excel专门提供的数据分析工具，如方差分析、描述统计、直方图、移动平均等完成复杂的统计或计量分析。

使用包括图表在内的功能，还可以让抽象的数据变成直观的信息，让人事数据中存在的潜在问题和规律呈现出来，可以

使用透视表功能多维度立体、智能地分析人力资源的整体结构状况及人力优化配置等深层次问题，帮助HR得出科学合理的评估结果，为后续工作提供数据支撑。使用柱形图+折线图分析各招聘渠道简历转化率的情况，结果如下图所示。

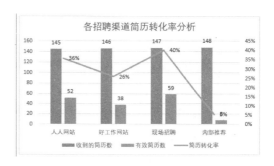

如下图所示，使用数据透视表和数据透视图分析招聘各流程数据的情况及各流程之间是如何转化的，还可以借助切片器对要查看的月份数据进行切换，使用非常方便。

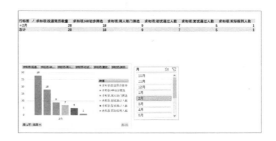

1.2 关于Excel，HR必须知道的那些事

对于很多HR来说，可能都会一些Excel的操作，但不知道怎么将所学到的Excel知识更好地运用到人力资源管理过程中。下面先让ChatGPT给我们做个提醒，在Excel中我们必须掌握哪些操作方法，避免工作失误。

提问 关于Excel，HR必须知道哪些内容？

ChatGPT 作为人力资源专业人员，在使用Excel的过程中，需要掌握以下内容。

1.基本操作：了解Excel打开、保存数据、关闭、复制、粘贴、剪切、撤销和重做等基本操作。

2.数据输入：了解如何输入数据、创建公式和函数、格式化单元格、插入图表等。

3.数据分析：了解如何使用筛选、排序、条件格式、数据透视表等功能对数据进行分析和处理。

4.数据导入导出：了解如何将Excel中的数据导入其他应用程序，以及如何从其他应用程序中导入数据到Excel。

5.宏：了解如何使用宏来自动完成重复性任务，如批量更新数据或生成报告。

6.数据安全：了解如何设置密码保护工作簿和工作表，以及如何设置用户对工作簿和工作表的编辑权限。

7.数据共享：了解如何使用共享功能来让多人同时编辑同一个工作簿。

8.错误处理：了解如何识别和处理Excel中的错误，如#DIV/0!、#REF!、#NAME?等错误。

9.快捷键：了解一些常用的快捷键可以提高你的工作效率。

由此可见，HR需要掌握Excel的大部分基础功能，才能熟练使用Excel，高效完成工作。确实，要成为Excel熟手或是高手，并不是一朝一夕就能达成的事情，成功的道路上也并没有什么捷径，需经过时间的沉淀和实践的磨炼。但是在学习Excel的初级阶段，大家还是应该稍作留心，掌握一些方法和技巧，可以提高工作效率。本节将从以下3方面为大家介绍。

1.2.1 Excel版本那么多，应该如何选择

本书所介绍的Excel在人力资源管理中的应用，不仅适用于Excel 2021，还适用于Excel 2019、Excel 2016、Excel 2013、Excel 2010、Excel 2007和Excel 2003。

Excel的版本比较多，作为HR，在实际工作中该如何选择呢？笔者有如下几点看法供HR参考。

1. 最新版本的Excel功能更强大

从Excel的整体发展上看，肯定是更新的版本拥有的功能更强大，因为新版本一般都是兼容低版本的，高版本的Excel始终可以顺利打开比它低的版本的文件，如

在Excel 2021中就可以直接打开Excel 2003、Excel 2007、Excel 2010、Excel 2013、Excel 2016、Excel 2019版本中创建的文件。只是在打开低版本文件时，会在标题栏中显示"兼容模式"字样，如下图所示。

2. Excel 低版本适用场景

如果出现以下情况中的一种，读者可以考虑选择Excel的较低版本（这里主要是指Excel 2019及Excel 2019以下的版本，特别是Excel 2010）。

- 如果你周围的人用的都是低版本的Excel，为了学习和工作沟通方便，你也可以使用低版本。
- 如果使用的计算机配置低，且选择低版本或高版本对工作和学习没有什么影响，那么可选择低版本，这样不至于拖慢计算机的运行速度。
- 如果习惯使用低版本的Excel，就可以继续使用这个版本，因为Excel的版本之间存在一些差异，需要花时间去研究和适应。

1.2.2 管理 Excel 文件要养成好习惯

在人力资源管理工作中使用的表格一般比较多，这些表格的来源不同，用途也可能不同。管理表格往往是件令人头痛的事情，而且在整理的过程中不难发现，计算机中的工作簿很多是重复的，到最后都不知道哪个工作簿才是最终的或最适合的版本。所以，经常对计算机中的工作簿文件进行管理是非常必要的。

HR在管理文件时，可以先将计算机中多余的工作簿删除，再按作用、类别或日期等将工作簿分门别类地放置在相应的文件夹中，这样方便查看和管理。将文件名称统一以"月.日"的格式进行重命名，然后存放在对应卖场名称的相应月份文件夹下，如下图所示。

1.2.3 学好 Excel 要有积极的心态和正确的方法

在学习Excel的过程中，如果能以积极的心态、正确的方法，持之以恒地进行学习，就能学好Excel。

1. 积极的心态

俗话说，心态决定一切，学习Excel也一样。

积极的心态能够提升学习效率，也能使自己产生学习的兴趣。在学习Excel的过程中，难免会遇到一些困难或挫折，这时要保持积极的心态，想方设法地去解决问题，而不是一味地逃避。

2. 正确的学习方法

正确的学习方法能让我们快速进步。学习Excel要先对Excel有一定的了解，然后确立目标，制订学习计划。而在这个过程中，如果懂得搜集、充分利用学习资源，少走弯路，多花时间练习，就能在较短的时间内取得较大的进步。

（1）学习需要循序渐进。Excel包含的内容很多，主要有数据操作、图表与图形、公式与函数、数据分析，以及宏与VBA这5个方面。这么多内容，注定学习是一个循序渐进的过程，不可能一蹴而就。

学习Excel需要在自己现有水平的基础上，由浅入深地学习。

根据学习Excel知识的难易度，我们把学习的整个过程大致划分为3个阶段，即Excel初级阶段、Excel中级阶段和Excel高级阶段。下面对各阶段适合学习和掌握的技能分别进行介绍。

- Excel初级阶段：主要针对Excel新手，这一阶段只需要对Excel有一个大概的认识，掌握Excel的基本操作方法和常用功能，包括输入与导入数据、查找替换、设置单元格格式、排序、汇总、筛选表格数据、自定义工作环境和保存、打印工作簿等内容。
- Excel中级阶段：在入门基础上理解并熟练使用Excel功能区中的各个按钮、选项、菜单命令，掌握图表和数据透视表的使用方法，掌握部分常用的函数及函数的嵌套运用。
- Excel高级阶段：熟练运用数组公式，能够利用VBA编写自定义函数或过程。

（2）合理利用资源。除通过本书来学习Excel外，还可以通过Excel的联机帮助、互联网进行学习。

例如，要想知道Excel中某个功能的具体使用方法，可调出Excel自带的联机帮助辅助学习，尤其在学习Excel函数的时候，该方法特别有用，如下图所示。

学习Excel的过程中如果遇到一些不知从何下手，甚至不能确定Excel能否提供解决方法的问题时，可以求助身边的Excel高

手，或通过网络搜索解决。一般问题网络上的解决方法有很多，实在找不到答案还可以到某些Excel网站上去寻求帮助，某网络页面如下图所示。

（3）多练习。多看Excel技巧或案例方面的文章与书籍，能够拓宽你的视野，并从中学到许多对自己有帮助的知识。但俗话说"三天不练，手生"，不勤加练习，把学到的知识和技能转化为自己的知识，过一段时间就会忘记。所以，学习Excel，阅读与实践必须并重。"实践出真知"，在Excel里，不但实践出真知，而且实践出技巧，Excel的基本功能是固定的，只有通过实践练习，才能把解决方法理解得更透彻，以便在实际工作中举一反三。

1.3 数据源表格和结果汇总表格要区别对待

要想在不大量掌握Excel菜单命令、死记硬背多种函数用法、研究高深VBA编程的情况下玩转Excel，就必须根据制表的目的，有的放矢地创建表格。下面让我们来问一问ChatGPT，Excel中的表格可以分为哪几类。

> **提问** 在Excel中，根据制表的目的，可以将日常使用的表格分为哪几类？
>
> **ChatGPT** 在Excel中，根据制表的目的，可以将日常使用的表格分为以下几类。
> 1. 数据录入表格：这种表格用于输入数据，如员工信息表、销售数据表等。
> 2. 数据分析表格：这种表格用于对数据进行分析和计算，如汇总表、数据透视表等。
> 3. 数据输出表格：这种表格用于生成报表和输出结果，如薪资报表、销售报表等。
> 4. 数据库表格：这种表格用于存储和管理大量数据，如客户信息表、库存管理表等。

实际上，根据制表的目的，还可以对这些答案进行归纳总结，进一步简化后可知，表格可分为三种：数据录入的原始表格，处理、分析数据的过程表格，以及最终输出结果、用于展示的汇总表格。由于过程表格会根据目的的变化而进行各种变化，而且都是表格处理者自己使用的，不需要展示，再利用的价值也不大，所以可以忽略。

最终我们可以根据制表目的，将日常使用的表格分为数据源表格和结果汇总表格两大类。只要了解这两大类表格的概念，掌握这两大类表格的制作要点，并在实际使用中按规则进行创建，就可以在后续的数据处理和分析中省时省力。

1.3.1 数据源表格要这样设计

你平时是不是在找到数据表格后，就直接拿来用了呢？例如，某公司的人事信息表如下图所示，要求统计各部门35周岁以上的女性。

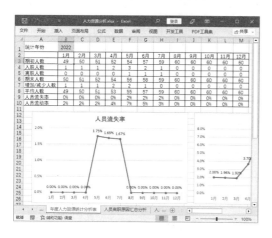

又如，历年来公司的离职率、离职原因的分析数据如下图所示，要求分析出最近两年公司员工离职的主要原因。

这些看似可以直接使用的数据都不能在原表格直接操作，第一类表格需要再加工处理，第二类数据属于别人已经处理过的数据，如果只有分析的结果，对当下的数据处理分析需求意义不是太大。

上面提到的第一类表格，其实就是我们日常工作中可以得到的大部分原始数据表。它们可以是通过Excel或其他电子表格软件（如金山公司的WPS、Office，以及开源系统Linux上的一些开源电子表格软件）自行编制的业务明细数据，也可以是某些机器记录的数据（如指纹打卡机可以导出员工的上下班数据）。这是我们可以获得的第一手数据，但往往不能直接利用，需要稍微加工后才能用于进行数据分析。

例如，在上面提到的统计各部门35周岁以上女性的问题中，可以先计算出各员工的年龄，然后用函数分别进行统计。

但是，如果领导突然要求统计全公司35周岁以上女性的人数，统计各部门30周岁以上女性的人数，或者统计各部门35周岁以上男性的人数……难道为了完成任务，每次都需要重新建立临时的过渡表格来处理问题吗？

并不是。只要有一张数据源表格，就可以轻松完成这种工作。什么是数据源表格？它最理想的状态是一张表，该表中包含了我们预先可以想到的后期用于数据分析的各种基础数据，等于汇总了所有原始表格中的各种明细数据，这些数据在后期是可以重复使用的，如下图所示。

及数据透视表等功能，归纳和提取其中的有效数据，就可以制作出进行数据分析时用的工作底稿。如下图所示，对"员工记录表"数据源表格进行分析，可以制作出学历结构分析表、人员结构统计表、年龄层次分析表，这些是典型的计算分析过程中的表格。这些表格一般也是不对外报送的，只存在于数据分析者的计算机中。

对HR来说，我们可能得不到海量的数据，但是大量数据是可以积累的，如历年来的工资数据、员工离职数据、培训数据等。这些数据都是基础数据。

数据源表格一般只是给数据统计分析人员看的，不对外报送，制作的精髓就在于简单清晰，这张表中全是单一整齐的数据，直接给其他人看意义不大。制作的时候一定要保证输入的每条基础数据信息都不能出错，不能缺失某些字段，而且没有通过数据计算得出的内容。关于数据源表格的数据输入及制作规则，将在第2章详细介绍。

1.3.2 结果汇总表格需要加工处理

在制作好的数据源表格基础上，通过使用排序、筛选、分类汇总等操作，以

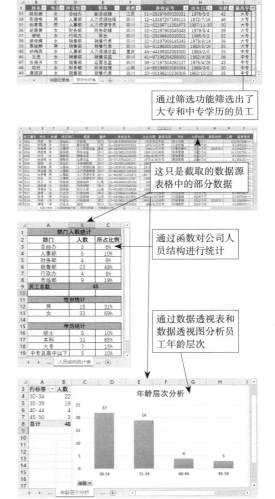

> **温馨提示**
> 数据源表格得来不易,对其中的数据进行分析前,建议复制表格数据再进行操作。

要发送给他人查看的表格就是结果汇总表格。结果汇总表格主要用于展示汇总结果和分析结果,说明一些数据情况,供他人发现问题和解决问题。一般只需要基于计算分析用的过程表中的数据,再进行美化和适当说明,以便于他人查看和理解,或者以更容易理解的图表方式等进行展示,便可以制作出在不同情况下对外提供的结果汇总表了。

例如,年度人员流动情况统计表如下图所示,该表就是一个结果汇总表格,它是根据人事信息表汇总出来的数据,而且注意了排版的美观性。

结果汇总表格的格式是按照查看者的需求进行设置的,没有任何固定格式要求,而且通常不会以工作簿的形式传递出去,一般会进一步加工成演示文稿或文档文件。所以,只需要将分析过程中能够用于说明分析结果的图表进行适当美化,添加到演示文稿或文档中,再配以文字说明具体的分析结果即可。

> **温馨提示**
> 这里提到的"两表"概念只是理论上的划分方式。实际上同一个表格对于不同的用户或处在不同的环境,类型也不相同。例如,人力资源专员根据员工信息表制作的符合条件的培训人员信息表,再上交给人力资源主管,该表格对于人力资源专员来说已经是结果汇总表格了,但对于人力资源主管来说仅仅是数据源表格,甚至只是原始数据表格。有时候,即使是同一个人分析同一份表格中的数据,该表格可能也属于不同的表格类型。

年度人员流动情况统计表

统计年份:	2022											
	1月	2月	3月	4月	5月	6月	7月	8月	9月	10月	11月	12月
期初人数	49	50	51	52	54	57	59	60	60	60	60	60
入职人数	1	1	1	2	3	2	1					
离职人数				1	1							
期末人数	50	51	52	54	56	58	59	60	60	60	60	60
增加/减少人数	1	1	1	2	2	1						
平均人数	49	50	51	53	55	57	59	60	60	60	60	60
人员流失率					1.75%	1.69%	1.67%					
人员流动率	2.00%	1.96%	1.92%	3.70%	7.02%	5.08%	3.33%					

1.4 专业表格设计三部曲

很多人认为表格设计没有什么"技术含量",只需要将标题和数据罗列出来即可。其实,这种观点是不正确的,要想设计出专业的表格,必须从制作这个表格的背景、目的出发,思考表格需要包括哪些字段,以及要达到什么样的效果等,只有这样,设计出来的表格才能满足各种需要。

下面我们去请教一下ChatGPT,问问它设计表格的步骤。

> **提问** 设计表格的步骤有哪些？
>
> **ChatGPT** 设计Excel表格的步骤主要包括以下几个方面。
>
> 1.确定表格的目的和主题：确定表格的目的和主题，明确要表达的信息内容和考虑到的受众对象。
>
> 2.设计数据项和数据结构：根据表格的主题和目的，确定表格的列名和行名，设计数据项和数据的层次结构，以及数据存储的方式和类型。
>
> 3.确定数据项属性与约束：确定每个数据项的属性和约束条件，即数据项的取值范围、取值类型、默认值和数据在单元格中的显示格式等。
>
> 4.设计数据和交互视图：设计表格数据的不同视图，包括查询视图、交互视图和统计汇总视图等。
>
> 5.选择数据分析与统计方法：根据表格要表达的信息内容，选择适合的数据分析方法和工具，包括计算公式、图表等。
>
> 6.考虑用户体验和易用性：考虑表格的易用性和用户体验，包括调整表格字体、颜色、行列宽度等，以使表格可读性和易用性更强。
>
> 7.测试和验证表格设计：设计完表格后，进行测试和验证，确认表格设计合理、完整和正确，并根据测试结果进行修改和完善。

从以上回复可知，表格设计不仅需要考虑多方面的因素，整个设计过程还是一个闭环，需要不断优化。接下来对ChatGPT的回复进行简化，给大家详细介绍设计专业表格最关键的三个步骤。

1.4.1 明确制表目的

在制作表格时要先明确制表目的，例如，领导要求对全年的招聘成果进行分析，分别按照预计招聘人数、实际招聘人数和招聘完成率来汇总每月招聘成果，并且对全年招聘任务的完成情况进行统计分析。这时就需要创建一份招聘数据源表格，核心字段包括月份、招聘岗位、预计招聘人数、实际招聘人数等。如果前期对应聘数据进行了全面的收集，也可以对表格数据进行加工获得需要的数据。一份翔实的应聘人员信息表如下图所示。

	姓名	性别	年龄	学历	招聘渠道	招聘编号	应聘岗位	初试时间	是否参加初试
2	时蓝雅	女	25	专科	现场招聘	HT2023-001	行政前台	2023/1/25	是
3	尤梦玫	女	24	专科	好工作网站	HT2023-001	行政前台	2023/1/25	是
4	金珍依	女	23	中专	人人网站	HT2023-001	行政前台	2023/2/14	是
5	邹盈蓓	女	27	本科	人人网站	HT2023-001	行政前台	2023/2/26	是
6	朱彦义	男	30	专科	内部推荐	HT2023-003	操作员	2023/2/26	是
7	孙焕怀	男	35	高中	内部推荐	HT2023-002	技术人员	2023/2/27	
8	李振冠	男	28	专科	人人网站	HT2023-002	技术人员	2023/2/27	是
9	胡英涛	男	31	高中	人人网站	HT2023-002	技术人员	2023/2/27	是
10	葛婧玫	女	36	中专	人人网站	HT2023-002	技术人员	2023/2/27	是
11	窦棋博	男	23	中专	人人网站	HT2023-002	技术人员	2023/2/27	是
12	韩玫蕙	女	38	高中	人人网站	HT2023-002	技术人员	2023/2/27	是
13	康甫诗	女	25	专科	好工作网站	HT2023-001		28	是
14	魏文语	男	26	专科	好工作网站	HT2023-		7	是
15	傅斯华	女	30	高中	好工作网站	HT2023-002		7	是
16	何铭奕	男	24	专科	好工作网站	HT2023-002		7	是
17	常欣高	男	33	中专	好工作网站	HT2023-002		7	是
18	喻苑盈	女	27	专科	人人网站	HT2023-002		/8	
19	齐亿山	男	31	高中	人人网站	HT2023-002	技术人员	2023/3/8	是

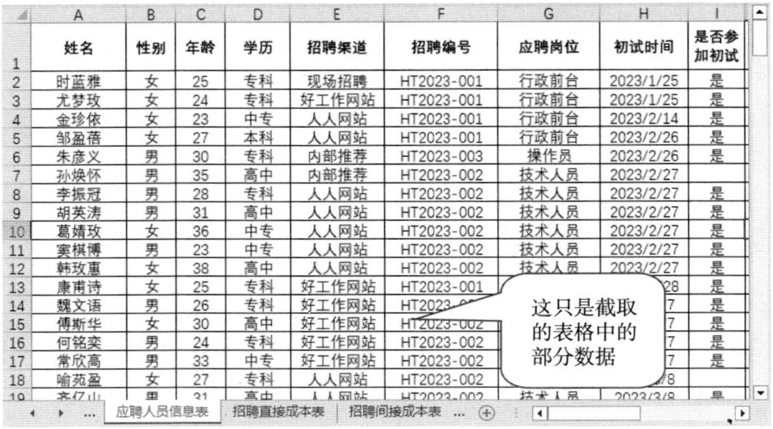

数据源表格创建完成后，就可以对全年招聘任务完成情况进行统计，并且使用图表对全年招聘任务完成情况进行分析，效果如下图所示。

	1月	2月	3月	4月	5月	6月	7月	8月	9月	10月	11月	12月
计划招聘	0	2	7	3	8	3	11	1	5	3	3	3
实际招聘	0	1	8	4	8	5	7	1	5	5	0	3
完成率		50%	114%	133%	100%	167%	64%	100%	100%	167%	0%	100%

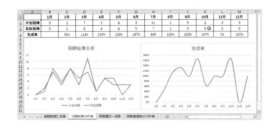

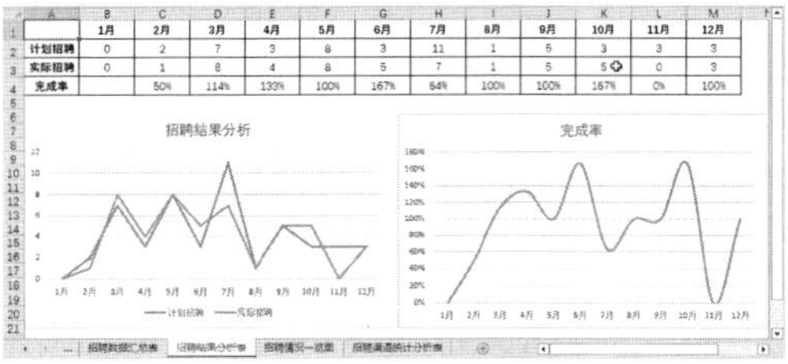

1.4.2 设定表格字段

有关数据源表格的详细设计方法将在第2章介绍。数据源表格很简单，基本上第一行为标题，此后每行分别罗列各条数据的详细信息。从整体上说，表格就是竖向设计的，每列分别记录了各条数据的信息详情。在Excel表格中，各列又可称为字段，每列的第一行为该字段的名称。

Excel表格的设计，其实就是对表格框架的整体设计，而字段的设定对于表格设计非常重要。要想设计出专业的表格，一般需要遵循3个步骤来设定表格字段，如下图所示。

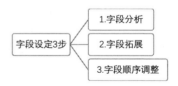

1. 字段分析

很多人在设计表格时，都不知道表格中应包含哪些字段。其实，大部分字段是根据制表目的而得来的。例如，某HR要统计各部门员工的年休假天数，从这句话中可以知道，各部门=部门、员工=姓名、年休假天数=应休天数。所以，这张数据源表格中至少应该包含部门、姓名、应休天数3个字段。

2. 字段拓展

从制表目的中分析得来的字段一般都

是最关键的字段信息，往往数量不多。例如，上个案例中就只得出3个字段，仅靠这3个字段并不能撑起一张表格。所以，需要进一步挖掘这些基础字段背后隐藏的其他字段。

一般来说，如果表格中要列出员工姓名和部门，员工编号是必不可少的；要统计年休假天数，必须知道年休假天数是依据什么得出的，假设是根据工作工龄来确定的，就要进一步设计工作工龄（指员工以工资收入为生活资料的全部或主要来源的工作时间，包括本企业工龄）字段，而工作工龄又是根据参加工作的时间来确定的。由此可以知道，该表格中还需要添加员工编号、工作工龄和参加工作时间3个字段。

3. 字段顺序调整

做任何事情都有一个基本的顺序，表格也一样，如果表格中的行列顺序安排不合理，那么看起来会非常别扭，没有逻辑。所以，在确定好表格中的字段后，还需要对表格字段进行排序，效果如下图所示。字段排序的相关内容请查看第2章。

1.4.3 美化表格

一张专业、优秀的表格，不仅字段安排要符合逻辑，还必须令人阅读起来轻松、舒服。表格制作完成后，可以根据实际需要对表格进行适当美化。表格的美化主要包括设置单元格格式、设置对齐方式、调整行高或列宽、添加边框和底纹等。

需要注意的是，对表格的美化一般不需要"浓妆艳抹"，如下图所示的表格，什么都想突出，结果什么都突出不了。

表格的美化讲究舒服和直观，只要整体看着舒服，数据显示直观就行了。对上图表格进行修改后的效果如下图所示，这样看着就清爽多了。

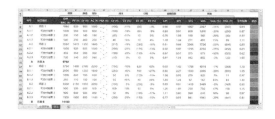

如果时间有限，也可以直接使用Excel中提供的"套用表格格式"功能，为表格快速添加隔行填充的效果，基本上只需要几步操作就能快速完成。这里要特别强调，使用"套用表格格式"功能美化的表

格最好是二维表格，如下图所示。

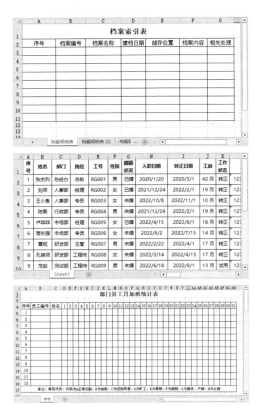

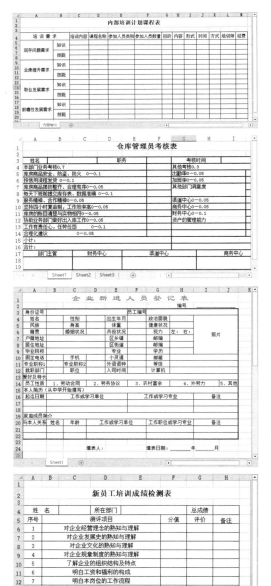

避免使用如下图所示的复杂结构的表格，因为它们套用表格格式后的后续调整操作比手动设置格式更加烦琐。

1.5 表格设计的正确三观

前面我们已经介绍了数据源表格和结果汇总表格的区别,以及设计表格的相关步骤,明白只要准确分析制表的目的,对于只进行数据展示的,直接创建结果汇总表格;对于需要进行数据分析的,首先要设计出符合要求的数据源表格,再进一步根据需要统计的数据得到结果汇总表格,就算完成任务了。

但是,在实际使用中,会发现表格总是会出现各种问题,常常需要掌握很多Excel技巧才能得到需要的结果。追根究底,根源在于Excel表格不规范,尤其是表格设计不规范。如果表格设计得科学合理,后期几乎不需要掌握多么高深的Excel技能就能完成大部分的数据处理工作。

科学合理的表格是什么样子的呢,让我们来看看ChatGPT是如何回答的。

提问 科学合理的表格应是什么样子的?

ChatGPT 科学合理的表格应该包含以下要素。

1.数据结构:表格的数据结构应该能清晰地展示数据之间的关系,并能够清晰明了地展示要表达的信息,比如不同的列分别展示不同的数据类别,行展示具体数据,而单元格中也应该是清晰的、不重复的数据。

2.排版设计:表格的排版设计应该适当,美观而简洁,不会使人感觉焦虑和混乱。做到字体大小和颜色搭配合理,单元格之间间距、线条粗细等也应该考虑到细节,以便快速读取和比较数据。

3.色彩设计:表格的色彩设计不仅要使其美观,更要使其具有功能性,易于理解,能快速传递信息,不要沉闷和枯燥,而是要鲜明、轻松和活泼,同时也不要使用闪烁的色彩和太过强烈的色彩,会使人眼部疲劳。

4.组织数据:表格中的数据应该严谨,无误差,不应该存在疑义,如需要合并单元格应该注明其合并规则,并且所有的数据都需要有相对应的标注和说明。

5.易于使用:表格应该易于使用,操作简单,并且应该有一定的交互性,如添加自动筛选功能、单元格合并功能、插入图表等功能。

总之,科学合理的表格设计需考虑数据结构和排版设计的合理性,合适的色彩和对比度,清晰明了的标注和说明,提高表格的易用性和交互性。同时也需根据具体任务和需求,灵活应用Excel中提供的各类功能和工具,提高表格的操作效率和可靠性。

ChatGPT从多个角度回复了该问题,从实际使用出发,其实只要设计的表格能满足工作需要，获取表格数据或进行数据加工处理时没有增加额外的工作量就算是科学的。下面，为大家介绍表格设计过程中要注意的"三观"。"三观"正了，表格设计也就没有大的偏差。

1.5.1 大局观

在设计表格时，不要拿过来就开始设计，一定要先分析一下表格需要的效果，如确定表格属于数据展示类表格还是数据处理类表格，选用什么样的结构，安排哪些字段，创建表格的数据从哪些地方获取，谁会使用这个表格、会进行哪些操作等。

对于HR而言，在设计表格初期，就应该根据工作流程或流程中的某个环节，考虑相关人员及上下级对数据的需求，预估工作中可能用到的数据，尽量完善表格字段，避免后期因缺少相关数据再对表格进行补充或返工。

在表格的具体制作过程中，还应创建一些唯一项，方便后期的数据处理。例如，在制作员工较多的公司人事信息表时，可以考虑为员工编号设置唯一性，以便排除员工姓名重复导致信息查询返回多条结果或出错的可能性。

在信息输入阶段，还可以对一些无用的信息或重复的信息进行删除，从源头上为后期的数据处理和分析保驾护航。

培养表格设计的大局观，可以在具体的工作流程中不断总结经验，如在实际工作中遇到了问题，是最初设计表格时没有考虑周全的，那么下次创建同类的表格时就有了相关经验；或者在分析数据时，发现某一类基础数据还没有添加到数据源表格中，为便于后期使用，哪怕现在用不到，也要将其补充完整。

1.5.2 统一观

在表格设计时，一定要具备统一观，即对同一个事物的称谓、同一类数据的格式设置、同一类表格的命名等，都应尽量做到统一。这样，在后期对数据进行调用或筛选时才有据可依。

另外，现在的工作方式多是团队合作的，团队内的成员对工作流程中某些事物的称谓、对表格进行的操作，也应该具有统一观。如团队成员需要对同一个表格进行编辑加工，各自按自己的习惯填充数据，同一列中的数据可能就会有多种表现方式；或者你让同事给你传递一份文件，如果他对这个文件的命名与你的不同，是不是在交涉时还需要多解释一些？使用统一的称谓，团队中很多工作就会变得更简单。

所以，为了后期使用表格更顺利，在制作表格和使用表格时，一定要有统一观。

1.5.3 时间观

以前谁会想到，每个人每天都能产生那么多的数据？而收集这些数据，就能运用到某些分析中。例如，收集大家的行程轨迹，可以用于分析共享单车的投放数量和投放位置；收集大家的购物习惯，可以分析仓库的设置位置，以便更快地配备货物，缩短了快递时间。

这些数据并不是突然冒出来的，而是存在了很长的时间，只是之前并没有人注意到要运用它们。人力资源管理工作中需要用到的数据也会随着公司的发展不断增加，所以，在设计表格时，不仅要满足当前的需求，还要考虑一些时间带来的变量，对未来需要的数据提前布局。平时也要多注意身边出现了哪些新数据，哪些数据的重要性在增加，尽量多地收集数据，对重要数据进行关注。

AI 答疑与点拨

通过对前面知识的学习，相信读者朋友已经了解HR学好Excel需要树立的一些正确操作理念，包括使用Excel可实现的人力资源管理事项，Excel版本的选择，管理文件的习惯，学习Excel的方法，数据源表格和结果汇总表格的区别，表格设计的步骤和正确观念。下面结合本章内容，让ChatGPT为读者介绍一些工作中的实用经验与技巧，以帮助HR更好地利用Excel完成相关工作。

01 打造适合自己的 Excel 工作环境

工欲善其事，必先利其器，Excel是一款较为智能和人性化的工具，如果HR在工作中经常需要使用Excel处理、计算与分析数据，为了提高工作效率，可以根据自身的工作需要和操作习惯打造一个合适的工作环境。具体如何操作，我们可以先来问一问ChatGPT。

提问 如何打造适合自己的 Excel 工作环境？

ChatGPT 打造适合自己的Excel工作环境可以提高工作效率和舒适度，主要从以下几个方面入手。

1.个性化设置：根据自己的习惯和需求，设置Excel的菜单栏、快捷键、工具栏、状态栏等，使其符合自己的操作习惯，便于快速访问功能。

2.自定义模板：根据自己的工作内容，自定义Excel的模板，包括表格格式、布局、字体大小等，方便高效进行数据输入和分析。

3.定义命名规则：定义命名规则，包括工作表、单元格、文件夹名称等，便于查找和管理数据。

4.整理与归档：定期整理和归档工作中的文件和数据，删除不必要的文件和数据，整理存档文件，打造一个干净整洁的Excel工作环境。

5. 使用合适的模块和插件：根据自己的需要，在Excel中安装一些合适的插件和工具，如PDF转换器、邮件发送工具等，以便快速解决一些常见问题。

6. 学习和更新：学习Excel的新特性和功能，不断更新自己的知识体系，以提高工作效率和质量，同时也要经常学习和训练，保持自己的技能竞争力。

总之，打造适合自己的Excel工作环境需要根据自己的工作习惯、工作需求和工作目标，进行个性化设置和优化，使其更符合自己的个性和需求，同时要注重不断学习和更新知识体系，提高工作效率和质量。

根据ChatGPT的提示，我们得知打造适合自己的Excel工作环境有很多种方法，这些方法都能提高工作效率。不过很多内容涉及比较深入的学习，这里只针对第一条——个性化设置，简单介绍将一些常用的工具，将其添加到快速访问工具栏中，或者添加到显示频率最高的【开始】选项卡内，具体操作方法如下。

第1步 ❶单击快速访问工具栏右侧的【自定义快速访问工具栏】下拉按钮 ，❷弹出的下拉列表中显示一些常用命令，这里选择【快速打印】命令，如右图所示，即可将【快速打印】命令按钮 添加到快速访问工具栏中。

教您一招：在快速访问工具栏中添加其他命令按钮

如果需要添加【自定义快速访问工具栏】下拉列表中未提供的其他命令按钮，可以在该列表中选择【其他命令】命令，打开【Excel选项】对话框，在左侧的列表框中选择需要添加的选项，单击【添加】按钮，最后确认即可。

第2步 选择【文件】选项卡，【文件】菜单中显示了一些文件操作类命令，这里选择【选项】命令，如下图所示。

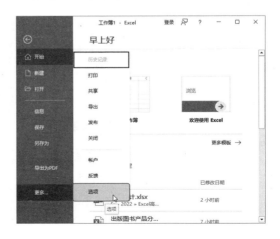

第1章
不走弯路：HR树立正确的操作理念

第3步 ▶ 打开【Excel选项】对话框，单击右侧的【新建组】按钮，如下图所示。

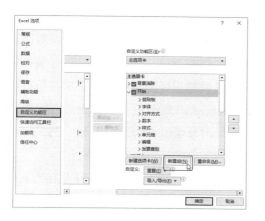

第4步 ▶ 可以看到，经过上一步操作后，会自动在默认的【开始】选项卡下新建一个组，❶单击【重命名】按钮，❷在打开的【重命名】对话框的【显示名称】文本框中输入该组的名称，如"常用"，❸单击【确定】按钮，如下图所示。

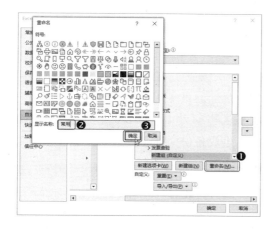

第5步 ▶ ❶在左侧的列表框中依次选择需要添加到新建组中的命令，❷单击【添加】按钮，在右侧的列表框中就可以看到添加到新建组中的命令了，❸添加完成后，单击【确定】按钮，如下图所示。

第6步 ▶ 返回主界面，即可看到【开始】选项卡下新建的【常用】组，其中包含刚刚添加的所有命令按钮。将常用的命令按钮放置在新建组中，这样操作起来会更加方便，如下图所示。

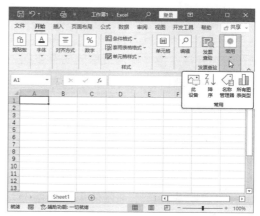

> **温馨提示** ▶
> 在【Excel选项】对话框中单击【新建选项卡】按钮，可以创建选项卡。

02 养成自动备份的好习惯

对于一些比较重要的人事表格，为了保证数据不丢失，我们最好对文件及时进行备份。备份的方法有哪些？让ChatGPT为我们梳理一下。

提问 Excel备份文件的方法有哪些？

ChatGPT Excel备份文件的方法有以下几种。

1.手动备份：手动将文件复制到外部储存器或云端储存空间中。手动备份可以按需备份，备份的内容自己掌控，但需要注意定期、及时备份。

2.自动备份：使用备份软件或云盘等自动备份工具进行自动备份，自动备份可以定期或实时备份，也可以设置备份的范围和方法，但需要考虑备份工具的可靠性和安全性。

3.硬件备份：使用外部储存设备，如外接硬盘或U盘等，进行文件备份，硬件备份相对手动备份来说更安全可靠，但需要注意防止丢失或损坏等情况。

4.云端备份：使用互联网储存空间将文件备份到云端服务器中，云端备份可以自动定期备份，提供了更大的备份空间，但也需要保证储存空间的稳定性和安全性。

综上所述，备份文件既可以手动备份和定期备份，也可以使用自动备份工具和云端备份等方式。备份文件时应该重点考虑文件的重要性和安全性，选择适合自己的备份方式。

从ChatGPT的提示中可以看出，手动备份和硬件备份都是文件制作好以后通过复制得到的备份，而自动备份和云端备份在经过设置后可以实现自动定期备份，但需要安装相关的软件。实际上，在保存文件的同时就可以自动进行备份。让Excel自动进行备份的具体操作步骤如下。

第1步 按【F12】键，打开【另存为】对话框，❶单击【工具】下拉按钮，❷在弹出的下拉列表中执行【常规选项】命令，如下图所示。

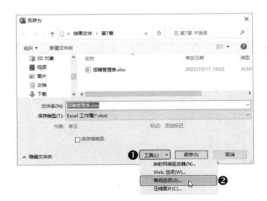

第2步 打开【常规选项】对话框，❶选中【生成备份文件】复选框，❷单击【确定】按钮，如下图所示。

第3步 ▶ 返回【另存为】对话框，❶设置备份文件的保存位置和名称，❷单击【保存】按钮，如下图所示。此后，在文件保存的位置，系统会自动生成备份文件。如果要打开备份文件，可直接在文件上双击，在打开的提示对话框中单击【是】按钮即可。

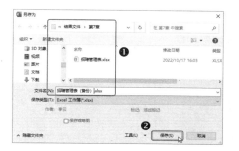

温馨提示

除了让Excel自动备份，HR也可以通过复制粘贴表格的方式进行备份。不过，这种方法并不会使两个表格产生链接，当对原始表格进行编辑后，就需要重复一次复制粘贴操作，以保证两处位置的表格数据完全相同。

03 将常用的表格做成模板

在人力资源管理工作中，很多表格结构都大致相同甚至完全相同，如面试登记表、面试评估表、绩效考核表、考勤表等。对于这样的表格，我们可以将做好的表格保存为模板，再次使用时，直接根据该模板进行快速创建，可以达到"偷懒"的目的。

为了提高工作效率，我们可以问一问ChatGPT如何将常用的表格做成模板。

提问 如何将常用的表格做成模板？

ChatGPT 将常用的表格做成模板可以提高工作效率和准确度，执行以下步骤可将表格做成模板。

1. 打开Excel，并打开一个要做成模板的表格。

2. 依据实际需求，对这个表格进行格式、样式、数据量等方面的设计和调整。

3. 单击Office按钮或【文件】选项卡，在弹出的选项中选择【另存为】，并在【另存为】对话框中选择【Excel模板】。然后在文件名中输入模板名称，选择文件保存的路径，单击【保存】按钮即可。

4. 保存完毕后，在Excel中选择【模板】（或【模板文件夹】，根据Excel版本可能会有所不同）然后选择【我的文件夹】或【个人文件夹】，在里面找到刚才保存的模板文件，双击打开。

5. 可以根据需求对模板进行修改、添加或删除，在执行完操作后保存并关闭模板。

6. 平时需要使用模板时，可以在打开Excel后选择【新建】，然后在弹出的窗口中选择需要的模板并单击【创建】即可。

总之，将常用的表格做成模板可以提高工作效率和准确性，通过自定义模板可以方便快捷地使用表格和数据模型，避免重复操作，提高工作效率。在制作模板的过程中，需要根据自己的需求和习惯进行设计和调整，使得模板的使用更加方便和高效。

根据ChatGPT的提示，我们去实操一下。

打开要保存为模板的工作表，按【F12】键，打开【另存为】对话框，❶在【保存类型】下拉列表中选择【Excel模板】，❷在【文件名】文本框中设置模板文件名称，❸单击【保存】按钮，如下图所示。

当我们要再次调用该模板时或根据模板创建表格时，只需❶在【文件】菜单中选择【新建】命令，❷在右侧单击【个人】超链接，❸进入个人模板界面，双击相应的表格模板图标即可，如下图所示。

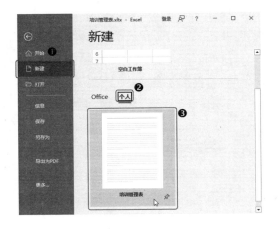

第 2 章

经验之谈：HR 使用 Excel 的一些避坑指南

> **本章导读**
>
> HR 不仅要知道使用 Excel 制作表格、美化表格的技巧，还需要明白表格制作的一些规范和原则，避免在后续的操作中出现不必要的问题。第 1 章中我们已经介绍了数据源表格和结果汇总表格的区别，本章将通过 ChatGPT 让读者掌握表格结构设计原则和表格内容操作规范，这些内容主要是针对数据源表格展开的，结果汇总表格的设计和内容输入规范并没有如此严格。这些规范可以让后期通过加工数据源表格获得结果汇总表格变得更轻松，是很多资深 HR 的经验总结，能帮助大家少走弯路。

2.1 表格结构设计规范

如果我们要制作的是一个数据展示型的表格，即只将Excel作为数据存储工具，或者制作结果汇总表格，那么表格设计就可以很灵活，怎么美观怎么来。如果要发挥Excel的强大功能，先创建数据源表格，然后通过计算、分析等技术手段制作出各种结果汇总表格，那么最好从一开始就规范好表格结构。下面借助ChatGPT来了解一下Excel中表格结构设计时需要遵守的规范。

提问 为利于后期的数据分析，在Excel中创建表格时，结构设计上需要遵守哪些规范？

ChatGPT 在Excel中创建表格时，结构设计需要遵守以下规范，以利于后期的数据分析。

1.表头要明确：表格的第一行应该是列标题（或属性名），列标题需要明确、具体，能够准确表述该列所包含的内容，如"序号""时间""金额"等。

2.数据行要连续：表格中的数据行应该连续，不能出现空白行，这样可以方便后期快速排序、筛选和计算。

3.关键数据放在前列：表格中最重要的数据需要放在前列，便于快速识别，并且在进行数据筛选和排序时也方便处理。

4.避免合并单元格：表格中尽量避免合并单元格，如果实在需要合并，也应该在表格中明确标注信息，便于后续数据分析。

5.数据应该有维度：表格中的数据应该具有维度性，即需要考虑横向扩展和纵向扩展，能够表达数据之间的关系。

6.空白行列应该删掉：表格中的空白行、空白列应该尽可能删除，同时意义不大的行或列（如制表人、制表时间等）也应该删除，含义不大的行或列中的信息可以单独存放在表格页面的标题或页脚部分。

总之，在Excel中创建表格时，结构设计上需要注重表头明确、数据连续、关键数据前置等原则，并且需要保证表格结构清晰规范，方便后续的数据分析和处理。建议在设计表格时先考虑数据结构和分类，然后合理设计行列顺序，最后利用Excel的各种处理工具进行数据分析和展示。

ChatGPT对表格制作规范的讲解还是很到位的，不仅给出了制作上对表头、数据的详细要求，对字段排列顺序和数据维度都进行了前期规划方面的提醒。下面就来看看常见的不规范表格存在哪些问题，让你避开表格设计的"坑"。

2.1.1 滥用多行表头

很多HR在设计表格时，习惯使用多行表头，先将标题分为几大类，再在下一行或几行中进行细分，如下图所示。

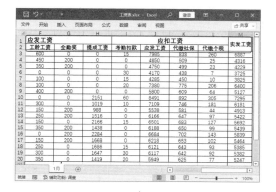

其实，这种表头设计方法用于结果汇总表格中是没有问题的，但在数据源表格中不能这样应用，因为Excel默认表格的第一行为标题行。创建的表格如果符合软件的设计规则，使用起来就会更得心应手，否则就会给后续的操作带来麻烦。下面列举几个使用多行表头后常见的麻烦。

1. 套用表格样式时标题行出错

在为表格套用表格样式时，Excel默认会将第一行作为标题行。如果表格拥有多行表头，那么套用表格样式时，表格标题行会出错，而且表格样式可能无法应用。多行表头套用表格样式后的效果如右图所示。在该案例中套用表格样式后，因为不能识别合并的多行表头，所以自动增加了一行标题行，同时原来的多行标题有变化。

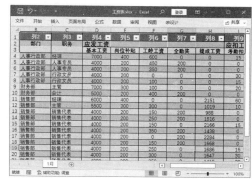

在该案例中，即使在套用表格样式时选中【表包含标题】复选框，得到的效果也不对，如下图所示，原来第一行中合并的单元格被强制拆分了，然后自动增加了没有数据的单元格表头。

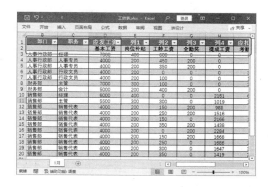

2. 影响排序

在对多行表头表格中的数据进行排序时，如果多行表头中包含合并单元格，那么通过【升序】和【降序】按钮进行排序时，会弹出提示对话框，提示"若要执行此操作，所有合并单元格需大小相同"，如下图所示。也就是说，要执行排序操作，必须保证合并的单元格大小相同，不能有些合并两个单元格，有些合并三个单元格，有些又不合并。

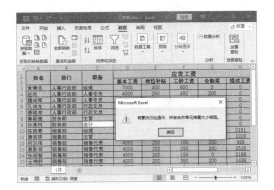

如果对多行表头的表格取消合并单元格，那么执行排序操作后，表头可能排在整个表格的最后或多行表头分开排列，如下图所示，依然得不到想要的效果。

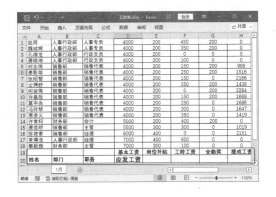

3. 影响筛选

对多行表头的数据执行筛选操作后，将只会在多行表头的第一行添加筛选下拉按钮。如果多行表头中不存在合并单元格，那么还是可以针对第一行数据执行筛选操作的，只是不能根据第二行的表头进行筛选，对筛选的影响不大；但如果第一

行中存在合并单元格，那么将不能正常执行筛选操作。

如下图所示，表格中多行表头的第一行中存在合并单元格，进入筛选状态后，只会在合并单元格的右侧添加筛选下拉按钮，并且在弹出的下拉列表中只能对合并单元格的第一列数据进行筛选操作。例如，在本例中，单击【应发工资】字段右侧的筛选下拉按钮，在弹出的下拉列表中就只提供了"基本工资"列中的数据，只能对该列数据进行筛选操作。

4. 影响分类汇总

如果表格中包含多行表头，那么对表格进行分类汇总时，将会弹出如下图所示的提示对话框，提示无法确定当前列表或选定区域的哪一行包含列标签。

即使在弹出的提示对话框中单击【确定】按钮,在打开的【分类汇总】对话框的【选定汇总项】列表框中也只会出现第一行的表头名称。如果第一行中包含合并单元格,那么在【选定汇总项】列表框中这些列的选项会直接显示为列名称,如下图所示。

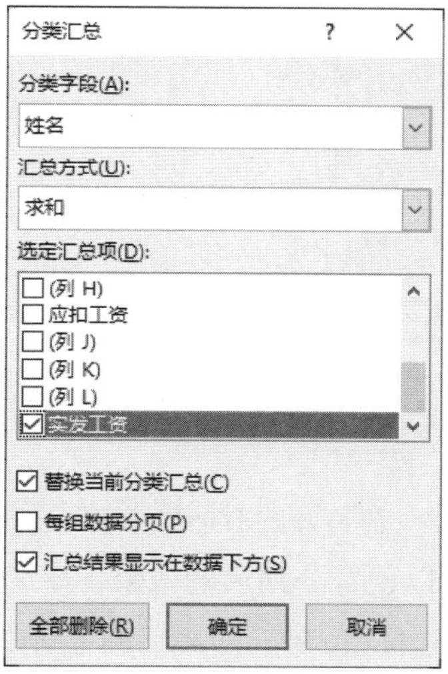

5. 创建数据透视表时出错

在对多行表头的表格创建数据透视表时,会弹出错误提示框,如下图所示,无法创建数据透视表。所以,HR在设计数据源表格时,要避免设计多行表头。

2.1.2 不同类别的数据放一起

在Excel中,将不同类别的数据放置在同一列或同一行,虽然不会影响数据的查看,但使用起来就会非常不便。

例如,曾经有位同事发给笔者一张劳动合同签订情况表,如下图所示,问笔者怎样能快速统计出劳动合同期限。她还说已经问了其他人,知道用DATEDIF函数可以快速统计出劳动合同期限,但是她无论如何也计算不出来。

编号	姓名	车间	职务	劳动合同起止时间
00105	唐文鸿	一车间	主管	2015/12/15至2022/12/16
00001	冯语雅	一车间	组长	2010/11/10至2020/11/11
00107	毕雅琳	一车间	普工	2012/9/20至2019/9/21
00104	郑叙言	一车间	普工	2012/11/18至2022/11/11
00002	常高明	一车间	普工	2012/11/13至2020/11/14
00019	彭蓝雅	一车间	普工	2015/11/17至2019/11/18
00106	秦静莎	一车间	普工	2016/5/17至2019/11/18
00021	潘雅月	一车间	主管	2013/1/19至2021/1/20
00111	滕靖舒	二车间	组长	2014/11/13至2017/11/14
00020	吴语雅	二车间	普工	2016/11/18至2019/11/15
00003	杨晓湘	二车间	普工	2012/11/14至2018/11/15
00017	安秀颖	二车间	普工	2015/11/15至2024/11/16
00108	周嘻玉	二车间	普工	2014/10/9至2024/10/10
00113	章孔蓉	二车间	普工	2017/11/14至2022/11/15

其实,实际使用中很多上级会要求将这类表格制作成上图那样的效果,理由是看着方便。但这样的表格只能是结果汇总表格,不能作为数据源表格使用。一旦领导要求根据劳动合同的起止时间对劳动合同的签订年限、续签时间等进行统计,就无法使用公式和函数来完成,只能通过计算器或其他方式来计算,非常不方便。

所以,在Excel中,数据源表格中只有同类数据才能放置在同一列或同一行中,不同类别的数据要分行或分列放置。

如果已经将不同类别的数据放置到同一列中,再想调整表格将不同类别的数据放置在不同的列,可以通过Excel提供的分列功能快速实现。例如,要将上图中的劳动合同的起、止时间分别放置在不同列中，具体操作步骤如下。

第1步 ▶ 打开"同步学习文件\素材文件\第2章\劳动合同签订情况表.xlsx"文件，❶选择需要分列的单元格区域，❷单击【数据】选项卡【数据工具】组中的【分列】按钮，如下图所示。

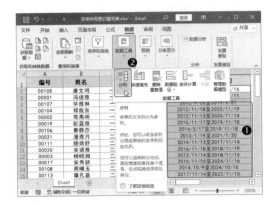

第2步 ▶ 打开【文本分列向导】对话框，保持默认设置，单击【下一步】按钮，如下图所示。

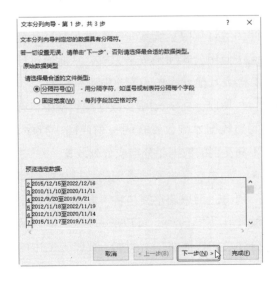

第3步 ▶ 在打开的对话框中，❶选中【其他】复选框，在其后的文本框中输入分隔符号，这里输入"至"，❷单击【下一步】按钮，如下图所示。

第4步 ▶ 在打开的对话框中的【数据预览】框中可以预览分列后的效果，❶选中【日期】单选按钮，确保分列后的日期数字格式正确，❷单击【完成】按钮，如下图所示。

第5步 返回工作表编辑区，即可看到分列后的效果，然后对分隔列的格式进行设置即可，效果如下图所示。

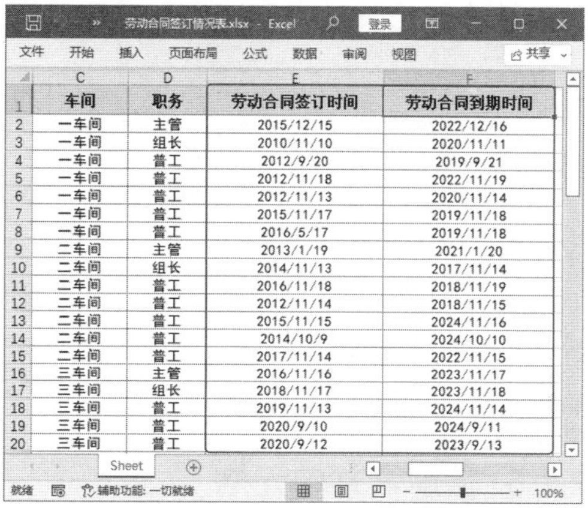

车间	职务	劳动合同签订时间	劳动合同到期时间
一车间	主管	2015/12/15	2022/12/16
一车间	组长	2010/11/10	2020/11/11
一车间	普工	2012/9/20	2019/9/21
一车间	普工	2012/11/18	2022/11/19
一车间	普工	2012/11/13	2020/11/14
一车间	普工	2015/11/17	2019/11/18
一车间	普工	2016/5/17	2019/11/18
二车间	主管	2013/1/19	2021/1/20
二车间	组长	2014/11/13	2017/11/14
二车间	普工	2016/11/18	2018/11/19
二车间	普工	2012/11/14	2018/11/15
二车间	普工	2015/11/15	2024/11/16
二车间	普工	2014/10/9	2024/10/10
二车间	普工	2017/11/14	2022/11/15
三车间	主管	2016/11/16	2023/11/17
三车间	组长	2018/11/17	2023/11/18
三车间	普工	2019/11/13	2024/11/14
三车间	普工	2020/9/10	2024/9/11
三车间	普工	2020/9/12	2023/9/13

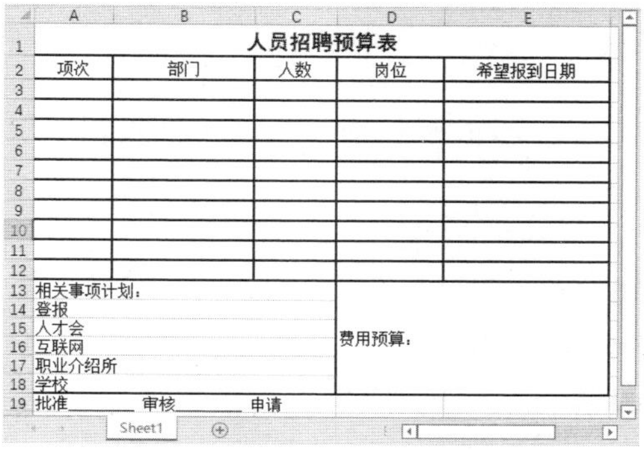

2.1.3 字段顺序安排不合理

设计表格的过程，常常是根据制表人厘清的当前工作的逻辑顺序来设计表格中的字段。表格中字段的顺序安排是否合理，不仅直接关系着表格逻辑结构是否清晰，还会影响数据输入者的思维。

所以，设计表格时需要分析各字段的关系、主次等，按字段的重要程度或某种方便阅读的规律来排列。最好能根据填表流程和工作流程等来合理安排字段的顺序，让人觉得数据源表格的输入过程就像生产线上的产品一样，从开始到结束一气呵成。

例如，制作招聘预算表，要先厘清结构顺序：招聘的批次、为哪个部门招聘、招聘的人数、招聘的岗位、招聘的时间及招聘的渠道、招聘费用等。经过分析整理后，可以得到这样一些字段和顺序：项次（批次）、部门、人数、岗位、希望报到日期，如下图所示。

人员招聘预算表

项次	部门	人数	岗位	希望报到日期

相关事项计划：
登报
人才会
互联网
职业介绍所
学校

费用预算：

批准________ 审核________ 申请

对数据源表格来说，如果表格中的字段顺序安排不合理，在输入后续的各条数据信息时，可能让输入者在忽左忽右的输入过程中浪费大量时间。

例如，制作部门绩效考核表，顺序应该是：考核指标有哪些、考核目标的实际完成情况、任务完成的比例、相应的评分、未完成的原因等。大体可以确定字段和字段顺序为序号、考核指标、目标完成情况、权重、自评、主管评分和备注，如下图所示。

序号	考核指标	目标完成情况	权重（%）	自评	主管评分	备注
1						
2						
3						
4						
5						
6						
7						
8						
9						
10						
11						
12						
13						
14						
15						
16						
17						
18						
19						

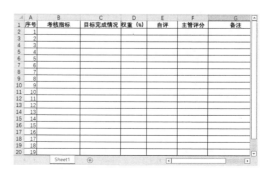

温馨提示

确定字段有哪些与确定字段顺序，都可以通过厘清当前表格的逻辑顺序来确定，不过，最好是先确定需要的字段，再确定字段的安排顺序。

2.1.4 多此一举的小计行、合计行

我们经常会在一些表格的末尾或最右侧列看到表格数据的统计结果、说明、注释等辅助内容，如下图所示。有时甚至在表格中部也出现一些局部数据的汇总行，这些就是合计行和小计行。

需要注意的是，这类表格大部分是结果汇总表格。在对数据进行统计和汇总分析时，人为加入合计行等是为了查看更直观、方便。

如果要制作的是数据源表格，人为添加合计行等不仅需要花费大量的时间，还会因为它把整个表格人为划分为几大块，分割了表格，如右图所示，导致进行计算或排序时容易出现问题。

如果要想对表格中的数据进行汇总，那么可直接使用Excel的数据透视表或分类汇总功能，这样不仅高效，而且看完汇总结果后，还可快速地将表格恢复原状。

若数据源表格中出现了小计行、合计行，则需要手动将其删除，保证数据区域的整体性和连续性。

2.1.5 随意合并单元格

在制作人力资源相关的表格时，能不能进行单元格合并，HR需要判断当前制作的表格是数据源表格还是结果汇总表格，如果是数据源表格，就不能进行单元格合并；如果是结果汇总表格，就完全没有禁忌，按需要进行合并即可。

合并单元格会导致数据表中的单元格大小不相同，而且Excel默认合并单元格后只有第一个单元格中才保存有数据，其他单元格都是空白单元格。这样就会对数据的进一步管理和分析带来不便，这与多行表头可能带来的后续问题相同，会导致表格不能进行排序、汇总、筛选和数据透视出错等。

2.1.6 人为产生隔断

在数据源表格中，合计行、小计行

不能轻易有，空行、空列同样不能随意插入。

其原理和小计行、合计行相同，插入的空行、空列就等于将表格分割成多个数据区域。当选择这些区域中的任意单元格后，按【Ctrl+A】组合键将只能选择该单元格所在的这一个数据区域的所有单元格，如下图所示。这是因为Excel是依据行和列的连续位置来识别数据之间的关联性，而人为设置的空白行和列会打破数据之间的这种关联性，Excel认为它们之间没有任何联系，就会导致后期的数据管理和分析出错。

> **温馨提示**
> 有些人喜欢插入空白行、空白列来方便查看数据，这是不可取的。想要方便查看，完全可以通过设置不同的单元格底纹来实现。

2.1.7 随意隐藏行或列

当制作的表格不仅是自己操作，还有其他人也参与使用时，有些HR为了方便会隐藏行或列，使表格上显示的格式更规范。

这样操作本身没有什么大问题，对于制表者来说，他自己隐藏的行或列一般也能记住，等到操作时再显示出来就可以了。但是，其他人如果不仔细看，是很难发现隐藏行或列的，在汇总数据、使用数据透视表等功能，尤其是创建公式引用时会出错。例如，经常使用的VLOOKUP函数，如果引用的区域中包含隐藏列，那么第3个参数在设置返回相对列位置时就会不准确，导致引用的数据不对。

所以，在数据源表格中不能隐藏行或列，在结果汇总表格中也尽量少隐藏行或列。有用的数据就显示出来，没用的数据可以直接删除。如果只想提供表格中的部分数据，应该另外新建一张表格。

所以，如果数据源表格中出现了空行、空列，导致数据断裂或残缺，一定要手动将这些空行、空列删除。

2.2 表格内容输入不规范

HR在填写或是编辑人事表格、表单时，除了要保证填写数据的真实性外，还要遵循其他规则吗？我们来看看ChatGPT是如何回复的。

> **提问** 为了便于数据的后期分析，在 Excel 中输入数据时需要遵守哪些规范？
>
> **ChatGPT** 在Excel中输入数据时，需要遵守以下规范，以便于数据的后期分析。
>
> 1.输入数据前清空格式：在输入数据前需要确保数据单元格没有任何格式，包括颜色、字体、对齐方式等。
>
> 2.数据统一格式：对于相似或有类似格式的数据，需要确保数据都是采用同一种格式，如日期、时间、货币数额等。
>
> 3.日期格式使用标准格式：在输入日期格式时，需要使用标准的格式，如"2012/1/1"或"2012-1-1"等，便于后续的排序和计算。
>
> 4.避免手动输入公式：避免手动输入公式，而是使用Excel已有的公式进行计算。
>
> 5.不要输入无关信息：在表格中只输入需要的信息，不要输入无关信息，如制表日期、制表人等不属于核心数据的信息。
>
> 6.数据分列：在表格中的信息需要进行分类时，尽量使用文本分列等工具对文本进行分列，以便后续的统计和分析。
>
> 7.避免数据重复：表格中的数据应该避免重复，如出现重复需要做相应的删除或合并操作。
>
> 8.表格命名要规范：在为表格命名时应该规范，以便与其他表格进行区分。
>
> 总之，在Excel中输入表格数据时，需要统一格式、避免手动输入公式、保持数据准确性并进行分类和命名等，这样便于后续数据的分析和处理工作。建议在输入数据前对表格数据进行设计和排版，优先考虑数据结构和分类，再进行合理的格式调整和统一的命名。

从以上回复可以看到，Excel中的表格结构设计和表格内容输入有些地方是相辅相成的，数据分列、命名规范等要求如果在设计表格结构初期就已经遵守，那么内容输入时一般也不会出现问题。下面对ChatGPT的回复进行总结和补充，得到表格内容输入的4项基本原则：空格不能滥用、使用名称要统一、数字格式要规范、批注应用要正确。

2.2.1 滥用空格

很多制作者在不知道表格的制作原则和规范时，为了让同列数据的宽度保持一致，会人为地在一些文本数据中添加空格。最常见的是在姓名数据中添加空格，如下图所示。

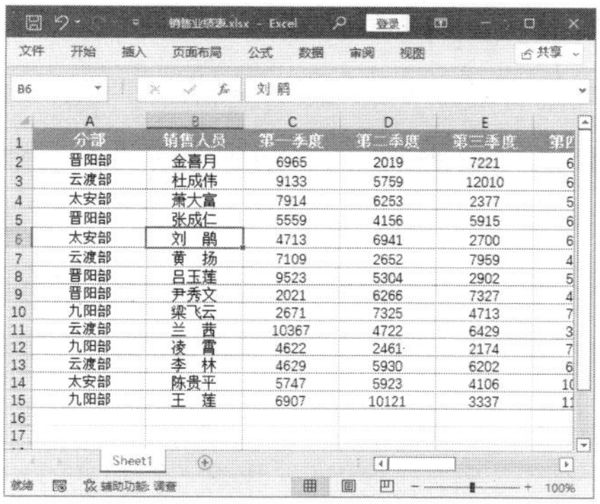

	A	B	C	D	E
1	分部	销售人员	第一季度	第二季度	第三季度
2	晋阳部	金喜月	6965	2019	7221
3	云渡部	杜成伟	9133	5759	12010
4	太安部	萧大富	7914	6253	2377
5	晋阳部	张成仁	5559	4156	5915
6	太安部	刘 鹃	4713	6941	2700
7	云渡部	黄 扬	7109	2652	7959
8	晋阳部	吕玉莲	9523	5304	2902
9	晋阳部	尹秀文	2021	6266	7327
10	九阳部	梁飞云	2671	7325	4713
11	云渡部	兰 茜	10367	4722	6429
12	九阳部	凌 霄	4622	2461	2174
13	云渡部	李 林	4629	5930	6202
14	太安部	陈贵平	5747	5923	4106
15	九阳部	王 莲	6907	10121	3337

这样乍一看没什么问题，但是在计算、汇总数据时，Excel会将添加了空格和未添加空格的内容理解为两个不同的数据，如将“刘鹃”和“刘　鹃”判断为两个人，导致计算或汇总出来的结果出错。

在工作表中查询“刘鹃”的相关信息，结果如下图所示。在J2单元格中输入“刘鹃”后，并没有查询到该员工的相关信息，因为输入的是“刘鹃”，而数据表中是“刘　鹃”，所以返回的结果为错误值#N/A。

	G	H	I	J
1	全年汇总		员工绩效快速查询区	
2	22627		请输入销售人员姓名	刘鹃
3	33899		第一季度	#N/A
4	22076		第二季度	#N/A
5	22545		第三季度	#N/A
6	20563		第四季度	#N/A
7	21864		全年汇总	#N/A
8	22881			
9	19873			
10	22035			
11	24678			
12	17183			
13	23701			
14	25990			
15	31976			

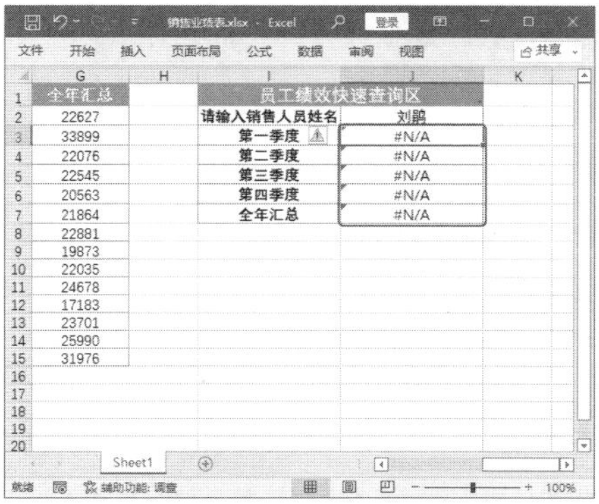

所以，在输入表格内容（尤其是制作数据源表格）时不要人为地加入空格，数据是什么样，就让其保持什么样，不用考虑美观或是其他。

在数据源表格中，随意的空格是绝对不能出现的，对于已经存在的空格，可采用查找和替换的方法批量删除，其具体操作步骤如下。

第1步 打开“同步学习文件\素材文件\第2章\销售业绩表.xlsx”文件，❶单击【开始】选项卡【编辑】组中的【查找和选择】按钮，❷在弹出的下拉列表中选择【替换】选项，如下图所示。

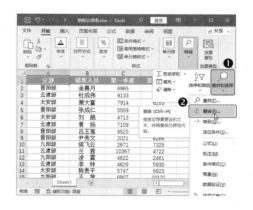

第2步 打开【查找和替换】对话框，❶在【替换】选项卡的【查找内容】文本框中输入一个空格，❷单击【全部替换】按钮，如下图所示。

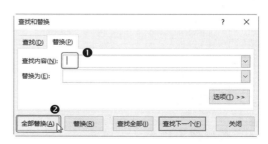

> **教您一招：快速打开【查找和替换】对话框**
> 按【Ctrl+H】组合键，可以快速打开【查找和替换】对话框。

第3步 在打开的提示对话框中可以查看替换的空格数，❶单击【确定】按钮，如下图所示。❷返回【查找和替换】对话框，单击【关闭】按钮。

第4步 在表格中即可看到所有人为输入的空格被统一替换了。原来查询不到的员工的相关信息也自动显示出来了，如下图所示。

2.2.2 同类名称不统一

数据源表格中的字段数据以后都是要参与数据分析的，所以字段内容不能是简短的评论、句子或一些符号，每个数据都应该有明确的意义，即具有单一的数据属性。

需要强调的是，数据属性不仅要让看表格的人能懂，还要让Excel明白。例如，在日常生活中，我们可能觉得"大专"和"专科"没什么区别，指代的是同一个事物，但在Excel中，输入的内容必须完全一致。

名称表达的不统一，对排序、筛选、公式引用、数据透视表等都会造成不便。如在"人事信息表"中，在学历列有"大专"和"专科"两个数据名称，实际上"大专"和"专科"是同一学历，但按学历进行排序后，"大专"和"专科"并没有排列到一起，如下图所示。

所以，在Excel中，同类名称必须采用同一种称呼。可以提前使用数据有效性功能或制作下拉列表限定单元格中可以输入的内容，也可以使用数据有效性功能设置输入提示或做一个输入说明，让其他人在

输入数据时明白如何输入。

此外，还有一类数据值得注意——空白单元格。有些HR觉得单元格中没有内容，直接空在那里即可。从数据记录的角度来看无可厚非，但要用作数据源，以后还可能需要根据该表内容演变得到更多的表格，那么即使没有数据可填也不能留白。

Excel将单元格划分为两大类：空单元格和非空单元格。很多函数的参数会明确规定参与的单元格是空单元格还是非空单元格，若是要求参数为非空单元格，如果其中包含了空白单元格，则会影响数据分析结果。处理这个问题的办法也很简单，在数据区域数值部分的空白单元格中输入0，在文本部分的空白单元格里输入相应的文本数据即可。

> **教您一招：在空白数据区域输入空文本**
>
> 这里需要提到一个真空和假空的概念。在Excel中输入空文本时，我们看到的单元格依然是空白的，只是在编辑栏中可以看到其中的内容为【=""】（半角双引号），Excel就会认为该单元格中包含数据，只不过数值为0。

2.2.3 数字格式不规范

对于HR来说，数字格式规范主要涉及日期格式、数字格式、文本格式3种。

1. 日期格式规范

在日常工作中，不规范的日期格式经常遇到，如"2023.3.16""23/3/16""2023 0316""2023\3\16"等，这些不规范的日期格式，将会对数据的筛选、排序、公式计算及数据透视表等操作造成影响。如下图所示，E列日期格式不正确，导致计算结果显示为错误值#VALUE。

职务	劳动合同签订时间	劳动合同到期时间	签订年限
主管	2015.12.15	2022/12/16	#VALUE!
组长	2010.11.10	2020/11/11	#VALUE!
普工	2012.9.20	2019/9/21	#VALUE!
普工	2012.11.18	2022/11/19	#VALUE!
普工	2012.11.13	2020/11/14	#VALUE!
普工	2015.11.17	2019/11/18	#VALUE!
普工	2016.5.17	2019/11/18	#VALUE!
主管	2013.1.19	2021/1/20	#VALUE!
组长	2014.11.13	2017/11/14	#VALUE!
普工	2016.11.18	2018/11/19	#VALUE!
普工	2012.11.14	2018/11/15	#VALUE!
普工	2015.11.15	2024/11/16	#VALUE!
普工	2014.10.9	2024/10/10	#VALUE!
普工	2017.11.14	2022/11/15	#VALUE!
主管	2016.11.16	2023/11/17	#VALUE!
组长	2018.11.17	2023/11/18	#VALUE!
普工	2019.11.13	2024/11/14	#VALUE!
普工	2020.9.10	2024/9/11	#VALUE!
普工	2020.9.12	2023/9/13	#VALUE!

在Excel中，规范的日期格式一般用"-""/"符号连接年、月、日，如"2023-3-16""2023/3/16"等。

需要注意的是，日期格式规范不仅是格式规范，还要注意同一表格中或同一列中不能有多种日期格式数据，如下图所示。虽然不会影响计算结果，但会显得杂乱，不规整。

职务	劳动合同签订时间	劳动合同到期时间	签订年限
主管	2015/12/15	2022年12月16日	7
组长	2010/11/10	2020年11月11日	10
普工	2012/9/20	2019年9月21日	7
普工	2012/11/18	2022年11月19日	10
普工	2012/11/13	2020年11月14日	8
普工	2015/11/17	2019年11月18日	4
普工	2016/5/17	2019年11月18日	3
主管	2013/1/19	2021年1月20日	8
组长	2014/11/13	2017年11月14日	3
普工	2016/11/18	2018年11月19日	2
普工	2012/11/14	2018年11月15日	6
普工	2015/11/15	2024年11月16日	9
普工	2014/10/9	2024年10月10日	10
普工	2017/11/14	2022年11月15日	5
主管	2016/11/16	2023年11月17日	7
组长	2018/11/17	2023年11月18日	5
普工	2019/11/13	2024年11月14日	5
普工	2020/9/10	2024年9月11日	4
普工	2020/9/12	2023年9月13日	3

在Excel中统一规范日期，可直接使用查找和替换功能，将日期数据中的点“.”或右斜杠“\”批量替换为左斜杠“/”。例如，用左斜杠“/”批量替换点“.”的操作如下图所示。

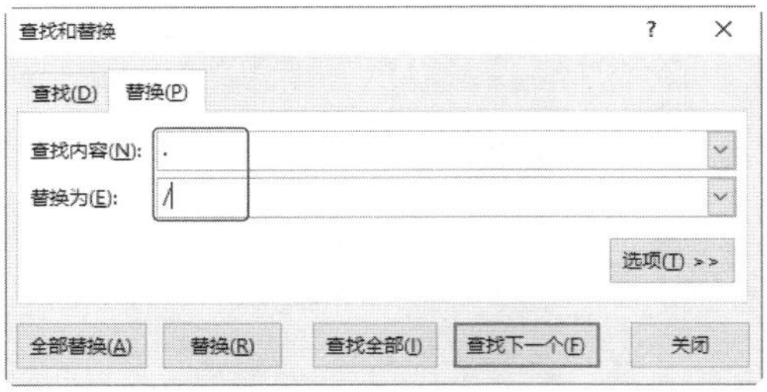

此外，还有一种人为输入不规范的日期数据，如将2023年5月4日输入为“20230504”，如下图所示。

	A	B	D	E	F	G
1	员工编号	姓名	岗位	性别	出生年月	身份证号
2	HT0001	陈果	市场经理	男	19830726	123456198307
3	HT0002	欧阳娜	行政经理	女	19760502	123456197605
4	HT0003	林梅西	往来会计	女	19830205	123456198302
5	HT0004	蒋丽程	市场拓展员	女	19801202	123456198012
6	HT0005	王思	促销推广员	女	19820428	123456198204
7	HT0006	张德芳	财务经理	女	19750426	123456197504
8	HT0007	童韵	总账会计	女	19801208	123456198012
9	HT0008	陈德格	生产副总	男	19720716	123456197207
10	HT0009	李运隆	技术人员	男	19840723	123456198407
11	HT0010	张孝骞	技术人员	男	19870113	123456198711
12	HT0011	刘秀	销售代表	女	19850813	123456198508
13	HT0012	陈丹	公关人员	女	19880306	123456198803
14	HT0013	胡茜茜	销售经理	女	19790304	123456197903
15	HT0014	李春丽	检验员	女	19820103	123456198210
16	HT0015	袁娇	出纳	女	19840101	123456198401
17	HT0016	张伟	仓库管理员	男	19840131	123456198410
18	HT0017	李丽	操作员	女	19851110	123456198511
19	HT0018	谢艳	销售代表	女	19860502	123456198605

对于这种不规范的日期数据，需要用“分列”功能来处理，同样是依据分隔符号来进行分列，关键是要在【文本分列向导】对话框的第3步中选中【日期】单选按钮，这里不再赘述。

2. 数字格式规范

在Excel中，数据分为文本型数字和数值型数字。文本型数字不能参与计算，而数值型数字可以参与各种计算。虽然在输入过程中，Excel会自动识别输入的数字类型，但很多人在设置数字格式时，并不注意这些数字格式的规范，有时会将数值型数字转换为文本型数字，还有一些外部数据在导入时容易被保存为文本型数字，最终导致计算出错。

例如，对规范的数字进行求和计算，得出的绩效总分如下图所示。

	A	B	C	D	E	F	G	H
1	姓名	1月	2月	3月	4月	5月	6月	总分
2	张奇	87	69	70	80	79	84	469
3	高琴	90	68	67	79	86	83	473
4	李贺	84	69	68	79	86	85	471
5	付丽丽	81	70	76	82	84	76	469
6	王乐怀	83	75	76	88	85	73	480
7	楚梦	81	76	51	84	84	80	456
8	张南初	73	68	48	89	80	74	432
9	刘三阳	71	71	64	83	80	86	455
10	平均分	81.25	70.75	65	83	83	80.125	463.125
11	最高分	90	76	76	89	86	86	480
12	最低分	71	68	48	79	79	73	432
13								

Sheet1

> **温馨提示**
>
> 在数据源表格中，注意不要输入中文表述的数值，如“三十二”。

将“1月”列的数据更改为文本型数字后，得到的错误结果如下图所示。

	A	B	C	D	E	F	G	H
1	姓名	1月	2月	3月	4月	5月	6月	总分
2	张奇	87	69	70	80	79	84	382
3	高琴	90	68	67	79	86	83	383
4	李贺	84	69	68	79	86	85	387
5	付丽丽	81	70	76	82	84	76	388
6	王乐怀	83	75	76	88	85	73	397
7	楚梦	81	76	51	84	84	80	375
8	张南初	73	68	48	89	80	74	359
9	刘三阳	71	71	64	83	80	86	384
10	平均分	#DIV/0!	70.75	65	83	83	80.125	381.875
11	最高分	0	76	76	89	86	86	397
12	最低分	0	68	48	79	79	73	359
13								

Sheet1

> **温馨提示**
> 将数值型数字转换为文本型数字后，单元格左上角会出现一个绿色的三角形标记，它表示这个单元格中的数字类型为文本型数字。

在Excel中，有两种情况需要将数值型数字刻意更改为文本型数字：一种是输入以"0"开头的编号；另一种就是输入位数较多的数字。因为在Excel中直接输入以"0"开头的数字时，会自动从非"0"的数字开始显示。当输入的数字超过11位时，会直接转换为科学记数法，如下图所示。

遇到这两种情况，可以先将相应单元格的数字类型转换为文本，再输入对应的数字，或者在输入数字前先输入英文状态下的单引号【'】，这样就能正常显示出来了。

对于那些被无意转换为文本的数据，我们只需选择该单元格，单击左侧出现的【追踪错误】图标 ，在弹出的下拉列表中选择【转换为数字】选项，如右图所示，即可将其转换为数值型数字。

> **温馨提示**
> 需要注意的是，先输入身份证号码后设置单元格的数字格式为文本，虽然也能将身份证号码完全显示出来，但是显示出来的身份证号码最后4位会变为默认的0，也就是说身份证号码的最后4位显示是不正确的。

3. 文本格式规范

文本内容的格式规范除了前面提到的空格不能随便输入外，还要注意是否输入了强行分行符，或者包含隐藏字符等。这些内容都会为后期处理带来麻烦。

处理不规范的文本，主要是对多余的内容进行清除。当不规范的文本较多时，手动处理不是好办法，但在Excel中无法智能批量处理，这时可以先从Excel中复制不规范的数据到空白Word文档中，按【Ctrl+H】组合键打开【查找和替换】对话框，单击【更多】按钮，显示出该对话框中的更多设置选项。将文本插入点定位在【查找内容】文本框中，单击【特殊格式】按钮，在弹出的下拉列表中选择对应的选项（删除空格选择【不间断空格】命令、删除手动分行符选择【段落标记】或【手动换行符】命令），如下图所示，然后单击【全部替换】按钮。最后将文档中的数据粘贴到表格中即可。

同类型的批注，即在批注中输入特定范畴的内容。当添加的批注是极少数时无伤大雅，如果为某一个字段添加了太多批注，就要思考一下根据这些批注新建其他字段了。毕竟批注中的内容不容易被采集和使用，更不能参与计算。

所以，切忌将批注当作单元格来使用。随着批注越来越多，你可能根本没精力去仔细查看批注内容，统计批注中的内容更是一个浩大的工程。

建议在数据源表格中尽量少用或不用批注，用的时候也要注意它是用来注释的，而不是存储相关信息的。

2.2.4 批注应用不正确

有时，为了不破坏原来的表格结构，有些HR会通过添加批注来对单元格中的内容进行注释，用于补充单元格中的内容。在实际使用中一般会为某一列单元格添加

> **温馨提示**
> 符号、图形、图片等特殊内容也建议不要出现在数据源表格中，所有的内容尽量以单独的字段形式存在，每个字段用数字或文字描述。

2.3 表格存储不规范

作为HR，需要和公司的多个部门进行交涉，不仅要掌握许多信息，还需要让一些信息在特定的人群间流传。所以一定要规范存储表格，否则就容易出现以下这些情况：自己设计好的表格分发给多人填写内容，结果返回来的填写内容五花八门，甚至有的表格结构都已经发生了变化；计算机中有很多内容相似的表格，从文件名称上不能决定应该使用哪个；有些表格内容完全相同，文件名称却不同；还有的文件夹里只保存了一个表格文件，打开表格时无端增加了操作……这些不规范，时刻影响着我们的工作效率。

下面让我们来问一问ChatGPT，规范存储表格的操作有哪些，看看它有哪些建议。

第 2 章
经验之谈：HR 使用 Excel 的一些避坑指南

提问 规范存储表格的操作有哪些？

ChatGPT 规范存储表格的操作有以下几个。

1. 命名规范：每个表格都应该有一个简单明了的文件名，尽量不使用特殊符号，以方便后续的查找和管理。

2. 目录结构：建立清晰的目录结构，对于不同类型的表格可以建立不同的子目录，便于分类和管理。如果有多个工作簿或表格，则应该建立统一的文件夹用于存放，便于查找和备份。

3. 限制大小：Excel文件的大小要有一定限制，应尽量避免超过单个文件的极限大小，而对于录入了大量数据的表格，建议按日期或者记录来拆分成多个表格，并打上版本号，便于回溯历史数据。

4. 备份机制：每个表格都应该定期备份，使得数据损失的可能性最小，可以设置定期备份，如每周一备份上周的表格等。

5. 合规安全：确保Excel表格存储在合规的数据中心，并采取安全保护措施，如加密、权限分级等措施以保护数据安全。

总之，规范存储表格可以提高表格的可查找性和可管理性，建议在存储表格时遵循文件命名规范、统一文件夹或目录结构、分割大表、定期备份并确保表格存储在安全的环境中。这些实践可以避免不必要的数据丢失并提高数据和信息的利用效率。

ChatGPT的回复比较详细，下面针对它没有注意到的常犯错误和需要强调的部分进行详细介绍。

2.3.1 工作表中出现多个不同表格

不少刚接触Excel的人员，总是想办法将各种数据堆积到一张工作表中，有时甚至会将不同的数据（表格）组织在一张工作表中，如右图所示。他们可能觉得放在一张工作表中，就可以在显示器上同时看到这些数据，查看、引用或计算都会更方便。

但实际工作中不建议在一张工作表中保存多个表格,这样的操作虽然有些小的便利,但是带来了更大的危害。

将多个表格放在一张工作表中,如果其中一个表格需要插入、删减行或列,势必会影响其他表格的行或列。例如,在上图中的左侧表格中增加一行数据,右侧表格就会出现空白行,如下图所示;同样,如果其中一个表格需要排序、筛选等,也会给其他表格的操作带来不便;在一些函数引用中,可以整行或整列地引用,但是当多个表格放在一张工作表中时,整行或整列引用就会受到影响,需要指定引用范围,给函数公式编辑带来不便。

2.3.2 不注意保护工作表

表格制作好后,如果其中的数据很重要,记得设置密码对访问权限进行限制。如果表格需要传阅,或者分发填写具体内容,又担心在填写过程中被人修改格式、改变结构等,可以对工作表进行保护,设置允许他人修改的单元格范围。

1. 隐藏工作表

如果要发送给其他人查看的工作簿中包含一些不太重要的人事表格,但是又不希望其他人轻易查看或是修改、删除,那么首先要考虑这些表格中是否有数据被引用,如果确定没有被其他表格引用,就可以直接删除工作表。如果不能删除,较为简便的方法是将工作表隐藏。

在需要隐藏的工作表标签上右击,在弹出的快捷菜单中选择【隐藏】选项,即可快速隐藏该工作表,如下图所示。

> **教您一招:隐藏工作表**
>
> 单击【开始】选项卡【单元格】组中的【格式】按钮,在弹出的下拉列表中选择【隐藏和取消隐藏】选项,然后在弹出的下级菜单中选择【隐藏工作表】选项,也可以隐藏工作表。

第 2 章
经验之谈：HR 使用 Excel 的一些避坑指南

教您一招：取消隐藏工作表

在任一工作表标签上右击，在弹出的快捷菜单中选择【取消隐藏】选项，在打开的【取消隐藏】对话框中选择要取消隐藏的工作表，单击【确定】按钮即可，如下图所示。

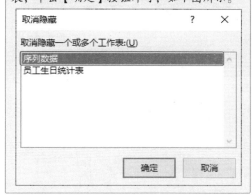

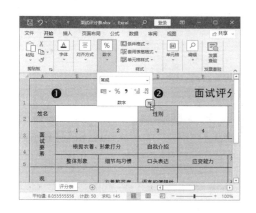

第2步 ▶ 打开【设置单元格格式】对话框，❶单击【保护】选项卡，❷选中【锁定】复选框，❸单击【确定】按钮，如下图所示。

2. 保护工作表

在HR的日常工作中，常常会将一些表格（如考勤表、招聘流程表、登记表等）分发给其他同事来查看或填写相关内容，为了防止他们随意修改工作表中的数据、样式，可以通过保护工作表的方式将不能更改的部分保护起来，限制其他人对其进行修改。

例如，要在面试评分表中对指定区域设置编辑权限密码，对工作表中的部分单元格进行保护，具体操作步骤如下。

第1步 ▶ 打开"同步学习文件\素材文件\第2章\面试评分表.xlsx"文件，❶选择不允许编辑的单元格区域，❷单击【开始】选项卡【数字】组右下角的【对话框启动器】按钮，如右图所示。

教您一招：快速打开【设置单元格格式】对话框

按【Ctrl+1】组合键，可以快速打开【设置单元格格式】对话框。

第3步 ▶ 返回工作表中，单击【审阅】选项卡【保护】组中的【保护工作表】按钮，如下图所示。

43

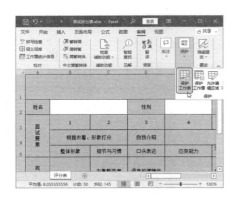

第4步 ▶ 打开【保护工作表】对话框，❶在【允许此工作表的所有用户进行】列表框中选择允许所有用户对工作表进行的操作，这里选中【选定解除锁定的单元格】复选框，❷在【取消工作表保护时使用的密码】文本框中输入密码，如输入"123"，❸单击【确定】按钮，如下图所示。

第5步 ▶ 打开【确认密码】对话框，❶在文本框中再次输入设置的密码"123"，❷单击【确定】按钮，如下图所示。

第6步 ▶ 返回工作表中，可以发现只能对没有锁定的单元格进行操作，锁定的单元格连选中都不能实现，如下图所示。

> **教您一招：撤销工作表保护**
>
> 如需撤销工作表保护，可单击【审阅】选项卡中【保护】组中的【撤销工作表保护】按钮，在打开的【撤销工作表保护】对话框中输入正确的密码，然后单击【确定】按钮即可，如下图所示。

3. 加密工作簿

有些重要或敏感的人力资源表格是需要保密的，如薪酬表格、津贴标准表格、人力配置规划表格等，不允许无关人员轻易查看。这时，最好对包含这些数据的工作簿进行加密保护，以防止数据信息泄露，对公司造成损失。

例如，要对"薪酬体系构成一览表"工作簿进行加密保护，具体操作步骤如下。

第2章　经验之谈：HR 使用 Excel 的一些避坑指南

第1步 ▶ 打开"同步学习文件\素材文件\第2章\薪酬体系构成一览表.xlsx"文件，❶单击【文件】选项卡，在弹出的【文件】菜单中选择【信息】选项，❷在右侧单击【保护工作簿】按钮，❸在弹出的下拉列表中选择【用密码进行加密】选项，如下图所示。

第2步 ▶ 打开【加密文档】对话框，❶在【密码】文本框中输入密码，如"123"，❷单击【确定】按钮，如下图所示。

第3步 ▶ 打开【确认密码】对话框，❶在文本框中再次输入设置的密码"123"，❷单击【确定】按钮，如右图所示。以后，在打开该工作簿时就会提示需要输入密码才能打开了。

教您一招：取消工作簿密码保护

要取消工作簿的密码保护，重复第1步操作，在打开的【加密文档】对话框中删除已有的密码，最后单击【确定】按钮即可。

2.3.3 文件保存不规范

在第1章中我们也强调了文件保存的重要性，简单总结起来，就是要将同一类型的数据放在同一个工作簿中，同一类型工作簿放在同一个文件夹中。同时要注意，在给工作表或工作簿命名时名称格式应保持一致。

例如，可以将同一年中的每月工资表放在同一个工作簿中，分别以"1月""2月"……命名。再将每年的工资表放在一个文件夹里，分别以"2021年工资""2022年工资"……命名。

统一的命名方式，可以给文件管理带来便利，而且在跨表引用数据的过程中，也可以快速编辑引用表格的名称，还方便后期理解公式的编写原理。

温馨提示 ▶

有些人喜欢给表格添加表名，但因数据源表格中的第一行为各字段的名称，此时表格名称可以直接放在工作表标签中。

AI 答疑与点拨

通过对前面知识的学习，相信读者朋友已经了解人事表格的结构设计、内容输入规范、原则，并对文件存储的技巧有所掌握，下面结合本章内容，让ChatGPT为读者介绍一些工作中的实用经验与技巧，以帮助HR更好地利用Excel制作和管理表格。

01 善用最终状态标记

对于那些需要共享或是公用的人事表格，我们可以在其中添加最终状态标记，用于提醒他人该表格结构或数据样式都已完善，不用进行过多的修改和编辑，在一定程度上保证同类表格的风格样式一致。具体如何操作，我们可以问一问ChatGPT。

提问 在 Excel 中如何将文档标记为最终状态？

ChatGPT 在Excel中，将文档标记为最终状态，可以通过以下几个步骤实现。

1. 打开需要标记的Excel文档，在文档顶部菜单栏中选择【文件】选项。

2. 在【文件】菜单中选择【信息】选项卡，在【信息】弹出窗口中，单击【保护工作簿】。

3. 在【保护工作簿】下拉列表中选择【加密与限制权限】，进入【权限】窗口。

4. 在【权限】窗口中，勾选【限制对此工作簿的编辑权限】，并在下方的【加密选项】中设置密码。

5. 在【下面的用户可以】选项中，勾选仅允许【检查保护工作表和场景】和【透过窗口总是显示内容】。

6. 单击【确定】按钮后，输入并再次确认设置好的密码。

完成以上步骤后，Excel文档将会被标记为最终状态，只有被授予编辑权限的用户才能修改，以确保文档的准确性和安全性。

ChatGPT给出的答案是通过对工作簿进行保护，然后设置文档编辑权限和密码的方式来保护文档内容。我们这里仅需要标记文档为最终状态，提示查阅者不要随意改动内容，所以可以通过另一种方法来实现。

例如，企业组织结构图已经编辑完成，要标记为最终状态，具体操作步骤如下。

第1步 打开"同步学习文件\素材文件\第2章\企业组织结构图.xlsx"文件，❶在【文件】菜单中选择【信息】选项，❷在右侧单击【保护工作簿】按钮，❸在弹出的下拉列表中选择【标记为最终】选项，如

第2章
经验之谈：HR 使用 Excel 的一些避坑指南

02 如何赋予指定人员修改权限

在Excel中赋予指定人员修改权限，最直接的方式就是为工作簿设置密码保护，然后将密码告知指定人员。如果不知道如何设置，可以向ChatGPT提问，寻求帮助。

提问 在 Excel 中如何赋予指定人员修改权限？

ChatGPT 在Excel中，可以通过以下步骤赋予指定人员修改权限。

1. 打开需要分配权限的Excel文档，在文档顶部的菜单栏中选择【文件】。

2. 在【文件】菜单中选择【信息】选项卡，然后选择【编写保护】。

3. 在【编写保护】窗口中，勾选【启用工作表保护】，然后单击【设置权限】。

4. 在【权限】窗口中，在【许可用户】列表中单击【添加】按钮添加需要赋予修改权限的用户。添加完成后，可在这些用户下方的【菜单】选项中选择【修改】权限，即可赋予选定用户修改该文档的权限，同时可以为其他用户定义其他访问权限。

5. 在【共享和权限】窗口中，在【密码】栏中输入保护文档的密码（如果需要的话）。如果不输入密码，则任何能够访问该文件的人都可以修改文档。

6. 单击【确定】按钮以保存权限设置。现在被指定的用户将可以修改此文档，而其他未被指定的用户可以

下图所示。

第2步 ▶ 在打开的提示对话框中单击【确定】按钮，如下图所示。

第3步 ▶ 在可能打开的提示对话框中单击【确定】按钮，如下图所示。

第4步 ▶ 返回工作表编辑界面，可以看到当前工作簿被限制为只读并在界面上方出现【标记为最终】的标记条，如下图所示。

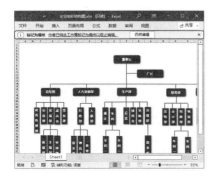

只读或无权访问。

完成以上步骤后，选定的用户将能够修改Excel文档，确保了文档的信息安全和数据完整性。需要注意的是，如果需要收回或更改修改权限，可以再次按照上述步骤进行修改。

ChatGPT给出了一种设置文档修改权限的操作方法，只是有些步骤在不同版本中稍有变化，应该是在【信息】选项卡中直接单击【保护工作簿】按钮，然后选择【保护当前工作表】选项，并在打开的对话框中设置文档密码和编辑权限。下面我们再讲解另外一种实现权限设置的方法。

例如，要对员工值班表设置整体的修改权限，具体操作步骤如下。

第1步 打开"同步学习文件\素材文件\第2章\员工值班表.xlsx"文件，❶在【文件】菜单中选择【另存为】选项，❷在右侧选择要保存文件的位置，这里选择【这台电脑】选项，如下图所示。

第2步 打开【另存为】对话框，❶选择文件要保存的位置，❷单击【工具】下拉按钮，❸在弹出的下拉列表中选择【常规选项】选项，如下图所示。

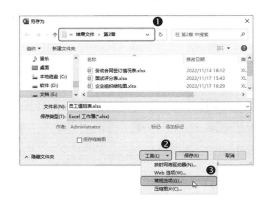

教您一招：快速打开【另存为】对话框

按【F12】键，可以快速打开【另存为】对话框。

第3步 打开【常规选项】对话框，❶在【修改权限密码】文本框中输入密码，这里输入"123456"，❷单击【确定】按钮，如下图所示。

第4步 打开【确认密码】对话框，再次输入密码"123456"，❷单击【确定】按钮，如下图所示。

第 2 章
经验之谈：HR 使用 Excel 的一些避坑指南

第5步 关闭工作簿再次打开，系统自动打开【密码】对话框，如下图所示，要求输入修改权限密码，否则只能以只读方式打开该工作簿。

03 适当缩短自动保存时间，减少数据意外丢失的可能

在制作和完善表格时，难免会遇到意外情况（比如突然断电、死机等），导致 Excel 程序自动关闭，造成一些数据的丢失。怎样才能让数据更安全呢？让我们请教一下 ChatGPT。

提问 使用 Excel 制作表格时有哪些方法可以防止数据意外丢失？

ChatGPT 在使用 Excel 制作表格时，为防止数据意外丢失，可以采取以下几种方法。

1. 定期保存：在制作表格时，应经常保存，以免软件意外关闭或系统故障造成数据丢失。可以设置自动保存，保证软件以一定的频率保存数据。

2. 备份文件：制作重要表格时，可以通过制作备份文件的方式，保存多个版本的表格，以避免单一版本出现意外问题后无法恢复数据。

3. 使用数据验证：使用数据验证功能可以限制用户在文本框中输入的内容，确保不会出现与预期不符的数据。可以限制字段的长度、类型和输入范围等，有效避免输入错误数据。

4. 使用数据透视表：数据透视表可以帮助用户快速过滤、排序和汇总数据，它通常只需要引用原始表格中的部分单元格，这样可以避免操作影响到整个表格的数据，从而降低数据丢失的风险。

5. 受保护的工作表：受保护的工作表可以防止用户不小心删除或编辑重要数据，只有输入密码才能进行编辑或数据修改，可以保证数据的安全性。

使用以上方法可以有效避免数据意外丢失，在 Excel 表格创建的过程中，建议同步使用多个数据保护方法来确保数据的安全和完整性。

ChatGPT 给出了多种提示，根据这些提示进行操作就能减少数据丢失的风险。下面对它给出的第一条建议中的操作进行展示。为了减少数据丢失的可能，HR 可以缩短 Excel 的"保存自动恢复信息时间"的时间间隔，具体操作步骤如下。

打开【Excel 选项】对话框，❶单击【保存】选项卡，❷在右侧的【保存自动恢复信息时间间隔】复选框右侧的数值框中设置自动保存文档的间隔时间，如10分钟，❸单击【确定】按钮即可，如右图所示。

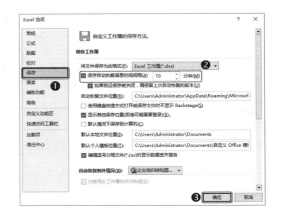

第 3 章

工作高效：HR 必须掌握的"偷懒"技能

> **本章导读**
>
> 　　职场工作，讲究的是效率，如何在最短的时间内以最快的方式完成一件事情，也是 HR 应该掌握的技能。本章将根据 ChatGPT 的提示，以人事表格数据的录入、编辑、汇总和分析的处理流程为线索，介绍 HR 需要掌握的 Excel 高效数据处理技能，如常用高效快捷键、相同或是规律数据的录入等，从而提高工作效率，节省时间和精力。

3.1 巧用快捷键

在第一章中,ChatGPT告诉我们了解一些常用的快捷键可以提高使用Excel的效率,具体有哪些快捷键是常用的呢,让我们继续来问一问ChatGPT。

> **提问** Excel常用快捷键有哪些?
>
> **ChatGPT** 以下是Excel常用的快捷键。
>
> 1. 新建工作簿:Ctrl+N
> 2. 打开工作簿:Ctrl+O
> 3. 保存工作簿:Ctrl+S
> 4. 快速保存工作簿:F12
> 5. 关闭工作簿:Ctrl+W
> 6. 选择当前列:Ctrl+Space(空格键)
> 7. 选择当前行:Shift+Space(空格键)
> 8. 选择所有单元格:Ctrl+A
> 9. 复制选定单元格:Ctrl+C
> 10. 剪切选定单元格:Ctrl+X
> 11. 粘贴复制或剪切的内容:Ctrl+V
> 12. 撤销操作:Ctrl+Z
> 13. 恢复操作:Ctrl+Y
> 14. 向下填充系列:Ctrl+D
> 15. 向右填充系列:Ctrl+R
>
> 总之,在Excel中使用快捷键可以大大提高工作效率,建议提前了解和熟练掌握常用的快捷键,便能够快速处理和操作表格。同时,Excel还提供自定义快捷键的选项,如果某个快捷键不太符合自己的习惯,可以自行更改。

ChatGPT只列举了部分常用快捷键,实际上Excel有丰富的快捷键,熟练使用这些快捷键可以提高HR的工作效率和准确性。下面整理了一些Excel常用的快捷键,助力大家提高工作效率!

3.1.1 常用快捷键

常用快捷键,是指那些使用频率非常高的快捷键,如复制快捷键【Ctrl+C】、粘贴快捷键【Ctrl+V】等。这些常用的快捷键甚至是许多软件的通用快捷方式，Excel中的常用快捷键（除ChatGPT提到的之外）罗列如表3-1所示。

表3-1　Excel 常用快捷键

快捷键	作用	快捷键	作用
Ctrl+B	应用或取消加粗格式	Ctrl+1	打开【设置单元格格式】对话框
F4	重复上一步操作或是在公式函数中切换单元格的引用方式	Ctrl+G	跳转到指定单元格
Ctrl+Enter	确认公式函数输入并不换行	Ctrl+Shift+Enter	将公式函数转换为数组公式函数

3.1.2 高效快捷键

常用快捷键其实大部分人都使用过，要让自己的操作更加高效，还需要根据自己常用的操作掌握对应的快捷键。下面根据数据处理的常用操作介绍一些高效快捷键，如表3-2所示。

表3-2　Excel 高效快捷键

单元格与行列的选择			
快捷键	作用	快捷键	作用
Ctrl+ 空格键	选定整列	Shift+ 空格键	选定整行
Shift+Backspace	在选定了多个单元格的情况下，只选定活动单元格	Ctrl+/	选定包含活动单元格的数组
Ctrl+Shift+O	选定含有批注的所有单元格	Alt+;	选取当前选定区域中的可见单元格
单元格的插入和删除			
快捷键	作用	快捷键	作用
Ctrl+Shift+ +	插入空白单元格	Ctrl+ –	删除选定的单元格
Ctrl+Shift+=	插入单元格	Delete	清除选定单元格的内容
数据的输入与编辑			
快捷键	作用	快捷键	作用
Ctrl+;（分号）	输入日期	Ctrl+Shift+:（冒号）	输入时间
Ctrl+D	向下填充	Ctrl+R	向右填充
Alt+Enter	在单元格中换行	Ctrl+F3	定义名称

续表

公式的输入与编辑			
快捷键	作用	快捷键	作用
Shift+F3	在公式中，打开【插入函数】对话框	F3	打开【粘贴名称】对话框
Alt+=	用 SUM 函数进行自动求和	Ctrl+'（右单引号）	将活动单元格上方单元格中的公式复制到当前单元格或编辑栏
数据筛选			
快捷键	作用	快捷键	作用
Ctrl+Shift+L	添加筛选下拉箭头	Alt+↓	在包含下拉箭头的单元格中，显示当前列的"自动筛选"列表
↓	选择"自动筛选"列表中的下一项	↑	选择"自动筛选"列表中的上一项
Alt+↑	关闭当前列的"自动筛选"列表	Home	选择"自动筛选"列表中的第一项（"全部"）
End	选择"自动筛选"列表中的最后一项		
显示、隐藏和分级显示汇总数据			
快捷键	作用	快捷键	作用
Alt+Shift+→	对行或列分组	Alt+Shift+←	取消行或列分组
Ctrl+8	显示或隐藏分级显示符号	Ctrl+9	隐藏选定的行
Ctrl+Shift+(	取消选定区域内的所有隐藏行的隐藏状态	Ctrl+0（零）	隐藏选定的列
Ctrl+Shift+)	取消选定区域内的所有隐藏列的隐藏状态		

温馨提示

高效快捷键的记忆和掌握，不建议死记硬背，HR可在日常工作中通过实际操作加深记忆。

3.2 高效处理数据的技巧

在制作和设计人事表格时，除了使用快捷键外，HR还能采用一些技巧来提高工作效率，节省时间和精力。制作表格的第一步是搭建框架，在前面的章节中已经介绍过这部分的内容，紧接着就是处理数据了。下面借助ChatGPT来了解一下Excel都有哪些高效处理数据的实操技巧。

> **提问** Excel中有哪些技巧可以高效输入和编辑数据？
>
> **ChatGPT** Excel中有以下几个技巧可以高效输入和编辑数据。
>
> 1. 快速输入相同值：选中数据列，输入第一个数据，按住Ctrl键后，再按Enter键，即可在下一行迅速插入此前输入的值。
>
> 2. 自动填充数据：选中含有数值或文本的数据列后，将鼠标移到右下角的方块内，光标会变成"+"的形状，再拖动这个"+"自动填充数据，Excel会自动按照一定规则帮用户填充下一格。
>
> 3. 剪切和粘贴：选择需要剪切的数据列，按【Ctrl+X】组合键将其剪切下来，再将光标移到目标单元格内，按【Ctrl+V】组合键进行粘贴，在目标单元格内就能成功删除数据并粘贴数据。
>
> 4. 使用快捷键：在输入和编辑数据时，使用Excel中的快捷键可大大提高工作效率，例如，在创建新行时，可以使用快捷键【Ctrl+Shift+=】；在编辑较长文本时，使用F2键可以快速进行编辑等。
>
> 5. 数据预格式化：在输入数据前可以对工作表进行数据预格式化，例如，设置特定单元格的颜色、对齐方式等格式，以加速数据录入。
>
> 6. 后期设置格式：在输入数据后，可以通过后期设置格式来使数据更易读，例如，使用粗体、特殊颜色等标记重要数据。
>
> 总之，Excel中有多种技巧可以提高输入数据的效率，同时，这些技巧还可以减少错误。建议在日常使用Excel进行数据输入和编辑时，逐步熟悉这些技巧。

ChatGPT罗列出的高效处理数据技巧还不够完善，有些内容比较笼统，下面，我们详细介绍常用的高效处理数据的实操技巧。

3.2.1 导入数据有诀窍

如果制作的Excel表格中要用到的一些数据已经保存在其他软件或文件中了（如Access数据库、文本文件、打卡仪器或钉钉APP等），就可以直接将需要的数据导入Excel，导入的具体方法有以下两种。

1. 复制粘贴法

如果只是临时将其他地方的全部数据或部分数据添加到Excel中进行处理，那么可以通过"复制+粘贴"的方法将数据复制到Excel中，但这种方法只适合数量较少的情况。例如，要将文本文件中的数据复制到Excel中，具体操作步骤如下。

第1步 ▶ 用相应的软件打开文本文件，并复制需要的数据，如下图所示。

第2步 ▶ 在Excel中新建或打开要复制到的工作表，将复制的数据粘贴到工作表中即可，如下图所示。

2. 导入法

如果要导入的外部数据较多，那么采用Excel提供的导入外部数据功能来导入数据就更为方便，准确率也更高。Excel中可以直接导入Access数据库、文本文件、网站中的数据。下面，以获取Access数据库中的数据为例，介绍在Excel中导入外部数据的方法，具体操作步骤如下。

第1步 ▶ ❶在Excel中新建或打开要导入数据的工作表，这里新建空白工作表，并选择一个单元格作为存放Access数据库中数据的起始单元格，❷单击【数据】选项卡【获取和转换数据】组中的【获取数据】按钮，❸在弹出的下拉列表中选择【来自数据库】→【从Microsoft Access数据库】选项，如下图所示。

第2步 ▶ 打开【导入数据】对话框，❶选择需要打开的数据库文件的保存位置，❷在中间的列表框中选择需要打开的文件，❸单击【导入】按钮，如下图所示。

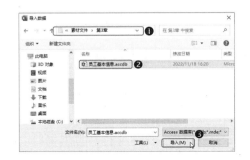

第3步 ▶ 打开【导航器】对话框，❶在

左侧选择需要导入数据的表格，这里选择【正式员工基本资料】选项，在右侧可以预览该表格中的内容，❷单击【加载】按钮，如下图所示。

第4步 返回工作表中即可查看导入的表格内容，如下图所示。

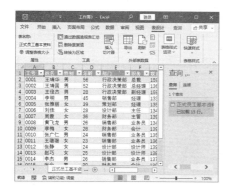

温馨提示

文本文件中的表格数据，可以通过复制的方法粘贴到Excel中；若只是一些"碎片"数据，如随手记录的数据，并没有做成表格的形式，则也需要通过导入的方法来获取。在Excel中单击【数据】选项卡【获取和转换数据】组中的【获取数据】按钮，在弹出的下拉列表中选择【来自文件】→【从文本/CSV】选项，然后根据文本导入向导提示操作即可。其间可以选择根据分隔符号或固定宽度来获取每个单元格中的数据。

3.2.2 高效输入数据

在输入人力资源数据时，经常需要输入一些相同的数据，或者在某列或某行的多个单元格中输入有规律的数据，如部门、学历、性别、职务、日期、月份等，HR可以采用以下输入数据的方法来提高建表效率。

1. 在多个不连续的单元格中填充相同数据

当需要在多个不连续的单元格中输入相同数据时，可以同时选择这些单元格，一次性完成数据的输入。

例如，要在员工生日信息表中快速输入员工性别，具体操作步骤如下。

第1步 打开"同步学习文件\素材文件\第3章\员工生日信息表.xlsx"文件，❶按住【Ctrl】键，依次选择需要输入相同内容的多个不连续单元格，❷在选择的最后一个单元格中输入"男"，如下图所示。

第2步 按【Ctrl+Enter】组合键，即可在所选的单元格中输入相同的内容，效果如下图所示。

2. 在连续的单元格区域内填充相同数据

如果需要在某一列或某一行连续的多个单元格中输入相同数据，可以通过以下3种方法进行填充。

（1）通过鼠标左键拖动控制柄填充。在起始单元格中输入需要填充的数据，然后将鼠标指针移至该单元格的右下角，当鼠标指针变为+形状（常常称为填充控制柄）时，按住鼠标左键不放并拖动控制柄到目标单元格中，释放鼠标，即可快速在起始单元格和目标单元格之间的单元格中填充相同数据。

（2）通过鼠标右键拖动控制柄填充。在起始单元格中输入需要填充的数据，按住鼠标右键拖动控制柄到目标单元格中，释放鼠标右键，在弹出的快捷菜单中选择【复制单元格】选项即可。

（3）单击按钮填充。在起始单元格中输入需要填充的数据，然后选择需要填充相同数据的多个单元格（包括起始单元格），在【开始】选项卡的【编辑】组中单击【填充】按钮，在弹出的下拉列表中选择【向下】【向右】【向上】【向左】选项，分别在选择的多个单元格中根据不同方向的第一个单元格数据进行填充。

例如，要为"员工生日信息表"中连续的单元格区域填充员工所属的部门，具体操作步骤如下。

第1步 ❶选择D2单元格，❷将鼠标指针移到单元格右下角，当鼠标指针变成+形状时，按住鼠标左键不放向下拖动至D11单元格，如下图所示。

第2步 释放鼠标，即可为D3:D11单元格填充相同的数据【销售部】，❶在D12单元格中输入【市场部】，选择D12:D17单元格区域，❷单击【开始】选项卡【编辑】组中的【填充】按钮，❸在弹出的下拉列表中选择【向下】选项，如下图所示。

第 3 章
工作高效：HR 必须掌握的"偷懒"技能

第3步 ▶ 向下填充相同的内容后，效果如下图所示。

针到需要填充有规律数据的最后一个单元格，如下图所示。

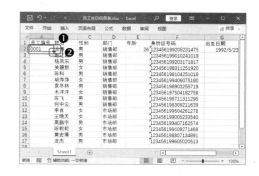

第2步 ▶ 释放鼠标，即可为A列相应的单元格区域填充序列，如下图所示。

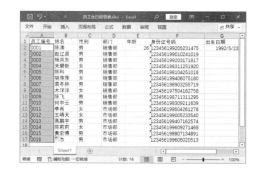

3. 填充有规律的数据

对于有规律的序列数据，如编号、日期、星期或工作日等，可直接用填充柄进行填充。

例如，员工生日信息表中的员工编号是依次递增的，就可以用填充柄进行填充，具体操作步骤如下。

第1步 ▶ ❶在起始单元格中输入起始数据，这里在A2单元格中输入"0001"，❷将鼠标指针移到单元格右下角，当鼠标指针变成+形状时双击，或者向下拖动鼠标指

> **温馨提示** ●
>
> 本例中填充的是最简单的序列。如果需要填充其他类型的序列，如等差数据，可以在起始单元格的前两个或多个单元格输入数据，然后选择这些单元格区域作为填充序列的模板来进行填充。

> **温馨提示** ●
>
> 填充序列后，在填充的单元格区域附近会出现【自动填充选项】图标，单击图标后弹出的下拉列表中提供了填充方式选项，选中相应的单选按钮，可设置为对应的填充

59

序列效果。不过，其中提供的选项会随着单元格中的数据类型变化而变化，如果单元格中输入的是日期，那么在填充下拉列表中就会出现有关日期的单选按钮，如下图所示。

3.2.3 快速填充数据

快速填充功能是Excel中非常智能的一个功能，它可以参考前一列或后一列中的数据来智能识别数据的规律，然后按照规律进行数据填充，这样可以提高数据处理的效率。

Excel中的快速填充功能主要体现在添加字符、提取数据、规范数字格式和合并字符4个方面，如下图所示。

1. 添加字符

当需要向已知的字符串中添加字符时，如为员工编号添加公司代码、为电话号码添加分隔符"-"、为日期添加斜杠"/"等，手动添加效率会非常低，而且容易出错，但利用快速填充功能，则可自动根据输入

的数据特点，快速填充需要的数据。

例如，在"供应商列表"中为供货商编号添加公司代码，为电话号码添加分隔符"-"，具体操作步骤如下。

第1步 打开"同步学习文件\素材文件\第3章\供应商列表.xlsx"文件，❶在B2单元格中输入第一个添加公司代码后的供货商编号，作为范例，❷单击【数据】选项卡【数据工具】组中的【快速填充】按钮，如下图所示。

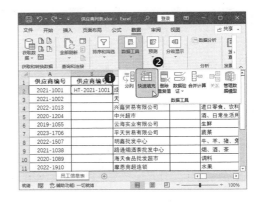

第2步 即可根据A列数据，自动快速填充该列数据，效果如下图所示。

第3章
工作高效：HR必须掌握的"偷懒"技能

第3步 在L2单元格中使用分隔符区分好第一个手机号码，如下图所示。

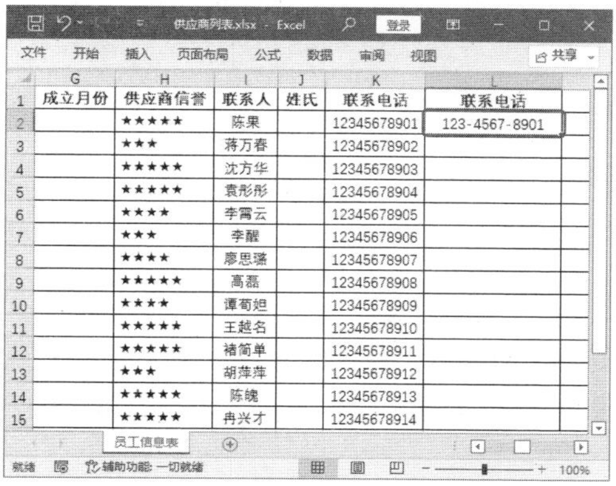

第4步 按【Ctrl+E】组合键，即可根据前一列数据，自动快速填充数据，效果如下图所示。

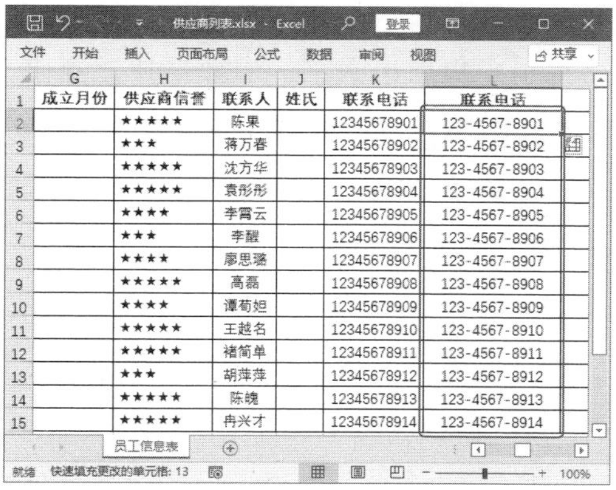

2．提取数据

在Excel 2013以前的版本中，提取字符串中的字符只能通过LEFT、RIGHT、MID、FIND等文本函数来提取，而在Excel 2013及以上版本中，通过快速填充功能则能快速搞定。

（1）根据字符位置进行提取

如果在单元格中输入的不是数据列表中某个单元格的完整内容，而只是字符串中的一部分字符，那么Excel会依据这部分字符在整个字符串中所处的位置，在向下填充的过程中按照这个位置规律自动拆分其他同列单元格的字符串，生成相应的填充内容。例如，知道了姓名就可以提取出姓氏，如下图所示，只需要在第一个单元格中给出提取示范，然后按【Ctrl+E】组合键即可自动填充。

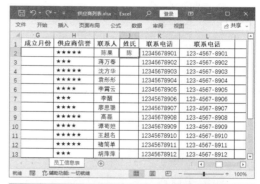

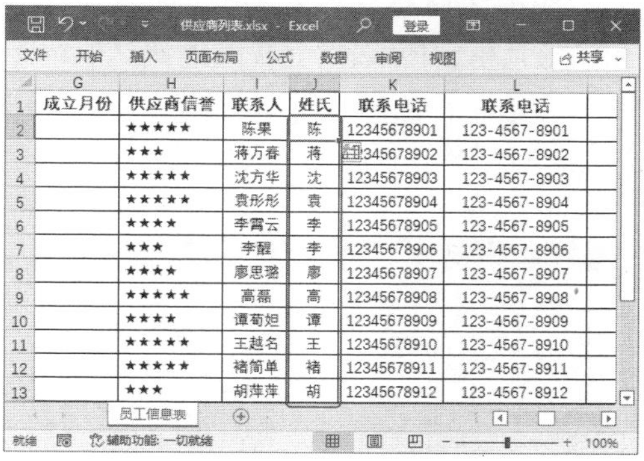

（2）根据分隔符进行提取

如果原始数据中包含分隔符，那么在快速填充的过程中也会智能地根据分隔符的位置提取其中的相应部分。例如，可以从带分隔符的供货商编号中提取最后一段代表供货类型的数字，如下图所示。

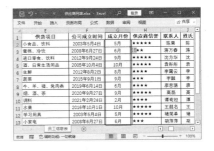

（3）根据日期进行提取

如果要输入日期数据中的某一部分，如输入月份，Excel也会智能地从其他单元格中的相应日期中提取出月份并填充，如下图所示。

> **温馨提示**
> 当快速填充的结果不准确，或者提示Excel不能根据输入的数据识别出填充规律时，可以多给出几个示例，这样Excel就能更准确地识别。

（4）根据数据类型进行提取

当需要从一些复杂的数据中提取同一种数据类型的信息时，也可以通过快速填充功能来完成。例如，要从如下图所示的字符串中提取出数字，源数据缺乏规律，使用函数是无法提取出来的，这时只需要在各字段下的第一行中输入提取的数字，再填充即可。

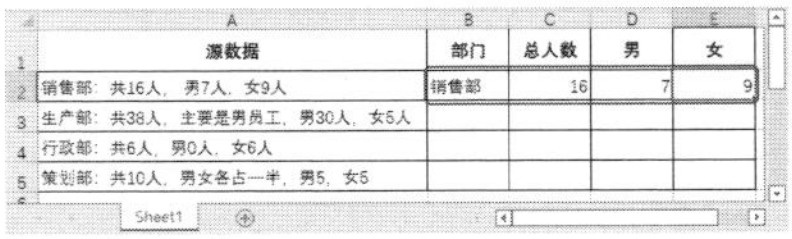

3. 规范数字格式

如果在表格中输入"2021.11.12"和"21.11.12"等不规范的日期数据，Excel是无法识别的，而且这些数据不能通过设置

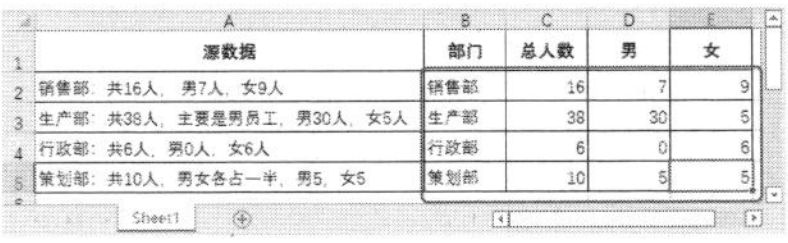

格式转换为日期数据。针对这一情况，可以使用快速填充功能来实现格式规范。只需要在不规范的日期数据后面插入一列空白列，根据前一列数据输入一组示例，再按【Ctrl+E】组合键，即可将前一列不规范的日期格式转换为规范的日期格式，如下图所示。完成格式转换后，再将不规范日期格式的那列数据删除即可。

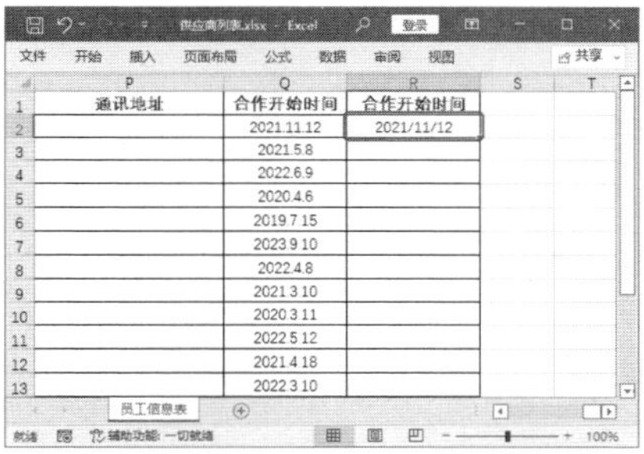

还能对多列数据的顺序进行调整。

例如，当需要将"所在市区"和"街道"两列合并到"通信地址"列时，可先在"通信地址"列的第一个单元格中输入正确顺序的地址，然后按【Ctrl+E】组合键，即可快速合并并填充在单元格中，如下图所示。

> **温馨提示**
>
> Excel中不规范的数值格式、货币格式等都能通过快速填充功能进行规范。

4. 合并字符

当需要将工作表中多个单元格中的数据合并到一个单元格中时，很多人习惯使用合并字符"&"来实现。其实，通过快速填充功能也能轻易实现，并且合并时，

3.2.4 设置下拉列表方便序列数据的输入

规范的数据源表格中同一列数据的属性是相同的，所以有些属性的列只能输入固定的内容，或者具有某些规律的数据，如员工档案表中的性别列输入"男"或"女"，部门列只能输入企业内部存在的部门。

如果为这类数据提供下拉列表，就可

以通过选择来提高数据输入效率，还可以有效规避人为输入错误。下面为"公司员工信息"表中的"婚姻状况"列设置下拉列表，具体操作步骤如下。

第1步 ▶ 打开"同步学习文件\素材文件\第3章\公司员工信息.xlsx"文件，❶选择要设置下拉列表的目标单元格区域，这里选择G列，❷单击【数据】选项卡【数据工具】组中的【数据验证】按钮，如下图所示。

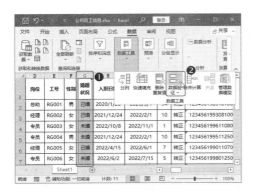

第2步 ▶ 打开【数据验证】对话框，❶在【允许】下拉列表中选择【序列】选项，❷在【来源】参数框中输入该单元格中允许输入的各种数据，且各数据之间用半角的逗号","隔开，这里输入"未婚,已婚,离婚"，❸单击【确定】按钮，如下图所示。

第3步 ▶ 经过以上操作后，单击工作表中设置了数据验证的单元格时，单元格右侧将显示一个下拉按钮，单击该按钮，弹出的下拉列表中提供了该单元格允许输入的数据选项，如下图所示，选择选项即可在单元格中快速输入数据。

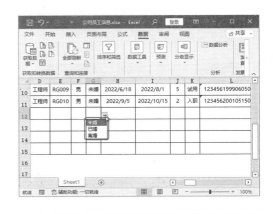

教您一招：在同列中快速输入数据

当在单元格中输入的起始字符与该列中已有的输入项相同时，Excel会自动填写之前输入的数据。

选择某个单元格后，按【Alt +↓】组合键，在弹出的下拉列表中会显示该单元格所在列前面单元格中已经输入的数据，通过选择可以快速输入数据。

3.2.5 限制重复数据的输入

人事表格中的一些数据是不允许重复的，如员工编号、薪酬体系中的层级名称、职位编号等。想要限制输入重复数据，也可以用数据验证功能来实现。

例如，"公司员工信息"表要求输入的每条信息都是唯一的，这里可以借助具

第3章 工作高效：HR必须掌握的"偷懒"技能

有唯一性的"工号"字段来设置数据验证条件，具体操作步骤如下。

第1步 ❶选择E列单元格，❷单击【数据】选项卡【数据工具】组中的【数据验证】按钮，如下图所示。

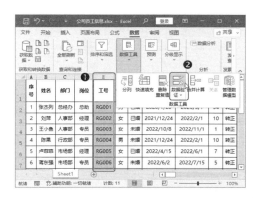

第2步 打开【数据验证】对话框，❶在【设置】选项卡中的【允许】下拉列表中选择【自定义】选项，❷在【公式】文本框中输入限制E列输入重复数据的函数"COUNTIF(E:E,E2)<2"，❸单击【确定】按钮，如下图所示。

温馨提示

限制重复值的关键在于公式"COUNTIF(E:E,E2)<2"。其中E:E表示要限制的列，E2是限制列的第一个数据单元格，<2表示在受限制列中不能有任何重复数据。

要在其他列中进行重复数据的限制，只需修改限制列和受限制的第一个数据单元格位置即可。

第3步 在受限制列中输入任一已输入的工号数据，如"RG009"，系统会立即弹出错误警告提示对话框，如下图所示。

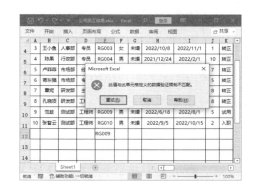

教您一招：取消数据验证限制

要取消表格中的数据验证限制，只需再次选择已设置数据验证的单元格或单元格区域，打开【数据验证】对话框，单击【全部清除】按钮，最后确认即可。

温馨提示

为了让其他使用表格的人员明确知晓当前列中不能输入重复值，可在【数据验证】对话框中选择【出错警告】选项卡，在【标题】和【错误信息】文本框中输入要提示用户的相关信息。这样，后期弹出的错误提示对话框中就会显示我们设置的内容了，如下图所示。

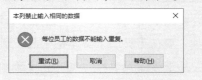

3.2.6 让数据单位自动生成

表格中有些列的数据需要带单位显示，才不会产生歧义，这时若直接在单元格中输入单位，则会将数字转换为文本，影响后续的数据计算或筛选等。在遇到这种情况时，需要通过设置数字格式，让内容本身不改变，只是改变显示效果。

例如，"公司员工信息"表中的"工龄"列统计的是以"月"为单位的工龄，为避免理解成以"年"为单位的工龄，需要为该列统一添加单位"月"，具体操作步骤如下。

第1步 ● ❶选择要添加单位的J2:J15单元格区域，❷单击【开始】选项卡【数字】组中右下角的【对话框启动器】按钮，如下图所示。

第2步 ● 打开【设置单元格格式】对话框，❶在【分类】列表框中选择【自定义】选项，❷在【类型】文本框中的"通用格式"后继续输入"月"，❸单击【确定】按钮，如右图所示。

第3步 ● 返回工作表中，可以看到已经为这些单元格中的数据添加了单位"月"，如下图所示。

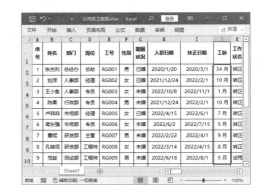

3.2.7 精确定位数据

人事信息、招聘、培训、工资表等方面的数据，有时可能少则几十条，多则几百条，当需要对符合某个条件的几十个或几百个单元格进行统一编辑处理时，可以采用Excel的"定位"功能来进行批量处理。

"定位"功能可以精确定位所有包含特

定类型数据或符合特定条件的单元格，这样可以同时对满足条件的单元格进行下一步操作，极大地提高了数据处理的效率。

在Excel中按【Ctrl+G】组合键，打开【定位】对话框，单击【定位条件】按钮，然后在打开的【定位条件】对话框中选择需要的定位规则即可。可以看到其中提供了15种基本定位规则，如定位有错误的公式、定位空值单元格等。例如，选中【空值】单选按钮，可快速定位表格中的空白单元格，如下图所示。

3.2.8 快速替换数据

若需要对表格中的多个单元格内容进行相同的修改操作，可以利用"查找+替换"功能来批量完成，这样不仅可以极大提高工作效率，还可以减少失误，提高准确率。

1. 批量替换多张工作表中的日期值

前文提到工作表中的不规范日期，在处理时，需要将日期数据中的点"."或右斜杠"\"批量替换为左斜杠"/"，可以通过"替换"功能来完成。如果同一个工作簿中的多张工作表都出现了这个问题，则需要在替换时将范围限定为【工作簿】。同时，为了保证修改后的日期格式正确，需要单击【替换为】栏后的【格式】按钮，在打开的【替换格式】对话框中进一步设置要显示的日期格式，如下图所示。

2. 批量清除表格中的所有合并单元格

在规范数据源表格时，如果发现有太多合并单元格需要清除，这时通过"查找"功能可快速选择表格中的所有合并单元格，批量取消单元格的合并。例如，要将"工资表"中的所有合并单元格取消合并，具体操作步骤如下。

第1步 打开"同步学习文件\素材文件\第3章\工资表.xlsx"文件，❶按【Ctrl+F】组合键，打开【查找和替换】对话框，❷单击【查找内容】栏后的【格式】下拉按钮▼，❸在弹出的下拉列表中选择【从单元格选择格式】选项，如下图所示。

第2步 此时鼠标指针变为 形状，表示可以吸取单元格格式，在工作表的合并单元格处单击进行格式吸取，如下图所示。

第3步 返回【查找和替换】对话框，❶单击【查找全部】按钮，❷在对话框中会显示出查找到的所有合并单元格，按【Ctrl+A】组合键选择所有查找到的合并单元格，如下图所示。

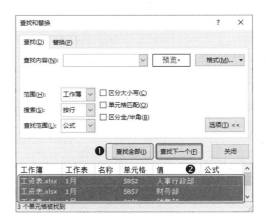

第4步 在工作表中，单击【开始】选项卡【对齐方式】组中的【合并后居中】按钮，如下图所示，即可取消所有单元格的合并。

3. 批量去掉数字中的小数部分

当需要直接将表格数字中的小数部分去掉，且去掉的小数部分不需要四舍五入时，可以利用"查找和替换"功能批量完成。

例如,"加班统计表"中的加班小时数,很多企业将加班1小时以上视为加班,那么加班统计表中小时数后的小数位数就不需要进行统计,这时就可选择加班小时数据区域,在【查找和替换】对话框中的【查找内容】文本框中输入".*",【替换为】文本框中不需要输入任何数据,单击【全部替换】按钮,就可去除小时数中的小数部分了,如下图所示。

> 温馨提示 ●
> 查找内容中输入的"*"是通配符,在Excel中,通配符星号"*"可以代替任意数量的字符,可以是单个字符、多个字符或没

有字符;通配符问号"?"可以代替任意单个字符。

3.2.9 用好"选择性粘贴"

Excel复制粘贴有多种形式,在复制带公式、格式的数据时,需要灵活使用"选择性粘贴"功能。合理使用"选择性粘贴"功能,可以在调用第三方数据表时,快速将数据以合适的方式复制粘贴到自己的数据表中。

在Excel中复制了单元格或区域后,单击【开始】选项卡【剪贴板】组中的【粘贴】下拉按钮,在弹出的下拉列表中选择【选择性粘贴】选项,就会打开【选择性粘贴】对话框。该对话框中主要提供了4种功能,如下图所示。

1. 粘贴方式

【选择性粘贴】对话框中提供了12种粘贴方式,主要是对普通数据和单元格格式的粘贴。下面介绍其中常用的几种粘贴方式。

- 全部：包括数值内容、公式和格式等，其效果等于直接粘贴。
- 公式：只粘贴文本和公式，不粘贴字体、格式、边框、注释等。
- 数值：只粘贴文本和公式结果值。
- 格式：仅粘贴源单元格格式，不改变目标单元格的文字内容（功能相当于格式刷）。
- 评论：把源单元格的批注内容复制过来，不改变目标单元格的内容和格式。
- 验证：将复制单元格的数据有效性规则粘贴到粘贴区域，只粘贴有效性验证内容，其他的保持不变。
- 边框除外：粘贴除边框外的所有内容和格式。
- 列宽：使目标单元格和源单元格拥有同样的列宽，不改变内容和格式。
- 公式和数字格式：仅从选中的单元格粘贴公式和所有数字格式选项。
- 值和数字格式：从选中的单元格粘贴值和所有数字格式选项。

> **温馨提示●**
> 在同一个工作表中复制粘贴内容时，【所有使用源主题的单元】和【全部】的作用相同，会使用源单元格中的所有格式。当跨工作表进行复制粘贴时，【全部】可以粘贴基本的单元格格式，但不能复制其主题样式，而【所有使用源主题的单元】粘贴方式则可以复制基本格式和主题样式，这里的主题是指【页面布局】选项卡设置的【主题】。

> **温馨提示●**
> 【粘贴】下拉列表中也提供了【选择性粘贴】对话框的部分粘贴选项。当需要执行常见的某种选择性粘贴操作时，也可以直接在【粘贴】下拉列表中进行选择。

2. 运算方式

【选择性粘贴】对话框中提供了加、减、乘、除4种运算方式，用户可以在粘贴的同时进行批量运算，瞬间完成数据的处理。例如，当所有员工的岗位补贴都需要增加100元时，使用选择性粘贴快速完成统计的具体操作步骤如下。

第1步 ❶在工作表的空白单元格中输入要增加的金额"100"，按【Ctrl+C】组合键进行复制，❷选择要进行运算的源数据所在区域，这里选择E2:E19单元格区域，❸单击【开始】选项卡【剪贴板】组中的【粘贴】下拉按钮，❹在弹出的下拉列表中选择【选择性粘贴】选项，如下图所示。

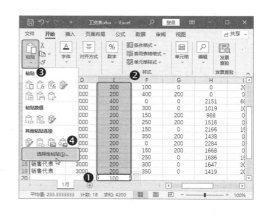

第2步 打开【选择性粘贴】对话框，❶在【运算】栏中选中【加】单选按钮，❷单击

【确定】按钮，如下图所示。

第3步 在粘贴数据时，选择的每个单元格都将加上复制的数据"100"，删除单元格中输入的加数"100"即可，效果如下图所示。

3. 特殊处理方式

特殊处理方式包括跳过空单元和转置两种。跳过空单元是指当复制的源数据区域中有空单元格时，粘贴时空单元格不会替换粘贴区域对应单元格中的值；转置是指将被复制的数据的列变成行，将行变成列。原始数据如右图所示。

月 份	当月投资(亿美元)	投资同比增长	环比增长
1月	187.9	90.18%	108.08%
2月	90.3	5.00%	-14.73%
3月	105.9	12.30%	13.14%
4月	93.6	6.97%	44.22%
5月	64.9	-15.82%	-56.15%
6月	148	-2.82%	82.27%

通过转置功能，将表格中的行数据变成列数据，列数据变成行数据，效果如下图所示。

月 份	1月	2月	3月	4月	5月	6月
当月投资(亿美元)	187.9	90.3	105.9	93.6	64.9	148
投资同比增长	90.18%	5.00%	12.30%	6.97%	-15.82%	-2.82%
环比增长	108.08%	-14.73%	13.14%	44.22%	-56.15%	82.27%

> **温馨提示**
>
> 通过【粘贴】下拉列表中的【转置】选项来转换表格的行列时，必须对原有数据进行复制，而不是剪切，一旦剪切数据，粘贴下拉列表中就只有一个普通粘贴选项。

4. 粘贴链接方式

【选择性粘贴】对话框中的【粘贴链接】按钮是指将被粘贴数据链接到活动工作表，粘贴后的单元格将显示公式，如下图所示，将表左侧的数据以粘贴链接的方式粘贴到右侧时，不管是文本还是数据，都会显示为公式，而不是值。需要注意的是，如果复制单个单元格，粘贴链接到目标单元格，那么目标单元格公式中的引用为绝对引用；如果复制单元格区域，为相对引用。

71

3.3 高效计算数据的函数

对于公司的HR来说,每月需要统计的数据非常多,如公司招聘情况、公司人员的考勤情况、员工每月的工资等,在统计的过程中经常需要对数据进行计算。公式函数是Excel计算数据的"神器",不仅计算准确,还能简化操作,让复杂的数据计算变得简洁,所以,HR必须掌握公式与函数的用法。Excel中包含的函数多达500多种,其中哪些函数是HR必须掌握的呢,让我们来问一问ChatGPT。

提问 HR 使用 Excel 时必须掌握哪些函数?

ChatGPT 以下是HR在使用Excel时常用的函数。

1. CONCATENATE:可以将多个单元格或文本字符串合并成一个单元格或字符串。
2. COUNTIF:用于计算符合指定条件的单元格数量。
3. SUMIF:可以使用条件来汇总指定条件下的数据。
4. AVERAGEIF:可按条件进行平均值计算。
5. VLOOKUP:可根据关键字在表格中查找相关信息。
6. IF:在特定条件下判断并返回不同的数值或文本信息。
7. LEFT和RIGHT:分别返回字符串中从左至最右和从最右至最左一定数量的字符。
8. LEN:计算字符串的字符数量。
9. PROPER:可以将字符串首字母大写。
10. DATEDIF:计算两个时间之间的天数、月数和年数。

上述函数可以帮助HR实现快速计算和分析数据,例如,使用COUNTIF函数可以很容易地计算员工工作月数,使用SUMIF函数可以汇总员工的工作时间和工资,使用IF函数可以根据员工等级和工资给出合适的季度奖金等。此外,HR还可以根据实际业务需要使用其他的函数以完成数据的可视化和汇总等操作。

总之,在处理员工数据时,建议HR掌握常用的Excel函数及其使用方法,并在日常工作中逐步应用,以提高数据分析的准确性和效率。

从以上回复可知,HR经常会用到条件判断类的函数,如IF、COUNTIF、SUMIF等。本节对8个常用函数进行介绍。

3.3.1 快速求和，SUM 函数

SUM函数可以对所选单元格或单元格区域进行求和计算，其语法结构为SUM(number1,[number2],…)。HR在计算各种费用、员工工资和考勤等时经常会用到。

下面使用SUM函数对"绩效考核表"中的绩效总分进行计算，具体操作步骤如下。

第1步 打开"同步学习文件\素材文件\第3章\绩效考核表.xlsx"文件，❶选择要放置计算结果的H2单元格，❷单击【公式】选项卡【函数库】组中的【自动求和】按钮，如下图所示。

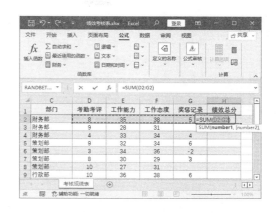

第2步 经过上一步操作，系统会根据放置计算结果的单元格选择相邻有数值的单元格区域进行计算，这里系统自动选择了H2单元格所在行且位于H2单元格左侧的所有数值单元格，即D2:G2单元格区域，同时，在单元格和编辑栏中可看到插入的函数为"=SUM(D2:G2)"，如右图所示。

第3步 按【Enter】键确认函数的输入，即可在H2单元格中计算出函数的结果。选择H2单元格，通过拖动填充控制柄的方法向下复制公式到H列的其他单元格，如下图所示，计算出其他员工绩效总分。

> **教您一招：不连续的单元格求和**
>
> 对于不连续的单元格数据求和，仍然可使用SUM函数，方法非常简单，只需在单元格引用中间用半角逗号隔开。例如，要对B2、B5、B7单元格数据求和，输入公式"SUM(B2,B5,B7)"即可。

> **温馨提示**
>
> 在使用SUM函数时，最少需要为函数设置一个参数，最多只能设置255个参数。需要注意的是，如果参数是文本、逻辑值和空格，则会被自动忽略，但不会忽略错误值，参数中如果包含错误值，公式将返回错误，如下图所示。

制作部	7	29	33	三十七	69
制作部	10	27	TRUE	-5	32
制作部	7	34	35		76
制作部	5	18	25	#N/A	#N/A

3.3.2 平均值计算，AVERAGE 函数

AVERAGE函数用于返回所选单元格或单元格区域中数据的平均值，其语法结构为AVERAGE (number1,[number2],…)。在计算平均成绩、平均薪酬等方面应用比较多。

下面使用AVERAGE函数计算各考核项目的平均得分，具体操作步骤如下。

第1步 ❶选择D27单元格，❷单击【公式】选项卡【函数库】组中的【自动求和】下拉按钮，❸在弹出的下拉列表中选择【平均值】选项，如下图所示。

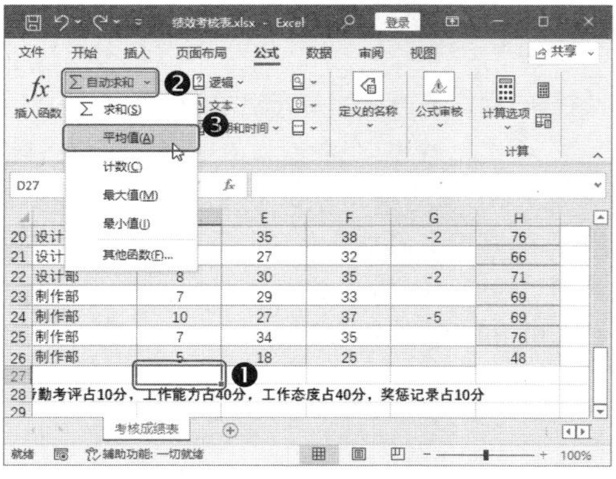

第2步 即可看到在单元格中输入的函数为"=AVERAGE(D2:D26)"，如下图所示。

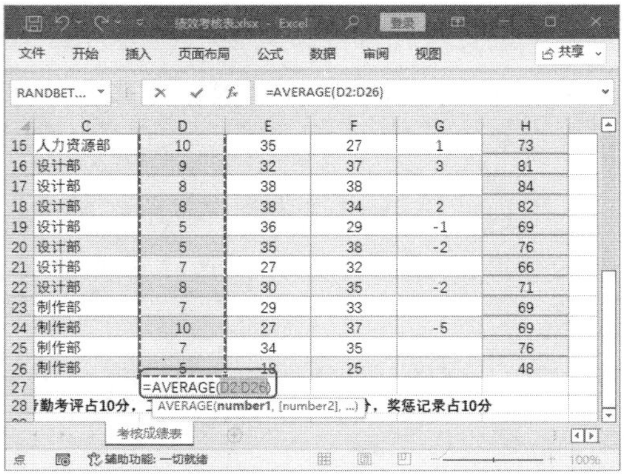

> **温馨提示**
>
> 在Excel中，SUM、AVERAGE函数属于最简单且常用的函数，除此之外，COUNT、MAX和MIN函数也属于简单且常用的函数。其中，COUNT函数用于统计单元格个数；MAX函数用于求最大值；MIN函数用于求最小值。这几个函数的插入方法都与SUM、AVERAGE相同，基本上可以由系统自动识别计算区域来完成。当计算结果单元格与参与计算的单元格不相邻时，插入的函数就不能自动识别参与计算的区域了，此时需要手动进行设置。在进入上图的步骤时，保持函数中的单元格区域选择状态，重新拖动鼠标选择需要的单元格区域即可设置计算区域。

第3步 按【Enter】键计算出结果，向右拖动填充控制柄，复制公式到E27:G27单元格区域，计算出其他考核科目的平均分，如下图所示。

定的标准为：如果分数达到60分，就判定为合格，否则判定为不合格。那么通过公式来进行判定的具体操作步骤如下。

第1步 打开"同步学习文件\素材文件\第3章\考核表.xlsx"文件，❶选择C2单元格，❷单击【公式】选项卡【函数库】组中的【插入函数】按钮，如下图所示。

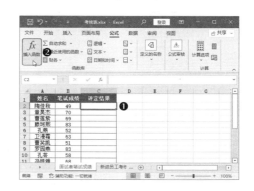

第2步 打开【插入函数】对话框，❶在【选择函数】列表框中选择需要插入的函数，这里选择【IF】选项，❷单击【确定】按钮，如下图所示。

3.3.3 判断是与非，IF 函数

IF函数用于判断条件是否成立，如果满足，返回一个值；如果不满足，返回另一个值。它在人力资源管理中使用频率非常高，如判定是否上缴个人所得税、培训是否合格、绩效是否达标、应聘者是否被录用等。IF函数的语法结构为IF(logical_test,[value_if_true],[value_if_false])，可以理解为IF（判断的条件,条件成立时返回的结果,条件不成立时返回的结果）。IF函数返回的值可以是字符串，也可以是逻辑值（FALSE或TRUE）和数值等。

使用IF函数既可以从多个结果中选择符合条件的一个结果，也可以结合AND函数判断是否同时满足多个条件、结合OR函数判断是否满足多个条件中的某个条件。

1. 从多个结果中选择符合条件的一个结果

IF函数最简单的用法就是在两种结果中选择符合条件的一个结果。例如，要根据笔试成绩来判定面试员工是否合格，判

第3步 打开【函数参数】对话框，❶单击第一个文本框，可以在下面的提示内容中了解第一个参数的相关信息，根据需求设置好第一个参数，即IF函数的判断条件。继续输入其他函数参数，❷单击【确定】按钮，如下图所示。

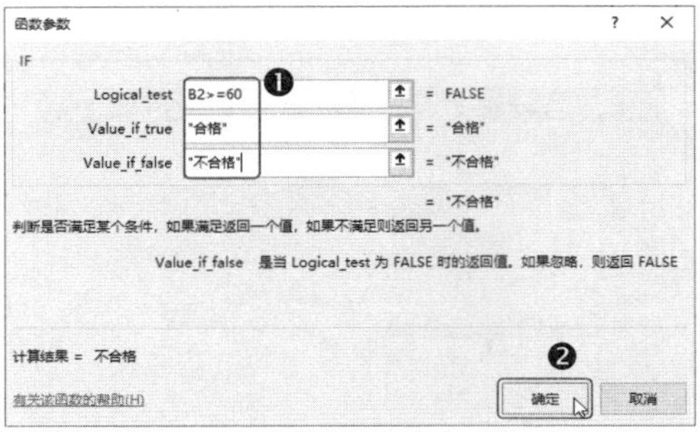

第4步 返回工作表编辑区，即可查看计算的结果，选择C2单元格，并将鼠标光标移动到该单元格右下角，显示出填充控制柄后向下填充公式至其他单元格，计算出该列其他单元格的结果。效果如下图所示。

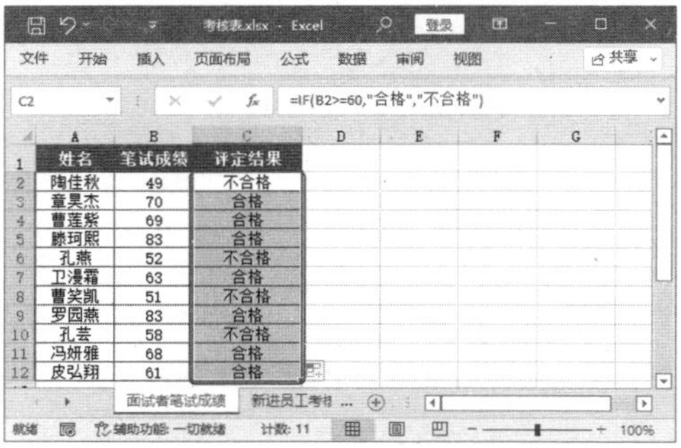

姓名	笔试成绩	评定结果
陶佳秋	49	不合格
章昊杰	70	合格
曹莲紫	69	合格
滕珂熙	83	合格
孔燕	52	不合格
卫漫霜	63	合格
曹笑凯	51	不合格
罗园燕	83	合格
孔芸	58	不合格
冯妍雅	68	合格
皮弘翔	61	合格

一个IF函数只能执行一次选择，当需要面对两次选择时，就需要用到两个IF函数，而第2个IF函数将用在第1个IF函数的参数位置。例如，当需要对员工的培训成绩进行优、良、差评定时，就需要面对两次选择，第1次选择是满足什么条件评定为优，第2次选择则是满足什么条件评定为良，否则评定为差，公式为“=IF(F2>85,"优",IF(F2>75,"良","差"))”，如下图所示。

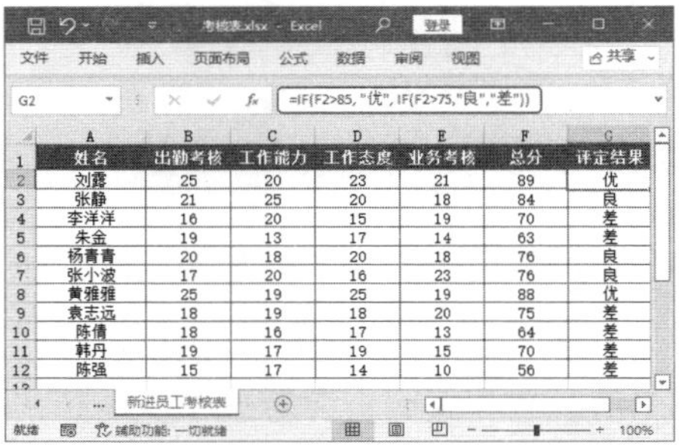

姓名	出勤考核	工作能力	工作态度	业务考核	总分	评定结果
刘露	25	20	23	21	89	优
张静	21	25	20	18	84	良
李洋洋	16	20	15	19	70	差
朱金	19	13	17	14	63	差
杨青青	20	18	20	18	76	良
张小波	17	20	16	23	76	良
黄雅雅	25	19	25	19	88	优
袁志远	18	19	18	20	75	差
陈倩	18	16	17	13	64	差
韩丹	19	17	19	15	70	差
陈强	15	17	14	10	56	差

温馨提示

上图使用到了函数嵌套，IF函数的第3个参数又是一个IF函数。面临的选择越多，公式中使用的IF函数也就会越多。

2. 结合 AND 函数判断是否同时满足多个条件

当需要使用IF函数同时对多个条件进行判定时，就需要与AND函数嵌套使用。

AND函数用于检测是否所有参数都为TRUE，如果所有参数均为TRUE，则返回TRUE；如果有一个参数为FALSE，则返回FALSE，它相当于“并且”的意思。其语法结构为：AND(logical1,logical2,…)。其中，Logical1, logical2等表示待检测的1～30个条件值，各条件值可为TRUE或FALSE。

例如，使用IF函数嵌套AND函数来同

时对面试人员的笔试成绩和面试成绩是否都大于60分进行判定，公式为"=IF(AND(B2>=60,C2>=60),"是","否")"，效果如下图所示。

3. 结合 OR 函数判断是否满足多个条件中的某个条件

OR函数也用于多条件的判定，但与AND函数刚好相反，只要满足多条件中的某一个条件，就会返回TRUE，只有当所有条件都不满足时，才会返回FALSE，它相当于"或"的意思。其语法结构为：OR(logical1,logical2,…)。

例如，对员工是否可以申请退休进行判定，假设可申请退休的条件为年龄达到55岁或工龄达到30年，其判定公式为"=IF(OR (B9>=55,C9>=30),"是","否")"，效果如下图所示。

3.3.4 按条件求和，SUMIF 函数

SUMIF函数也是求和函数，与SUM函数不同的是，SUMIF函数是对区域中满足条件的数据进行求和计算，其语法结构为：SUMIF(range,criteria,[sum_range])，可以理解为SUMIF(条件区域,求和条件,求和区域)。各参数的含义具体介绍如下。

- range为必需参数，表示用于条件计算的单元格区域。每个区域中的单元格都必须是数字、名称、数组或包含数字的引用。空值和文本值将被忽略。
- criteria为必需参数，表示一种条件，用于确定对哪些单元格求和，其形式可以是数字、表达式、单元格引用、文本或函数。
- sum_range为可选参数，表示要求和的实际单元格。当求和区域为参数range所指定的区域时，可省略参数sum_range。

例如，计算各员工的加班费时使用SUM函数就能实现，当需要计算各部门需要结算的加班费总额时，就需要使用SUMIF函数来完成，具体操作步骤如下。

第1步 ▶ 打开"同步学习文件\素材文件\第3章\加班统计表.xlsx"文件，❶选择J2单元格，❷单击编辑栏中的【插入函数】按钮 *fx*，如下图所示。

资源提取码：ER351m

第2步 打开【插入函数】对话框，❶在【搜索函数】文本框中输入需要搜索的函数关键字，这里输入"对满足条件的单元格求和"，❷单击【转到】按钮，即可搜索与关键字相符的函数，❸在【选择函数】列表框中选择需要使用的函数，这里只搜索到符合条件的一个函数——SUMIF函数，❹单击【确定】按钮，如下图所示。

第3步 打开【函数参数】对话框，❶在参数框中分别输入参与计算的单元格引用，❷单击【确定】按钮，如右图所示。

第4步 计算出项目部的加班费总额，向下拖动填充控制柄，计算出其他部门的加班费总额，效果如下图所示。

> **温馨提示**
>
> 在设置criteria参数时，除数字之外，其他任何文本条件或含有逻辑或数学符号的条件都必须使用括号括起来。另外，criteria参数可使用通配符星号（*）和问号（?），它们都可以代替任意的数字、字母、汉字或其他字符，区别是可以代替的字符数量不同。一个问号（?）只能代替一个任意的字符；而一个星号（*）则可以代替任意个数的任意字符。例如，"陈?"可以代替"陈华""陈萌"等，只要姓名是两个字，且姓陈的都可以；而"陈*"既能代表姓名是两个字，也能代表姓名是三个字或三个字以上且姓陈的。

3.3.5 按指定的条件计数，COUNTIF 函数

COUNTIF函数用于统计满足某个条件的单元格的数量，经常用于对不同学历人数、男女人数、部门人数、职位人数等进行统计，其语法结构为：COUNTIF (range, criteria)。其中，range和criteria都为必需参数，使用方法与SUMIF函数中的两个参数相同，可以简单理解为COUNTIF(单元格区域,计数条件)。

例如，要对各个学历的员工人数进行统计，可以输入公式"=COUNTIF(F2:F29, "本科")"，效果如下图所示。

3.3.6 查找符合条件的值，VLOOKUP 函数

在销售业绩表、工资薪酬表、出勤统计表及福利津贴表中，经常需要根据关键字进行数据的查找与引用。VLOOKUP函数就可以在某个单元格区域的首列沿垂直方向查找指定的值，然后返回同一行中的其他值。其语法结构为VLOOKUP(lookup_value,table_array,col_index_num,range_lookup)，可以简单理解为：VLOOKUP(查找的值，查找范围，返回值所在的列，精确匹配/近似匹配)。各参数的含义具体介绍如下。

- lookup_value为必需参数，用于设定需要在表的第一行中进行查找的值，可以是数值，也可以是文本字符串或引用。
- table_array为必需参数，用于设置需要查询的单元格区域，这个区域中的首列必须包含查找值，否则公式将返回错误值。如果查询区域中包含多个符合条件的查找值，VLOOKUP函数只能返回第一个查找到的结果。
- col_index_num为必需参数，用于指定返回查询区域中第几列的值。
- range_lookup为可选参数，用于决定函数的查找方式，如果为0或FASLE，就使用精确匹配方式，而且支持无序查找；如果为TRUE或被省略，就使用近似匹配方式，同时要求查询区域的首列按升序排序。

1. 常规查询

在人事数据统计中，经常需要根据工号、姓名等查找出某位员工所在部门、身份证号码、手机号码等，此时可以借助VLOOKUP函数制作一个简单的动态查询系统轻松实现。

例如，员工信息的部分内容如下图所示，

需要根据单元格中的员工编号查询该员工的姓名和岗位，输入计算函数"=VLOOKUP($H$3,$A$1:$F$11,2,0)"，就可以返回员工的姓名，输入函数"=VLOOKUP($H$3,$A$1:$F$11,4,0)"，就可以返回员工的岗位信息。这里仅用到了VLOOKUP函数的常规查询功能，是该函数最常见的应用方式。

温馨提示●

VLOOKUP函数的第3个参数中的列号，并不是工作表中实际的列号，而是指定要返回查询区域第几列的值。

2. 近似查询

VLOOKUP函数的第4个参数为精确匹配或近似匹配，如果第4个参数省略，默认会执行近似匹配，返回查询值的精确匹配值或近似匹配值。如果找不到精确匹配值，就返回小于查询值的最大值。例如，需要根据E1:F6单元格区域制作的对照表，判断B列面试成绩对应的评定结果，可以输入函数"=VLOOKUP(B2,E:F,2)"，如右图所示。

温馨提示●

在使用近似匹配时，查询区域的首列必须按升序排序，否则将无法得到正确的结果。

3. 逆向查询

在一般情况下，VLOOKUP函数只能从左向右查找，也就是要查找的内容在前面列，对应的目标在后面列。但如果需要逆向查找，也就是从右向左查找，就需要将前后的列对调一下位置。

对调位置不能直接通过VLOOKUP函数实现，而需要利用IF函数的数组效应把两列换位重新组合后，再按正常的从左至右顺序查找。例如，要根据岗位名称来查找员工姓名，可以输入函数"=VLOOKUP(H3,IF({1,0},D:D,B:B),2,0)"，如下图所示。

温馨提示●

在本案例中，公式中的"IF({1,0},D2:D11,

B2:B11)"部分用于对列数据位置进行调换，{1,0}是一个一维数组，作为IF函数的条件，1代表IF函数条件为真，0代表IF函数条件为假。当为1时，它会返回IF函数的第2个参数（B列）；当为0时，返回第2个参数（A列）。同理，=IF({1,0},D2:D11,B2:B11)，得到的结果就是B列的内容换到了A列内容的前面，如下图所示。这部分公式也可以写成"=IF({0,1},B2:B11,D2:D11)"。

4. 多条件查询

在实际应用中，当需要在目标列或目标行不固定的引用区域查找符合多个条件的值时，就需要将VLOOKUP函数和MATCH函数结合使用才能实现了。

MATCH函数用于返回指定数值在指定数组区域的位置，也属于查找函数。其语法结构为：MATCH(lookup_value,lookup_array,match_type)，也可以简单理解为MATCH（查找的值，查找的区域，精确匹配/近似匹配）。各参数的含义具体介绍如下。

- lookup_value：需要在数据表（lookup_array）中查找的值，可以为数值（数字、文本或逻辑值）或对数字、文本或逻辑值的单元格引用，可以包含通配符星号（*）和问号（?）。
- lookup_array：可能包含所要查找数值的连续的单元格区域，区域必须是某一行

或某一列，即必须为一维数据，引用的查找区域是一维数组。

- match_type：表示查询的匹配方式。

例如，在"培训成绩表"中要根据员工姓名和培训项目名称查询成绩，可输入公式"=VLOOKUP(B11,$B$1:$G$7,MATCH($C11,$B$1:$G$1,0),0)"，如下图所示。

> **温馨提示**
>
> 公式中将MATCH函数返回的结果作为VLOOKUP函数的第3个参数，是为了让查询结果不受列项目变化的影响，即使员工姓名和项目都发生改变，还是能准确根据查询条件查找到正确结果。

3.3.7 计算两个日期之间的差值，DATEDIF函数

在人事数据表中，经常还需要计算两个日期之间的差值，如通过出生日期和当前日期计算员工年龄、利用入职时间和当前时间来计算员工工龄等，这时就需要用到DATEDIF函数，它用于计算两个日期间隔的年数、月数和天数，其语法结构为：DATEDIF(start_date,end_date,unit)，可

以简单理解为DATEDIF(起始日期,终止日期,返回值类型)。其中，start_date和end_date参数中的日期可以是带引号的字符串、日期序列号、单元格引用及其他公式的计算结果等；unit表示要返回的信息类型，共有6种，如表3-3所示。

表 3-3　unit 参数的 6 种返回值

参数	函数返回值
"y"	返回两个日期值间隔的整年数
"m"	返回两个日期值间隔的整月数
"d"	返回两个日期值间隔的天数
"md"	返回两个日期值间隔的天数（忽略日期中的年和月）
"ym"	返回两个日期值间隔的月数（忽略日期中的年和日）
"yd"	返回两个日期值间隔的天数（忽略日期中的年）

例如，在"员工信息表"中要通过出生年月和系统当前的日期计算员工的年龄，可以输入公式"=DATEDIF(E2,NOW(),"y")"，如下图所示。

3.3.8 数字格式之间的转换，TEXT函数

在制作考勤表、员工信息表时，经常需要将数值转换为指定格式的数字格式，常见的方法是设置数字格式。但这种方法只能让表格中的数值显示为需要的格式，并不能让公式计算结果直接显示为需要的数字格式。

如果要让计算的结果直接显示为需要的数字格式，就需要用到TEXT函数，其作用是将各种形式的数值转化为文本，并可使用户通过使用特殊格式字符串来指定显示格式。其语法结构为TEXT(value,format_text)，可以简单理解为TEXT(数值,单元格格式)。各参数的含义具体介绍如下。

- value为数值、计算结果为数字值的公式，或者对包含数字的单元格的引用。
- format_text表示使用双引号括起来作为文本字符串的数字格式，与【设置单元格格式】对话框【数字】选项卡【分类】列表框中的文本形式的数字格式相同。

在实际使用中TEXT函数常常与其他函数嵌套使用。下面举例说明，让读者更容易理解，如下图所示。

3.4 高效分析数据的工具

人事数据最明显的特征就是数据量大，关系复杂，HR在分析这些人事数据时，仅仅依靠大脑和双手无法从海量的数据中获取到有效的信息。这时，可以借助Excel中的数据分析工具来完成。Excel中提供的数据分析工具有很多，能满足人事数据统计与分析的大部分需要。

为了让读者对分析工具有一个大致了解，以便在接下来的学习中明白自己"身在何处"，同时在遇到难题时，有一个解决问题的大致方向，我们先借助ChatGPT来了解一下Excel中都有哪些数据分析工具。

提问 Excel 中提供了哪些数据分析工具？

ChatGPT Excel提供了很多数据分析工具，以下是一些常用的Excel数据分析工具。

1. 数据透视表：可以对大量数据进行数据汇总、分类、归纳和统计，并根据需求堆叠和重排数据。数据透视表可以让用户快速轻松地对复杂数据进行分析和汇总，并生成可视化报表。

2. 数据图表：Excel提供了多种类型的图表，如柱形图、折线图、饼图等，可用于可视化展示和解释数据。选择合适的图表可以让数据更容易被理解和分析。

3. 条件格式：可根据条件对单元格进行颜色、字体的设置，以区分不同数值的大小、类型等。利用条件格式，可以快速标识数据中具有特殊含义的部分，方便数据分析和可视化。

4. 函数：Excel可以利用多种函数进行数据汇总，如COUNTIF、SUMIF、AVERAGEIF等函数，也可以使用VLOOKUP、HLOOKUP函数查找表格数据。

5. 数据分析工具包：Excel提供了多种数据分析和建模的函数和工具，在数据处理和分析方面提供不同的解决方案。

总之，Excel提供了许多强大的数据分析工具，用户可以根据实际需求选择合适的工具进行数据处理和分析，以从数据中获得更多的价值。

ChatGPT不仅回答了我们提出的问题，还将Excel中最重要、最智能的数据分析工具——数据透视表放在第一位介绍给我们。有些工具虽然没有数据透视表强大，但也很常用，下面对ChatGPT的回答进行补充完善，对Excel中常用的8种数据分析工具一一进行介绍。

3.4.1 妙用快速分析工具

数据分析的工具有许多种，不同的工具有不同的作用。采用什么工具或什么方式分析数据最合理，一直是很多人难以攻克的难题。为此，Excel提供了一个便捷好用的快速分析工具，它融合了格式化、图表、汇总、表、迷你图五大功能，如下图所示，各功能的作用将在后续小节中详细介绍。在对数据进行正式分析之前，我们可以利用这个工具快速了解数据的分布及统计情况，从而提高工作效率。

教您一招：快速打开【快速分析】面板

选择数据区域后，按【Ctrl+Q】组合键可以快速打开【快速分析】面板。

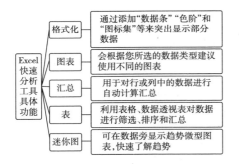

快速分析工具对数据分析的操作一步到位，非常简便高效，各功能的使用方法基本相同。下面举例说明部分功能对数据进行分析的方法，具体操作步骤如下。

第1步 打开"同步学习文件\素材文件\第3章\绩效考核表.xlsx"文件，❶选择待分析的数据区域，这里选择B1:H26单元格区域，❷单击所选区域右下角出现的【快速分析】图标，❸在弹出的【快速分析】面板中选择【格式化】选项卡，单击【数据条】按钮，如右图所示。

第2步 所选区域中的数据将添加数据条效果，❶保持所选单元格区域的选中状态，再次单击【快速分析】图标，❷在弹出的面板中选择【表格】选项卡，❸单击【数据透视表】按钮，如下图所示。

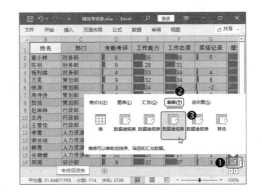

温馨提示

在【快速分析】面板中，选择所需的选项卡，单击某个按钮或将鼠标指针移动到某个按钮上方即可查看预览。

第3步 即可新建一个工作表，并在该工作表中显示创建的数据透视表，效果如下图所示。

温馨提示

【快速分析】面板中提供的都是最常用的分析工具，其中的功能并不全面，如提供的图表类型、数据透视方式只有最常用的几种。如果不能满足当前数据分析的需要，可以单击面板中的【更多图表】按钮或【其他】按钮，打开相应的对话框进行详细设置。

3.4.2 设置格式标识数据大小和状态

Excel中提供了条件格式工具，该工具可以根据预先设置的条件，对满足不同条件的单元格应用指定的格式。Excel提供了5种内置的格式规则供我们选择。这些内置的规则操作简单，通过更改表格数据的格式，让分析者能快速掌握表格数据的概况，提高数据分析的效率。

1. 快速找出符合要求的数据

在对人事数据进行统计分析时，如果要快速找出在一定数值范围内的、包含某些文本的、固定发生日期的、数据重复的单元格数据，可以使用条件格式突出显示单元格规则。

例如，要查看"绩效考核表1"中考勤评分低于7分的数据，具体操作步骤如下。

第1步 打开"同步学习文件\素材文件\第3章\绩效考核表1.xlsx"文件，❶选择D2:D26单元格区域，❷单击【开始】选项卡【样式】组中的【条件格式】按钮，❸在弹出的下拉列表中选择【突出显示单元格规则】选项，❹在弹出的子菜单中选择【小于】选项，如下图所示。

第2步 打开【小于】对话框，❶对条件格式进行设置，在文本框中输入"7"，在下拉列表框中选择【黄填充色深黄色文本】选项，❷单击【确定】按钮，此时低于7分的数据将以黄色底纹和深黄色文本显示，效果如下图所示（本书单色印刷，读者可自行设置查看效果）。

第2步 打开【前10项】对话框，❶对条件格式进行设置，在数值框中输入"6"，在下拉列表框中选择【浅红填充色深红色文本】选项，❷单击【确定】按钮，该列中从小到大排列的前6个数据将以浅红填充色深红色文本显示，如下图所示。

2. 找出数值排名靠前、靠后的数据

当需要突出显示靠前或靠后，以及高于或低于平均值的单元格时，可以使用条件格式中的最前/最后规则来实现。该规则的使用方法与突出显示单元格规则的方法基本相同，如要对"绩效考核表1"中工作能力评分前6的数据进行查看，具体操作步骤如下。

第1步 ❶选择E2:E26单元格区域，❷单击【条件格式】按钮，❸在弹出的下拉列表中选择【最前/最后规则】选项，❹在弹出的子菜单中选择【前10项】选项，如下图所示。

温馨提示

在使用突出显示单元格规则和最前/最后规则时，如果单元格中有重复的数值，那么突出显示的项数可能会与设置的项数有所区别，如下图所示。

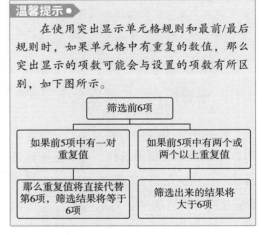

3. 用数据条标识数据大小

要直观对比数据，如月绩效对比、季度绩效对比、工资高低对比等，可以用条件格式中的数据条标识数据。它可以根据

单元格数据大小添加长短不一的数据条，数据条越长，表示值越大；反之，则表示值越小。通过数据条的长度就可以快速判断单元格数据的大小。

例如，要为"绩效考核表1"中工作态度评分列添加数据条标识，可以❶选择F2:F26单元格区域，❷单击【条件格式】按钮，❸在弹出的下拉列表中选择【数据条】选项，❹在弹出的子菜单中选择需要的数据条样式，如下图所示。

4. 用不同填充颜色展现数据分布

在对人事数据进行直观分析时，除了使用数据条，还可以使用色阶按阈值将单元格数据分为多个类别，其中每种颜色代表一个数值范围，可以帮助我们了解数据的分布和变化。

Excel中默认使用双色刻度和三色刻度两种色阶方式来设置条件格式。双色刻度使用两种颜色的渐变来比较某个区域的单元格，颜色越深，表示值越大；反之，则值越小。三色刻度使用3种颜色的渐变来比较某个区域的单元格，颜色的深浅表示值的大、中、小。

例如，要对"绩效考核表1"中奖惩记录评分列添加色阶填充效果，可以❶选择G2:G26单元格区域，❷单击【条件格式】按钮，❸在弹出的下拉列表中选择【色阶】选项，❹在弹出的子菜单中选择需要的色阶填充样式，如下图所示。

5. 用不同图标标识数据特征

为了直观表现出一组数据中的等级范围，HR还可以使用图标集对数据进行标识。图标集中的图标是以不同的形状或颜色来表示数据大小的。使用图标集可以按阈值将数据分为3～5个类别，每个图标代表一个数值范围。

例如，在"绩效考核表1"中绩效总分列要使用3个类别的图标对数据进行划分，可以❶选择H2:H26单元格区域，❷单击【条件格式】按钮，❸在弹出的下拉列表中选择【图标集】选项，❹在弹出的子菜单中选择需要的图标集样式，如下图所示。

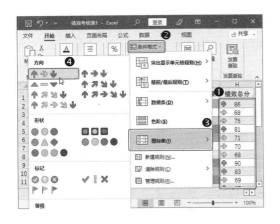

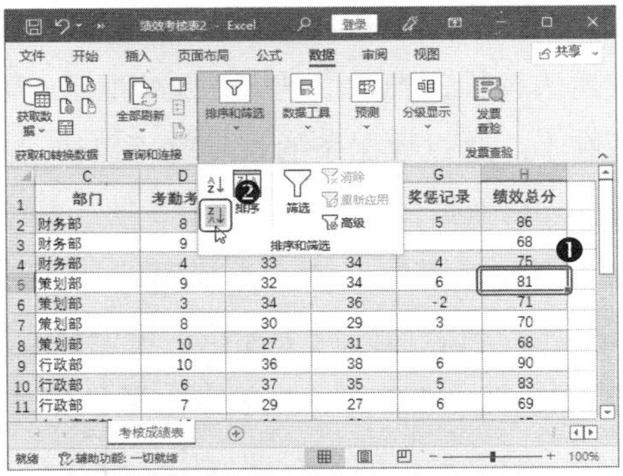

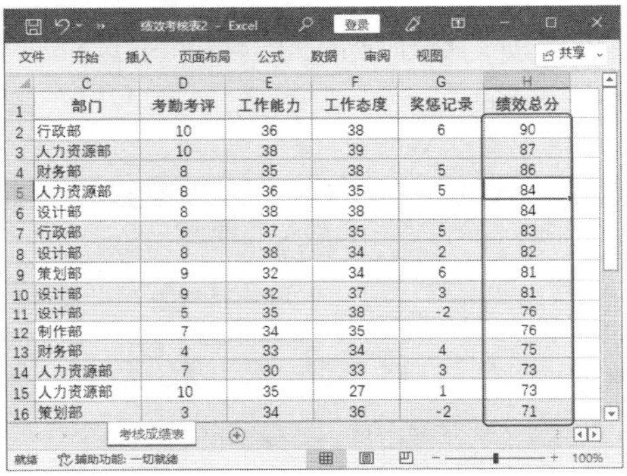

温馨提示

Excel中不仅内置了5种条件格式规则，还可以自定义条件格式规则，让满足条件的数据呈现成百上千种变化，并且当单元格中的数据发生变化时，Excel会自动评估并应用指定的格式。

3.4.3 快速排列数据

HR如果需要将表格中的数据按照一定的规则进行排列，让数据显示更有条理，那么可对数据进行排序。

最常用的排序方式是单字段排序，即按一个条件对数据区域进行升序或降序排列，这也是Excel中最简单的排序方法。只需要❶在目标列中选择任一数据单元格，❷单击【数据】选项卡【排序和筛选】组中的【升序】按钮 ⬆️ 或【降序】按钮 ⬇️，即可按照升序或降序的顺序进行排列。例如，对绩效总分进行降序排列的效果如右图所示。在默认情况下，文字按照音序来排列，数字则是按照大小来排列。

3.4.4 项目数据快速筛选

为了提高数据分析质量，在海量数据中筛选出最有价值的数据进行分析是必不可少的工作。使用Excel提供的筛选功能，可以快速定位符合特定条件的数据，并过滤掉不需要的数据，只显示满足条件的数据。

Excel提供了多种筛选方式，我们可以根据数据表中信息的特点，选择符合实际情况的筛选方式。下面介绍最常用的两种筛选方式。

1. 根据字段内容筛选

在数据源表格中每个字段都设置得比

第 3 章
工作高效：HR 必须掌握的"偷懒"技能

较精准的情况下，经常需要针对字段内容进行筛选，即罗列出同一列中出现的各种数据值，根据其中的一个或多个数据值进行筛选。例如，要在"绩效考核表2"中筛选出人力资源部的相关数据，具体操作步骤如下。

第1步 ● 打开"同步学习文件\素材文件\第3章\绩效考核表2.xlsx"文件，❶选择任一数据单元格，❷单击【数据】选项卡【排序和筛选】组中的【筛选】按钮，如下图所示。

第2步 ● 经过上一步操作后，就进入了筛选状态，每个字段名称的右侧都出现了一个下拉按钮 。❶单击"部门"字段右侧的下拉按钮，❷在弹出的下拉列表中仅选中【人力资源部】复选框，❸单击【确定】按钮，如右图所示。

第3步 ● 在表格中即可查看筛选出的属于人力资源部的数据，如下图所示。

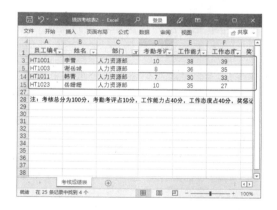

> **温馨提示** ●
> Excel中的字段筛选支持使用通配符星号（*）和问号（?）进行模糊条件筛选。需要注意的是，通配符只能在英文状态下输入，星号（*）表示多个字符，问号（?）表示单个字符。

> **教您一招：取消筛选**
> 如果对筛选效果不满意，可以取消筛选。如果要取消对指定列的筛选，就可以在该列筛

> **教您一招：通过关键字进行筛选**
> 当需要筛选出字段中包含某个文字或某数字的数据时，可以直接在筛选下拉列表的搜索框中输入关键字进行筛选。例如，要筛选姓名中包含"城"的数据，可以在"姓名"字段的搜索框中输入关键字"城"。

89

选下拉列表中选中【全选】复选框；如果要取消工作表中的所有筛选，就可以单击【数据】选项卡【排序和筛选】组中的【清除】按钮。

2. 根据字段数据类型筛选

根据字段内容筛选数据具有一定的局限性，只能满足简单的数据筛选需求。在Excel中，还可以根据字段数据的类型来筛选，包括对文本、数字、颜色、日期或时间等进行筛选。下面对常见的3种筛选方式进行介绍。

（1）对文本进行筛选

进入筛选模式后，如果将文本数据类型的列单元格作为筛选条件进行筛选，单击字段名右侧的下拉按钮 后，弹出的筛选下拉列表中会显示出【文本筛选】命令，通过该命令的子菜单，就可以筛选出与设置文本相同、不同或是否包含相应文本的数据，如下图所示。

【文本筛选】下拉列表中各命令的含义如下。

- 等于：筛选出等于设置文本的数据。
- 不等于：筛选出不等于设置文本的数据。
- 开头是：筛选出文本开头符合设置文本的数据。
- 结尾是：筛选出文本结尾符合设置文本的数据。
- 包含：筛选出包含设置文本的数据。
- 不包含：筛选出不包含设置文本的数据。

（2）对数字进行筛选

在将数字类型的列单元格作为筛选条件进行筛选时，可以筛选出与设置数字相等、大于或小于设置数字的数据。

对数字数据进行筛选的方法与对文本数据进行筛选的方法基本类似。选择【数字筛选】选项后，弹出的子菜单中包含多种对数字数据进行自定义筛选的命令，如下图所示。

其中，部分特殊命令的含义如下。

- 高于平均值：可用于筛选出该列单元格中值大于这一列所有值平均值的数据。
- 低于平均值：可用于筛选出该列单元格中值小于这一列所有值平均值的数据。
- 前10项：选择该命令后将打开【自动筛选前10个】对话框，如下图所示。在左侧下拉列表中选择【最大】选项，可以筛选出最大的多个数据；在中间的数值框中可以输入需要筛选出的记录数；在右侧的下拉列表中还可以设置筛选结果显示个数的计数方式。若选择【项】选项，则中间数值框中设置的值为多少，筛选结果就为多少条记录；若选择【百分比】选项，则筛选结果的记录数将根据数据表中的总数进行百分比计算。

（3）对颜色进行筛选

在将设置了不同字体颜色或填充了不同颜色的单元格作为筛选条件进行筛选时，还可以通过颜色来进行筛选，将具有某种颜色的单元格筛选出来。

对颜色进行筛选的方法与对文本数据进行筛选的方法基本类似。选择【按颜色筛选】选项后，在弹出的子菜单中罗列了当前可选的单元格颜色或字体颜色，选择

相应颜色即可实现筛选，如下图所示。

3.4.5 按类别汇总数据

Excel提供了分类汇总功能，可以方便数据以不同的分类进行汇总。在数据分析时，如果需要统计不同数据项目的总和，以便对数据的总值有一个了解，同时要对比各项目的总和大小，就可以使用分类汇总功能。例如，对各部门的招聘费用、培训费用、工资等进行统计，使用分类汇总将大大提高工作效率。

在Excel中，分类汇总分为单重分类汇总和多重分类汇总两种。

1. 单重分类汇总

单重分类汇总是指以某一个字段为分类项，对数据列表中的其他字段中的数据进行各种计算，如求和、计数、平均值、最大值、最小值和乘积等。但在分类汇总前，必须先对数据列表中需要分类汇总的

字段进行排序，否则将导致分类汇总的结果错误。

单重分类汇总的操作流程如下图所示。

按照上述的操作流程，对员工的加班时数进行汇总，具体操作步骤如下。

第1步 打开"同步学习文件\素材文件\第3章\加班记录表.xlsx"文件，❶对"员工姓名"字段进行升序或降序排列，其目的是让同类的数据排列在一起，❷单击【数据】选项卡【分级显示】组中的【分类汇总】按钮，如下图所示。

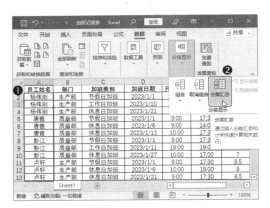

第2步 打开【分类汇总】对话框，❶设置分类字段为【员工姓名】，❷设置汇总方式为【求和】，❸在【选定汇总项】列表框中选中【加班时数】复选框，❹单击【确定】按钮，如右图所示。

第3步 汇总结果如下图所示，显示了不同员工的加班时数总和。在默认情况下，汇总表显示3级汇总效果，单击汇总表左上角的按钮【1】【2】【3】可以分级查看汇总结果。

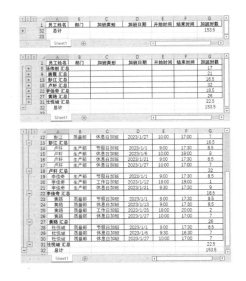

2．多重分类汇总

如果需要针对多个分类字段进行汇总，就需要用到多重分类汇总。例如，汇总各部门总的加班时数，以及各部门不同加班类别下的加班时数。需要注意的是，执行多重分类汇总之前，需要先对汇总的多个项目进行多条件排序或自定义排序，而且要保证排序的关键字段先后顺序与分类层级顺序相同。

多重分类汇总的操作流程如下图所示。

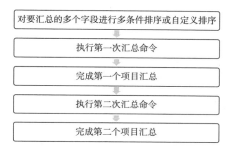

根据上述操作流程，先对各部门总的加班时数进行汇总，再对各部门不同加班类别下的加班时数进行统计，具体操作步骤如下。

第1步 打开"同步学习文件\素材文件\第3章\加班记录表1.xlsx"文件，首先使用多条件对"部门"和"加班类别"字段进行排序。❶选择任一数据单元格，❷单击【数据】选项卡【排序和筛选】组中的【排序】按钮，如下图所示。

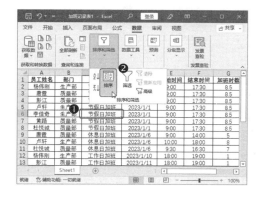

第2步 打开【排序】对话框，❶在【主要关键字】下拉列表中选择【部门】选项，其他选项保持默认设置，❷单击【添加条件】按钮，❸在新增的【次要关键字】下拉列表中选择【加班类别】选项，其他选项保持默认设置，❹单击【确定】按钮，如下图所示。

第3步 单击【分类汇总】按钮，执行第一次汇总命令。在【分类汇总】对话框中，❶设置分类字段为【部门】，❷选择汇总方式为【求和】，❸在【选定汇总项】列表框中选中【加班时数】复选框，❹单击【确定】按钮，如下图所示。

第4步 再次单击【分类汇总】按钮，执行第二次汇总命令。在【分类汇总】对话框中，❶设置分类字段为【加班类别】，❷选择汇总方式为【求和】，❸在【选定汇总项】列表框中选中【加班时数】复选框，❹取消选中【替换当前分类汇总】复选框，❺单击【确定】按钮，如下图所示。

> **温馨提示**
>
> 在多重分类汇总时，除第一次汇总之外，其他汇总设置时都需要取消选中【替换当前分类汇总】复选框。

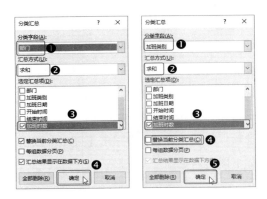

据采用求和、计数、平均值、最大值、最小值等汇总方式。

1. 合并计算多个相同的数据类别

在对人事数据进行统计时，当源区域中的数据不以相同的顺序排列但使用相同的数据标签时，除了可以通过COUNTIF函数来完成统计，使用合并计算功能也可合并计算具有不同布局但拥有相同数据标签的一系列工作表中的数据。

例如，要使用合并计算功能对表格中每个部门全年招聘的总人数进行统计，具体操作步骤如下。

第5步 汇总结果如下图所示，汇总表中不仅汇总了各部门的加班总时数，还对各部门下不同加班类别的加班总时数进行汇总。

第1步 打开"同步学习文件\素材文件\第3章\招聘人数统计.xlsx"文件，❶选择放置合并计算结果的空白单元格，❷单击【数据】选项卡【数据工具】组中的【合并计算】按钮，如下图所示。

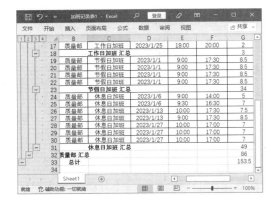

3.4.6 合并计算有诀窍

在对人事数据进行汇总分析时，如果需要将多个相似格式的工作表或数据区域，按照项目对同类数据进行汇总，就需要用到合并计算功能。例如，汇总各部门人数、汇总招聘的人数，或者按照季度、半年度、年度汇总支出的工资、培训费用及各种办公费用等。合并计算时可以对数

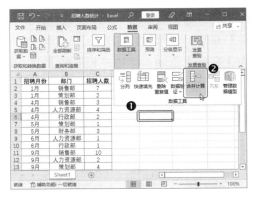

第2步 打开【合并计算】对话框，❶在【函数】下拉列表中选择计算方式，这里选择【求和】选项，❷在【引用位置】参数框中输入引用的数据区域，这里选择

B1:C18单元格区域，❸单击【添加】按钮，将引用位置添加到【所有引用位置】列表框中，❹选中【首行】和【最左列】复选框，❺单击【确定】按钮，如下图所示。

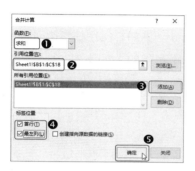

> **温馨提示**
> 在默认情况下，合并计算的结果是以数值的形式显示，当数据源区域的数据发生变化时，合并计算结果不会自动更改。要想使合并计算结果随着源数据的变化而自动变化，那么在【合并计算】对话框中选中【创建指向源数据的链接】复选框，合并计算结果将自带公式。

第3步 此时，将对数据区域进行合并计算，并将结果放置在选择的空白单元格中，效果如下图所示。

2. 多表数据合并汇总

实际工作中使用的很多表格结构都是相似的，只是具体数据不同，所以常常需要将多表数据合并汇总到一张工作表中。此时，也可以使用合并计算功能来实现，合并后的主工作表可以与合并前的其他工作表位于同一个工作簿中，也可以位于不同的工作簿中。

例如，要使用合并计算功能对上半年各部门的交通费用进行汇总统计，具体操作步骤如下。

第1步 打开"同步学习文件\素材文件\第3章\各部门交通费统计.xlsx"文件，❶选择【上半年汇总】工作表中的A2单元格，❷单击【合并计算】按钮，如下图所示。

第2步 打开【合并计算】对话框，❶将上半年每月引用的数据区域添加到【所有引用位置】列表框中，❷选中【最左列】复选框，❸单击【确定】按钮，如下图所示。

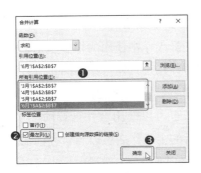

第3步 此时，在【上半年汇总】工作表中统计出各部门上半年交通费总报销金额，效果如下图所示。

部门	交通费总报销金额
业务部	¥14,455.00
行政部	¥3,650.00
财务部	¥7,285.00
人力资源部	¥3,550.00
设计部	¥3,060.00
策划部	¥4,270.00

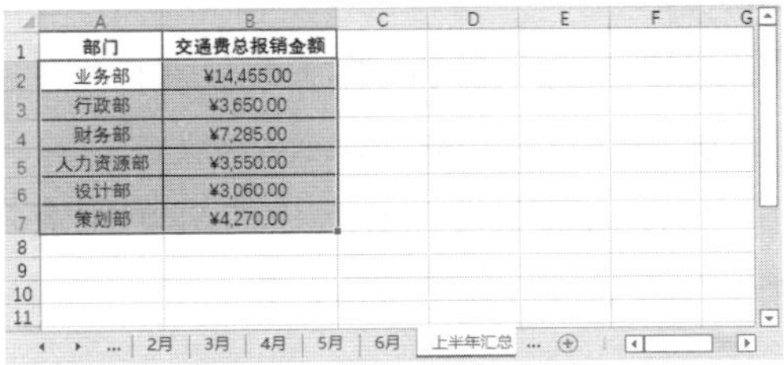

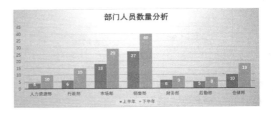

3.4.7 图表智能创建

当下是“用数据说话”的时代，数据分析少不了图表分析，图表不仅是后期制作数据报告时数据呈现的重要形式，还能在数据分析过程中以直观的方式带给分析者灵感，使其发现数据中隐藏的信息。

图表是数据可视化常用的手段，在各类人事报表中（如人事流入、流出月度报表，以及岗位变迁年度报表等），图表使用非常广泛。人力资源管理中常用的Excel图表大概有以下6类。

（1）柱形图

柱形图通常沿水平轴组织类别，而沿垂直轴组织数值，利用柱子的高度反映数据的差异。

对人事数据进行分析时，柱形图是经常使用的一种图表，主要用于描述不同时期数据的变化情况或描述不同类别数据之间的差异。例如，使用柱形图对各部门上半年和下半年的人员数量进行分析，效果如下图所示。

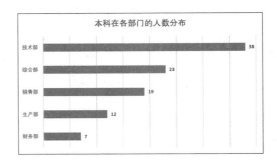

（2）条形图

条形图主要用来比较不同类别数据之间的差异情况。条形图是在纵向上依次展示数据，相比于柱形图，可以展示更多数据项，而且可快速看清数据的次序。例如，使用图表对各部门中拥有“本科”学历的人数分布进行分析，那么使用条形图最为直观，可以按从高到低的顺序进行排列，如下图所示。

（3）折线图

折线图是表示数据趋势的图表，展示了随着时间的推移，数据的变化情况。通过折线图的线条波动，可以轻松判断在不同时间段内，数据是呈上升趋势还是下降趋势，数据变化是呈平稳趋势还是波动趋势，同时可以根据折线的高点和低点找到数据的波动峰顶和谷底。在人员招聘、人员结构分析等方面比较常用。例如，使用折线图对1～12月网络招聘和现场招聘两种招聘渠道招聘到的人数进行分析，效果如下图所示。

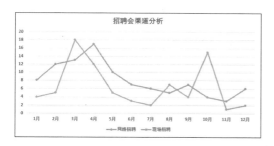

> **温馨提示●**
>
> 在使用图表的过程中，折线图和柱形图容易混淆。当柱形图的横坐标轴是时间时，也能体现数据随时间推移的变化效果，但是柱形图通过柱形高低，着重强调的是数据的量；而折线图横坐标轴只能是时间，强调的是趋势变化，甚至可以忽略数据量的大小。

（4）饼图

饼图用于显示一个数据系列中各数据项占总数据项的比例，饼图中的数据点显示为整个饼图的百分比。它是用来分析项目占比、对比各项目比例的图表。工程师薪酬的构成比例数据如下图所示。

饼图中包含了圆环图，它是使用环形一部分来表现一个数据在整体数据中的大小比例。圆环图也用来显示单独的数据点相对于整个数据系列的关系或比例，同时圆环图可以通过增加圆环的层数来展示多个数据系列或体现数据项目随时间或其他因素变化时的占比情况。

圆环图在人力资源数据分析中也比较常用，如下图所示，展示了2021年和2022年各离职原因的比例数据。从图中不仅可以得知不同年份的离职原因所占比例，还可以对比同一离职原因在不同年份的比例大小。

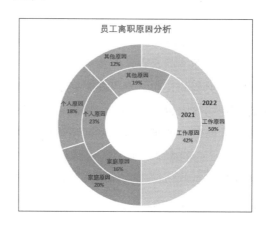

（5）雷达图

雷达图又称为戴布拉图、蜘蛛网图，它用于显示独立数据系列之间，以及某个特定系列与其他系列的整体关系。每个分类都拥有自己的数值坐标轴，这些坐标轴同中心点向外辐射，并用折线将同一系列中的值连接起来。

雷达图是专门用来进行多指标体系比较分析的图表，主要应用于多维数据的可视化展现。如下图所示，利用雷达图分析企业人力资源现状，分别从职业道德、团队精神、技术能力、沟通能力、学习能力、管理能力6个方面进行了剖析，不仅可以得知每个方面的情况，还可以推断出从整体上看需要加强哪个方面的能力。

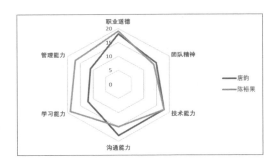

（6）组合图表

组合图表就是在一个图表中应用了多种图表类型的元素，可以同时展示多组数据，让图表内容更加丰富、直观。组合图表最大的特点就是不同类型的图表可以拥有一个共同的横坐标轴、不同的纵坐标轴，这样可以更好地区别不同的数据类型，并强调不同的重点内容。

组合图表的最佳组合形式是"柱形图+折线图"，常用来展现同一变量的绝对值和相对值。如下图所示，使用"柱形图+折线图"对上半年的招聘完成情况进行了分析。

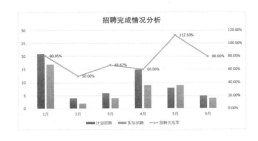

通过上面的讲解，可以知道每种图表都有不同的适用范围。在选择图表类型前，首先需要对表格中的数据进行提炼，弄清楚数据表达的信息和主题，然后根据信息和主题来决定选择的图表类型。例如，部门薪酬占比关系分析，选择的图表类型应该是饼图类；人力潜力开发预测，就应是折线图类；员工个人或团队部门业绩对比分析，就应是柱形图类。若是不能做出明确的选择，可让Excel智能推荐，展示几种最适合当前数据的图表类型，供我们选用。

例如，要在通信津贴额度一览表中使用推荐图表功能快速创建合适类型的图表，具体操作步骤如下。

第1步 打开"同步学习文件\素材文件\第3章\通信津贴额度一览表.xlsx"文件，❶选择要创建为图表的表格数据，❷单击【插入】选项卡【图表】组中的【推荐的图表】按钮，如下图所示。

第3章
工作高效：HR必须掌握的"偷懒"技能

3.4.8 按需创建报表

作为专业的HR，经常需要对人力资源数据进行多维度的透视分析，图表无法实现数据动态显示，此时就需要用到数据透视表。它是根据数据源表格创建的一种交互式的图表，可以动态地改变数据的版面布置，其中还综合了数据的排序、筛选、分类、汇总等常用的数据分析方法，得以从不同角度、不同层次、不同方式查看数据的汇总结果，而且可以根据透视结果使用数据透视图和切片器对汇总数据进行分析，让数据分析更直观、简单。

数据透视表是Excel中具有强大分析能力的工具，能灵活地以不同的方式展示数据的特征。要想用好数据透视表，需要从以下3个方面入手。

第一，有一张好的数据源表格。

第二，想清楚需要透视的角度，以确定哪些透视字段要添加及添加的先后顺序。

第三，对于没有特殊要求的透视表，最好放置在新工作表中，不打破数据源表格的数据完整性，以备再次使用。

在Excel中，创建数据透视表的方法有两种：一种是使用推荐功能创建；另一种是手动创建。前者会根据选择的数据提供各种数据透视表选项的预览，通过选择即可生成相应的数据透视表；后者需要添加和布局字段，同样的数据源表格，当添加字段的数量和内容不同、先后顺序不同、布局位置不同、汇总方式不同，最后呈现

第2步 打开【插入图表】对话框，❶在左侧推荐的图表中选择需要的图表类型，这里选择条形图，❷单击【确定】按钮，如下图所示。

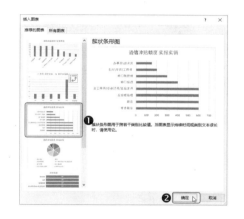

第3步 系统自动插入选择的图表类型，如下图所示。

的效果也不同。

当对数据把握不准时，可以先使用推荐功能创建，然后手动进行修改。例如，有一份全年的招聘统计信息数据源表格，要对其中的数据进行透视，具体操作步骤如下。

第1步 打开"同步学习文件\素材文件\第3章\招聘统计表.xlsx"文件，❶选择要创建数据透视表的表格数据，❷单击【插入】选项卡【表格】组中的【推荐的数据透视表】按钮，如下图所示。

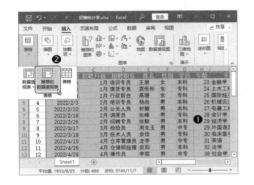

第2步 打开【推荐的数据透视表】对话框，❶在左侧推荐的图表中选择需要的透视表选项，❷单击【确定】按钮，如下图所示。

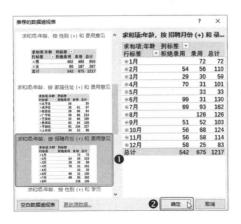

第3步 系统自动在新工作表中插入选择的数据透视表，其中字段的添加和字段布局已自动完成，如下图所示。

第4步 由于需要查看的是每月录用成功的各岗位数据，因此还需要对字段进行调整。在【数据透视表字段】任务窗格的列表框中选中需要的字段复选框，并在下方的4个列表框中拖动字段名称调整布局，如下图所示。

第 3 章
工作高效：HR 必须掌握的"偷懒"技能

第5步 即可及时根据添加的字段和设置的字段布局方式调整数据透视表效果，最终效果如下图所示。

选框，❸单击【确定】按钮，如下图所示，即可查看需要的透视统计数据。

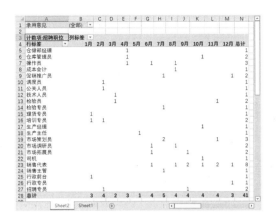

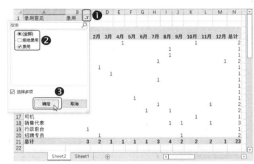

第6步 ❶单击数据透视表中左上角的筛选字段【录用意见】右侧的下拉按钮，❷在弹出的下拉列表中仅选中【录用】复

> **温馨提示**
> 创建好的数据透视表还可以像普通表格一样对其中的数据进行排序、筛选和汇总，还可以插入切片器、日程表，从项目名称和时间的角度动态地查看数据。

AI 答疑与点拨

通过对前面知识的学习，相信读者朋友已经了解HR常用的快捷键，掌握了数据处理、计算和分析的常用"偷懒"技能。下面结合本章内容，让ChatGPT为读者介绍一些工作中的实用经验与技巧，以帮助HR更好地利用Excel完成相关工作。

01 巧妙输入位数较多的编号

员工工资表、员工档案表、绩效考核表、业绩表、加班表等表格中都需要输入员工编号，如果员工编号的前面几位都是以"0"开始，输入的"0"默认将不会显示，这时，我们可以通过设置单元格的数字格式为文本来实现输入。还有没有其他可以快速输入类似数据的方法呢，我们来询问一下ChatGPT。

> **提问** 在 Excel 中输入多个数据时，要求显示为相同的位数，不够的在数字前添加 0 占位，具体应该如何操作呢？
>
> **ChatGPT** 在Excel中，如果要求输入多个数据时，要求显示为相同的位数，不够的在数字前添加0占位，可

101

以通过以下两种方法实现。

方法一：

1. 首先输入需要添加占位符的数字，然后选中这些单元格并右击，在弹出的快捷菜单中选择【设置格式单元格】。

2. 在【设置格式单元格】窗口中选择【自定义】选项，然后在【类型】文本框中输入：0000（或者需要的位数的0），并单击【确定】按钮。

3. 此时输入的数字会在前面自动补齐0，达到指定的位数。

方法二：

1. 在Excel中选中需要添加占位符的单元格，在文本框中输入如下公式：=TEXT(数字，"0000")，其中"数字"为需要转化为指定位数的数字。

2. 按下回车键后，自动将数字转化为输入位数的格式，数字前面会添加相应数量的0以达到指定的位数。

两种方法均可以实现在Excel中输入多个数据时，要求显示为相同的位数，不够的在数字前添加0占位的效果，可以选择其中一种使用。

ChatGPT给出了两种解决方法，方法二是通过函数实现格式转化，方法一有多个步骤，我们举个例子来操作一遍。

第1步 ▶ 打开"同步学习文件\素材文件\第3章\公司员工信息1.xlsx"文件，选择要输入编号的列，打开【设置单元格格式】对话框，❶在【数字】选项卡的【分类】列表框中选择【自定义】选项，❷在【类型】文本框中输入"0000"，❸单击【确定】按钮，如下图所示。

第2步 ▶ 返回工作表中，即可看到该列单元格中原来输入的数据都发生了变化。继续在A12单元格中输入"11"，可以看到其会自动显示为"0011"，如下图所示。

02 让单元格中的数据显示为单纯的数据条

使用条件格式中的数据条规则后，数

据会和数据条重叠显示，有时看起来比较凌乱。可以让单元格中的数据显示为单纯的数据条吗？我们来问一问ChatGPT。

提问 可以让单元格中的数据显示为数据条的同时屏蔽原始数据吗？

ChatGPT 是的，可以在显示数据条的同时完全隐藏原始数据。以下是具体步骤。

1. 选中需要进行数据条处理的单元格区域。

2. 在【开始】选项卡中，找到【样式】组，单击【条件格式】选项（或直接按下【Alt+O+D】组合键）。

3. 在弹出的【条件格式】对话框中，选择【新建规则】。

4. 在弹出的【新建格式规则】对话框中，选择【使用公式确定要格式化的单元格】。

5. 在【公式】文本框中输入以下公式，其中A1是该单元格的地址：=IF(ISTEXT(A1),NA(),TRUE)

6. 然后单击【格式】按钮，选择【数字】选项卡，选择【自定义】分类。

7. 在【类型】文本框中输入3个分号;;;。

8. 单击【确定】按钮，回到【新建格式规则】对话框，选择想要的数据条样式。

9. 单击【应用】和【确定】按钮保存并退出对话框。

现在应用的单元格中已经显示为数据条，并且完全隐藏原始数据。可以在单元格中双击打开编辑模式来查看它的值。但在正常使用表格时，数据条会完全代替原始数据。

需要注意的是，如果想要调整数据条的颜色和款式，需要在第8步中选择相应的【数据条】样式，并调整需要的颜色和条形宽度。

根据ChatGPT的回复，我们可以得知，为了使表格更加简洁，是可以让单元格中的数据显示为单纯的数据条的，但是它给出的操作步骤太复杂了。下面介绍一种简单的方法实现在单元格中单纯显示数据条，具体操作步骤如下。

第1步 打开"同步学习文件\素材文件\第3章\招聘人数统计1.xlsx"文件，❶选择要添加数据条的单元格区域，❷单击【开始】选项卡中的【条件格式】按钮，❸在弹出的下拉列表中选择【新建规则】选项，如下图所示。

■第2步● 打开【新建格式规则】对话框，❶在【格式样式】列表框中选择【数据条】选项，❷选中其后的【仅显示数据条】复选框，❸单击【确定】按钮，如下图所示。

■第3步● 返回工作表中，即可看到所选单元格区域中仅显示数据条，不会显示数据，如下图所示。

温馨提示●

通过函数可以实现更复杂的数据突出显示设置。在【新建格式规则】对话框中编写函数，可以实现更复杂的单元格数据突出显示设置。

03 查看函数的完整说明

在使用公式函数计算数据时，一些函数不认识，不知道它的参数结构，对于这种情况，我们可以借助ChatGPT来进行学习，下面以学习COUNTIF函数为例进行讲解。

提问 请介绍一下COUNTIF函数。

ChatGPT COUNTIF函数是Excel中的函数，用于计算满足指定条件的数据在某个区域中的个数。该函数的基本语法为：COUNTIF(range, criteria)。

其中，range表示要统计个数的数据区域，criteria表示要检查的条件，可以是数字、文本、日期或逻辑测试结果等。

例如，如果要在A1到A10这个数据区域中统计大于20的数字个数，可以使用如下公式：=COUNTIF(A1:A10, ">20")，该公式将返回A1到A10这个区域中所有大于20的数字个数。

COUNTIF函数还可以使用多个条件进行过滤，例如，要统计A1到A10这个区域中，满足同时小于20并且大于10的数字个数，可以使用如下公式：=COUNTIF(A1:A10, "<20")-COUNTIF(A1:A10, "<10")，该公式将返回A1到

A10这个区域中所有同时小于20且大于10的数字个数。

需要注意的是,COUNTIF函数对于文本区分大小写,如果需要使用不区分大小写的方式进行统计,可以使用COUNTIFS函数来完成。其语法与COUNTIF函数类似。

COUNTIF函数在Excel中非常实用,可用于各种数据统计和分析,是初学者入门的重要函数之一。

ChatGPT对COUNTIF函数的语法和应用进行了总结归纳。此外,我们也可以借助Excel的帮助系统来看完整的说明,具体操作方法如下。

第1步 在Excel中,按【F1】键,打开【帮助】任务窗格,❶在【搜索】文本框中输入要查看完整说明的函数,如"COUNTIF",❷单击 🔍 按钮开始搜索,如下图所示。

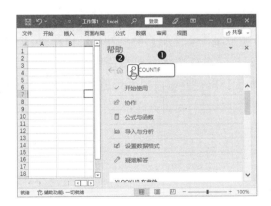

第2步 在搜索的结果中单击需要查看内容的超链接,这里单击【COUNTIF函数】的超链接,如右图所示。

第3步 在任务窗格中会显示该函数的完整说明,如下图所示。

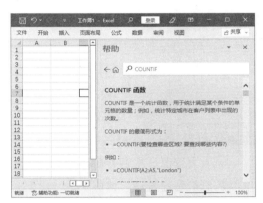

> **教您一招:查看函数完整说明的其他方法**
>
> 在输入函数时,要查看函数的完整说明,可将文本插入点定位在函数的括号中,在弹出的提示框中单击函数名部分,如下图所示,系统会自动打开【帮助】任务窗格并搜索,稍后即可在其中看到完整的说明及示例。

Excel

第4章

人力资源日常事务管理

本章导读

人力资源日常事务管理是人力资源管理的基础工作，主要包括人事档案管理，以及员工考勤管理、请假管理、出差管理、异动管理、离职管理等日常工作。本章将通过 ChatGPT 让读者学习和掌握人力资源日常事务管理的基础知识，再通过制作人事档案的相关案例实操讲解 Excel 的运用。重点要注意建立合理规范的基础表格，方便人事档案信息的查看，以及后期统计出企业当前的人力资源状况。

第4章 人力资源日常事务管理

4.1 使用 ChatGPT 了解人力资源日常事务管理

在现代企业中,人力资源已经非常常见,不同公司的人力资源具体工作并不相同。下面通过ChatGPT来多方位认识一下人力资源日常事务管理的相关知识。

4.1.1 HR 的日常工作范畴

我们大概知道HR是对企业中的人力资源进行管理,那HR平常要做哪些工作呢?来看看ChatGPT是如何回复的。

提问 人力资源日常事务管理包含哪些内容?

ChatGPT 人力资源日常事务管理包含以下几方面内容。

1. 招聘工作:招聘工作包括发布招聘广告、筛选简历、面试、录用等。在这之前,需要对招聘需求做出计划,并遵循相关的法规和规定进行招聘。

2. 员工入职:员工入职需要签署聘用合同、办理入职手续、报到、介绍公司部门和工作内容等相关工作。

3. 员工离职:员工离职需要办理离职手续,并如实记录和存储相关离职信息。

4. 绩效管理:绩效管理包括绩效评估和绩效考核,需要建立健全的绩效考核方法和制度,对员工的工作绩效进行评估,以便确定奖惩措施和晋升方式等。

5. 薪酬福利管理:薪酬福利管理需要制定合理的薪酬和福利政策,确保员工收入合理且公平,同时还要注意控制成本。

6. 员工培训和发展:员工培训和发展包括在工作中培训、知识技能培训和职业发展支持。需要有计划地对员工进行培训,以便员工能够适应工作需要和提高效率。

7. 维护员工关系:员工管理除了需要做好管理工作,还要维护公司与员工的良好关系,包括与员工进行沟通、解决问题和处理投诉等。

总之,人力资源日常事务管理涵盖了各种内容,需要关注员工的需求和公司在法律、道德、商业上的责任,通过合理管理,维护管理者和员工的信任关系,实现公司的长期发展。

从以上回复可知,HR的日常工作是比较繁杂的,不仅负责的内容较多,还涉及与外界和公司各个部门的多方沟通与协作。同时,由于HR能接触到大量的公司和员工信息,所以需要提高信息安全意识。

4.1.2 什么是员工档案管理

在人力资源管理工作中,员工管理工作是重要的事项之一,为了做好员工管理,一般需要制作员工档案表对数据进行记录。下面,来看看ChatGPT是如何解释员工档案管理的。

提问 什么是员工档案管理?

ChatGPT 员工档案管理是指对员工的个人信息、雇佣合同、工作经历、绩效评估、薪酬信息、福利和补偿等进行记录、维护和管理的过程。这些信息都是组织或公司在管理员工时需要的关键数据,良好的员工档案管理可以帮助组织更好地了解员工的技能和经验,更好地规划和执行组织的人力资源策略,从而提高组织的工作效率和员工的工作满意度。

员工档案管理通常由人力资源部门负责实施和维护,其目的是确保组织拥有准确、完整和及时的员工信息,以便更好地管理员工、制订薪酬和福利计划、进行员工绩效评估及规划员工的职业发展。良好的员工档案管理可以提高组织规章制度的透明度和公正性,促进员工的参与感和忠诚度,从而提高组织的整体业务绩效和生产效率。

值得注意的是,员工档案管理需要遵守相关的法律法规,特别是保护员工隐私。组织或公司需要采取必要的措施来保护员工档案的安全性和保密性,避免信息泄露和滥用。

从以上回复可知,员工档案管理工作并非小事,对于组织和员工的发展都有着重要的影响。只有通过良好的档案管理实践,才能更好地规划和执行人力资源策略,提高组织和员工的工作效率。

4.1.3 员工档案管理要做些什么

明白了员工档案管理工作的重要性,那么接下来可以再了解一下进行员工档案管理具体需要做什么。

提问 员工档案管理的具体事项有哪些?

ChatGPT 员工档案管理的具体事项包括以下几个方面。

1.员工信息的收集和记录:人力资源部门需要收集并记录员工的基本信息,如姓名、出生日期、联系方式、身份证号码等。同时还需要记录员工的雇佣合同、工作经历、薪酬和福利信息、绩效评估结果等。

2.员工档案的管理和维护:人力资源部门需要制定相关的档案管理政策和流程,确保员工档案的安全性和保密性。同时还需要及时更新员工档案的信息,确保员工档案的完整性和准确性。

3.员工档案的使用和查询:人力资源部门需要对员工档案的使用和查询进行管理和监控,确保员工档案的使用符合法律法规和组织的要求。员工本人也可以查询自己的档案信息,但需要遵守相关规定和程序。

4.员工档案的保存和归档:人力资

源部门需要根据相关法律法规和组织的要求，对员工档案进行保存和归档。特别是在员工离职后，需要对员工档案进行归档并保留一定时间，以备后续使用或查询。

5.员工档案的数字化管理：随着数字化技术的发展，许多组织开始采用数字化方式管理员工档案，以提高信息的处理效率和精度，这包括将员工档案进行数字化存储和共享，以及采用电子签名和电子认证等技术手段保证信息的真实性和保密性。

综上所述，员工档案管理是一项非常细致和复杂的工作，需要档案管理人员在人力资源管理方面具备一定的专业知识和能力。只有通过有效的员工档案管理实践，组织才能更好地了解员工的技能和经验，更好地规划和执行人力资源策略，提高组织的工作效率和员工的工作满意度。

从以上回复可知，虽然员工档案管理的具体事项很多，但在ChatGPT的提醒下，可以让我们更有条理地整理档案，轻松应对海量的人员信息。

4.1.4 员工档案管理的注意事项

员工档案管理的工作内容较多，需要十分细心才能准确无误地将其记录在案，所以在制作员工档案之前，先记住ChatGPT的提醒事项，避免工作失误。

提问 员工档案管理的注意事项有哪些？

ChatGPT 员工档案管理工作是一项非常重要的任务，需要注意以下几点。

1.保护员工隐私：员工档案中包含大量敏感信息，如员工的身份证号码、薪酬和福利信息等，需要严格保护员工的隐私，避免信息泄露和滥用。

2.保证员工档案的准确性和完整性：人力资源部门需要及时更新员工档案的信息，并确保员工档案的准确性和完整性。这包括对员工的基本信息、工作经历、绩效评估结果等进行记录，并在员工离职后对员工档案进行归档并保留一定时间。

3.遵守相关法律法规和组织规定：员工档案管理需要遵守相关法律法规和组织规定，确保档案管理符合规范。

4.员工档案要有安全保障：人力资源部门需要对员工档案的安全性进行保障，如加强员工档案的物理安全和网络安全管理，制定员工档案管理政策和流程等。

5.采用数字化技术进行管理：随着数字化技术的发展，许多组织开始采用数字化技术管理员工档案，需要注意采用安全可靠的技术手段，确保数字化管理的安全性和保密性。

综上所述，员工档案管理工作需要

相关管理人员在人力资源管理方面具备一定的专业知识和能力，注重保护员工的隐私，确保员工档案的准确性和完整性，遵守相关法律法规和组织规定，加强员工档案的安全保障，并合理采用数字化技术进行管理。

由此可见，员工的档案管理工作比较烦琐，需要制作各种表格进行分类管理，所以HR一定要掌握使用Excel制作各种表格的方法。

接下来通过几个案例，讲解Excel在人力资源日常事务管理中的实战应用。

4.2 员工档案表设计

案例背景

员工档案表是人力资源管理中最基础的一项表格，主要用于存储员工的基本信息，是公司为加强对员工的管理，建立起来的有关员工基本情况的重要资料。员工档案表的建立是HR快速筛选、汇总和分析各项人事数据的前提，后续的很多人事数据的分析都是以此表为基础。所以，员工档案表非常重要，HR应负责员工档案表的建立、完善和更新并进行保管。

本例将从头开始制作员工档案表，这是一个典型的数据源表格，字段安排时需要注意逻辑，过程中主要涉及公式函数、数据验证、定义名称等功能的使用，制作完成后的效果如下图所示。实例最终效果见“同步学习文件\结果文件\第4章\员工档案表.xlsx”。

	A	B	C	D	E	F	G	H	I	J	K	L
1	员工编号	姓名	部门	岗位	性别	出生年月	年龄	身份证号码	学历	联系方式	入职时间	转正时间
2	0001	陈果	市场部	市场经理	男	1987/11/20	35	123456198711201673	专科	135-0001-2345	2017/1/14	2017/4/14
3	0002	张达鸣	行政部	行政经理	男	1993/7/26	29	123456199307262210	本科	135-0001-2346	2017/1/14	2017/4/14
4	0003	施芳	财务部	往来会计	女	1986/5/2	36	123456198605020021	专科	135-0001-2347	2017/1/28	2017/4/28
5	0004	喻梦纤	市场部	市场拓展员	女	1983/2/5	39	123456198302055008	研究生	135-0001-2348	2017/3/16	2017/6/16
6	0005	常珂熙	市场部	促销推广员	女	1990/12/2	32	123456199012026001	本科	135-0001-2349	2017/3/29	2017/6/29
7	0006	许瑶荟	财务部	财务经理	女	1982/4/28	40	123456198204288009	研究生	135-0001-2350	2017/4/20	2017/7/20
8	0007	康薇蕙	财务部	总账会计	女	1975/4/26	47	123456197504262127	本科	135-0001-2351	2017/5/2	2017/8/2
9	0008	毕珞茹	总经办	生产副总	女	1980/12/8	41	123456198012082847	专科	135-0001-2352	2017/5/25	2017/8/25
10	0009	陶晋城	生产部	技术人员	男	1982/7/16	40	123456198207169113	中专	135-0001-2353	2017/6/6	2017/9/6
11	0010	施尚林	生产部	技术人员	男	1984/7/23	38	123456198407232318	中专	135-0001-2354	2017/6/29	2017/9/29
12	0011	毕泽韶	销售部	销售代表	男	1987/11/30	35	123456198711301673	高中	135-0001-2355	2017/7/11	2017/10/11
13	0012	苏绮蕙	市场部	公关人员	女	1985/8/13	37	123456198508133567	本科	135-0001-2356	2017/8/5	2017/11/5
14	0013	喻欣悦	销售部	销售经理	女	1988/3/6	34	123456198803069384	本科	135-0001-2357	2017/8/19	2017/11/19
15	0014	卫丽玫	生产部	检验员	女	1979/3/4	43	123456197903045343	高中	135-0001-2358	2017/10/19	2018/1/19
16	0015	潘瑜婕	财务部	出纳	女	1982/10/3	40	123456198210036306	专科	135-0001-2359	2017/12/23	2018/3/23
17	0016	冯雨	仓储部	仓库管理员	女	1984/1/1	38	123456198401019344	中专	135-0001-2360	2018/2/18	2018/5/18
18	0017	郝忆	生产部	操作员	男	1984/10/31	38	123456198410313851	专科	135-0001-2361	2018/3/20	2018/6/20
19	0018	严慕茵	销售部	销售代表	女	1985/11/10	37	123456198511100023	专科	135-0001-2362	2018/4/9	2018/7/9
20	0019	杨玥	行政部	行政前台	女	1986/5/2	36	123456198605020021	专科	135-0001-2363	2018/4/27	2018/7/27
21	0020	陶桂珍	销售部	销售代表	女	1993/2/18	29	123456199302185000	专科	135-0001-2364	2018/5/5	2018/8/5
22	0021	金鹭	总经办	总经理	女	1992/12/8	29	123456199212086000	研究生	135-0001-2365	2018/5/27	2018/8/27
23	0022	罗翰华	行政部	清洁工	男	1972/7/16	50	123456197207162174	高中	135-0001-2366	2019/1/26	2019/4/26
24	0023	唐静芯	总经办	销售副总	女	1981/7/1	41	123456198107013000	研究生	135-0001-2367	2019/7/2	2019/10/2
25	0024	彭高	行政部	清洁工	男	1972/4/16	50	123456197204169113	高中	135-0001-2368	2019/8/9	2019/11/9

序列数据　员工信息表

4.2.1 员工档案表结构设计

不同公司创建的员工档案表的内容和要求不尽相同,有的创建的内容非常详细,而有的内容则相对简单。实际上,作为数据源表格,在收集信息时应尽可能详细,越详细越好,还要全面地考虑各岗位、各项工作对员工信息数据的需求,以便于后续使用和工作效率的提高。

员工档案表的设计主要是结构的设计,也就是所谓的字段,在第2章中讲解了设置表格字段需要遵循的步骤,这里将结合这些内容详细讲解员工档案表结构设计需要考虑的情况,主要有如下图所示的几点。

```
1.需要为哪些表提供数据
2.是否满足工作需要
3.各信息之间是否有关联
```

1. 需要为哪些表提供数据

员工档案是企业在招聘、人事调动、培训、考核、奖惩、选拔和任用等方面的一种参考依据,应用非常广泛。

在对员工档案表的结构进行设计时,除了输入一些基础的信息,如员工的姓名、职位、电话号码等,还可以记录一些其他信息,虽然有些信息可能当下觉得并无记录的意义,但在后续的工作中很可能非常有用。

首先考虑设计的员工档案表需要为哪些表提供数据,如要为人员结构统计表提供数据,就需要将人员结构统计表需要的项目一一列出来。人员结构统计表一般包括对各部门人员的统计、男女人数统计、学历统计、不同年龄段和工龄段的人数统计等。由此可知,人员结构统计表中需要的字段有姓名、部门、性别、年龄、学历、工龄等。除此之外,员工档案表还需要为员工基本信息、员工劳动合同、员工离职信息、员工转正信息等提供数据,不同表格需要的字段罗列如下图所示。

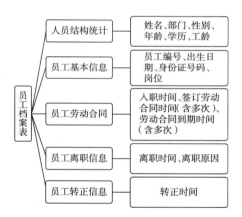

2. 是否满足工作需要

通过分析获取各个字段后,还需要考虑这些内容能否满足工作需要,并对此进行检验。可以从表格设计者和其他人员两个途径来检验员工档案表能否满足工作需要,如下图所示。

表格设计者检验	从实际工作出发，如通过此表格是否能从部门人数、性别、学历、年龄、工龄等方面对在职人员结构进行分析；当员工有重名时，应该如何进行区分等
其他人员检验	让公司其他人员对此表提出工作或数据需求，看此表是否能满足他人提出的需求

3. 各信息之间是否有关联

虽然员工档案表包含的字段已大体确定，但还不能进行表格设计，还需要对各信息之间的关联性进行分析。

一般来说，员工在本单位开始工作的第一天，就是劳动合同生效时间，由此可得出，"入职时间"即为第一次劳动合同签订时间，"第一次劳动合同到期时间"也就是"第二次劳动合同签订时间"，"第二次劳动合同到期时间"也就是"第三次劳动合同签订时间"。

结合上述3个方面的考虑，可以得出员工档案表中需要包含员工编号、姓名、部门、岗位、性别、出生年月、身份证号码、学历、入职时间、转正时间、第一次劳动合同签订时间、第二次劳动合同签订时间、离职时间和离职原因等字段。设计本例中的员工档案表，具体操作步骤如下。

第1步 启动Excel，新建"员工档案表"工作簿，在第1行中依次输入刚分析出的字段内容，如右图所示。

第2步 ❶选中所有包含数据的列，❷在任意两个列标签的分隔线上双击，如下图所示，Excel自动根据单元格中包含的内容长度调整各列的宽度。

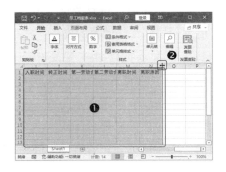

第3步 ❶选择字段所在的单元格区域，❷在【开始】选项卡【字体】组中设置字体格式，❸在【对齐方式】组中设置对齐方式，这里只单击【居中】按钮，如下图所示。

4.2.2 限制身份证号和员工编号重复

为了后期数据排序、筛选和统计等操作能有据可依，设计表格时最好至少有一列数据具有唯一性。在本例中，员工编号和身份证号码都具有唯一性。在设计初期可以提前限制好这两列数据不能重复输入，保证它们的唯一性。

另外，本例中的员工编号打算采用顺序号来输入，为了便于查看，统一输入4位数字，即用"0"补齐占位。因为是以"0"开头，如果直接输入单元格中将不会显示前面的"0"，直接显示后面的数字，如输入"0001"，将显示为"1"，所以，在输入这类编号时，需要先将单元格数字格式由"常规"转换为"文本"，再输入以"0"开头的员工编号。

在员工档案表中直接输入身份证号码，会导致身份证号码不能完全显示或出错。例如，输入身份证号码"123456198307262210"，在编辑栏中就会显示为"123456198307262000"，在单元格中显示为"1.234 56E+17"，如下图所示。

这是因为在Excel中，输入数字超过了11位，Excel会自动以科学记数格式进行显示；若超过15位，Excel会自动将15位以后的数字转换为"0"。在Excel中，要输入正确的身份证号码，需要先将需要输入身份证号码的单元格转换为文本格式，或者在输入身份证号码前，先在单元格中输入一个英文格式的单引号，然后输入身份证号码。

下面对本例中的员工编号和身份证号码列数据进行设置，具体操作步骤如下。

第1步 ❶选择A列和G列单元格，❷在【开始】选项卡【数字】组中单击菜单右侧的下拉按钮，❸在弹出的下拉列表中选择【文本】选项，如下图所示。

第2步 ❶选择A列单元格，❷单击【数据】选项卡【数据工具】组中的【数据验证】按钮，如下图所示。

第3步 打开【数据验证】对话框，❶在【设置】选项卡的【允许】下拉列表框中选择【自定义】选项，❷在【公式】文本框中输入限制在A列中输入重复数据的函

数"=COUNTIF(A:A,A1)=1"，❸单击【确定】按钮，如下图所示。

第4步 以同样的方法为身份证号码列单元格添加限制重复的数据验证，如下图所示。

4.2.3 为身份证号码列添加输入提示

身份证号码绝大部分都是18位，为了保证输入的身份证号码相对准确，可以为身份证号码列添加输入数据位数的验证限制。但本例中前面已经设置了身份证号码的唯一性限制，就只能添加输入时的提示信息了，这样可以在一定程度上防止输入

的身份证号码缺少位数或超出位数。其具体操作步骤如下。

第1步 ❶选择G列单元格，打开【数据验证】对话框，❷选择【输入信息】选项卡，❸分别设置提示标题和提示信息的内容，❹单击【确定】按钮，如下图所示。

第2步 在表格中选择G列中的任意单元格，即可查看设置的提示信息，效果如下图所示。

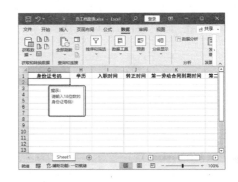

4.2.4 提供性别和学历数据选项

前文讲解了制表的一些不规范操作，为了避免某些不规范操作，在输入数据时，可以利用Excel的数据验证功能先对指

定的单元格进行限制，以验证数据是否按要求输入。

在员工档案表中，有些单元格经常需要重复输入某些数据，如性别、学历、离职原因等，为了实现数据的统一输入，可以通过设置数据有效性来添加下拉列表，列出单元格中可输入的内容，然后进行选择输入；并且还可以设置出错警告，当手动输入时，将弹出错误提示。

下面为"性别""学历""离职原因"添加下拉列表，不按规则输入时，将弹出出错警告，具体操作步骤如下。

第1步 ❶选择E列单元格，❷打开【数据验证】对话框，在【设置】选项卡的【允许】下拉列表框中选择【序列】选项，❸在【来源】文本框中输入"男,女"，❹单击【确定】按钮，如下图所示。

第2步 在E列中选择任意单元格，在右侧会出现一个下拉按钮，单击即可在弹出的下拉列表中看到设置的选项，选择选项可快速输入选择的数据，如右图所示。

第3步 以同样的方法为H列单元格添加学历序列的限制，如下图所示。

第4步 保持H列单元格的选中状态，在【数据验证】对话框中，❶选择【出错警告】选项卡，❷在【样式】下拉列表框中选择出错警告方式，这里选择【停止】选项，❸在【错误信息】文本框中输入出错提示信息，❹单击【确定】按钮，如下图所示。

第5步 此时，在H列的任意单元格中输

入非设置序列中的内容时，都会弹出出错警告对话框，如下图所示。因为单元格区域只能在下拉列表中选择相应的选项，不能手动输入。

第6步 ❶新建一个工作表，并命名为"序列数据"，❷在A列单元格中输入离职原因的多个内容选项，如下图所示。

温馨提示
由于"离职原因"序列中的内容选项较多，且有些选项内容过长，如果手动输入容易出错，因此在进行数据验证条件设置时，最好通过直接引用单元格数据区域的方式来实现。

第7步 ❶选择并重命名"Sheet1"工作表为"员工信息表"，❷选择N列单元格，打开【数据验证】对话框，❸在【设置】选项卡的【允许】下拉列表框中选择【序列】选项，❹单击【来源】文本框后的 ↑ 按钮，如右图所示。

第8步 ❶切换到"序列数据"工作表，❷选择A2:A14单元格区域，❸单击【数据验证】对话框中的 按钮，如下图所示。

第9步 返回【数据验证】对话框，即可看到已经将选择的数据区域设置为序列来源了，单击【确定】按钮，如下图所示。

第10步　在N列单元格中选择任意单元格，单击右侧出现的下拉按钮，在弹出的下拉列表中可看到设置的选项，如下图所示。

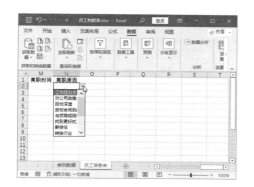

4.2.5 制作二级联动下拉列表

制表时可能会遇到需要设置二级联动下拉列表的情况，就是二级下拉列表会根据一级下拉列表内容变化而变化。

例如，本例中的每个部门对应的岗位会有所不同，如果部门较多，那么对应的岗位也会随之增多，设置为普通的序列下拉列表后，选择的选项内容较多，会导致选择速度降低。为了减少工作量，又能保证输入的一致性，就可以设置二级下拉列表，也就是选择部门后，岗位下拉列表中将只显示该部门对应的岗位。制作二级联动下拉列表的具体操作步骤如下。

第1步　❶在"序列数据"工作表的C1:C8单元格区域中输入部门名称，❷在D1:I8单元格区域中分别输入各部门对应的岗位名称，如右图所示。

第2步　❶选择C1:C8单元格区域，❷单击【公式】选项卡【定义的名称】组中的【定义名称】按钮，如下图所示。

第3步　打开【新建名称】对话框，❶在【名称】文本框中输入"部门名称"，❷单击【确定】按钮，如下图所示，即可将所选单元格区域名称定义为"部门名称"。

第4步　❶选择C1:I8单元格区域，❷单击【开始】选项卡【编辑】组中的【查找

和选择】按钮，❸在弹出的下拉列表中选择【定位条件】选项，如下图所示。

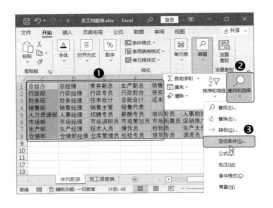

温馨提示

如果要想快速准确地从表格区域中选择已输入数据的单元格，定位条件功能是最快捷的方法。

第5步 ▶ 打开【定位条件】对话框，❶选中【常量】单选按钮，❷单击【确定】按钮，如下图所示。

第6步 ▶ 可以看到已经选中了该单元格区域中所有包含内容的单元格。单击【公式】选项卡【定义的名称】组中的【根据所选内容创建】按钮，如下图所示。

第7步 ▶ 打开【根据所选内容创建名称】对话框，❶选中【最左列】复选框，❷单击【确定】按钮，如下图所示，这样就完成了多个名称的快速定义。

第8步 ▶ ❶选择C列单元格，❷打开【数据验证】对话框，在【允许】下拉列表框中选择【序列】选项，❸在【来源】文本框中输入"=部门名称"，直接调用定义的名称，❹单击【确定】按钮，如下图所示，即可按照定义的部门名称为部门列单元格设置序列。

第4章
人力资源日常事务管理

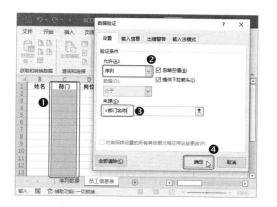

元格的引用。如果ref_text不是合法的单元格引用，函数INDIRECT返回错误值#REF!或#NAME?。如果ref_text是对另一个工作簿的引用（外部引用），则该工作簿必须被打开。如果源工作簿没有打开，函数INDIRECT返回错误值#REF!。

参数a1为逻辑值，用于指明包含在单元格ref_text中的引用的类型。如果a1为TRUE或省略，ref_text被解释为A1样式的引用；如果a1为FALSE，ref_text被解释为R1C1样式的引用。

第9步 ❶选择D列单元格，❷打开【数据验证】对话框，在【允许】下拉列表框中选择【序列】选项，❸在【来源】文本框中输入"=INDIRECT(C1)"，通过公式设置序列来源，❹单击【确定】按钮，如下图所示，即可为岗位列单元格设置序列。

第10步 此时会弹出提示对话框，这是因为这里还没有在C列单元格中提供部门数据，D列单元格无法根据C列单元格的数据返回对应的选项，单击【是】按钮直接忽略错误，如下图所示。

第11步 设置完成后会看到，当选择不同的部门后，对应的岗位列下拉列表框中会出现这个部门的岗位名称，如下图所示。

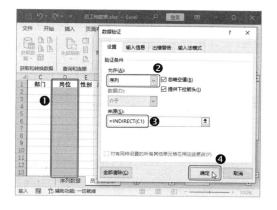

> **温馨提示**
>
> INDIRECT函数用于返回由文本字符串指定的引用，其语法结构为INDIRECT(ref_text,[a1])。
>
> 参数ref_text为对单元格的引用，此单元格可以包含A1样式的引用、R1C1样式的引用、定义为引用的名称或对文本字符串单

119

4.2.6 套用超级表格样式

整个表格的框架设置好之后，就可以先给单元格区域套用一个超级表格样式了。这个表格样式非常好用，不仅能美化表格，其格式还可以自动更新，因为套用该格式后系统会默认将该区域视为一个超级区域，有别于普通区域。当我们在该区域中添加或删除数据时，它都可以自动调整区域的大小和格式。此外，从Excel 2013开始，超级表格样式还有一个新增功能——可以独立插入切片器，通过切片器功能可以更方便地查看数据，相当于快速对数据进行筛选。

下面为设计好的员工档案表框架套用表格样式，具体操作步骤如下。

第1步 ❶选择包含字段内容的表头和其下部分行（可以随便选），❷单击【开始】选项卡【样式】组中的【套用表格格式】按钮，❸在弹出的下拉列表中选择一种表格样式，如下图所示。

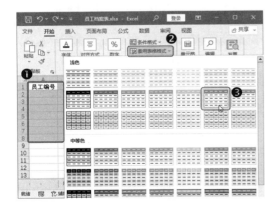

第2步 打开【创建表】对话框，❶根据所选单元格区域中是否包含标题勾选【表包含标题】复选框，这里选中该复选框，❷单击【确定】按钮，如下图所示。

> **教您一招：只套用表格样式不转化为超级表**
> 如果只是想通过套用表格样式来美化工作表，可以在套用结束后通过单击【表设计】选项卡【工具】组中的【转换为区域】按钮将表格转换为普通表格。

第3步 为了让大家直观感受超级表的作用，下面输入员工编号内容进行演示。❶在A2单元格中输入"0001"，❷将鼠标指针移动到该单元格的右下角，显示出填充控制柄时双击，如下图所示。

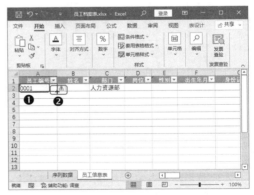

> **温馨提示**
> 在输入以"0"开头的数据时，也可以先在单元格中输入一个英文格式的单引号，然

后输入具体的数字。输入文本型的数字后，会在单元格左上角出现一个倒三角形符号，并且单元格右侧将出现 ⚠ 图标，如下图所示，表示单元格数据类型为文本型。单击 ⚠ 图标，在弹出的下拉列表中选择【忽略错误】选项，将会忽略单元格中的错误，并且不再显示倒三角形符号和 ⚠ 图标。

示出设置的部门序列，如下图所示。

第4步 即可在超级表范围内快速填充该列的其他单元格数据。在紧接着超级表的下一行单元格（这里选择A9单元格，因为套用表格样式前选择的是A1:N8单元格区域）中输入"0008"，如下图所示。

第5步 完成输入后，可以看到第9行单元格也套用了前面的表格样式，并在下方显示【自动更正】图标 。这是因为第9行单元格被系统理解为超级表的追加数据，自动将该行单元格区域划进了超级表的范畴。这时设置的单元格格式、数据验证等功能会自动运用到该行对应的单元格中。例如，选择部门列的C9单元格，就会看到下拉按钮，在弹出的下拉列表中会显

教您一招：撤销超级表自动扩展

实际上，只要在超级表区域的下方行中任意单元格输入数据，系统都会自动扩展下一行为超级表。如果不希望扩展超级表的范围，可以单击【自动更正】图标 右侧的下拉按钮，在弹出的下拉列表中选择【撤销表自动扩展】选项即可，如下图所示。

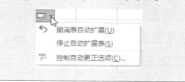

4.2.7 补充字段并让手机号码分段显示

表格框架设计完成后，通常会先输入几行示范数据，检验表格框架是否合理。例如，本例中在输入示范数据时发现缺少了"联系方式"字段，需要添加。此外，展示日期数据类的单元格列也没有设置单元格格式，需要进一步完善。

另外，在日常使用中，对于比较长的

数字，为了便于记忆，我们通常会将其划分为一小段一小段的数字。例如，对于11位数字的手机号码，为了方便查看和快速记住，人们习惯将其以"3-4-4"形式来理解（即000-0000-0000的形式）。所以，HR在输入这些内容时，也可以按照这种习惯来进行记录。不过作为数据源表格，后续还可能涉及对手机号码数据的操作，如果直接记录成000-0000-0000形式，就会将数据转换为文本类型，不便于操作。其实只需要进行简单的单元格格式设置即可只让其显示为000-0000-0000形式，实际还是一串数字。

继续完善表格框架，并让手机号码进行分段显示的具体操作步骤如下。

第1步 ❶按字段标题在第2行中输入第1行数据，❷选择I列单元格，❸单击【开始】选项卡【单元格】组中的【插入】按钮，如下图所示。

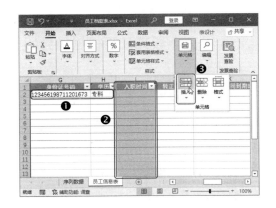

第2步 即可在原来的H列单元格后插入一列新单元格，同时沿用H列单元格的所有设置。H列单元格中设置了数据验证条件，在I列中需要删除。保持I列单元格的选中状态，单击【数据】选项卡中的【数据验证】按钮，如下图所示。

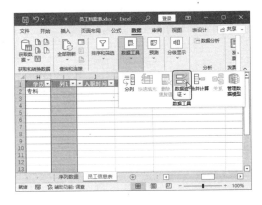

第3步 打开【数据验证】对话框，❶单击【全部清除】按钮，❷单击【确定】按钮，如下图所示。

第4步 ❶修改I1单元格中的内容为"联系方式"，❷选择超级表中I列除表头之外的其他单元格，❸单击【开始】选项卡【数字】组右下角的【对话框启动器】按钮 ▫，如下图所示。

第 4 章
人力资源日常事务管理

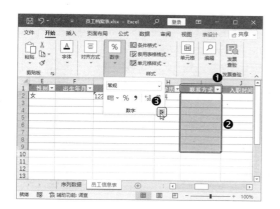

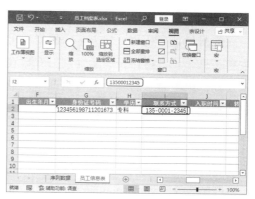

第5步 ▶ 打开【设置单元格格式】对话框，❶在【数字】选项卡的【分类】列表框中选择【自定义】选项，❷在【类型】列表框中输入"000-0000-0000"，❸单击【确定】按钮，如下图所示。

第7步 ▶ ❶选择F列和J～M列单元格，❷在【开始】选项卡【数字】组的下拉列表框中选择【短日期】选项，方便后续输入统一的日期型数据，如下图所示。

4.2.8 从身份证号码中获取性别和出生年月

第6步 ▶ 在I2单元格中输入第一个号码，可以看到输入的号码分为3段进行显示，如右图所示。

在许多人事表格中都记录了身份证号码，身份证号码中其实记录了一个人的很多关键信息，如性别和出生年月等。在记录了身份证号码的表格中可以通过输入公式，快速从输入的身份证号码中提取出性

123

别和出生日期等信息。

在身份证号码中，第7～14位表示出生年、月、日，第17位表示性别，双数表示女性，单数表示男性。从身份证号码中提取性别和出生年月时，需要用到MOD、MID和DATE函数。

- MOD函数：用于返回两数相除的余数，其语法结构为MOD(number, divisor)。其中number为被除数，divisor为除数。
- MID函数：用于返回文本字符串中从指定位置开始的特定数量的字符，其语法结构为MID(text, start_num, num_chars)。其中，text表示包含要提取字符的文本字符串；start_num表示文本中要提取的第一个字符的位置；num_chars表示指定希望MID函数从文本中返回字符的个数。
- DATE函数：用于返回代表特定日期的序列号，其语法结构为DATE（year, month, day）。其中，year代表年份，month代表月份，day代表月份中第几天。

知道出生年月后，还可以计算年龄，此时需要使用DATEDIF函数。下面就来看看具体如何从身份证号码中获取信息并加以利用，具体操作步骤如下。

第1步 ❶选择E2:E9单元格区域，❷在编辑栏中输入公式"=IF(MOD(MID(G2,17，1),2),"男","女")"，如右图所示，按【Ctrl+Enter】组合键确认输入即可得到性别数据。

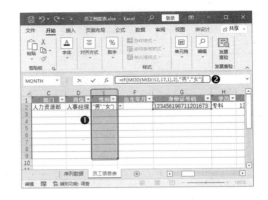

第2步 ❶选择F2:F9单元格区域，❷在编辑栏中输入公式"=DATE(MID(G2,7,4),MID(G2,11,2),MID(G2,13,2))"，如下图所示，按【Ctrl+Enter】组合键确认即可得到出生年月数据。

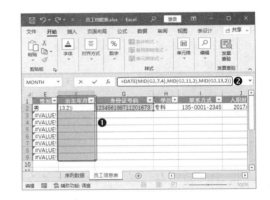

温馨提示
直接从身份证号码中提取员工的性别、出生日期等信息，可以反推该员工的身份信息与身份证号码是否一致，在一定程度上可以辨别员工身份信息的真伪。

第3步 ❶选择G列单元格，❷单击【开始】选项卡【单元格】组中的【插入】按钮，如下图所示。

提供的冻结窗格功能来冻结需要固定的区域，方便在不移动固定区域的情况下，随时查看工作表中距离固定区域较远的数据。

在Excel中，冻结窗格根据需要冻结对象的不同，共有3种冻结方式，如下图所示，我们可以根据实际情况进行选择。

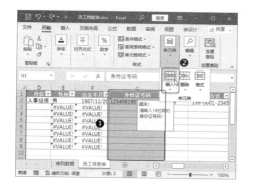

冻结窗格	• 以中心单元格左侧或上方的框线为边界对窗口进行拆分，冻结后当拖动滚动条查看工作表中的数据时，中心单元格左侧或上方的行和列的位置保持不变
冻结首行	• 指冻结工作表的首行，垂直滚动查看工作表中的数据时，保持工作表的首行位置不变
冻结首列	• 指冻结工作表的首列，水平滚动查看工作表中的数据时，保持工作表的首列位置不变

第4步 即可在原来的F列单元格后插入一列新单元格，❶修改G1单元格中的数据为"年龄"，❷选择G2:G9单元格区域，❸在编辑栏中输入公式"=DATEDIF (F2,NOW(), "y")"，如下图所示，按【Ctrl+ Enter】组合键确认输入即可得到年龄数据。

例如，我们要将员工档案表中A列、B列及第1行固定显示，直接用"冻结首行"或"冻结首列"并不能实现，因为A列、B列是两列，而"冻结首列"只能冻结A列，不能冻结B列，所以我们需要用"冻结窗格"来实现，具体的操作步骤如下。

第1步 ❶选择B2:P9单元格区域，❷单击【开始】选项卡【对齐方式】组中的【居中】按钮，如下图所示。

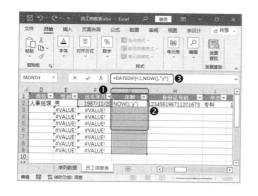

4.2.9 让首行/列始终显示在开头

完成员工档案表的框架制作后，就可以整理格式，适当进行美化了。

一般数据源表格中包含的数据量很大，且最上方数据和最左侧的数据都是用于说明表格数据的属性，为了方便查看表格中这些特定属性区域，可以通过Excel

第2步 ❶选择需要拆分窗格右下角的第1个单元格,这里选择C2单元格,❷单击【视图】选项卡【窗口】组中的【拆分】按钮,如下图所示。

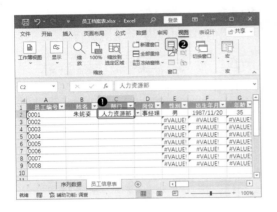

第3步 此时,将沿着C2单元格的左边框和上边框的方向出现水平和垂直方向的两条灰色拆分线,每个窗格都可以通过拖动控制条单独控制显示的区域。❶单击【视图】选项卡【窗口】组中的【冻结窗格】按钮,❷在弹出的下拉列表中选择【冻结窗格】选项,如下图所示。

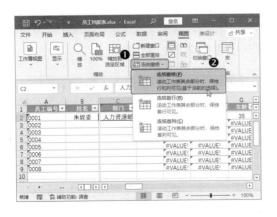

第4步 此时,A列、B列及第1行都被冻结,当向下滚动表格内容时,第1行始终保持不变;当向右滚动表格内容时,员工编号和姓名列始终保持不变,效果如下图所示。

教您一招:取消冻结窗格

当查看完表格内容后,不需要再以冻结的方式显示表格数据时,可以单击【冻结窗格】按钮,在弹出的下拉列表中选择【取消冻结窗格】选项,取消表格中的冻结区域。

4.2.10 加密保护员工档案表

员工档案表中输入的是各员工的个人信息,HR首先要确保所收集的资料信息是真实可靠、完整的;其次在记录时要做到准确无误,这样才能保证后续的数据分析是准确可信的。在保证信息准确的前提下,在创建表格时还应做到规范,以保证后期数据的统计与分析高效、正确。

另外,因为这些信息涉及个人隐私,所以制作好员工档案表后,HR还应该对员工档案表进行保护,而密码保护是最安全的，只有输入正确的密码，才能打开该工作簿。具体操作步骤如下。

第1步 在工作表中依次输入各员工的信息，如下图所示。

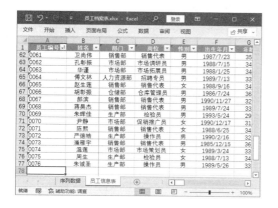

第2步 ❶选择【文件】选项卡，在弹出的菜单中选择【信息】选项，❷在中间部分单击【保护工作簿】按钮，❸在弹出的下拉列表中选择【用密码进行加密】选项，如下图所示。

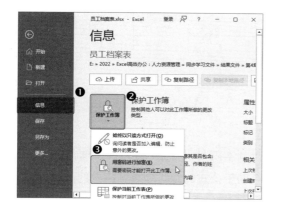

第3步 打开【加密文档】对话框，❶在【密码】文本框中输入密码"000000"，❷单击【确定】按钮关闭对话框，如右图所示。

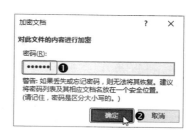

第4步 打开【确认密码】对话框，❶在【重新输入密码】文本框中再次输入之前设置的密码"000000"，❷单击【确定】按钮关闭对话框，如下图所示。

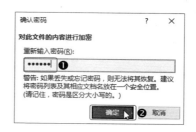

第5步 对工作簿进行保存，关闭工作簿，再次打开工作簿时，会弹出【密码】对话框，❶在【密码】文本框中输入设置的密码"000000"，❷单击【确定】按钮，如下图所示，就能正常打开使用了。

温馨提示

用密码保护工作簿后，只有输入正确的密码后才能打开，所以，在设置密码时，最好设置易记忆的密码，或者将密码记录在计算机中或记事本上，以防止密码丢失或忘记。

4.3 制作员工信息查询表

案例背景

当企业中的员工人数较多时，从大量的数据中查询某个员工的信息不仅麻烦，而且需要花费大量的时间。针对这一情况，HR可以制作员工信息查询表，只要输入唯一关键字段，如员工编号或姓名，就能快速查找出指定人员的数据记录，获取相应的数据信息。最常见的查询方式分为两种：按姓名查询或按编号查询。两者的原理基本相同，方法差别不大。相对而言，按姓名进行查找稍微难一点，因为涉及逆向查找编号的操作。

本例将结合公式和函数在上一个案例的基础上制作员工信息查询表，制作完成后的效果如下图所示。实例最终效果见"同步学习文件\结果文件\第4章\员工档案表.xlsx"文件。

请输入要查询的员工姓名：	张达鸣
员工编号	0002
部门	行政部
岗位	行政经理
性别	男
出生年月	1993/7/26
年龄	29
身份证号码	123456199307262210
学历	本科
联系方式	13500012346
入职时间	2017/1/14
转正时间	2017/4/14
第一次劳动合同到期时间	2020/1/14
第二次劳动合同到期时间	2025/1/14
离职时间	
离职原因	

4.3.1 设计员工信息查询表

HR在制作员工信息查询表时，不仅要保证能快速精确地查询到数据，还要让表格的结构完整、美观。

在一般情况下，查询信息表中字段的排列顺序与数据源表格中字段的排列顺序一致，一方面是因为数据源表格中的字段排列本就是设计过的；另一方面这样安排有助于公式的编写和查询信息的读取。

第1步 ❶新建一个空白工作表，并重命名为"员工信息查询"，❷在A1单元格中输入"请输入要查询的员工姓名："，如下图所示。

第4章
人力资源日常事务管理

第2步 ❶切换到【员工信息表】工作表，❷选择第1行中的字段所在单元格，❸单击【开始】选项卡【剪贴板】组中的【复制】按钮，如下图所示。

第3步 ❶切换到【员工信息查询】工作表，选择A2单元格，❷单击【开始】选项卡【剪贴板】组中的【粘贴】下拉按钮，❸在弹出的下拉列表中选择【选择性粘贴】选项，如下图所示。

第4步 打开【选择性粘贴】对话框，❶在【粘贴】栏选中【数值】单选按钮，❷选中下方的【转置】复选框，❸单击【确定】按钮，如下图所示。

第5步 ❶选择第3行单元格，❷单击【开始】选项卡【单元格】组中的【删除】按钮，如下图所示。

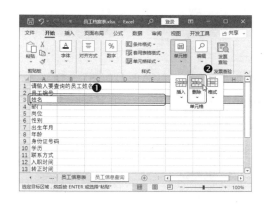

第6步 ❶将鼠标指针移动到A列列标右侧的线上，拖动鼠标调整A列单元格的宽度，❷选择第1~16行单元格，拖动鼠标调整其中任意两行的高度，即可快速调整这些行的高度，如下图所示。

129

第7步 ❶选择A1:B16单元格区域，❷在【开始】选项卡的【字体】组中单击【加粗】按钮，❸单击【填充颜色】下拉按钮，❹在弹出的下拉列表中选择浅灰色，如下图所示。

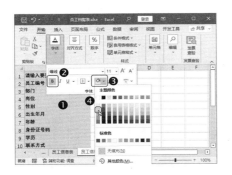

第8步 ❶选择A1:B16单元格区域，❷单击【字体】组中的【下框线】下拉按钮，❸在弹出的下拉列表中选择【所有框线】选项，如下图所示。

第9步 ❶选择A2:A16单元格区域，❷单击【填充颜色】下拉按钮，❸在弹出的下拉列表中选择更浅的灰色，如下图所示。

4.3.2 使用函数查询数据

在查询数据时，要想自动显示查找的信息，需要使用函数来实现。

1. 使用函数查找明细数据

要快速查找指定人员明细数据，我们可以使用VLOOKUP函数轻松做到。但是因为本例中数据源表格中的"编号"列位于"姓名"列前面，所以不能用VLOOKUP函数进行反向查找，需用使用INDEX函数和MATCH函数的嵌套来实现。其具体操作步骤如下。

第1步 ❶选择B2单元格，❷在编辑栏中输入公式"=INDEX(员工信息表!A2: A77, MATCH(B1,员工信息表!B2:B77,))"，因为套用过表格样式，所以按【Enter】键计算出结果，公式会自动变为"=INDEX(表1[员工编号],MATCH(B1,表1[姓名],))"如下图所示。

第 4 章
人力资源日常事务管理

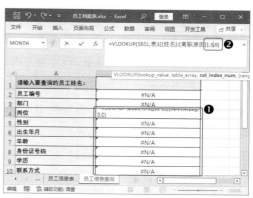

第2步 ❶选择B3单元格，❷在编辑栏中输入公式"=VLOOKUP($B$1,员工信息表!$B$2:$P$77,2,0)"，按【Enter】键计算出结果，公式会自动变为"=VLOOKUP($B$1,表1[[姓名]:[离职原因]],2,0)"，如下图所示。

第4步 继续对后面单元格公式中查找的列数进行更改，以保证计算结果正确，如下图所示。

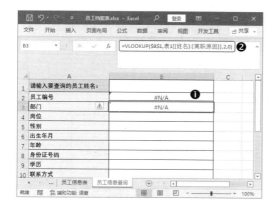

第3步 ❶复制B3单元格中的公式到B4:B16单元格区域，❷在编辑栏中将B4单元格中的公式更改为【=VLOOKUP ($B$1,表1[[姓名]:[离职原因]],3,0)】，按【Enter】键计算出结果，如右图所示。

> **教您一招：VLOOKUP 函数查找数据错误的解决方法**
>
> 在使用VLOOKUP函数时，必须保持其结构完整，也就是最后一位参数range_lookup即使省略，也必须将逗号保留，不能写成"=VLOOKUP($B$1,员工信息表!$B$2:$P$77,3)"，必须写成"=VLOOKUP($B$1,员工信息表!$B$2:$P$77,3,)"或"=VLOOKUP($B$1,员工信息表!$B$2:$P$77,3,0)"；否则，一旦遇到不存在数据记录的人员，系统会随机显示错误的数据记录。

2. 让单元格显示为空白

本例输入公式计算出来的结果显示为#N/A，是因为公式都是根据B1单元格中的数据进行查找的，而目前B1单元格中没有输入数据，所以计算出来的结果显示为#N/A。当B1单元格中输入数据后，显示为#N/A的单元格将显示正确的计算结果。

为了让B1单元格中即使没有输入查询人员姓名时，B2:B16单元格区域也不显示为#N/A，可以借助IF函数让其显示为空白。

第1步 ❶选择B2单元格，❷将文本插入点定位在编辑栏中，在原有的函数外层嵌套IF函数，即输入"=IF(B1="",""，INDEX(表1[员工编号],MATCH(B1,表1[姓名],)))"，如下图所示，让其对B1单元格中是否输入人员姓名进行判定。如果输入，则进行查询；如果没有输入，则显示为空白。

第2步 按【Enter】键，可发现B2单元格显示为空白。用相同的方法为B3单元格中的函数添加IF外套函数，如下图所示。

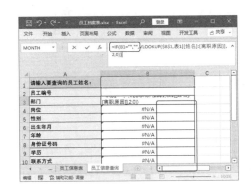

第3步 用相同的方法分别为B4:B16单元格区域中的函数添加外层嵌套IF函数。在B1单元格中没有输入人员姓名时，B2:B16单元格区域全部显示为空白，如下图所示。

> **温馨提示**
> 在为公式嵌套IF函数时，要注意公式最后半括号的多少，如果没添加嵌套IF函数，公式最后有两个半括号，如果添加，公式末尾要多一个半括号。

3. 完善表格

完成函数设计后，还需要检测一下函数的正确性。方法很简单，只需要填写几个例子，查看返回的结果是否正确即可。如果返回结果不正确就需要对函数进行调整，具体过程要根据实际情况来确定，最终目的就是要计算出需要的结果。本例进行检测和完善的具体操作步骤如下。

第1步 ❶在B1单元格中输入现有人员的姓名,如"陈果",系统自动查找到对应明细数据,发现其中的日期数据显示不正确,选择B6单元格和B11:B15单元格区域,❷在【开始】选项卡【数字】组中的下拉列表框中选择【短日期】选项,如下图所示。

第2步 日期数据显示正确后,发现B15单元格中返回的日期出现逻辑错误,离职时间比入职时间都早,如下图所示。

第3步 ❶切换到【员工信息表】工作表中,查看"陈果"对应的离职时间,原来是因为数据源表格中"离职时间"列中只对

离职员工的数据进行了登记,未离职的都未记录数据。所以在将返回结果显示为日期格式时,就显示为系统规定的日期起始值"1900/1/0"了。为避免错误,可以在数据源表格中对该列的空值进行设置,如填充为文本内容或空格,❷选择O2:P77单元格区域,❸单击【开始】选项卡【编辑】组中的【查找和选择】下拉按钮,❹在弹出的下拉列表中选择【定位条件】选项,如下图所示。

第4步 打开【定位条件】对话框,❶选中【空值】单选按钮,❷单击【确定】按钮,如下图所示。

第5步 ▶ 保持所有空值单元格的选中状态，直接按空格键输入空格，按【Ctrl+Shift+Enter】组合键在所有空值单元格中都填充空格，如下图所示。

第6步 ▶ 切换到【员工信息查询】工作表中，可以看到B15单元格显示正确了，如下图所示。

温馨提示 ●

为了检查函数的正误，可以多输入几个员工姓名进行检测。

4.3.3 锁定自动查询区域

在查询区域中，除了B1单元格是要留给用户输入要查询的姓名，其他的单元格可以不用任何操作，也不允许有任何操作。同时，希望B2:B16单元格区域中的公式能够隐藏（选择单元格后，在编辑栏中不显示公式）。

这时，我们只需要统一操作，隐藏单元格函数，并锁定除B1单元格之外的单元格即可，具体操作步骤如下。

第1步 ▶ ❶选择A1:A16和B1:B16单元格区域，❷单击【开始】选项卡【字体】组右下角的【对话框启动器】按钮，如下图所示。

第2步 ▶ 打开【设置单元格格式】对话框，❶选择【保护】选项卡，❷选中【锁定】和【隐藏】复选框，❸单击【确定】按钮，如下图所示。

第4章 人力资源日常事务管理

> **温馨提示**
> 在【设置单元格格式】对话框的【保护】选项卡中选中【隐藏】复选框，是为了隐藏B2:B16单元格区域中的函数。若只锁定单元格，则只需选中【锁定】复选框。

第3步 ❶选择B1单元格，❷单击【开始】选项卡【字体】组右下角的【对话框启动器】按钮，如下图所示。

第4步 再次打开【设置单元格格式】对话框，❶选择【保护】选项卡，❷取消选中【锁定】和【隐藏】复选框，❸单击【确定】按钮，取消对B1单元格的锁定和隐藏，如下图所示。

第5步 单击【审阅】选项卡【保护】组中的【保护工作表】按钮，如右图所示。

第6步 打开【保护工作表】对话框，❶在【取消工作表保护时使用的密码】文本框中输入"123"，❷单击【确定】按钮，如下图所示。

第7步 ❶弹出【确认密码】对话框，再次输入设置的密码"123"，❷单击【确定】按钮，如下图所示。

第8步 B1单元格处于可编辑状态，输

135

入查询姓名后，将自动进行数据记录查找。但选择包含函数的任一单元格，在编辑栏中将不会显示函数，如下图所示。

第9步 对除B1单元格之外的任意单元格进行编辑操作时，系统会立即弹出提示对话框，提示需要取消工作表保护才能进行操作，如下图所示。

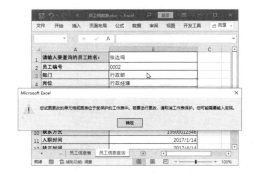

4.3.4 对数据源表格进行全方位保护

数据源表格中包含所有数据的明细条例，是整个工作簿的数据源头，为了保证它不被其他人随意修改，可对其进行全方位的保护。由于本例中制作的查询表格也多是制表人自己使用，因此只需要对数据源表格进行编辑限制和打开限制即可。如果查询表格要提供给制表人以外的人使用，可以对数据源表格进行隐藏和加密，至少让他人无法在短时间内获取大量数据明细。

第1步 ❶选择【员工信息表】工作表，❷单击【审阅】选项卡中的【保护工作表】按钮，如下图所示。

第2步 打开【保护工作表】对话框，❶在【取消工作表保护时使用的密码】文本框中输入密码，这里输入"234"，❷在【允许此工作表的所有用户进行】列表框中选中所有的复选框，❸单击【确定】按钮，如下图所示。

第4章 人力资源日常事务管理

第3步 弹出【确认密码】对话框，❶再次输入设置的密码"234"，❷单击【确定】按钮，如下图所示。

第4步 ❶选择【文件】选项卡，在弹出的菜单中选择【信息】选项，❷在中间部分单击【保护工作簿】按钮，❸在弹出的下拉列表中选择【用密码进行加密】选项，如右图所示。

> **温馨提示**
> 如果要隐藏工作表，可以在对应的工作表标签上右击，在弹出的快捷菜单中选择【隐藏】选项。

4.4 通过员工档案表设计其他人事表

📢 案例背景

员工档案表中记录了大量的员工基础信息，只要运用得当，就可以通过数据引用和编写公式快速设计出其他人事表格，大大提高工作效率。

本例将在上一个案例的基础上对数据源表格中的数据进行加工，制作出与之相关联的员工生日明细表、员工劳动合同到期统计表、员工岗位异动统计表、员工转正统计表，制作完成后的效果如下图所示。实例最终效果见"同步学习文件\结果文件\第4章\员工档案表.xlsx"文件。

6月员工生日明细表

员工编号	姓名	部门	岗位	性别	出生年月
0027	于昌智	人力资源部	人事助理	男	1983/6/16
0058	时玥影	销售部	销售代表	女	1986/6/12
0071	陈熙	销售部	销售代表	女	1988/6/25

2022年11月员工劳动合同到期统计表

姓名	部门	岗位	身份证号码	第一次劳动合同到期时间	第二次劳动合同到期时间	是否续签	续签次数	续签期限	续签开始时间	续签结束时间
于昌智	人力资源部	人事助理	123456198306169255	2020/2/5	2022/11/5	是	3	无固定期限	2022/11/6	-
于杰	行政部	司机	123456198305169255	2021/2/21	2022/11/21	是	3	无固定期限	2022/11/22	-

137

员工岗位异动统计表

员工编号	姓名	原部门	原岗位	新部门	新岗位	生效时间	变动类型
0008	毕珞茹	总经办	生产副总	生产部	生产主任	2023/1/15	降级变动
0025	傅瑶芸	财务部	往来会计	财务部	成本会计	2023/2/2	平级变动
0037	于杰	行政部	司机	行政部	行政经理	2023/3/9	晋升变动

2023年4月员工转正统计表

员工编号	姓名	部门	岗位	入职时间	转正时间	转正申请提交时间	转正面谈时间
0062	孔彰振	市场部	市场调研员	2023/4/8	2023/7/8	2023/7/11	2023/7/14

4.4.1 员工生日明细表

公司为了增加员工的归属感和凝聚力，一般会在员工生日时送上祝福，但为了节约时间和成本，很多公司会以月为单位，选择一天为当月过生日的员工集体庆生，这时就需要HR制作出指定月份内要过生日的员工明细表。这个明细表中并不需要罗列出员工的全部信息，仅需要展示出员工编号、姓名、部门、岗位和出生年月等信息即可。

下面介绍在Excel中通过员工信息表生成员工生日明细表的两种方法。

1. 通过数据筛选实现

已经有了数据源表格，要从中筛选出符合条件的数据，自然可以使用数据筛选的方法来实现。下面通过筛选法将在指定时间过生日的员工信息筛选出来，具体操作步骤如下。

第1步 ❶选择【员工信息表】工作表，单击F1单元格右侧的下拉按钮，进入筛选状态，❷在弹出的下拉列表中选择【日期筛选】选项，❸在弹出的子菜单中选择【期间所有日期】→【五月】选项，如右图所示。

第2步 即可筛选出5月份过生日的员工信息。由于后续很多表格的建立和数据的统计分析都来源于【员工信息表】工作表，因此筛选结果不能放置在该工作表中，可以复制筛选结果到新工作表。❶选择筛选后包含数据的单元格区域，即A1:P77单元格区域，❷单击【开始】选项卡【剪贴板】组中的【复制】按钮，进行复制，如下图所示。

如果每月都需要筛选一次当月要过生日的员工信息也挺麻烦的，而且会产生很多张表格。如果提前编写函数提取过生日员工的相关信息，那么在使用时只需要更改月份，员工信息就会根据月份的变化自动变化了。

在本例中，使用函数获取过生日员工的信息时，需要将IFERROR、INDEX、OFFSET、COUNTA、SMALL、IF、MONTH、COUNTIF、MID、ROW、INDIRECT、FIND函数嵌套使用。下面对未讲过的函数进行介绍。

IFERROR函数常用于在计算结果是错误值时赋予其指定的值。如果计算结果错误，则返回指定的值，否则返回计算结果。其语法结构为：IFERROR (value,value_if_error)。各参数的含义具体介绍如下。

教您一招：借助空白列分割表格区

复制筛选结果后，对已经筛选出的【员工信息表】工作表中的数据可以及时进行取消筛选操作，就能保留数据源表格的原始状态。只需要单击筛选字段后的 ▼ 按钮，在弹出的下拉列表中选择【从"×××"中清除筛选器】选项即可。

第3步 ❶新建工作表并命名为"5月员工生日明细表"，❷将【员工信息表】工作表中筛选出来的结果复制到该表格第1个单元格中，效果如下图所示。

- value用于检查是否存在错误的参数。
- value_if_error，计算结果错误时返回错误值#N/A、#VALUE!、#REF!、#DIV/0!、#NUM!、#NAME?或#NULL!等。

INDEX函数分为两种形式：数组形式和引用形式。其为数组形式时，用于返回数组中指定的单元格或单元格数组的数值，其语法结构为INDEX(array,row_num,column_num)，各参数的含义具体介绍如下。

2. 编写函数实现

通过数据筛选的方法虽然简单，但是

- array是一个单元格区域或数组常量。
- row_num用于选择要从中返回值的数组中的行。

- column_num用于选择要从中返回值的数组中的列。

INDEX函数的引用形式，用于返回引用中指定单元格或单元格区域的引用。其语法结构为：INDEX(reference,row_num,column_num,area_num)。各参数的含义具体介绍如下。

- reference是对一个或多个单元格区域的引用。
- row_num是要从中返回引用的引用中的行编号。
- column_num是要从中返回引用的引用中的列编号。
- area_num用于选择要从中返回row_num和column_num的交叉点的引用区域。

OFFSET函数以指定的引用为参照系，通过给定偏移量返回新的引用。其语法结构为：OFFSET(reference,rows,cols,[height], [width])，可以简单理解为OFFSET(参照系,行偏移量,列偏移量,返回几行,返回几列)。各参数的含义具体介绍如下。

- reference表示偏移量参照的起始引用区域，该区域必须为单元格或连续的单元格区域。
- rows表示相对于偏移量参照系的左上角单元格，向上或向下偏移的行数。当行数为正数时，表示从起始单元格向下偏移；当行数为负数时，表示向上偏移；当行数为0时，表示不偏移。
- cols表示相对于偏移量参照系的左上角单元格，向左或向右偏移的列数。当列数为正数时，表示从起始单元格向右偏移；当列数为负数时，表示向左偏移，当列数为0时，表示不偏移。
- height表示需要返回的引用区域的行数。
- width表示需要返回的引用区域的列数。

COUNTA函数用于返回参数列表中非空值的单元格个数。其语法结构为：COUNTA(value1,value2,…)，其中的参数value1,value2等为所要计算的值，参数个数为1～30个。参数值可以是任何类型，包括空字符（" "），但不包括空白单元格。

SMALL函数用于返回一个数组或指定数据区域中的第k个最小值。其语法结构为：SMALL(array,k)。各参数的含义具体介绍如下。

- array为需要找到第k个最小值的数组或数字型数据区域。
- k为返回的数据在数组或数据区域里的位置（从小到大）。

MONTH函数用于返回指定日期中的月份。其语法结构为：MONTH(serial_number)，参数只有serial_number一个，表示一个日期值，其中包含要查找的月份。

ROW函数用于返回一个引用的行号，其语法结构为：ROW(reference)，参数只有reference一个，为需要得到其行号的单元格或单元格区域，若省略reference，则假定是对ROW函数所在单元格的引用。

FIND函数用于返回一个字符串在另一个字符串出现的起始位置，其语法结构为：FIND(find_text,within_text,start_num)。各参数的含义具体介绍如下。

- find_text是要查找的字符串，若是空文本，则返回数值1，不能包含通配符。
- within_text是包含要查找关键字的单元格。
- start_num 指定开始进行查找的字符数，如果start_num小于0，则返回#VALUE!。

通过编写函数获取过生日的员工信息，具体操作步骤如下。

第1步 ❶新建一个工作表，重命名为"员工生日统计表"，❷对表格结构进行设计（假设要对5月过生日的员工信息进行筛选），❸在A3单元格中输入公式"=IFERROR(INDEX(OFFSET(员工信息表!A$1,1,,COUNTA(员工信息表!$A:$A)-1,),SMALL(IF(MONTH(OFFSET(员工信息表!$F$1,1,,COUNTIF(员工信息表!$F:$F,">0")-1,))&OFFSET(员工信息表!$P$1,1,, COUNTIF(员工信息表!$F:$F,">0")-1,)= MID($A$1,1,FIND("月",$A$1)-1),ROW (INDIRECT("1:"&COUNTIF(员工信息表!$F:$F,">0")-1)),2^20),ROW(1:1))),"")"，按【Ctrl+Shift+Enter】组合键创建数组公式，查找到的第一个5月过生日的员工编号，如右图所示。

> **温馨提示**
>
> 本例中整个表格的设计关键就在于该步骤中输入的公式，虽然很长，但分解出来就容易理解了。
>
> 首先需要用IF函数判断5月份出生且没有离职的员工的员工编号，如果满足这个条件，就返回满足条件的信息所在行号；如果不满足，就返回Excel支持的最大行数2^20（1048576行）。在函数公式中常以2^20代替一个较大的数值，由此得到公式中的"(IF(MONTH(OFFSET(员工信息表!$F$1,1,,COUNTIF(员工信息表!$F:$F,">0")-1,))&OFFSET(员工信息表!$P$1,1,,COUNTIF(员工信息表!$F:$F,">0")-1,)=MID($A$1,1,FIND("月",$A$1)-1),ROW(INDIRECT("1:"&COUNTIF(员工信息表!$F:$F,">0")-1)),2^20)"部分。
>
> 如果要让IF函数返回的员工编号按从小到大进行排列，就需要使用SMALL函数进行排序，得到公式"=SMALL(IF(MONTH(OFFSET(员工信息表!$F$1,1,,COUNTIF(员工信息表!$F:$F,">0")-1,))&OFFSET(员工信息表!$P$1,1,,COUNTIF(员工信息表!$F:$F,">0")-1,)=MID($A$1,1,FIND("月",$A$1)-1),ROW(INDIRECT("1:"&COUNTIF(员工信息表!$F:$F,">0")-1)),2^20),ROW(1:1)))"。
>
> 然后用INDEX函数将数据区域中符合条件的员工编号分别提取出来，如果INDEX函数在进行计算的过程中出错，则用IFERROR函数返回空值，编写出最终的公式。

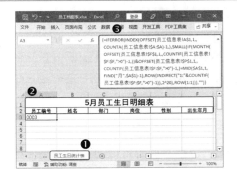

第2步 ❶向右拖动填充控制柄复制公式至F3单元格，❷向下拖动填充控制柄复制公式至F30单元格（假定每月过生日的人员不超过30人），如下图所示，可返回其他5月过生日的员工信息。

第3步 ❶选择F3:F30单元格区域，❷在【开始】选项卡【数字】组中设置单元格的格式为【短日期】，如下图所示。

第4步 接下来就可以为单元格区域添加边框了，但是因为每月筛选出来的过生日的员工信息数量不固定，若直接为所选单元格区域添加边框，月份和数据区域发生变化后，就会导致有些空白单元格区域添加了边框。这时可以通过定义条件格式

为满足条件的单元格区域添加边框。❶选择A3:F30单元格区域，❷单击【开始】选项卡【样式】组中的【条件格式】按钮，❸在弹出的下拉列表中选择【新建规则】选项，如下图所示。

第5步 打开【新建格式规则】对话框，❶在【选择规则类型】列表框中选择【使用公式确定要设置格式的单元格】选项，❷在下方的参数框中输入"=$A3<>"""，❸单击【格式】按钮，如下图所示。

第6步 打开【设置单元格格式】对话框，❶选择【边框】选项卡，❷单击【外边

框】按钮设置最普通的外边框效果，❸单击【确定】按钮，如下图所示。

来，同时将看到只为筛选出的信息添加了边框效果，如下图所示。

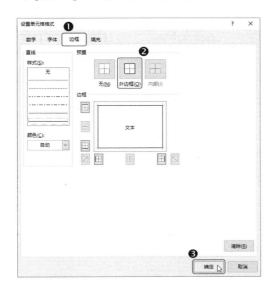

4.4.2 员工劳动合同到期统计表

为了保障企业和员工双方的利益，在企业和员工双方同意的情况下应签订劳动合同。当合同临期时，HR应及时确定是否需要续签劳动合同，如果需要，则要在合同期满之前完善相关手续。所以，HR需要提前统计好劳动合同即将到期的员工，并统计好员工续签的年限、续签的开始时间和续签的结束时间等，以便及时查找合同即将到期的员工信息，提前规划自己的工作内容。

如果公司员工比较多，每天打开表格查看员工劳动合同是否到期非常麻烦，为了提高效率，减少操作，可以利用公式来对员工信息进行统计，具体操作步骤如下。

第7步 返回【新建格式规则】对话框，单击【确定】按钮后，即可看到已经为筛选出的5月份要过生日的员工信息添加了边框，效果如下图所示。

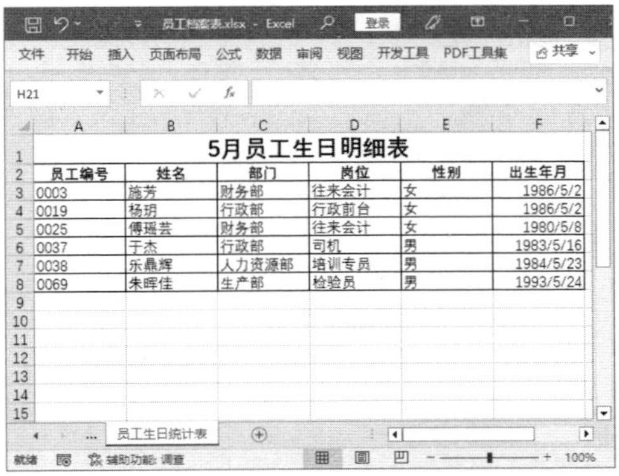

第8步 在A1单元格中的"月"文本前输入其他月份，如输入"6"，按【Enter】键，即可将6月份要过生日的员工信息统计出

第1步 ❶新建工作表，并命名为"劳动合同到期统计表"，❷设计出表格结构，❸在A3单元格中输入公式"=IFERROR(INDEX(OFFSET(员工信息表!$A$1,1,

MATCH(A$2,员工信息表!$A$1:$P$1,0)-1,COUNTA(员工信息表!$A:$A)-1,),SMALL(IF((YEAR(OFFSET(员工信息表!$M$1:$N$1,1,,COUNTA(员工信息表!$A:$A)-1,))=--MID($A$1,1,FIND("年",$A$1)-1))*MONTH(OFFSET(员工信息表!$M$1:$N$1,1,,COUNTA(员工信息表!$A:$A)-1,))&OFFSET(员工信息表!$P$1,1,,COUNTA(员工信息表!$A:$A)-1,)=MID($A$1,6,FIND("月",$A$1)-1-FIND("年",$A$1)),ROW(INDIRECT("1:"&COUNTA(员工信息表!$A:$A)-1)),2^20),ROW(1:1))),"")"，按【Ctrl+Shift+Enter】组合键创建数组公式，返回查找到的第一个劳动合同临期的员工编号，如下图所示。

温馨提示

本例中的公式与4.4.1节中的公式基本相同，只是IF函数部分不同，本例公式的IF函数部分"IF((YEAR(OFFSET(员工信息表!$M$1:$N$1,1,,COUNTA(员工信息表!$A:$A)-1,))=--MID($A$1,1,FIND("年",$A$1)-1))*MONTH(OFFSET(员工信息表!$M$1:

$N$1,1,,COUNTA(员工信息表!$A:$A)-1,))&OFFSET(员工信息表!$P$1,1,,COUNTA(员工信息表!$A:$A)-1,)=MID($A$1,6,FIND("月",$A$1)-1-FIND("年",$A$1)),ROW(INDIRECT("1:"&COUNTA(员工信息表!$A:$A)-1)),2^20)"表示用IF函数判断是否满足标题中输入的劳动合同到期的年份、月份和有没有离职3种情况。

公式中的"--"是将文本型数字转换为数值型数字的方法，"--"是两个减号，表示先用一个减号将文本型数字转换为负数，再用一个减号将负数转换为正数，常用于LEFT、RIGHT、MID等文本函数中，因为这些函数提取出来的数字为文本格式，要想让这些文本格式的数字参与计算，就必须将它们转换为数值格式。

第2步 ❶向右拖动填充控制柄复制公式至E3单元格，❷向下拖动填充控制柄复制公式至E30单元格（假定每次临近合同到期的人员不超过30人），如下图所示，统计出合同临近到期的人员信息。

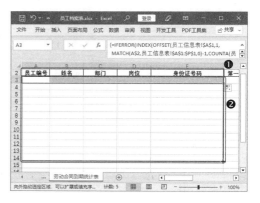

第3步 ❶在A1单元格的标题中的"年"和"月"文本前输入要统计的时间，如输入"2023"和"2"，按【Enter】键，即可

第4章 人力资源日常事务管理

统计出2023年2月劳动合同临期人数，并且是没有离职的，❷在F3单元格中输入公式"=IFERROR(VLOOKUP($A3,员工信息表!$A:$N,12,),"")"，返回第一个劳动合同临期的员工的第一次劳动合同到期时间，如下图所示。

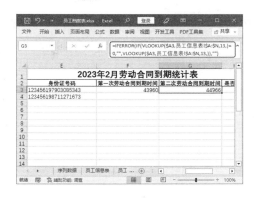

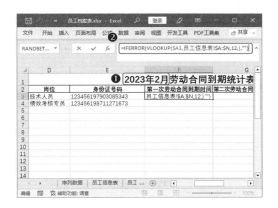

温馨提示 ●

通过A3单元格中的数组公式也能引用"员工信息表"中第一次劳动合同签订时间和第二次劳动合同到期时间，但由于第二次劳动合同到期时间有些是空白的，引用出来的日期将显示为"1990/1/0"，会导致后面的计算出错，因此本例中使用另外的公式来计算。

第4步 ● 在G3单元格中输入计算公式"=IFERROR(IF(VLOOKUP($A3,员工信息表!$A:$N,13,)=0,"",VLOOKUP($A3,员工信息表!$A:$N,13,)),"")"，返回第一个劳动合同临期的员工的第二次劳动合同到期时间，如右图所示。

温馨提示 ●

公式"=IFERROR(IF(VLOOKUP($A3,员工信息表!$A:$N,13,)=0,"",VLOOKUP($A3,员工信息表!$A:$N,13,)),"")"表示根据员工编号在【员工信息表】工作表中的A～L列单元格区域查找第13列中符合条件的数据，如果查找结果为0，则返回空值；否则返回符合条件的数值。

第5步 ● ❶选择F3:G3单元格区域，❷向下拖动填充控制柄复制公式至G30单元格，❸保持单元格区域的选择状态，在【开始】选项卡【数字】组中设置单元格格式为【短日期】，如下图所示。

第6步 ● 在I3单元格中输入公式"=IF(AND

145

(A3<>"",H3="是"),IF(G3<>"",3, 2),"")", 如下图所示，判断出第一次劳动合同临期的员工的续签次数。

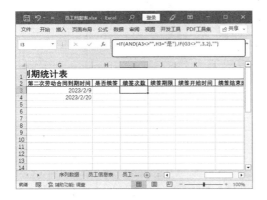

> **温馨提示**
> 公式"=IF(AND(A3<>"",H3="是"),IF(G3<>"",3,2),"")"用于判断员工编号不为空值且续签劳动合同的情况，如果G3单元格不为空值，则表示第3次续签；否则表示第2次续签。

第7步 在J3单元格中输入公式"=IF(AND(A3<>"",H3="是"),IF(G3="","5年","无固定期限"),"")"，如下图所示，判断出第一次劳动合同临期的员工的续签期限。

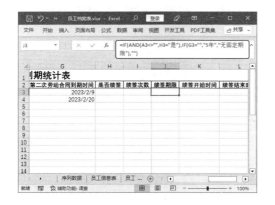

> **温馨提示**
> 公式"=IF(AND(A3<>"",H3="是"),IF(G3="","5年","无固定期限"),"")"用于判断G3单元格是否为空值，如果为空值，则续签5年；否则为无固定期限。

第8步 在K3单元格中输入公式"=IF(AND(A3<>"",H3="是"),MAX(F3:G3)+1,"")"，如下图所示，判断出第一次劳动合同临期的员工的续签开始时间。

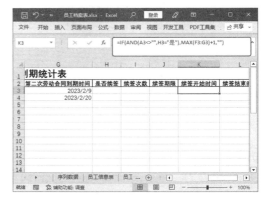

> **温馨提示**
> 公式"=IF(AND(A3<>"",H3="是"),MAX(F3:G3)+1,"")"表示在第一次劳动合同到期时间和第二次劳动合同到期时间中返回一个最大的日期，在该日期上加一天，就是续签劳动合同的开始时间。

第9步 在L3单元格中输入公式"=IF(AND(A3<>"",H3="是"),IF(I3=3,"-",DATE(YEAR(K3)+5,MONTH(K3),DAY(K3)-1)),"")"，如下图所示，判断出第一次劳动合同临期的员工的续签结束时间。

第11步 ● 随意在A1单元格中的"年"和"月"文本前输入其他日期,如输入"2022"和"11",按【Enter】键,即可将2022年11月劳动合同到期的员工信息统计出来,如下图所示。

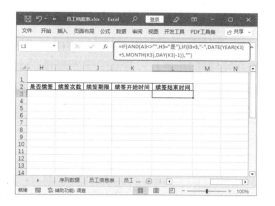

> **温馨提示** ●
> 公式"=IF(AND(A3<>"",H3="是"),IF(I3=3,"-",DATE(YEAR(K3)+5,MONTH(K3),DAY(K3)-1)),"")"用于判断是第几次签订劳动合同,如果是第3次签订,则返回"-",如果是第2次签订,则返回比签订日期大5年且晚一天的日期。

第10步 ● ❶在H列单元格中根据是否续签的结果输入内容,❷后面的单元格中将会自动返回公式的计算结果。选择K3:K30单元格区域,❸在【开始】选项卡【数字】组中设置单元格格式为"日期",如下图所示。

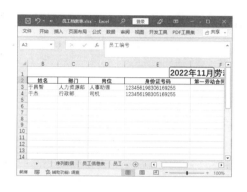

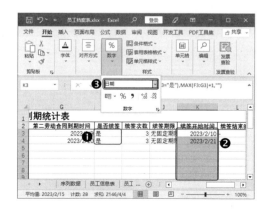

4.4.3 员工岗位异动统计表

随着企业的不断发展,对员工的要求也是不一样的。当出现一些新的工作需求时,现在很多企业都会先考虑内部的员工是否胜任,这就涉及员工岗位的变动。当然,还有一些特殊情况导致的内部员工岗位异动,如平级调动、升迁晋级和降级处罚等。

企业要实现人力资源的优化配置,HR必须清楚地记录人力资源配置情况,尤其是对员工岗位异动情况进行统计,方便后续掌握人力资源配置的来龙去脉。

本例中的员工岗位异动表主要通过数据验证功能来实现,具体操作步骤如下。

第1步 ● ❶新建工作表,并命名为"员工岗位异动统计表",❷设计表格结构,❸为了确保输入的员工编号在【员工信息表】工作表中存在，可以为员工编号设置数据有效性。选择A2:A30单元格区域，❹单击【数据】选项卡【数据工具】组中的【数据验证】按钮，如下图所示。

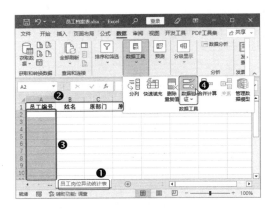

第2步 ▶ 打开【数据验证】对话框，❶在【允许】下拉列表框中选择【自定义】选项，❷在【公式】参数框中输入"=COUNTIF(员工信息表!A:A,A2)=1"，如下图所示。

温馨提示

公式"=COUNTIF(员工信息表!A:A,A2)=1"用于检查输入的员工编号是否出现在【员工信息表】工作表中。

第3步 ▶ ❶单击【出错警告】选项卡，❷在【样式】下拉列表框中选择【停止】选项，❸在【错误信息】文本框中输入出错提示信息，❹单击【确定】按钮，如下图所示。以后如果在【员工编号】列中输入的编号是【员工信息表】中没有的，将弹出出错警告提示对话框。

第4步 ▶ 在B2单元格中输入计算公式"=IFERROR(VLOOKUP(A2,员工信息表!$A:$D,COLUMN(),0),"")"，如下图所示。

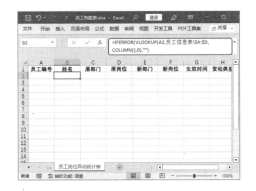

温馨提示

公式"=IFERROR(VLOOKUP(A2,员工信息表!$A:$D,COLUMN(),0),"")"表示根据A2单元格中的员工编号在【员工信息表】的

A:D列单元格中的第2列查找符合要求的数据（COLUMN函数用于返回公式所在列的列号），如果A2单元格中没有输入员工编号，那么查找出来的结果将返回错误值#NA，这时利用IFERROR函数能让错误的计算结果返回为指定的空值。

第5步 ► 在C2单元格中输入计算公式"=IFERROR(VLOOKUP(A2,员工信息表!$A:$D,COLUMN(),0),"")"，如下图所示。

第6步 ► 在D2单元格中输入计算公式"=IFERROR(VLOOKUP(A2,员工信息表!$A:$D,COLUMN(),0),"")"，如下图所示。

第7步 ► ❶选择B2:D2单元格区域，❷向下拖动填充控制柄复制公式至D30单元格，如下图所示。

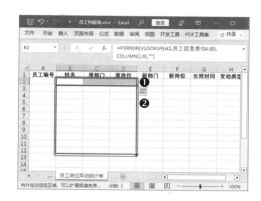

第8步 ► 为【新部门】和【新岗位】列设置二级联动下拉列表。先来制作一级下拉列表，❶选择E2:E30单元格区域，❷打开【数据验证】对话框，将数据验证允许条件设置为【序列】，❸在【来源】参数框中输入公式"=部门名称"，❹单击【确定】按钮，如下图所示。

第9步 ► 接下来制作二级联动下拉列表，❶选择F2:F30单元格区域，❷打开【数据验证】对话框，将数据验证允许条件设置为【序列】，❸在【来源】参数框中输入公式"=INDIRECT(E2)"，❹单击【确定】按

149

钮，如下图所示。

> **温馨提示**
> 这里因为要根据E列单元格中的部门数据设置二级的岗位数据，所以输入公式"=INDIRECT(E2)"。

第10步 ❶选择H2:H30单元格区域，❷打开【数据验证】对话框，将数据验证允许条件设置为【序列】，❸在【来源】参数框中输入"平级变动,晋升变动,降级变动"，❹单击【确定】按钮，如下图所示。

第11步 本例中的员工编号是由"0"开始的编号，为了方便输入，可以❶选择A2:A30单元格区域，❷在【开始】选项卡

【数字】组中设置单元格数字格式为【文本】，如下图所示。

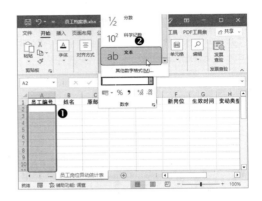

第12步 根据实际情况在单元格中输入员工岗位变动信息，完成员工岗位异动统计表的制作，效果如下图所示。

4.4.4 员工转正统计表

员工转正统计表主要是对员工的转正情况进行统计。通过制作好的员工信息表制作员工转正统计表很简单，具体操作步骤如下。

第1步 ❶新建工作表，并命名为"员工转正统计表"，❷设计表格结构（假设要查看2023年4月转正的员工信息），❸在A3单元格中输入公式"=IFERROR(INDEX(OFFSET(员工信息表!$A$1,1,MATCH(A$2,员工信息表!$A$1:$P$1,0)-1,COUNTA(员工信息表!$A:$A)-1,)),SMALL(IF((YEAR(OFFSET(员工信息表!$K$1:$L$1,1,,COUNTA(员工信息表!$A:$A)-1,))=--MID($A$1,1,FIND("年",$A$1)-1))*MONTH(OFFSET(员工信息表!$K$1:$L$1,1,,COUNTA(员工信息表!$A:$A)-1,))&OFFSET(员工信息表!$P$1,1,,COUNTA(员工信息表!$A:$A)-1,)=MID($A$1,6,FIND("月",$A$1)-1-FIND("年",$A$1)),ROW(INDIRECT("1:"&COUNTA(员工信息表!$A:$A)-1)),2^20),ROW(1:1))),"")"，如下图所示，按【Ctrl+Shift+Enter】组合键创建数组公式，返回查找到的第一个指定月份转正的员工编号。

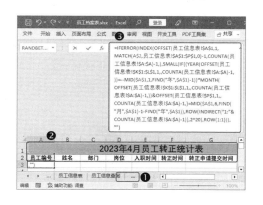

温馨提示
该公式与【劳动合同到期统计表】工作表中的公式类似，所以可以通过复制公式再修改的方法来编辑。

第2步 ❶向右拖动填充控制柄复制公式至F3单元格，❷向下拖动填充控制柄复制公式至F30单元格，如下图所示，可以返回查找到的指定月份转正的员工信息。

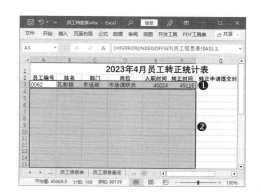

第3步 ❶选择E3:H30单元格区域，❷在【开始】选项卡【数字】组中设置单元格数字格式为【日期】，如下图所示。

第4步 ❶在G3单元格中输入计算公式"=IFERROR(F3+3,"")"，计算出第一个转正员工提交转正申请的时间，❷向右拖动填充控制柄复制公式到H3单元格中，计算出第一个转正员工进行转正面谈的时间，❸向下拖动填充控制柄复制公式到H30单

元格，返回其他转正员工的信息，如下图所示。

"月"文本前输入其他日期，如输入"2023"和"6"，按【Enter】键，即可将2023年6月转正的员工信息统计出来，如下图所示。

第5步 随意在A1单元格中的"年"和

AI 答疑与点拨

通过对前面知识的学习，相信读者已经了解人力资源日常事务管理过程中常见表格的制作方法，其实主要是收集整理好一切可以收集的基础数据，然后制作成数据源表格，方便后期对数据加以利用。下面结合本章内容，让ChatGPT为读者介绍一些工作中的实用经验与技巧，以帮助HR更好地利用Excel完成日常的人力资源管理工作。

01 如何自动让多列数据合并为一列

制作数据源表格时要让每个字段都尽量显示唯一的属性，但在通过数据源表格生成其他表格时，则可能需要将表格中已有的多列数据合并成一列，这时应该如何操作呢？我们先来问一问ChatGPT。

提问 如何将多列数据合并为一列？

ChatGPT 在Excel中，将多列数据合并成一列可以使用"&"符号来实现。

1. 在新列中选中第一个单元格。

2. 在该单元格中输入以下公式：=A2 & B2 & C2，其中A、B、C是要合并的列的列首字母，2是第一个单元格的行号。

3. 按下回车键，将公式复制到新列中的其他单元格中。

此时，新列中的单元格会显示对应的多列数据的合并结果。需要注意的是，在合并过程中，需要使用"&"符号将多列数据连接起来。如果需要使用其他分隔符,可以将"&"替换为带有相应分隔符的公式,例如:=A2 & "," & B2 & "-" & C2,该公式使用逗号(,)和短横线(-)作为分隔符。合并后的新列可作为数据的单独列进行处理和分析。

ChatGPT提供了使用"&"符号来实现多列数据合并为一列的方法,实际上HR还可采用填充的方式来快速完成。

例如,要在【联系地址】工作表中将【所在城市】【所在区域】和【地址】列中数据合并到【具体地址】列中,具体操作步骤如下。

第1步 打开"同步学习文件\素材文件\第4章\员工联系地址.xlsx"工作簿,❶在E2单元格中输入B2、C2和D2单元格中的地址内容,❷选择E2单元格并将鼠标指针移到其右下角,当鼠标指针变成+形状时双击将数据填充到数据末行,❸单击【自动填充选项】按钮,❹在弹出的下拉列表中选中【快速填充】单选按钮,如下图所示,即可实现多列数据合并成一列。

第2步 ❶选择目标单元格区域,这里选择F2:F10单元格区域,❷在编辑栏中输入带有连接符的公式"=B2&C2&D2",按【Ctrl+Enter】组合键,系统自动将B列、C列和D列单元格中的数据合并成一列,如下图所示。

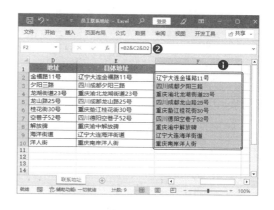

02 标记表格中的无效数据

在编辑工作表时,可以通过Excel的标记无效数据功能,快速找出错误或不符合条件的数据。具体如何操作,我们可以先来问一问ChatGPT。

提问 如何对表格中的无效数据进行标记?

ChatGPT 在Excel中,可以使用条件格式功能对表格中的无效数据进行标记,以下是具体步骤。

1. 选中要标记的数据区域。

2. 在【开始】选项卡中,找到【样式】组,在菜单中单击【条件格式】按钮。

3. 在弹出的【新建格式规则】对话框中，选择【仅对单元格进行数据验证】，并选择要验证的数据类型和条件。

4. 在验证条件的选项卡中，设定允许的数据取值范围和其他限制条件。

5. 在【格式设置】选项卡中，选择要显示的标记格式，例如，可以选用红色底色表示无效数据，或者使用对号或叉号表示数据的有效性。

6. 单击【确定】按钮，完成条件格式的设置。

此时，输入的无效数据会被自动标记为设定的格式，并提示错误信息。

需要注意的是，条件格式标记的是无效数据，而不是圈注或限制输入。如果需要同时圈注和标记无效数据，可以将数据验证和条件格式两种方法结合起来，这样可以更好地提高数据的准确性和可靠性，减少数据处理中出现的错误。

ChatGPT提供了通过设置条件格式来标记无效数据的方法，还说要圈释出无效数据的话需要使用数据验证功能来实现，实际上可以不用这么复杂。

例如，要在【员工信息登记表】中标识不符合设定时间段的日期数据，具体操作步骤如下。

第1步 ▶ 打开"同步学习文件\素材文件\第4章\员工信息登记表.xlsx"文件，❶选择要进行操作的E3:E17单元格区域，❷单击【数据】选项卡【数据工具】组中的【数据验证】按钮，如下图所示。

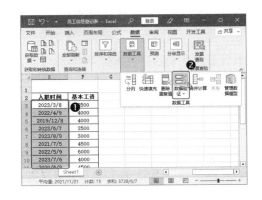

第2步 ▶ 打开【数据验证】对话框，❶在【允许】下拉列表框中选择【日期】选项，❷在【数据】下拉列表框中选择数据条件，这里选择【介于】选项，❸分别在【开始日期】和【结束日期】参数框中输入指定时间段的起始和结束日期值，❹单击【确定】按钮，如下图所示。

第3步 ▶ 返回工作表中，保持当前单元格区域的选中状态，❶在【数据工具】组中单击【数据验证】下拉按钮，❷在弹出的下拉列表中选择【圈释无效数据】选项，如下图所示。

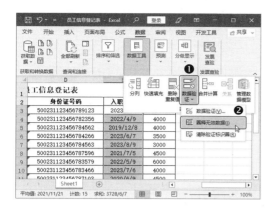

第4步 ▶ 操作完成后即可将无效数据标示出来，如下图所示。

03 并排查看两个工作表中的数据

当要对工作簿中两个工作表的数据进行比较时，若通过切换工作表的方式进行查看，会显得非常烦琐。有没有什么好方法呢？下面来问一问ChatGPT。

提问 要对比查看两个工作表中的数据，有什么好方法吗？

ChatGPT 在Excel中，可以使用"比较工作表"功能来对比查看两个工作表中的数据，以下是具体步骤。

1. 在工作簿中，打开要进行比较的两个工作表。

2. 在【视图】选项卡中，找到【窗口】组，在菜单中单击【新建窗口】按钮。

3. 在【新建窗口】对话框中，选择要比较的第二个工作表。

4. 此时，在窗口上方的工作表名称栏中会出现两个工作表的名称。可以通过平铺或重叠的方式，同时显示两个工作表。

5. 在两个工作表中选择要进行比较的单元格区域，可以使用鼠标拖动的方式选择要比较的单元格区域，也可以使用【名称管理器】或【跳转】对话框等工具来选择单元格区域。

6. 在【审阅】选项卡中，找到【比较】组，在菜单中单击【工作表比较】。

7. 在弹出的【工作表比较】对话框中，选择要进行比较的单元格区域，并单击【比较】按钮。

8. 此时，在对话框下方的【详细信息】区域中，会显示两个单元格区域的比较结果。如果两个单元格区域中的数值或内容不同，会显示对应单元格的差异。

需要注意的是，使用【比较工作表】功能进行比较时，只能比较两个单元格区域中的行数和列数相同的数据。如果两个单元格区域中的行数和列数不同，需要进行调整，使得行数和列数匹配。同时，需要保证两个工作表中的数据分别位于同一单据或同一时间段中，才能进行比较。

ChatGPT给出的答案比较复杂，不知道是根据哪个版本的Excel给出的回复。不过它提到了要使用的关键功能——工作表比较，下面结合ChatGPT给出的提示，来实践一下。例如，要对【学生成绩表】工作簿中的两个工作表中的数据进行并排查看对比，具体操作方法如下。

第1步 打开"同步学习文件\素材文件\第4章\学生成绩表.xlsx"文件，在【视图】选项卡的【窗口】组中单击【新建窗口】按钮，如下图所示。

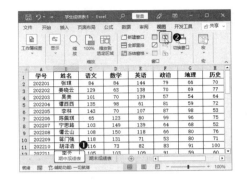

第2步 自动新建一个副本窗口，❶随意选择其中一个工作簿窗口，切换到要查看的另一个工作表，❷在【视图】选项卡的【窗口】组中单击并排查看按钮，如右图所示。

第3步 打开【并排比较】对话框，❶选择要并排比较的另一个工作簿窗口名称，❷单击【确定】按钮，如下图所示。

第4步 被选择并排查看的两个工作簿窗口便以并排的方式显示在整个计算机显示屏上，此时用户便可对两个工作表中的数据同时进行查看，滚动鼠标滚轮或拖动滑块时，两个窗口的屏幕显示内容会同步进行滚动，如下图所示。

第 5 章

案例实战：人力资源规划管理

💡 本章导读

　　人力资源规划是指企业根据其发展战略、经营目标等，对人力资源进行配置，以达到最优状态。人力资源规划直接影响着企业整体人力资源管理的效率，被视为 HR 首要的工作要求。但人力资源规划并非是一个简单的步骤，而是一个循环性的管理过程，需要经常调整。在具体实施过程中，一般包括人力资源统计、资源规划制定、实施、评估 4 个环节。在本章中我们将通过 ChatGPT 让读者学习和掌握人力资源规划管理的基础知识，再通过具体案例从整体和局部来分别对人力资源进行管理、规划和预测。

5.1 使用 ChatGPT 了解人力资源规划管理

人力资源规划是根据内外部环境的变化，预测企业未来发展对人力资源的需求，以及为满足这种需求对公司的人力资源招聘、整合、培训及薪酬策略等进行规划性的方案制订。这项工作涉及的内容很多，在具体行动之前，我们先通过ChatGPT了解相关的知识，为之后的学习打下基础。

5.1.1 实施人力资源规划管理工作的意义

人力资源规划管理是一种制定与实施规划以保证组织内部人力资源充分利用的过程。那么，为什么要进行人力资源规划管理？我们可以先通过ChatGPT来进行了解。

> **提问** 人力资源规划管理有哪些作用？
>
> **ChatGPT** 人力资源规划管理的作用主要有以下三个。
>
> 1.帮助企业确定人力资源需求并进行预测：人力资源规划管理为企业提供预测未来需求的能力，从而帮助企业提前发现员工需求缺口。这对于管理者来说是至关重要的，因为他们需要明确了解到人力资源的分配和流动对企业发展的影响。
>
> 2.优化人力资源的配置：人力资源规划管理可以帮助企业更好地配置和利用资源。企业可以了解到关键技能和资质缺口，从而采取相应的培训和发展计划来培养员工所需要的技能和资质。通过这种方式，企业可以更好地满足业务需要，提高员工综合素质，从而提高企业竞争力。
>
> 3.提高员工绩效和工作效率：人力资源规划管理有助于提高员工的绩效和工作效率。通过对员工进行培训，促进员工自我提升和成长，提升他们的个人能力和职业素养，从而更好地适应公司的发展需要。这有助于提高员工的绩效与士气，提高员工的工作效率和工作质量，为企业带来可观的经济效益。
>
> 总之，人力资源规划管理是企业管理的重要组成部分之一，通过对人力资源的全面、系统和科学的管理，有效地解决了人力资源管理中存在的种种问题，为企业的长期发展提供了关键支持和促进作用。

由此可见，人力资源规划管理对企业的人力资源能进行更合理的储备和调整，从而提高企业管理效率和企业竞争力。

5.1.2 人力资源规划管理的工作内容

明白了人力资源规划管理的重要性，那么接下来可以再了解一下如果要进行人力资源规划管理，具体需要做哪些工作。让我们继续请教ChatGPT。

提问 人力资源规划管理包含哪些内容？

ChatGPT 人力资源规划管理包括以下主要内容。

1. 组织结构规划：包括确定企业的职能和部门、建立工作流程、协调部门之间的关系等，确定企业的发展目标和计划，为人力资源规划管理提供基础。

2. 人力资源需求规划：在人力资源需求预测的基础上，进行人力资源需求规划。通过分析企业当前的和未来的人力资源需求，确定不同职位的招聘数量和员工的招聘条件。

3. 招聘计划和实施：在确定招聘计划的基础上，进行人才招聘。招聘需要制定招聘方案、确定标准化的招聘流程，实施招聘的宣传、筛选和面试等相关工作。

4. 培训与发展规划：制订培训与发展计划，以提高员工的工作能力和技能水平，维持和提升员工综合素质。

5. 绩效管理规划：建立绩效管理制度，制订绩效评估方案和计划，对员工的工作态度、能力和业绩进行量化评估，以提高员工的绩效，促进企业的持续发展。

6. 薪酬福利管理：制定合理的薪酬福利制度，发放工资、福利和奖金等。

7. 员工关系管理：管理员工关系，与员工进行沟通交流，解决员工问题，维护和谐劳动关系，以增强员工的满意度和忠诚度。

总之，人力资源规划管理是企业发展中不可或缺的一部分，需要对人力资源进行综合规划和管理。在人力资源规划管理的过程中，需要围绕企业的战略和目标，制订和实施相关计划，从而保障人力资源的充足和高效，助力企业持续发展。

从以上回复可知，人力资源规划管理要处理的事务很多，在ChatGPT的提醒下，可以让我们更有条理地开展人力资源规划管理工作。另外，也可以发现人力资源规划管理工作需要管理人员有广博的知识背景、良好的数据分析能力和协作能力，同时还需要对公司的发展战略和员工的需求情况有深入了解，以更好地规划和管理企业的人力资源。

5.1.3 人力资源规划管理的注意事项

人力资源规划管理的工作内容那么多，具体开展工作时需要注意哪些事项呢？

提问 人力资源规划管理的注意事项有哪些？

ChatGPT 人力资源规划管理注意事项如下。

1. 与企业战略保持一致：人力资

源规划管理必须始终与企业战略保持一致,根据战略制订和实施相关计划。

2. 合理预测人力资源需求:基于市场发展和企业的战略计划,合理预测人力资源需求。理性考虑企业的未来发展趋势,确定企业的人力资源投入。

3. 制订详细的工作计划:预测企业的人力资源需求后,制订详尽的工作计划,明确每个职业的需求量、岗位职责和招聘要求,使其符合人才岗位的需求。

4. 合理安排员工培训计划:制订适当的培训计划,培养员工的能力和技能;发现有潜力的人才;重视绩效评估,统计绩效数据,发现问题并加以解决。

5. 建立成熟的用人标准:为了确保人才招聘质量,要建立一套成熟的用人标准,提高招聘效率和招聘质量。

6. 着重强调员工关系的管理:注重员工关系的维护,与员工建立良好的沟通与信任,在工作中平等对待员工,解决员工的矛盾和问题,建立健康的劳动关系。

7. 进行绩效管理:建立完善的绩效管理制度,根据员工绩效评估结果,合理确定薪资总额,提供良好的薪酬福利体系,提高员工的积极性和满意度。

综上所述,人力资源规划管理有助于企业有效管理人力资源,合理安排人才资源,实现企业可持续发展。

从以上回复可知,人力资源规划管理遵循一个主旨——一切以为企业提供有效的人力资源支持为目的。这些复杂的工作中有一部分需要制作对应的表格进行分类管理,所以HR一定要掌握使用Excel制作相关表格的方法。

接下来列举几个案例,讲解Excel在人力资源规划管理中的应用。

5.2 制作总体人力资源结构表

案例背景

告别了凭经验与直觉进行管理与决策的时代,运用数据对员工进行有效管理和评估,可以使人力资源管理工作的开展更加有理有据,特别是在招聘、培训、绩效考评、薪酬等方面尤为明显,能做好人员的选、用、育、留工作,提高企业的核心竞争力。

人力资源规划是根据内外部环境的变化,预测企业未来发展对人力资源的需求,以及为满足这种需求对公司的员工招聘、岗位整合、培训规划及薪酬策略等进行规划性的方案制定。在对人力资源进行规划时，重点在于对企业当前的人力资源信息进行收集、统计与分析，并以分析结果和数据作为支撑，制定出相应的方案。

本例首先通过制作总体人力资源结构表，来对企业当前的人力资源结构进行分析，如在职人员的人数、性别比例、年龄分布、学历情况等，以便充分了解企业人力资源的现状，在此基础上做的人力资源的各项计划才有意义。制作完成后的效果如下图所示，实例最终效果见"同步学习文件\结果文件\第5章\人力资源分析.xlsx"文件。

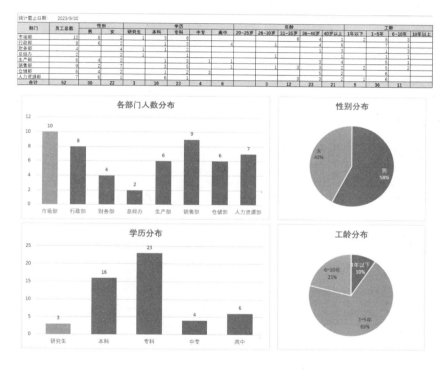

5.2.1 处理要分析的数据源信息

有时候我们收集到的源数据并不能直接用作某个项目分析的原始数据，还需要进一步加工。

例如，本例要基于第4章中制作的"员工档案表"来对在职的员工数据进行分析，但表格本身包含了在职和离职以及未转正的非正式员工信息，为了便于后期数据的筛选和公式编写的简洁性，可以在一开始就对不需要分析的字段和数据项进行清理，具体操作步骤如下。

第1步 ❶在Excel中单击【文件】选项卡，在弹出的菜单中选择【打开】选项，❷在中间栏中选择【这台电脑】选项，如下图所示。

第2步 ▶ 打开【打开】对话框，❶选择要打开文件所在的文件路径位置，❷在列表框中选择要打开的工作簿（同步学习文件\素材文件\第5章\员工档案表.xlsx），❸单击【打开】按钮，如下图所示。

第3步 ▶ 打开【密码】对话框，❶在【密码】文本框中输入曾经设置的打开密码"000000"，❷单击【确定】按钮，如下图所示。

第4步 ▶ 打开工作簿后，❶在【文件】菜单中选择【另存为】选项，❷在中间栏中选择【这台电脑】选项，如下图所示。

第5步 ▶ 打开【另存为】对话框，❶选择要重新保存文件的位置，❷在【文件名】文本框中输入"人力资源分析"，❸单击【保存】按钮，如下图所示。

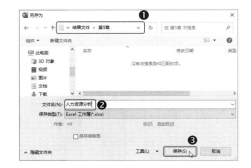

温馨提示
数据源表格中的数据收集和整理实属不易，为了保证数据源表格中数据的安全，在进行数据分析时，尽量先复制工作表或工作簿，再进行其他操作。

第6步 ▶ ❶选择工作表中的任意单元格进行操作时，都会弹出提示对话框，提示工作表受到保护，进行操作前需要撤销工作表保护，❷单击【确定】按钮，如下图所示。

第 5 章
案例实战：人力资源规划管理

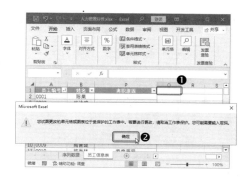

第9步● 打开【撤销工作表保护】对话框，❶在【密码】文本框中输入曾经设置的保护密码"234"，❷单击【确定】按钮，如下图所示。

第7步● ❶选择【员工信息表】工作表，❷按住【Ctrl】键的同时在工作表标签栏中拖动鼠标，复制【员工信息表】工作表，如下图所示。

第8步● ❶修改复制所得工作表的名称为"在职员工分析"，❷单击【审阅】选项卡【保护】组中的【撤销工作表保护】按钮，如下图所示。

第10步● 接下来要删除已经离职员工的信息，为了方便清除，可以对"离职时间"列数据（因为这列数据中记录了数据的都是已经离职的员工）进行排序，让已经离职的数据信息排列在一起。❶选择O列中的任意单元格，❷单击【数据】选项卡【排序和筛选】组中的【升序】按钮，如下图所示。

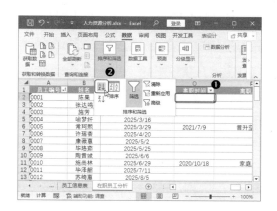

第11步● 这样已经离职的员工信息就排列在表格最上方了，❶选择第2~16行单元格，❷单击【开始】选项卡【单元格】组中的【删除】按钮，如下图所示，将离职员工信息删除。

163

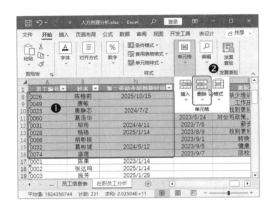

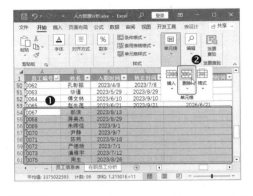

第12步 接下来要删除还未转正的员工信息，为了方便清除，可以对"员工编号"列数据（因为只有最近入职还在试用期的数据才进行了记录，所以员工编号会是最新的数据）进行排序，让还未转正的数据信息排列在一起。❶选择A列中的任意单元格，❷单击【数据】选项卡中【排序和筛选】组中的【升序】按钮 ↓，如下图所示。

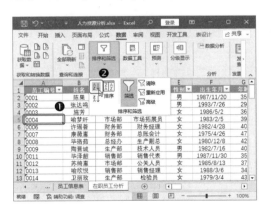

第13步 这样还未转正的员工信息就排列在表格最下方了，❶选择第54～62行单元格，❷单击【开始】选项卡【单元格】组中的【删除】按钮，如右图所示。

第14步 ❶修改【在职员工分析】工作表名称为"在职员工信息"，❷修改O1单元格中的内容为"工龄"，❸在O2单元格中输入公式"=DATEDIF(K2,"2023/9/30","Y")"，按【Enter】键确认输入公式会自动在该列的其他单元格填充公式，如下图所示。

> **温馨提示**
>
> 在实际应用中可以直接使用TODAY函数来计算工龄。本例中考虑到TODAY函数会随着计算机当前的日期发生变化，读者使用同样的公式得不到相同的结果，所以在DATEDIF函数中用了具体的日期"2023/9/30"来作为参数，因为我们假定是在2023/9/30对数据进行统计的。实际使用中公式可以用"=DATEDIF(K2,TODAY(),"Y")"。

第15步 ❶选择O列单元格，❷在【开始】选项卡【数字】组的列表框中选择【常规】选项，如下图所示，让公式计算结果显示为数字。

第16步 ❶选择P列单元格，❷单击【开始】选项卡【单元格】组中的【删除】按钮，删除该列单元格，如下图所示。

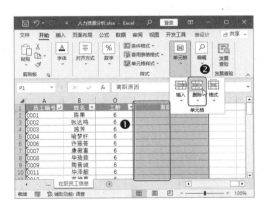

5.2.2 利用重复项删除技能快速制作结构统计表框架

人员结构可以从部门、性别、学历、年龄、工龄等进行分析，但在分析之前，需要对人员结构进行统计。下面先来制作结构统计表框架，制作过程中，有些数据不一定要手动输入，如部门数据可以直接利用，因为它们具有唯一性，所以可通过删除重复项快速获取类字段数据，具体操作步骤如下。

第1步 ❶新建一个工作表，并命名为"在职人员结构统计表"，❷在A1:R2单元格区域输入表头名称，并设置好字体格式和对齐方式，完成后的效果如下图所示。

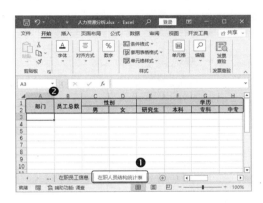

第2步 ❶单击【在职员工信息】工作表标签，❷选择C2单元格，如下图所示，按【Ctrl+Shift+↓】组合键选择C2:C53单元格区域。

第3步 ▶ 单击【开始】选项卡【剪贴板】组中的【复制】按钮，如下图所示。

第4步 ▶ ❶选择【在职人员结构统计表】工作表，❷选择A3单元格，单击【开始】选项卡中的【粘贴】下拉按钮，❸在弹出的下拉列表中选择【值】选项，如下图所示。

第5步 ▶ 保持粘贴的部门数据区域选择状态，单击【数据】选项卡【数据工具】组中的【删除重复值】按钮，如右图所示。

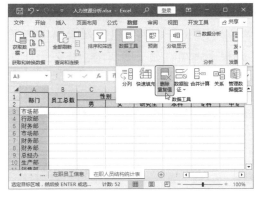

第6步 ▶ ❶在弹出的【删除重复项警告】对话框中选中【以当前选定区域排序】单选按钮，❷单击【删除重复项】按钮，如下图所示。

第7步 ▶ 在打开的【删除重复值】对话框中选中【列A】复选框，单击【确定】按钮，如下图所示。

第8步 ▶ 在打开的提示对话框中单击【确定】按钮,如下图所示,系统自动保留部门数据的唯一值。

5.2.3 使用公式函数统计在职人员结构

从在职员工信息表中分别统计出各部门员工人数、男/女人数、各个学历对应的人数、各个年龄段的人数等,需要用到SUMPRODUCT、COUNTIFS、COUNTIF函数,具体操作步骤如下。

第1步 ▶ 在B3单元格中输入计算公式"=COUNTIF(在职员工信息!$C$2:$C$53,A3)",统计出市场部的员工总数,如下图所示。

第2步 ▶ 在C3单元格中输入计算公式"=COUNTIFS(在职员工信息!$C$2:$C$53,A3,在职员工信息!$E$2:$E$53,$C$2)",统计出市场部的男员工人数,如右图所示。

教您一招:COUNTIFS函数

COUNTIFS函数用来计算多个区域中满足给定条件的单元格的个数。其语法结构为:COUNTIFS(criteria_range1,criteria1,criteria_range2,criteria2,…),可理解为COUNTIFS(条件区域1,条件1,条件区域2,条件2,…)。其具体用法与COUNTIF函数一样,只是COUNTIF函数用于单条件计数,COUNTIFS函数用于多条件计数。

第3步 ▶ 在D3单元格中输入计算公式"=COUNTIFS(在职员工信息!$C$2:$C$53,A3,在职员工信息!$E$2:$E$53,$D$2)",统计出市场部的女员工人数,如下图所示。

第4步 ▶ 在E3单元格中输入计算公式"=COUNTIFS(在职员工信息!$C$2:$C$53,A3,在职员工信息!$I$2:$I$53,$E$2)",统计出市场部的"研究生"学历人数,如下图所示。

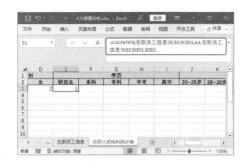

第5步 在F3单元格中输入计算公式"=COUNTIFS(在职员工信息!$C$2:$C$53,A3,在职员工信息!$I$2:$I$53,$F$2)",统计出市场部的"本科"学历人数,如下图所示。

第6步 在G3单元格中输入计算公式"=COUNTIFS(在职员工信息!$C$2:$C$53,A3,在职员工信息! $I$2:$I$53,$G$2)",统计出市场部的"专科"学历人数,如下图所示。

第7步 在H3单元格中输入计算公式"=COUNTIFS(在职员工信息!$C$2:$C$53,A3,在职员工信息! $I$2:$I$53,$H$2)",统计出市场部的"中专"学历人数,如下图所示。

第8步 在I3单元格中输入计算公式"=COUNTIFS(在职员工信息!$C$2:$C$53,A3,在职员工信息! $I$2:$I$53,$I$2)",统计出市场部的"高中"学历人数,如下图所示。

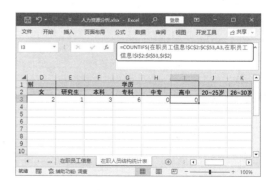

第9步 ❶选择第1行单元格,❷单击【开始】选项卡【单元格】组中的【插入】按钮,在上方插入一行单元格,如下图所示。

第 5 章
案例实战：人力资源规划管理

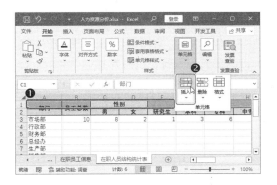

第10步 ❶在A1单元格中输入"统计截止日期："，❷在B1单元格中输入"2023/9/30"，如下图所示。

> **温馨提示**
> 这里输入统计日期是因为后面计算年龄时要用到。实际制表时用TODAY函数即可，但一般会在表格上方标注出统计时间，便于了解统计数据的截止日期。

第11步 在J4单元格中输入计算公式"=SUMPRODUCT((在职员工信息!\$C\$2:\$C\$53=\$A4)*(DATEDIF(在职员工信息!\$F\$2:\$F\$53,\$B\$1,"Y")>=20)*(DATEDIF(在职员工信息!\$F\$2:\$F\$53,\$B\$1,"Y")<=25))"，统计出市场部的"20～25岁"年龄段人数，如

下图所示。

> **教您一招：SUMPRODUCT 函数**
> SUMPRODUCT函数是在给定的几组数组中，将数组间对应的元素相乘，并返回乘积之和。其语法结构为：SUMPRODUCT(array1, [array2], [array3],…)，可以简单理解为SUMPRODUCT(数组1,数组2,数组3,…)。

第12步 在K4单元格中输入计算公式"=SUMPRODUCT((在职员工信息!\$C\$2:\$C\$53=\$A4)*(DATEDIF(在职员工信息!\$F\$2:\$F\$53,\$B\$1,"Y")>=26)*(DATEDIF(在职员工信息!\$F\$2:\$F\$53,\$B\$1,"Y")<=30))"，统计出市场部的"26～30岁"年龄段人数，如下图所示。

169

第13步● 在L4单元格中输入计算公式"=SUMRODUCT((在职员工信息!$C$2:$C$53=$A4)*(DATEDIF(在职员工信息!$F$2:$F$53,$B$1,"Y")>=31)*(DATEDIF(在职员工信息!$F$2:$F$53,$B$1,"Y")<=35))",统计出市场部的"31～35岁"年龄段人数,如下图所示。

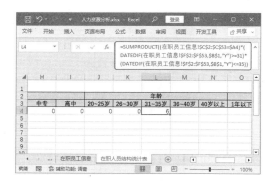

第14步● 在M4单元格中输入计算公式"=SUMPRODUCT((在职员工信息!$C$2:$C$53=$A4)*(DATEDIF(在职员工信息!$F$2:$F$53,$B$1,"Y")>=36)*(DATEDIF(在职员工信息!$F$2:$F$53,$B$1,"Y")<=40))",统计出市场部的"36～40岁"年龄段人数,如下图所示。

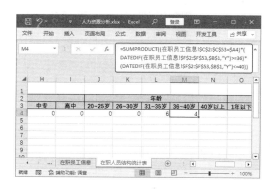

第15步● 在N4单元格中输入计算公式"=SUMPRODUCT((在职员工信息!$C$2:$C$53=$A4)*(DATEDIF(在职员工信息!$F$2:$F$53,$B$1,"Y")>=40))",统计出市场部的"40岁以上"年龄段人数,如下图所示。

第16步● 在O4单元格中输入计算公式"=SUMPRODUCT((在职员工信息!$C$2:$C$53=$A4)*(在职员工信息!$O$2:$O$53<1))",统计出市场部的"1年以下"工龄段人数,如下图所示。

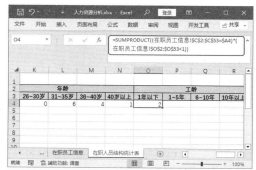

教您一招:数据透视表法统计数据

对于某些数据统计,使用数据透视表要比函数快得多,尤其是不需要进行计算就能进行统计的字段。

第17步● 在P4单元格中输入计算公式"=SUMPRODUCT((在职员工信息!$C$2:$C$53=$A4)*(在职员工信息!$O$2:$O$53>=1)*(在职员工信息!$O$2:$O$53<=5))"，统计出市场部的"1～5年"工龄段人数，如下图所示。

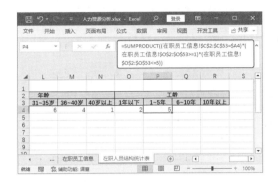

第18步● 在Q4单元格中输入计算公式"=SUMPRODUCT((在职员工信息!$C$2:$C$53=$A4)*(在职员工信息!$O$2:$O$53>=6)*(在职员工信息!$O$2:$O$53<=10))"，统计出市场部的"6～10年"工龄段人数，如下图所示。

第19步● 在R4单元格中输入计算公式"=SUMPRODUCT((在职员工信息!$C$2:$C

$53=$A4)*(在职员工信息!$O$2:$O$53>10))"，统计出市场部的"10年以上"工龄段人数，如下图所示。

第20步● 选择B4:R4单元格区域，向下填充公式至第11行，计算出其他部门的对应统计数据，如下图所示。

第21步● ❶在A12单元格中输入"合计"，❷在B12单元格中输入公式"=SUM(B4:B11)"，统计出公司的员工总数，❸向右拖动填充控制柄，如下图所示，复制公式计算出其他汇总数据。

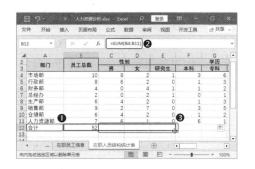

第22步 对A12:R12单元格区域进行简单的格式设置，以便突出合计数据，完成后效果如下图所示。

第23步 为了让表格中的"0"不显示，❶打开【Excel选项】对话框，❷单击【高级】选项卡，❸取消选中【在具有零值的单元格中显示零】复选框，❹单击【确定】按钮，如下图所示。

第24步 这样，表格中不显示0值，最终效果如下图所示。

5.2.4 使用图表展示人力资源结构

对公司在职人员结构进行分析，不仅可以了解企业人员的结构分配，还能根据当前企业的发展目标来检验企业现有人力资源配置是否合理。但是纯数字的展示不直观，可以用图表来分别展示人数、性别、学历和工龄等。本例中创建了4个图表。

1. 分析各部门人数

通过分析各部门人数，可以了解企业各部门现有的人数是否与企业当前的发展规划相匹配。图表创建的具体操作步骤如下。

第1步 ❶在【在职人员结构统计表】中选择A4:B11单元格区域，❷单击【插入】选项卡【图表】组中的【插入柱形图或条形图】按钮，❸在弹出的下拉列表中选择【簇状柱形图】选项，如下图所示。

第 5 章
案例实战：人力资源规划管理

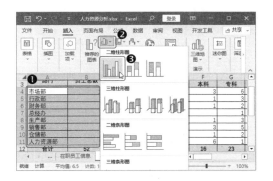

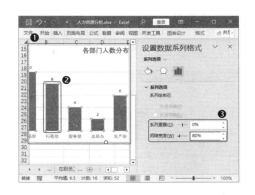

第2步 ❶选择创建的图表，将其移动到空白区域，❷修改图表标题为"各部门人数分布"，❸单击【图表设计】选项卡【图表布局】组中的【添加图表元素】按钮，❹在弹出的下拉列表中选择【数据标签】→【数据标签外】选项添加数据标签，如下图所示。

第4步 ❶选择员工人数最多的【市场部】柱形，❷在【设置数据点格式】任务窗格中单击【填充与线条】按钮，❸在【填充】栏中单击【颜色】按钮，❹在弹出的下拉列表中选择橙色，让该柱形突出显示，如下图所示。

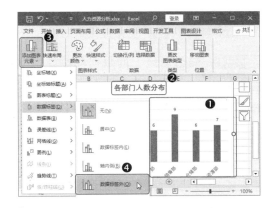

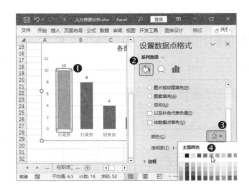

第3步 ❶调整图表大小，使图例内容能水平摆放，❷双击任意柱形，显示出【设置数据系列格式】任务窗格，❸在【系列重叠】数值框中输入"0%"，在【间隙宽度】数值框中输入"80%"，让柱形间隙更宽一些，效果如右图所示。

2．分析员工性别

创建性别占比图，对企业员工男女性别比例进行分析，确定男女比例是否协调。图表创建的具体操作步骤如下。

第1步 ❶选择C3:D3和C12:D12单元格区域，❷单击【插入】选项卡【图表】组中的【插入饼图或圆环图】按钮，❸在弹

173

出的下拉列表中选择【饼图】选项，如下图所示。

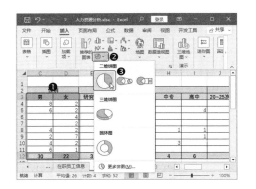

第2步 ❶修改图表标题为"性别分布"，❷选择创建的图表，将其移动到空白区域，并适当缩小图表的宽度，❸选择图表，单击右侧出现的【图表元素】按钮，❹在弹出的菜单中选中【数据标签】复选框，❺在弹出的下级菜单中选择【更多选项】命令，如下图所示。

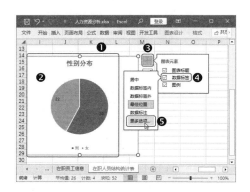

第3步 显示出【设置数据标签格式】任务窗格，在【标签选项】栏中选中【类别名称】【百分比】复选框，调整数据标签的显示效果，如右图所示。

第4步 选择图例，如下图所示，按【Delete】键删除。

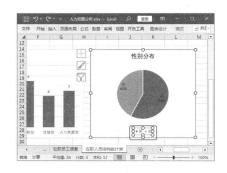

第5步 深色扇区上的数据标签内容不容易辨认，❶选择深色扇区上的数据标签，❷单击【开始】选项卡【字体】组中的【字体颜色】按钮，❸在弹出的下拉列表中选择白色，使其突出显示，如下图所示。

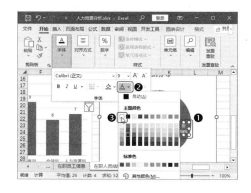

3. 分析员工学历

创建员工学历分布图，可以为人力资源开发提供数据依据；在培训时，可以根据不同的学历采取不同的培训方案，从而使培训取得更好的效果。

图表创建过程中尽量保证同一个项目中的内容配色一致，尤其同一种类型的图表，其组成元素和格式设置要一致。接下来要制作的学历分析图表采用的是柱形图，为了保证和部门人员分布分析的图表效果一致，可以将图表保存为模板，然后进行调用，具体操作步骤如下。

第1步 ❶选择E3:I3和E12:I12单元格区域，❷单击【插入】选项卡【图表】组中的【插入柱形图或条形图】按钮，❸在弹出的下拉列表中选择【簇状柱形图】选项，如下图所示。

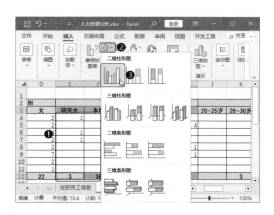

第2步 ❶选择前面创建的【各部门人数分布】图表，并在其上右击，❷在弹出的快捷菜单中选择【另存为模板】选项，如右图所示。

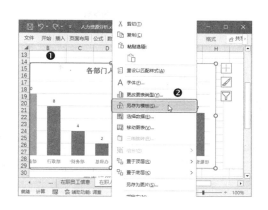

第3步 打开【保存图表模板】对话框，自动将保存路径设置为图表模板保存位置，❶在【文件名】文本框中输入该图表模板的名称，这里输入"柱状图"，❷单击【保存】按钮，如下图所示。

第4步 ❶选择刚刚创建的图表，❷单击【图表设计】选项卡【类型】组中的【更改图表类型】按钮，如下图所示。

第5步　打开【更改图表类型】对话框，❶在【所有图表】选项卡的左侧选择【模板】选项，❷在右侧选择刚刚创建的【柱状图】图表模板，❸单击【确定】按钮，如下图所示。

> **温馨提示●**
>
> 本案例中因为刚好要标记学历分布图表中人数最少的"研究生"柱形，所以连突出显示柱形都不修改了。一般情况下，套用图表模板后，其中的个性化设置还是需要进一步编辑的。

> **温馨提示●**
>
> 实际使用中，我们经常会使用一张图表来展示一组数据维度的信息，这样更精准。如果需要展示多种维度的数据就用多张图表来呈现。有些人会认为这样使用起来不方便，进而选择动态图表，也就是为图表创建一个筛选器，选择其中某一个数据项时，与其关联的图表将会筛选出与其对应的数据内容。这样的图表制作起来要麻烦很多，而且从实用程度来说两者是差不多的，且普通图表不会变动，可以同时查看几个图表内容进行对比。所以，动态图表更多有点"炫技"的意思。

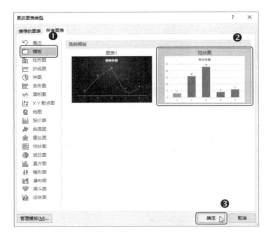

第6步　选择的图表会套用所选图表模板效果，❶修改图表标题为"学历分布"，❷拖动鼠标调整图表大小，使其与【各部门人数分布】图表大小一致即可，效果如下图所示。

4. 分析员工工龄

对员工工龄进行分析，可以快速看出老员工与新员工之间的差距，如贡献大小、工作经验和工作能力差距等。员工工龄也可用图表进行分析，其图表也要与其他图表风格一致。除了前面介绍的使用图表模板来统一图表风格，同一种类型的图表还可以先进行复制，然后修改图表数据即可，具体操作步骤如下。

第1步　❶选择【性别分布】图表，❷按住【Ctrl+Shift】组合键，向下拖动鼠标复制图表，如下图所示。

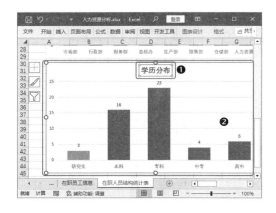

第 5 章
案例实战：人力资源规划管理

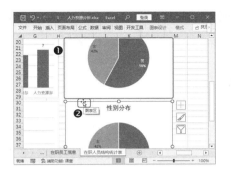

第2步 ❶选择复制得到的图表，❷单击【图表设计】选项卡【数据】组中的【选择数据】按钮，如下图所示。

第3步 打开【选择数据源】对话框，单击右上角的折叠按钮，如下图所示。

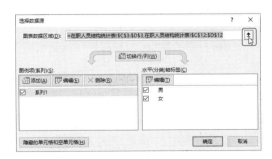

第4步 ❶拖动鼠标选择O3:R3和O12:R12单元格区域，❷单击折叠对话框中的展开按钮，如右图所示。

第5步 返回【选择数据源】对话框，单击【确定】按钮，如下图所示。

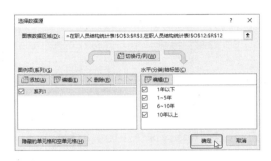

第6步 ❶修改图表标题为"工龄分布"，❷选择图表数据标签，❸单击【格式】选项卡【当前所选内容】组中的【设置所选内容格式】按钮，如下图所示。

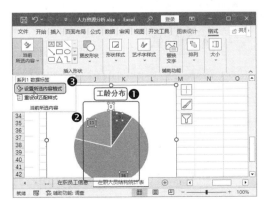

177

第7步 ● 显示出【设置数据标签格式】任务窗格，❶在【标签选项】选项卡单击【标签选项】按钮，❷在【标签选项】栏选中【类别名称】【百分比】复选框，调整数据标签的显示效果，❸选择"10年以上0%"数据标签，如下图所示，按【Delete】键删除。

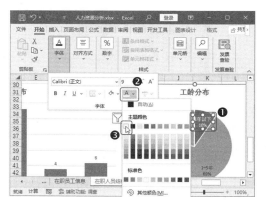

第8步 ● ❶选择深色扇区上的数据标签，❷单击【开始】选项卡【字体】组中的【字体颜色】按钮，❸在弹出的下拉列表中选择白色即可，如右图所示。

教您一招：数据标签如何适当设置

数据标签设置颜色，不是为所有数据标签设置颜色，而是为那些看起来不明显的数据标签设置颜色，让图表更利于信息传递和阅读。

温馨提示 ●

利用本例中的数据，还可以对员工年龄分布进行分析，以便确定员工年龄层次是否合理，是否趋向老年化。创建方法与工龄分布图表一致。大家也可以通过创建图表模板的方法来创建，对比一下是使用图表模板更方便还是复制图表进行修改更方便。

5.3 分析人员流动情况

📢 案例背景

人员流动是企业发展过程中的一种必然现象，一个企业完全没有人员流动或人员流动太大，都是不行的，会对企业的正常运营产生一定的影响。合理有序的人员流动，可以优化人力资源与物力资源配置，促进企业的发展，所以HR在对人力资源进行管理时，需要及时对企业人员流动情况进行分析，以保证人员流动在可控范围之内。

本例将继续在前面制作的员工信息表数据基础上对人员流动情况进行分析，制作完成后的效果如下图所示。实例最终效果见"同步学习文件\结果文件\第5章\人力资源分析.xlsx"文件。

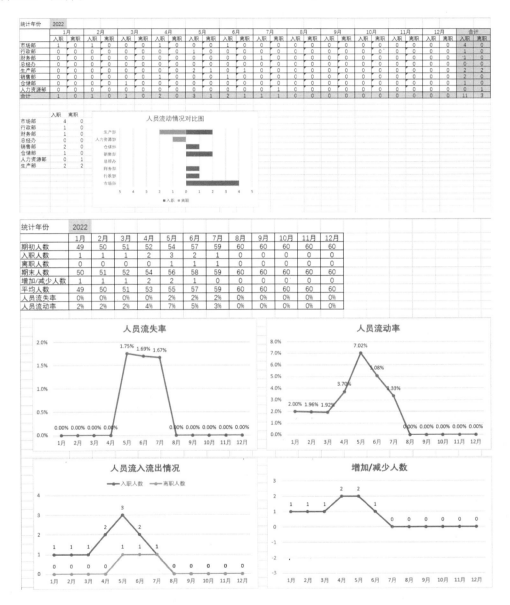

统计年份	2022	
离职原因	人数	比例
工作压力大	0	0%
劳动合同到期员工不续签	0	0%
与领导或同事相处不融洽	0	0%
健康原因	0	0%
对公司政策、制度不满意	1	33%
回校深造	0	0%
转换行业	0	0%
晋升空间小	1	33%
家庭原因	0	0%
缺少培训和机会	0	0%
薪资低	0	0%
找到更好的工作	0	0%
其他	1	33%

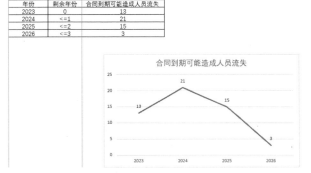

年份	剩余年份	合同到期可能造成人员流失
2023	0	13
2024	<=1	21
2025	<=2	15
2026	<=3	3

5.3.1 统计分析各部门的人员流动情况

对企业各部门的人员流动情况进行统计，可以了解各个部门在某一段时间内员工的入职、离职情况，以方便对各部门的人员流动情况进行对比分析。

1. 统计数据

统计分析各部门的人员流动情况的具体操作步骤如下。

> **教您一招：减少公式编写的复杂程度**
>
> 如果公式中引用了其他工作簿中的数据，那么在每次打开包含公式的工作簿时，都会弹出提示对话框，提示是否更新数据，单击【更新】按钮，计算结果可根据被引用数据的工作簿中数据的变化而变化，单击【不更新】按钮，计算结果将保持不变。
>
> 但是，这样在编写公式时就会显示很长一串引用单元格路径，非常不便。所以本例在一开始就复制了其他工作簿中的【员工信息表】工作表。

第1步 ❶新建一个工作表，并命名为"人员流动统计分析表"，❷在A1:AA12单元格区域设计工作表结构，并对表格效果进行简单设置，❸在B1单元格中输入要统计的年份，效果如下图所示。

第2步 在B4单元格中输入计算公式"=SUMPRODUCT((员工信息表!$A$2:$P$77=$A4)*(YEAR(员工信息表!$K$2:$K$77)=$B$1)*(MONTH(员工信息表!$K$2:$K$77)=--LEFT(B$2,FIND("月",B$2)-1)))",汇总市场部1月份入职人数,如下图所示。

第3步 在C4单元格中输入计算公式"=SUMPRODUCT((员工信息表!$C$2:$C$77=$A4)*(YEAR(员工信息表!$O$2:$O$77)=$B$1)*(MONTH(员工信息表!$O$2:$O$77)=--LEFT(B$2,FIND("月",B$2)-1)))",汇总市场部1月份离职人数,如右图所示。

第4步 ❶选择B4:C4单元格区域,❷向下拖动填充控制柄,复制公式到B5:C11单元格区域,汇总各部门1月份的入职和离职人数,如下图所示。

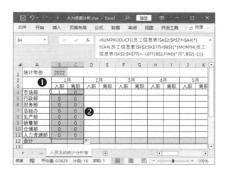

第5步 ❶选择B4:C11单元格区域,❷向右拖动填充控制柄,复制公式到D4:Y11单元格区域,汇总出各部门各月份的入职和离职人数,如下图所示。

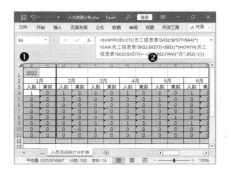

> **温馨提示**
> 由于相邻列之间的公式不一致，单元格中将显示错误标记，这里完全可以忽略。

第6步 在Z4单元格中输入计算公式"=SUMIF($B$3:$Y$3,Z$3,$B4:$Y4)"，统计出市场部1年总的入职人数，如下图所示。

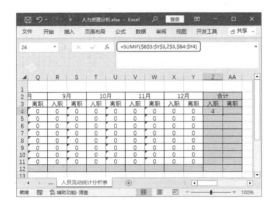

第7步 再在AA4单元格中输入公式"=SUMIF($B$3:$Y$3,AA$3,$B4:$Z4)"，统计出市场部1年总的离职人数，如下图所示。

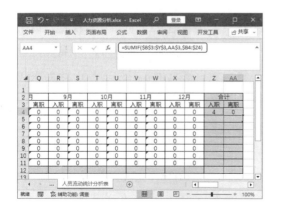

第8步 ❶选择Z4:AA4单元格区域，❷向下拖动填充控制柄，复制公式到Z5:AA11单元格区域，汇总各部门1年总的入职和离职人数，如下图所示。

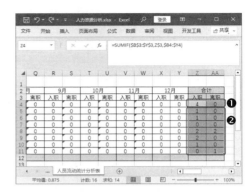

第9步 ❶在B12单元格中输入公式"=SUM(B4:B11)"，统计出各部门1月总的入职人数，❷向右拖动填充控制柄，复制公式到C12:AA12单元格区域，汇总出各月份总的入职和离职人数，如下图所示。

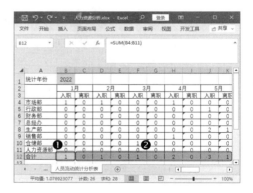

2. 用条形图展示各部门的人员流动情况

统计的数据明细很多，但不容易发现其中的规律，下面制作一个条形图来展示各部门的人员流动情况。因为人员入职、离职情况并不是每月都有，所以对各部门人员流动情况进行分析时，一般是对某一

第 5 章
案例实战：人力资源规划管理

段时间内总的入职、离职人数进行分析。具体操作步骤如下。

第1步 ❶从刚刚统计出的表格中提取创建图表需要用到的数据，最终在A15:C23单元格区域中输入如下图所示的数据，❷选择任意离职统计数据所在的单元格，❸单击【数据】选项卡【排序和筛选】组中的【升序】按钮，让【离职】列数据按从低到高的顺序排列，这样制作出来的条形图中的【离职】数据系列将按从高到低的顺序从上到下排列。

温馨提示
通过复制粘贴获得A15:C23单元格区域中的内容时，需要以仅数值的方式进行粘贴，否则其中的公式容易形成循环引用。

第2步 在【离职】列中的数据值前面添加"-"，如右图所示，其目的是使入职人数和离职人数在堆积条形图中以左右对比的形式进行显示。如果都是整数，那么插入堆积条形图后，入职人数和离职人数在图表中是重叠显示的。

第3步 ❶选择A15:C23单元格区域，❷单击【插入】选项卡【图表】组中的【插入柱形图或条形图】按钮，❸在弹出的下拉列表中选择【堆积条形图】选项，如下图所示。

第4步 ❶将图表标题更改为"人员流动情况对比图"，❷选择C16:C23单元格区域，如下图所示。

183

第5步 ❶按【Ctrl+1】组合键打开【设置单元格格式】对话框，❷在【分类】列表框中选择【自定义】选项，❸在【类型】文本框中输入"#;#;0"，❹单击【确定】按钮，如下图所示，单元格区域中的负数将显示为正数，且不会影响图表标签的显示。

第6步 ❶选择横坐标轴，并在其上右击，❷在弹出的快捷菜单中选择【设置坐标轴格式】选项，如下图所示。

第7步 ❶在显示出的【设置坐标轴格式】任务窗格中单击【坐标轴选项】选项

卡下的【坐标轴选项】按钮，❷在【坐标轴选项】栏中设置边界的【最大值】为"5.0"，【最小值】为"-5.0"，单位的【大】值为"1.0"，如下图所示，让图表内容居中显示，且坐标轴显示单位合适。

第8步 ❶展开【数字】栏，❷在【格式代码】文本框中输入"#;#;0"，❸单击后面的【添加】按钮，如下图所示，让图表中横坐标轴上的负数显示为正数。

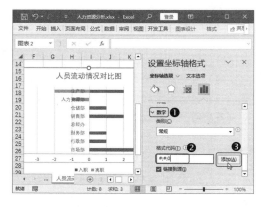

温馨提示
图表中的数字都可以通过输入格式代码来设置显示的效果。

第9步 ❶选择纵坐标轴，❷在【标签】栏中的【标签位置】下拉列表框中选择【低】选项，将纵坐标轴移动到图表左侧，如下图所示。

第10步 ❶选择任意数据系列，❷在【设置数据系列格式】任务窗格中单击【系列选项】按钮，❸设置【系列重叠】为100%，【间隙宽度】为50%，让数据系列显示得宽一些，如下图所示。

5.3.2 统计分析年度人员流动情况

如何有针对性地解决人员流失问题是企业关注的问题之一，其实就是要了解企业人力资源的流失情况及波动现状，进一步掌握员工流失的整体情况和规律，最终依据这些数据和发现的规律得出降低人员流失的对策。那么，就需要对年度人员流动情况进行统计分析。

1. 统计数据

在对人员流动情况进行统计和分析时，需要用到很多人员流动指标，涉及具体公式的编写，下面进行简单介绍。

- 期初人数：指报告期最初一天企业实有人数，如月初、季初、年初人数。
- 期末人数：指报告期最后一天企业实有人数，如月末、季末、年末人数。
- 平均人数：指报告期内平均每天拥有的劳动力人数，其计算公式为"=（期初人数＋期末人数）/2"。
- 人员流动率：指报告期内企业流动人数（包括流入人数和流出人数）占总人数的比例，是考查企业组织与员工队伍是否稳定的重要指标，报告期一般为一年。其计算公式为"=（一年期内流入人数＋流出人数）/（期初人数+入职人数）"。
- 人员流失率：指报告期内企业流失人数占总人数的比例，是掌握员工流失整体情况和规律的重要指标。其计算公式为"=离职人数/（期初人数＋入职人数）"。

统计年度人员流动数据的操作步骤如下。

第1步 ❶新建一个工作表，并命名为"年度人力资源统计分析表"，❷在A1:M10单元格区域设计工作表结构，并进行简单格式设置，如下图所示。

温馨提示●

公式"=SUMPRODUCT((员工信息表!$K$2:$K$77<DATE($B$1,--LEFT(B$2,FIND("月",B$2)-1),1))*(员工信息表!$K$2:$K$77>2022/1/1))-SUMPRODUCT((员工信息表!$O$2:$O$77)<DATE($B$1,--LEFT(B$2,FIND("月",B$2)-1),1))*(员工信息表!$O$2:$O$77>2022/1/1)"表示入职时间小于2023/1/1的这组数据与员工入职时间大于2022/1/1的这组数据乘积之和减去离职时间小于2023/1/1的这组数据与员工离职时间小于2022/1/1的乘积之和。

第2步 在B3单元格中输入计算公式"=SUMPRODUCT((员工信息表!$K$2:$K$77<DATE($B$1,--LEFT(B$2,FIND("月", B$2)-1),1))*(员工信息表!$K$2:$K$77>2022/1/1))-SUMPRODUCT((员工信息表!$O$2:$O$77)<DATE($B$1,--LEFT(B$2,FIND("月",B$2)-1),1))*(员工信息表!$O$2:$O$77>2022/1/1)"，按【Ctrl+Shift+Enter】组合键，统计出1月的期初人数，如下图所示。

第3步 在B4单元格中输入计算公式"=SUMPRODUCT((YEAR(员工信息表!$K$2:$K$77)=$B$1)*(MONTH(员工信息表!$K$2:$K$77)=--LEFT(B$2,FIND("月",B$2)-1)))"，按【Ctrl+Shift+Enter】组合键，统计出1月的入职人数，如下图所示。

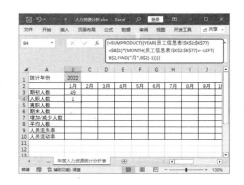

第4步 在B5单元格中输入计算公式"=SUMPRODUCT((YEAR(员工信息表!$O$2:$O$77)=$B$1)*(MONTH(员工信息表!$O$2:$O$77)=--LEFT(B$2,FIND("月",B$2)-1)))"，按【Ctrl+Shift+Enter】组合键，统计出1月的离职人数，如下图所示。

第 5 章
案例实战：人力资源规划管理

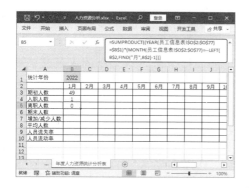

第5步 在B6单元格中输入公式"=B3+B4-B5"，计算出1月的期末人数，如下图所示。

第6步 在B7单元格中输入公式"=B6-B3"，计算出1月增加/减少的人数，如下图所示。

第7步 在B8单元格中输入公式"=INT((B3+B6)/2)"，计算出1月的在职员工平均人数，如下图所示。

第8步 在B9单元格中输入公式"=B5/(B3+B4)"，计算出1月的人员流失率，如下图所示。

第9步 在B10单元格中输入公式"=(B5+B4)/(B3+B4)"，计算出1月的人员流动率，如下图所示。

187

第10步 ❶选择B9:M10单元格区域，❷单击【开始】选项卡【数字】组中的【百分比样式】按钮，如下图所示。将人员流失率和人员流动率的数据设置为不带小数的百分比。

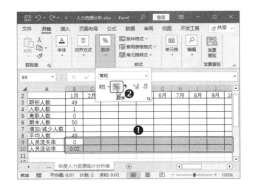

第11步 ❶选择B3:B10单元格区域，❷向右拖动填充控制柄，复制公式到C3:M10单元格区域，汇总出各月份的人员流动数据，如下图所示。

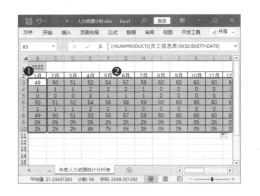

2. 用多个折线图展示年度人员流动情况

通过公式计算出的年度人员流动情况数据很多，为了便于查看，可以将相关数据用图表展示。对年度人员流动情况进行分析，最好显示出每月的情况，方便查看其走势。接下来，对全年的人员流失率、人员流动率、流入流出情况和增加/减少人数用图表展示，具体操作步骤如下。

第1步 ❶选择A2:M2和A9:M9单元格区域，❷单击【插入】选项卡【图表】组中的【插入折线图或面积图】按钮，❸在弹出的下拉列表中选择【带数据标记的折线图】选项，如下图所示。

第2步 ❶选择插入的图表，❷单击出现的【图表元素】按钮，❸在弹出的下拉列表中选中【数据标签】复选框，在数据系列上方添加数据标签，如下图所示。

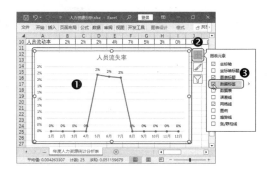

第5章 案例实战：人力资源规划管理

第3步 ❶选择并双击纵坐标轴，❷在【设置坐标轴格式】任务窗格中设置坐标轴单位的【大】值为"0.005"，调整显示的刻度值效果（纵坐标轴中的刻度值显示为6个左右比较合适，建议不要超过8个），如下图所示。

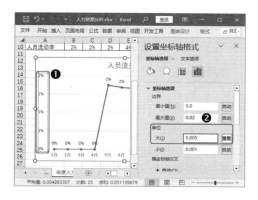

第4步 ❶选择数据标签，❷在【设置数据标签格式】任务窗格的【数字】栏中设置数字格式为【百分比】，让数字显示为两位小数效果，如下图所示。

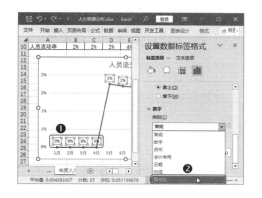

第5步 ❶选择纵坐标轴，❷在【设置坐标轴格式】任务窗格的【数字】栏中设置【小数位数】为"1"，如右图所示。

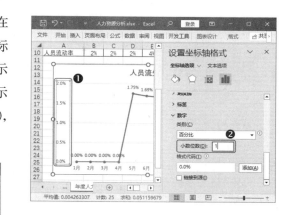

第6步 ❶选择图表，❷按住【Ctrl+Shift】组合键平行向右复制图表，❸选择复制的图表，单击【图表设计】选项卡【数据】组中的【选择数据】按钮，如下图所示。

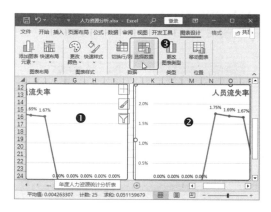

第7步 打开【选择数据源】对话框，❶将【图表数据区域】设置为【=年度人员流动统计分析表!$A$2:$M$2,年度人力资源统计分析表!$A$10:$M$10】，❷单击【确定】按钮更改图表的数据区域，如下图所示。

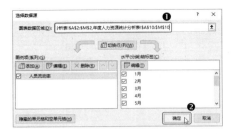

> **温馨提示**
>
> 人员流动率和人员流失率可以帮助判断企业的人员流动量是否在合理的范围内，所以企业在对人员流动情况进行分析时，人员流失率和流动率是必须进行分析的。

第8步 图表中的标题和图表展示的数据都将随之发生变化。❶选择并双击纵坐标轴，❷在【设置坐标轴格式】任务窗格中设置坐标轴单位的【大】值为"0.01"，如下图所示。

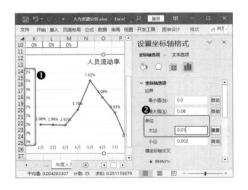

第9步 ❶用相同的方法向下复制【人员流失率】图表，并将图表的【图表数据区域】设置为【=年度人员流动统计分析表!$A$2:$M$2,年度人员流动统计分析表!$A$4:$M$5】，❷选择并双击纵坐标轴，❸在【设置坐标轴格式】任务窗格中设置坐标轴单位的【大】值为"1.0"，如下图所示。

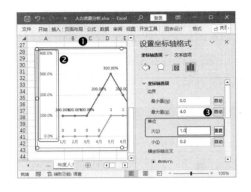

> **温馨提示**
>
> 分析人员的流入、流出情况，可以掌握人员的入职和离职情况。分析某段时间内人员的入职、离职情况，可以预判公司的生产情况或效益状况，还可以判断出该时间段内及后续一段时间的人员流动趋势。

第10步 目前纵坐标轴中的刻度值是百分比形式，而流入和流出数据不属于百分比，所以在【设置坐标轴格式】任务窗格的【数字】栏中设置类别为【常规】，让坐标轴上的刻度显示为普通数字，效果如下图所示。

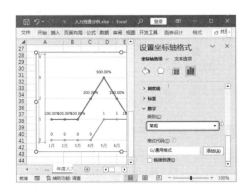

第 5 章
案例实战：人力资源规划管理

第11步● ❶选择任意数据标签，❷在【设置数据标签格式】任务窗格的【数字】栏中设置【类别】为【常规】，让数据标签显示为普通数字，效果如下图所示。

的曲线代表何种数据了。

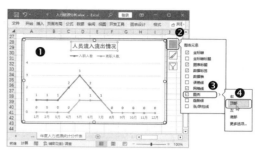

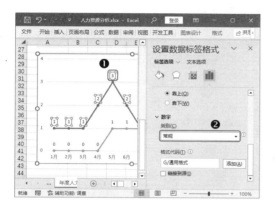

第14步● ❶复制【人员流入流出情况】图表到右侧，将图表数据区域更改为【=年度人员流动统计分析表!$A$2:$M$2,年度人员流动统计分析表!$A$7:$M$7】，❷将图表标题更改为"增加/减少人数"，❸选择图例，按【Delete】键进行删除，如下图所示。

第12步● ❶选择图表，单击出现的【图表元素】按钮，❷添加图表标题，并命名为"人员流入流出情况"，如下图所示。

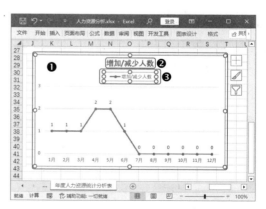

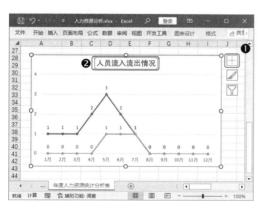

第15步● ❶选择纵坐标轴，❷在【设置坐标轴格式】任务窗格中将图表边界的【最小值】设置为【-3.0】，按【Enter】键，让横坐标轴上方和下方显示的刻度值相同，效果如下图所示。

第13步● ❶选择图表，❷单击出现的【图表元素】按钮，❸在弹出的下拉列表中选中【图例】复选框，❹在弹出的菜单中选择【顶部】选项，在图表标题下方添加图例，如右图所示，这样就方便区分不同

191

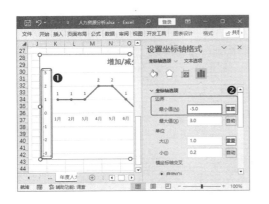

需要设置横坐标轴的标签位置。❶选择横坐标轴，❷在【设置坐标轴格式】任务窗格中展开【标签】栏，❸设置【标签位置】为【低】，让横坐标轴显示在图表最下方，效果如下图所示。

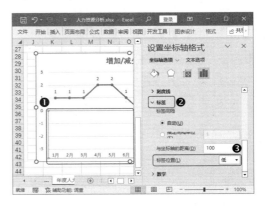

> **温馨提示●**
> 本例中没有一个月的人员是减少的，所以也可以不设置图表中0刻度以下的区域，只是这样设置更符合常规，图表中既包含了增加的部分，也包含了减少的部分。

第16步● ❶在【设置坐标轴格式】任务窗格中展开【数字】栏，将【类别】设置为【数字】，❷将【小数位数】设置为"0"，❸在【负数】列表框中选择【-1,234】选项，让负数以带"-"的红色文字显示，如下图所示。

5.3.3 统计分析人员离职原因

对人员流动情况进行分析，离职原因分析也是必不可少的，因为人员离职是导致人员流动最大的一个因素，而人员离职对公司而言，在一定程度上是一种损失，增加人员招聘、培训的成本。为了更好地留住员工，可以对离职原因进行统计分析，及时发现管理中存在的问题，总结经验教训，完善管理措施，减少因人员离职导致的人员流失。

1. 统计数据

本例中在前期制作数据源表格时就记录了几大离职原因，所以只需要对各类原因进行数据统计即可快速分析人员离职原因，具体操作步骤如下。

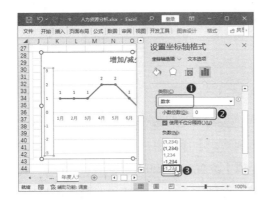

第17步● 如果图表中包含负值，此时正值和负值将会因为横坐标轴分隔开，所以

第1步● ❶新建一个工作表，并命名为

"人员离职原因汇总分析"，❷在A1:C15单元格区域设计工作表结构，并对表格效果进行简单设置，❸在B1单元格中输入要统计的年份，效果如下图所示。

第2步 ❶在B3单元格中输入公式"=SUMPRODUCT((员工信息表!$P$2:$P$77=$A3)*(YEAR(员工信息表!$O$2:$O$77)=$B$1))"，计算出因"工作压力大"离职的员工人数，❷向下复制公式到B4:B15单元格区域，计算出各种离职原因的对应员工人数，如下图所示。

教您一招：如何让您的表格看起来更流畅

为了让表格数据看上去更加流畅、舒服，一些数据需要遵循大众的阅读习惯，如

这里的"人数"字段就最好安排在"比例"字段前面，注意先后顺序。

第3步 ❶在C3单元格中输入公式"=B3/SUM($B$3:$B$15)"，计算出因"工作压力大"离职的员工人数所占的比例，❷向下复制公式到C4:C15单元格区域，计算出各种离职原因对应的员工人数所占的比例，如下图所示。

第4步 ❶选择C3:C15单元格区域，❷单击【百分比样式】按钮，让【比例】列数据显示为百分比效果，如下图所示。

2. 用图表展示离职原因分析结果

为了能更直观地查看员工离职的原因，

193

接下来用图表进行展示，具体操作步骤如下。

第1步 ❶按住【Ctrl】键同时选择A2:A15和C2:C15单元格区域，❷单击【插入】选项卡【图表】组中的【推荐的图表】按钮，如下图所示。

第2步 打开【插入图表】对话框，❶选择推荐的【漏斗图】选项，❷单击【确定】按钮，如下图所示。

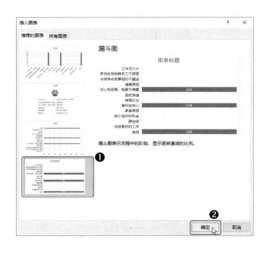

温馨提示
按照展示的数据类型和数据间的关系来说，这里最好选择条形图进行展示，本例因

为要展示的各离职原因占比相同，从推荐上发现漏斗图的效果比条形图好，为避免后期再对图表进行调整，就直接选择了漏斗图。

第3步 ❶调整图表大小，让其中的数据显示更加清晰，❷输入图表标题"人员离职原因分析"，就快速完成了该图表的制作，效果如下图所示。

5.3.4 统计并预测近几年可能流失人员数据

对于HR而言，必须对人员流失情况进行预判，特别是可能会出现的人员流失高峰，从而做好准备工作及人员的招聘、培训工作，为企业引进新的人才，保证公司的正常运营，避免因人员流失带来较大的损失。

1. 统计人员流失年份和期限

人员流失的原因主要是合同到期时，单位或个人不再续签劳动合同。

本例中，需要对合同到期时间进行整合，有续签的以最新签订的合同到期时间为准，然后计算出距合同到期时间点剩余的年限，具体操作步骤如下。

第1步 ❶复制【在职员工信息】工作表，并重命名为"人员流失预测"，❷修改N1单元格中的内容为"合同到期时间"，❸将N列中显示为空白，如下图所示，M列中包含数据的单元格区域，直接移动到N列中。

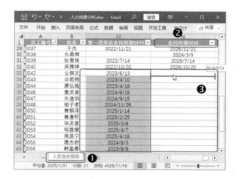

第2步 ❶选择M列，并在其上右击，❷在弹出的快捷菜单中选择【删除】选项，如下图所示，删除该列。

第3步 ❶在【工龄】列前插入一列，在N1单元格中输入"合同到期剩余年限"，❷在N2单元格中输入公式"=INT((M2-TODAY())/365)"，计算出合同到期剩余年限，如下图所示。

> **温馨提示**
>
> M2-TODAY()用于计算合同到期日期距离今天还有多少天，然后除以365，转换为年。这里直接应用了系统的当前日期（使用TODAY函数），让该表变成一个自动计算的动态模型表。

第4步 由于在插入该列时沿用了前一列的数字格式，因此公式返回内容显示为日期格式，这并不是我们需要的，❶选择N列，❷在【开始】选项卡的【数字】组中设置数字格式为【常规】，就显示正常了，如下图所示。

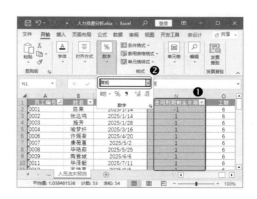

195

第5步 ▶ 为了让年限数据更加直观，可以添加单位。选择N2:O53单元格区域，如下图所示。

第6步 ▶ ❶按【Ctrl+1】组合键，打开【设置单元格格式】对话框，❷在【分类】列表框中选择【自定义】选项，❸在【类型】文本框中"通用格式"后输入"年"，❹单击【确定】按钮，如下图所示。

> **教您一招：不影响数据计算的数据类型更改方法**
>
> 通过自定义数据类型方式为数据添加单位，不仅快速高效，还不影响数字的计算。通过这种方法为数据添加单位时注意"G/通用格式"是系统默认的，必须保留，不能删除。

2. 统计近几年人员可能流失数据

将合同到期年限数据计算出来后，需要HR手动统计近几年人员可能流失数据，为预测和展示人员流失高峰做好数据准备。本例将统计近3年的人员可能流失数据，具体操作步骤如下。

第1步 ▶ ❶在A55:C59单元格区域中输入框架结构数据，❷在A56单元格中输入公式"=YEAR(NOW())"，获取系统当前年份数据，如下图所示。

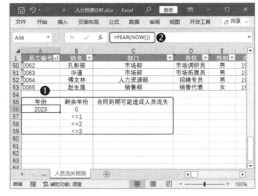

> **教您一招：NOW出错时的替代考虑**
>
> NOW函数直接获取当前系统的年月日。YEAR函数获取NOW函数获得的日期数据中的年份信息。这里也可将NOW函数换成TODAY函数，也就是"=YEAR(TODAY)"。

第 5 章
案例实战：人力资源规划管理

本例中如果不想制作可自行计算的动态表格，也可以直接在A56单元格中输入"2023"。

第2步 ❶选择A57:A59单元格区域，❷在编辑栏中输入公式"=A56+1"，按【Ctrl+Enter】组合键获取动态的相邻年份数据，如下图所示。

第3步 由于原单元格中设置了数据验证，因此C55:C59单元格区域中提供下拉列表。现在需要删除，❶选择C55:C59单元格区域，❷单击【数据】选项卡【数据工具】组中的【数据验证】按钮，如下图所示。

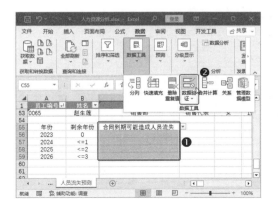

第4步 打开【数据验证】对话框，❶在【允许】下拉列表框中选择【任何值】选项，❷单击【确定】按钮，如下图所示。

第5步 在C56单元格中输入公式"=SUM(COUNTIF(N2:N53,-1),COUNTIF (N2:N53,0))"，统计出合同已经到期未续签和2023年合同到期可能流失的人员数，如下图所示

温馨提示

COUNTIF函数只能对单条件进行统计，如大于多少、等于什么、小于多少等，对于一个区间范围的数字，如大于20小于25的数据数量，无法直接统计，需要进行一个简单处理，也就是COUNTIF之间用减法。

第6步 ▶ 在C57单元格中输入计算公式"=COUNTIF(N2:N53,1)",统计出2024年合同到期可能流失的人员数,如下图所示。

第7步 ▶ ❶在C58单元格中输入公式"=COUNTIF(N2:N53,2)",统计出2025年合同到期可能流失的人员数,❷在C59单元格中输入公式"=COUNTIF(N2:N53,3)",统计出2026年合同到期可能流失的人员数,如下图所示。

3. 用折线图展示近几年可能流失的人员趋势

为了直观展示近几年可能流失的人员趋势,可以为相关数据制作折线图,具体操作步骤如下。

第1步 ▶ ❶为A55:C59单元格区域添加边框线,❷按住【Ctrl】键同时选择A55: A59及C55:C59单元格区域,❸单击【插入】选项卡【图表】组中的【推荐的图表】按钮,如下图所示。

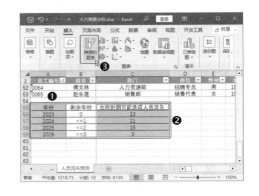

第2步 ▶ 打开【插入图表】对话框,❶选择推荐的【折线图】选项,❷单击【确定】按钮,如下图所示。

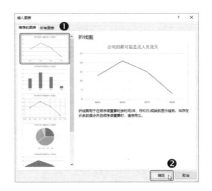

> **温馨提示**
>
> 由于这里建立的数据之间关联性不大,直接选择A55:A59及C55:C59单元格区域创建折线图时,系统会自动将选择的两列字段都识别为数据系列,后期对图表进行编辑时工作量很大。

第 5 章
案例实战：人力资源规划管理

第3步 ❶选择创建的图表，❷单击出现的【图表元素】按钮⊞，❸在弹出的下拉列表中选中【数据标签】复选框，如右图所示。至此，就完成该图表的制作了。

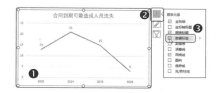

AI 答疑与点拨

通过对前面知识的学习，相信读者已经了解人力资源规划管理过程中常见表格的制作方法。下面结合本章内容，让ChatGPT为读者介绍一些工作中的实用经验与技巧，以帮助HR更好地利用Excel完成日常的人力资源规划管理事务。

01 切换图表的行列显示方式

使用图表分析人事方面的数据时，如果发现图表统计横向和纵向显示的数据需要对调，并不需要调整原始数据摆放位置，可以直接将图表的行列数据进行对调。具体如何操作，我们可以先来问一问ChatGPT。

提问 创建图表后发现横向和纵向上显示的数据需要对调，该如何操作？

ChatGPT 在Excel中，如果创建了图表后发现横向和纵向上显示的数据需要对调方向，可以使用以下方法进行调整。

1. 右击图表，选择【选择数据】，或者在【设计】选项卡中的【数据】组中选择【选择数据】。

2. 在弹出的【选择数据源】对话框中，可以看到图表中使用的数据系列和各自的数据范围。

3. 单击数据系列名称右侧的【编辑】按钮，可以进入【编辑数据系列】对话框。

4. 在【编辑数据系列】对话框中，可以看到该数据系列的标题、横坐标范围、数值范围等属性。

5. 如果需要对调横向和纵向上的数据，在【横坐标区域】和【数值区域】之间切换即可。例如，如果原来横向显示的为"数值区域"，需要切换到"横坐标区域"，将之前的纵向数据转换成横向数据。

6. 单击【确定】按钮，完成数据系列的编辑。

7. 可以重复以上步骤，对需要调整的数据系列进行逐一操作。

需要注意的是，如果需要对调横向和纵向上的所有数据，可以考虑重新排列数据，直接修改源数据的位置，然后重新创建图表。同时，如果图表中有多个数据系列，需要对每一个数据系列进行单独编辑，确保横向和纵向上的数据都正确对应。

ChatGPT答复的意思是我们要进入【选择数据源】对话框，调整图例项和水平轴标签内容，这样的操作过于复杂了，实际上一键就可以完成。

例如，要切换【销售统计表】工作表中图表的行列显示方式，以便用户查看和比较各品牌产品的销售数据，具体操作步骤如下。

第1步 打开"同步学习文件\素材文件\第5章\销售统计表.xlsx"文件，❶选择图表，❷单击【图表设计】选项卡【数据】组中的【切换行/列】按钮，如下图所示。

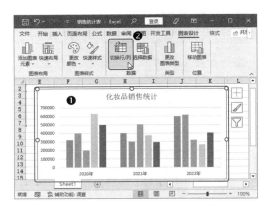

第2步 通过上述操作后，即可切换图表行列显示方式，如右图所示。

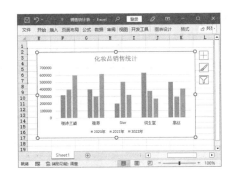

温馨提示

切换行和列，只对图表中行列数据进行切换，并不会对表格中数据源行列造成任何影响。

02 分离饼图扇区

在工作表中创建饼形图表后，所有的数据系列都是一个整体。如果需要突出饼图中的某个扇区代表的数据，具体有哪些方法呢？

提问 想要突出饼图中的某个扇区，可以采取哪些方法呢？

ChatGPT 在Excel中，可以使用以下方法来突出饼图中的某个扇区。

方法一：

1. 选择需要突出的扇区，双击该扇区即可。

2. 此时，该扇区将会"弹出"，与饼图分离一定距离。

3. 注意：如果双击的不是扇区本身，而是扇区间的边框线，则整个饼图将被选择，并没有达到突出某个扇区的目的。

方法二：

1. 选中需要突出的扇区。

2. 在饼图上右击，选择【格式数据系列】选项。

3. 在【格式数据系列】窗格中的【扇区属性】中，可以调整饼图分区的大小，从而达到突出某个扇区的目的。

方法三：

1. 选中需要突出的扇区。

2. 在饼图上右击，选择【突出选项】。

3. 在弹出的菜单中，可以选择【扇区】或【数据标签】来突出特定扇区。

4. 选择【扇区】后，该扇区将会"弹出"，与饼图分离一定距离而显示。

以上方法均可实现突出饼图中的某个扇区的目的，具体选择哪种方法根据具体情况而定。同时，突出某个扇区后，如果需要恢复到原来的状态，可以再次双击该扇区或者在【格式数据系列】窗格中将扇区大小设为100%来实现。

ChatGPT给出了三种方法，但这些方法对应的操作都有误，不过这三种方法还是能给我们提示。例如，要用第一种方法——分离，来实现突出饼图中分扇区的目标，具体操作方法如下。

第1步 打开"同步学习文件\素材文件\第5章\文具销售统计.xlsx"文件，❶在图表中选择要分离的钢笔分类扇区，并在其上右击，❷在弹出的快捷菜单中选择【设置数据点格式】选项，如下图所示。

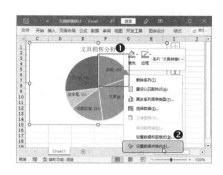

第2步 显示出【设置数据点格式】任务窗格，在【系列选项】栏中拖动【点分离】滑块，调整扇区分离的大小即可，如下图所示。

03 使用图标填充图表数据系列

Excel中提供了很多图标，结合图表和图标可以制作出炫酷的图表效果。例如，对公司各部门员工性别进行分析时，就可以使用男性和女性图标分别填充图表相应的数据系列，使图表更加形象，具体如何操作，我们可以先来问一问ChatGPT。

提问 如何让图表中的数据系列显示为重复的图标？

ChatGPT 在Excel中，可以通过以下方法让图表中的数据系列显示为重复的图标。

1. 先创建一个包含所需数据的图表。

2. 在【设计】选项卡中的【数据】组中，选择【选择数据】选项。

3. 在【选择数据源】对话框中，选择要重复显示的数据系列，如第一个数据系列。

4. 在数据系列列表中，选择要设置的数据系列，如第二个数据系列。

5. 在数据系列下方的编辑区域中右击，在弹出的快捷菜单中选择【系列选项】。

6. 在弹出的【格式数据系列】对话框中，选择【填充】选项卡，在【填充】颜色中选择【图案填充】。

7. 在【图案样式】部分，选择要重复显示的图标，如圆点。

8. 在【图案颜色】中，选择要使用的颜色，如黑色。

9. 完成以上设置后，单击【确定】按钮，返回到【选择数据源】对话框。

10. 可以重复以上步骤，设置其他要重复显示的数据系列。

11. 完成以上设置后，单击【确定】按钮关闭【选择数据源】对话框，保存好对数据系列的设置。

此时，图表中的数据系列将会显示为重复的图标，如多个圆点等。

需要注意的是，以上方法只是一种可行的实现方式，具体的设置和操作步骤可能因Excel版本的不同而略有差异。此外，在进行操作时应该尽量保持数据的一致性和可读性，在实际应用中应该根据不同情况进行灵活的应用。

根据ChatGPT提供的操作步骤可知，操作原理就是对数据系列进行填充格式的设置，然后根据不同版本的Excel进行步骤的微调。在Excel 2021中具体操作方法如下。

第1步 打开"同步学习文件\素材文件\第5章\部门人数分析表.xlsx"文件，单击【插入】选项卡【插图】组中的【图标】按钮，如下图所示。

第2步 打开【图像集】对话框，❶【图标】选项卡中列出了很多图标类型，选择需要的男性和女性图标，❷单击【插入】按钮，如下图所示。

第 5 章
案例实战：人力资源规划管理

第3步 即可在工作表中插入选择的图标，❶选择代表男性的图标，❷单击【图形格式】选项卡【图形样式】组中的【图形填充】按钮，❸在弹出的下拉列表中选择浅蓝色，设置图标颜色为浅蓝色，如下图所示。

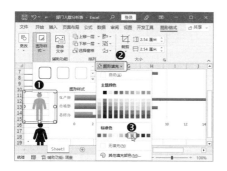

第4步 ❶使用相同的方法设置代表女性的图标的填充颜色为红色，❷复制男性人物图标，❸选择图表中代表男性的数据系列，按【Ctrl+V】组合键粘贴，使用图标填充数据系列，如下图所示。

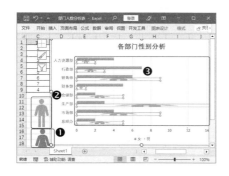

第5步 打开【设置数据系列格式】任务窗格，将填充方式设置为【层叠】，这样人物图标将以正常的比例填充到数据系列中，如下图所示。

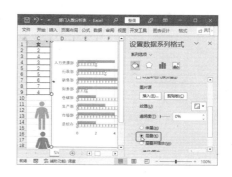

第6步 用同样的方法，将女性图标填充到图表的另外一个数据系列中，调整填充方式为【层叠】，然后将图表调整到合适的大小，图表效果如下图所示。通过人物图标对比，就能清楚地知道各部门男、女人数的差距了。

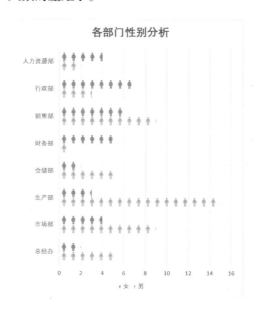

203

Excel

第 6 章

案例实战：员工招聘管理

本章导读

招聘是企业获取人才的主要途径，也是 HR 的一项基础工作。当下的员工招聘并不能像以前那样重复地发布招聘信息、不停地邀约面试，而应该将其视为一项系统工程，根据企业现状进行人力资源管理规划，按规划或各岗位对人员的需求，及时有效地补充人才，而在这个过程中还需要对招聘流程进行安排、预估费用，以及对招聘效果进行评估、判定和分析，及时发现问题，不断优化，让招聘工作更加顺畅高效。本章将通过 ChatGPT 让读者学习和掌握使用 Excel 制作员工招聘管理过程中需要的表格，为 HR 提供参考。

第 6 章
案例实战：员工招聘管理

6.1 使用 ChatGPT 了解员工招聘管理

员工招聘管理是对企业招聘活动的组织、计划和执行过程的管理，其目的是为企业招聘到适合的人才，了解市场上的潜在候选人，提高招聘效率和招聘质量。在学习如何制作相关表格之前，先在ChatGPT的帮助下，了解员工招聘管理工作的基本信息。

6.1.1 了解招聘管理的工作内容

员工招聘的工作内容涉及比较多，需要有专门的人员进行管理和协调，以确保招聘工作的高效性和准确性。所以，在进行员工招聘之前，可以先通过ChatGPT了解招聘管理的具体工作内容。

提问 招聘管理的工作内容有哪些？

ChatGPT 招聘管理的工作内容主要包括以下几个方面。

1. 人力需求分析：企业需要对所要招聘的职位的工作职责、任职要求、薪酬标准等进行详细的分析，制订人力需求规划，为招聘活动提供依据。

2. 招聘渠道选择：通过多种渠道发布招聘信息，如招聘网站、人才市场、内部推荐、广告、招聘会等，覆盖面要广且与所招聘的岗位相符。

3. 简历筛选：经过广泛的招聘信息的发布，企业会收到大量的求职者简历。在面对大量简历的情况下，企业需要对简历进行筛选，评估候选人是否符合所招聘职位的要求。

4. 面试策略：确定面试者名单和面试时间地点，设计面试题目，有针对性地评估求职者的岗位技能和素质特点，了解他们的工作经历和教育背景。有些企业也需要进行岗位能力测试、语言能力测试等。

5. 候选人评价：对面试的候选人进行评价，为候选人评分，综合考虑面试成绩和综合素质，选择最适合的人才加入公司。

6. 背景调查：进行合法的背景调查，了解应聘者家庭背景、个人素质及人际关系等，确保求职者的社会背景和经历符合企业的规定和要求。

7. 聘用协议：签订聘用协议或劳动合同，明确双方的权利和义务，确保聘用过程合法、透明和规范。

8. 入职管理：对招聘成功的员工进行入职培训和入职管理，使员工了解并适应组织文化，缩短适应期，更快速地融入组织并开始工作。

总之，招聘管理的工作内容非常广泛而复杂，需要企业制订科学合理的计划，科学、有效地使用招聘渠道，充分了解求职者，为公司招聘到适合自己的人才，提高企业的核心竞争力。除了以上工作内容，不同企业可能有不同需要，在招聘时应根据实际情况确定具体的行动方案。

在ChatGPT的回答中可以看出，虽然有一些工作内容并不需要专门负责招聘的人员直接参与，但员工招聘工作涉及的方面较多，各部门的工作事项和人才需求均需了解。所以了解招聘管理的工作内容是必要的，这样可以更好地协调各部门之间的工作和人员流动，确保企业员工人人都有用武之地。

6.1.2 制订合理的招聘计划

在开展招聘前，一般已经有明确的招人目标了。制订合理的招聘计划是企业招聘管理的基础，也是提高企业招聘效率和成功率的前提。那么，怎样才能制订出合理的招聘计划？不妨来问ChatGPT的意见。

提问 怎么合理制订招聘计划？

ChatGPT 合理制订招聘计划需要从以下几个方面进行考虑。

1. 分析人力需求：首先，企业需要对招聘职位的工作内容和岗位职责进行仔细的分析，并根据企业发展战略，了解所需要的人员数量、职级及职位的需求特点和限制等，明确招聘目标和人员需求。

2. 制订招聘计划：根据人力需求分析，制订招聘计划，包括招聘渠道和招聘流程等，这包括确定招聘时间、岗位等级和工作范围等，通过相应的渠道发布招聘广告。

3. 招聘评估和数据分析：需要对应聘者的简历进行评估，随后面试中针对简历和职位需求进行提问和评估，筛选出合适的人选，防止人才浪费或存在不必要的岗位空缺。

4. 招聘流程和人员管理：确保招聘流程规范，及时反馈求职者面试结果，帮助求职者更好地了解公司以及公司的文化、发展和职业规划，为求职者提供优质的求职体验。

5. 成果复盘：招聘完成后，进行成果回顾和数据分析，以了解招聘过程中存在的问题，精益求精，完善下一次的招聘计划。

总之，制订合理的招聘计划需要企业对自身的战略发展和市场环境做出准确的把握。同时，应充分利用招聘数据的分析结果，及时修正招聘策略和招聘流程，提高招聘效率和质量。

通过ChatGPT的回答可以看出，制订合理的招聘计划不仅能更好地满足企业发展需求、提高招聘效率和质量，还能避免人力资源浪费、平衡招聘成本和效益，最终提高招聘效率、成功率和人力资源使用效率。所以，HR在制订招聘计划时，应多方考虑，制订出适合本公司的招聘计划。

6.1.3 了解招聘的技巧和注意事项

为了更好地开展招聘工作，我们可以在ChatGPT中搜寻招聘的技巧和注意事项。

提问 招聘的技巧和注意事项有哪些？

ChatGPT 招聘是一个复杂而又烦琐的过程，需要对求职者进行筛选和评估，并提供相关岗位的工作信息。以下是一些招聘时应该掌握的技巧和注意事项。

1.准确的工作需求描述：明确列举每个招聘职位的需求、工作要求、纪律和规定等信息。在发布招聘广告或在招聘网站上发布职位时，应准确且清晰地列举工作职责和技能要求，以吸引更多合适的求职者，更好地筛选合适的员工。

2.选择适当的招聘渠道：企业应该根据不同的工作类型和招聘要求来挑选不同的招聘渠道。应根据实际需求在多种招聘渠道上发布职位信息，以确保得到更多适合的人才。

3.精心筛选简历：对收到的简历要逐一筛选，根据招聘职位要求和所需技能来选择合适的人才。求职者的简历需富有内容，强调个人技能和工作经验，并注明自己的优势和资质。

4.面试技巧：对求职者进行面试时，选择合适的问题和考核指标，应准确了解岗位所需技能，而不是考查求职者的奇技淫巧。应设法了解求职者的生活方式、性格特点及能力素质，考虑求职者的综合素质。

5.工作背景调查：进行好求职者的背景调查可以帮助企业避免风险、防止雇用不适合的员工，同时规范面试的内容和流程。在招聘过程中，注重求职者的诚实和信息的真实性，应通过多种方式进行比对和调查，同时保护自己公司的声誉和利益。

总之，通过科学合理的招聘策略和流程，精选合适、优秀的员工，通过岗位培训和优秀的福利制度使员工不断进步，才是招聘管理的成功之道。

从ChatGPT的回答中得知，在进行员工招聘时，我们需要注意的事项很多，只有在这些方面做到得当，才能更好地为公司和员工服务。同时，需要利用好办公软件整理注意事项文档和相关数据的记录。

接下来，列举几个案例，讲解Excel在员工招聘管理中的实战应用。

6.2 制作招聘费用预算表

🔊 案例背景

企业招聘人才时，并不是简单地在用人部门提交的招聘申请被批准后就可开始招聘，人力资源部门需要提前对招聘过程中可能涉及的招聘费用进行预估，得到相关领导审批后，财务部门才会预支招聘费用，整个招聘活动才能顺利开展。常规的招聘费用包括招聘海报及广告制作费、招聘信息发布费、招聘场地租用费、食宿费、交通费、招聘资料复印打印费等。

由于招聘费用预算表中涉及部分数据计算和数字格式设置，因此本例将使用Excel制作招聘费用预算表，而且直接制作成结果汇报表。制作完成后的效果如下图所示。实例最终效果见"同步学习文件\结果文件\第6章\招聘费用预算表.xlsx"文件。

招聘费用预算表

招聘时间		招聘地点	
招聘部门		招聘负责人	
招聘岗位			
市场营销	5人	助理会计	2人
销售客服	10人	网络维护	1人
发行人员	3人		
合计		21人	
招聘费用预算			
序号	招聘费用项目	预算金额（元）	
1	招聘海报及广告制作费	1200.00	
2	招聘信息发布费	600.00	
3	招聘场地租用费	1800.00	
4	食宿费	200.00	
5	交通费	100.00	
6	招聘资料复印打印费	80.00	
7	其他	200.00	
合计		4180.00	
人力资源总监意见（签字）：			
总经理意见（签字）：			

6.2.1 创建招聘费用预算表

HR在制作招聘费用预算表时，首先要知道招聘的职位、招聘过程中涉及的招聘费用项目，在Excel中列出这些内容，这样制作招聘费用预算表时才会更加顺利。制作招聘费用预算表的具体操作步骤如下。

第1步 ❶新建一个空白工作簿，并将其以"招聘费用预算表"为名进行保存，❷重命名Sheet1工作表名称为"2023年3月"，❸按需输入招聘费用预算表中的各项数据，如下图所示。

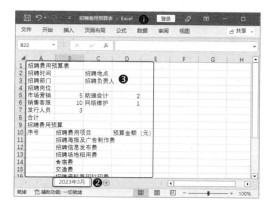

第2步 ❶在A11单元格中输入数字"1"，❷向下拖动填充控制柄至A17单元格，❸此时会在A12:A17单元格区域中填充与A11单元格中相同的数字，单击【自动填充选项】按钮，❹在弹出的下拉列表中选择【填充序列】选项，如右图所示。系统会自动将填充的相同数据更改为序列数据。

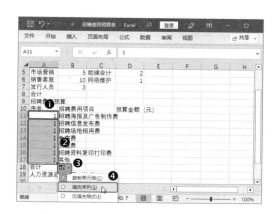

第3步 在D11:D17单元格区域中分别输入各项预算金额，如下图所示。

6.2.2 计算招聘人数和招聘费用

对招聘人数和招聘费用进行计算，可以使审核人员快速了解总共需要招聘的人数和总共需要的招聘费用，以便分析出预算的招聘费用是否合理，具体操作步骤如下。

第1步 在D8单元格中输入计算公式"=B5+D5+B6+D6+B7"，如下图所示，计算出招聘的总人数。

第2步 在D18单元格中输入计算公式"=SUM(D11:D17)",如下图所示,计算出招聘费用的总预算。

6.2.3 设置招聘费用预算表格式

在招聘费用预算表中输入完所有文本内容和数据后,还需要对表格样式进行设置,使制作的表格更加规范。

1. 合并单元格

在招聘费用预算表中,为了更好地表达一些单元格之间的关系,会对一些连续的单元格进行合并,具体操作步骤如下。

第1步 ❶选择A1:D1单元格区域,❷单击【开始】选项卡【对齐方式】组中的【合并后居中】按钮,如下图所示,将选择的单元格区域合并为一个单元格,并且单元格中的文本内容将居中对齐于单元格中。

第2步 使用相同的方法继续合并其他单元格,如下图所示。

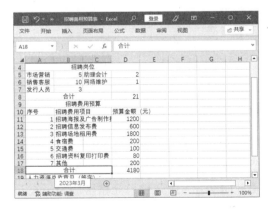

第3步 ❶选择B10:C17单元格区域,❷单击【对齐方式】组中的【合并后居中】下拉按钮,❸在弹出的下拉列表中选择【跨越合并】选项,如下图所示,同时对多行中的单元格进行合并操作。

第6章
案例实战：员工招聘管理

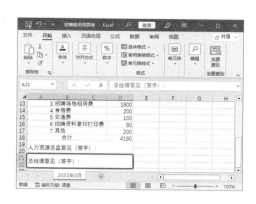

温馨提示
【跨越合并】选项是指将相同行中的多个单元格合并为一个较大的单元格。

第4步 ❶选择A19:D20单元格区域，❷单击【合并后居中】下拉按钮，❸在弹出的下拉列表中选择【合并单元格】选项，将单元格区域合并为一个单元格，如下图所示。

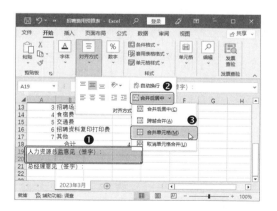

第5步 使用相同的方法合并A21:D22单元格区域，如右图所示。

2. 设置单元格中文本的格式

要想使制作的表格更加美观，可以对单元格中文本的字体格式和对齐方式进行设置。在设置过程中，可以先统一设置大部分单元格都拥有的格式，然后单独选择不同格式的部分进行设置，具体操作步骤如下。

第1步 ❶选择A1单元格，❷在【开始】选项卡【字体】组中将【字体】设置为【华文中宋】，❸【字号】设置为【18】，如下图所示。

第2步 ❶按住【Ctrl】键，同时选择A4和A9单元格，❷在【字体】组中将【字号】

211

设置为【12】,❸单击【字体】组的【加粗】按钮B加粗文本,如下图所示。

第3步 ❶选择需要设置相同对齐方式的单元格区域,❷单击【对齐方式】组中的【居中】按钮≡,如下图所示,使所选单元格中的文本居中对齐于单元格中。

3. 设置数字格式

在招聘费用预算表单元格中输入数据后,Excel会自动识别数据类型并应用相应的数字格式,当自动应用的数字格式不能满足需要时,就需要制作人员对数字格式进行设置了。

例如,本例中需要让人员统计数量的后面自动添加"人",金额数据显示为小数形式,具体操作步骤如下。

第1步 ❶选择招聘人数所在的单元格区域,❷单击【开始】选项卡【数字】组右下角的【对话框启动器】按钮,如下图所示。

第2步 打开【设置单元格格式】对话框,❶默认选择【数字】选项卡,在【分类】列表框中选择【自定义】选项,❷在【类型】文本框中显示的【G/通用格式】文本后面输入单位"人",❸单击【确定】按钮,如下图所示。

第3步 ▶ 返回工作表中，即可看到在所选单元格中的数字后面添加了单位"人"。❶选择D11:D18单元格区域，❷在【开始】选项卡【数字】组中的下拉列表框中选择【数值】选项，如下图所示。所选单元格区域中的数据将以数值格式进行显示。

4. 调整单元格行高和列宽

Excel中单元格的行高和列宽都是默认大小，当单元格中输入的内容较多时，由于受到行高和列宽的限制，单元格中的内容将不能完全显示。要想使单元格中的内容全部显示出来，就需要对默认的单元格行高或列宽进行调整，具体操作步骤如下。

第1步 ▶ ❶选择A1:D22单元格区域，❷单击【开始】选项卡【单元格】组中的【格式】按钮，❸在弹出的下拉列表中选择【行高】选项，如右图所示。

第2步 ▶ 打开【行高】对话框，❶在【行高】数值框中输入行高值"30"，❷单击【确定】按钮，如下图所示。

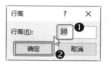

第3步 ▶ 保持单元格区域的选中状态，❶再次单击【单元格】组中的【格式】按钮，❷在弹出的下拉列表中选择【列宽】选项，如下图所示。

第4步 ▶ 打开【列宽】对话框，❶在【列宽】数值框中输入列宽值"20"，❷单击【确定】按钮，如下图所示。

5. 添加边框和取消网格线

默认情况下，Excel中单元格的网格线边框是不会被打印的，如果需要对表格进行打印，那么需要为表格添加边框。取消网格线的显示，可以使表格中的数据更加清晰、直观。所以，表格制作完成后，有些人会习惯性取消网格线的显示。具体操作步骤如下。

第1步 ❶ 选择A2:D22单元格区域，❷ 单击【字体】组中的【边框】下拉按钮，❸ 在弹出的下拉列表中选择【所有框线】选项，如下图所示，为所选单元格区域添加默认的边框线。

第2步 在【视图】选项卡【显示】组中取消选中【网格线】复选框，如下图所示，即可取消网格线的显示。至此完成本例的制作。

> **教您一招：添加自定义的边框**
>
> 除了可在【边框】下拉列表中选择需要的边框线，还可根据需要自定义边框的线条样式、颜色等。其方法是：打开【设置单元格格式】对话框，选择【边框】选项卡，在【样式】列表框中选择需要的边框样式，在【颜色】下拉列表框中选择边框颜色，单击【预置】栏中的按钮设置边框应用的位置，然后单击【确定】按钮即可。

6.3 制作招聘情况分析表

📢 案例背景

招聘作为一项系统工程，其本质上也正在成为一场数据化的战争，HR要想快速完成

第 6 章
案例实战：员工招聘管理

招聘任务，在通过各种渠道发布招聘信息、筛选简历、通知面试时，都要有缜密的数据分析作为后盾。

招聘过程中产生的数据很多，在完成某一个阶段的招聘工作后，HR需要根据招聘数据对这个阶段的招聘情况进行总结分析，如统计招聘环节中各阶段招聘到的人数、招聘的完成率等，以便分析出该阶段招聘的整体情况，在下次招聘时，可根据这次的招聘情况解决原本招聘工作中遇到的问题，以帮助企业在规定时间内招聘到合适的人才。

本例将使用Excel制作招聘情况分析表，对2023年的招聘情况进行分析。制作完成后的效果如下图所示。实例最终效果见"同步学习文件\结果文件\第6章\招聘管理表.xlsx"文件。

招聘	1月	2月	3月	4月	5月	6月	7月	8月	9月	10月	11月	12月
计划招聘	0	2	7	3	8	3	11	1	5	3	3	3
实际招聘	0	1	8	4	8	5	7	1	5	5	0	3
完成率		50%	114%	133%	100%	167%	64%	100%	100%	167%	0%	100%

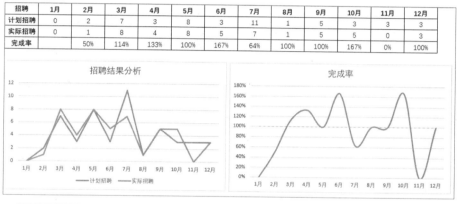

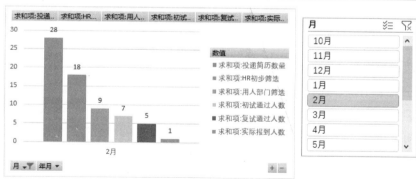

招聘渠道	收到的简历数	有效简历数	简历转化率	录用人数	实际到岗人数	渠道占比	招聘费用	费用比例	人均费用
人人网站	145	52	36%	22	15	32%	¥ 7,200.00	40%	¥ 480.00
好工作网站	146	38	26%	13	10	21%	¥ 4,800.00	27%	¥ 480.00
现场招聘	147	59	40%	25	17	36%	¥ 4,590.00	26%	¥ 270.00
内部推荐	148	8	5%	7	5	11%	¥ 1,400.00	8%	¥ 280.00

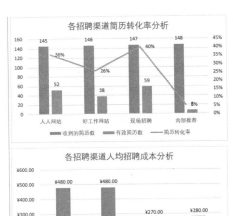
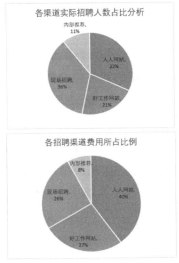

> **温馨提示●**
> HR在对招聘数据进行分析时,需要抓住招聘数据分析的重点。从持续改进的角度来看,可以从以下4个方面来对招聘成果进行分析:招聘结果分析、招聘费用分析、招聘各环节的转化率分析、招聘渠道分析。

6.3.1 对招聘数据进行汇总

招聘涉及数据很多,除了需要对一些比较基础的招聘数据进行记录、汇总,还需要对招聘过程中各个环节的数据进行记录、汇总,如各岗位收到的简历数、HR初选简历数量、用人部门筛选简历数量、初试人数、初试通过人数、复试人数、复试通过人数、通知入职人数、实际报到人数等,这样在对招聘过程进行分析时,才能有数据支撑,具体操作步骤如下。

第1步● 打开"同步学习文件\素材文件\第6章\招聘管理表.xlsx"文件,❶新建一个工作表,并命名为"招聘数据汇总表",

❷在A1:L1单元格区域中输入各项目名称,❸选择A列单元格,❹单击【开始】选项卡【数字】组右下角的【对话框启动器】按钮,如下图所示。

第 6 章
案例实战：员工招聘管理

第2步 ▶ 打开【设置单元格格式】对话框，❶在【分类】列表框中选择【自定义】选项，❷在【类型】文本框中输入"yyyy/m"，❸单击【确定】按钮，如下图所示。

第3步 ▶ ❶选择B列单元格，❷单击【数据】选项卡【数据工具】组中的【数据验证】按钮，如下图所示。

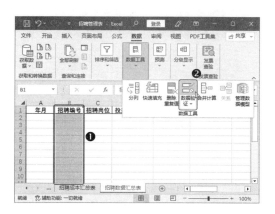

第4步 ▶ 打开【数据验证】对话框，❶在【设置】选项卡的【允许】下拉列表框中选择【序列】选项，❷在【来源】参数框中输入公式"=OFFSET(招聘需求汇总表!$A$1,1,,COUNTA(招聘需求汇总表!$A:$A)-1,)"，如下图所示，利用数据验证为【招聘编号】列设置下拉菜单。

第5步 ▶ ❶选择【出错警告】选项卡，❷在【错误信息】文本框中输入"请在下拉菜单中选择，不要手动输入"，❸单击【确定】按钮，如下图所示，利用数据验证阻止输入下拉菜单中提供选项外的内容。

第6步 ▶ 由于在【应聘人员信息表】和【招聘需求汇总表】中列出了招聘日期和招聘岗位，因此可以直接通过公式查找引用相应的数据。❶在A列中输入招聘年月，

217

❷在B列中选择输入编号，❸在C2单元格中输入公式"=IFERROR(VLOOKUP(B2,招聘需求汇总表!$A:$C,3,0),"")"，❹向下填充公式至C48单元格，如下图所示。

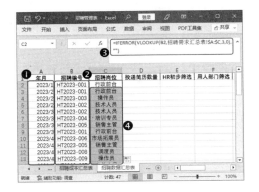

第7步 ❶手动输入D、E、F列中的投递简历数量、HR初步筛选和用人部门筛选数据，❷在G2单元格中输入公式"=SUMPRODUCT((应聘人员信息表!$F$2:$F$158=$B2)*(YEAR(应聘人员信息表!$H$2:$H$158)=YEAR($A2))*(MONTH(应聘人员信息表!$H$2:$H$158)=MONTH($A2))*(应聘人员信息表!$I$2:$I$158="是"))"，❸向下填充公式至G48单元格，统计出初试人数，如下图所示。

温馨提示●
公式"=SUMPRODUCT((应聘人员信息表!$F$2:$F$158=$B2)*(YEAR(应聘人员信息表!$H$2:$H$158)=YEAR($A2))*(MONTH(应聘人员信息表!$H$2:$H$158)=MONTH($A2))*(应聘人员信息表!$I$2:$I$158="是"))"表示员工编号要等于B2单元格中的招聘编号，初试时间年份要等于A2单元格中的年份，月份要等于A2单元格中的月份，参加初试的人数等于区域乘积的和。

第8步 ❶在H2单元格中输入计算公式"=SUMPRODUCT((应聘人员信息表!$F$2:$F$158=$B2)*(YEAR(应聘人员信息表!$H$2:$H$158)=YEAR($A2))*(MONTH(应聘人员信息表!$H$2:$H$158)=MONTH($A2))*(应聘人员信息表!$J$2:$J$158="是"))"，❷向下填充公式至H48单元格，统计初试通过人数，如下图所示。

第9步 ❶在I2单元格中输入计算公式"=SUMPRODUCT((应聘人员信息表!$F$2:$F$158=$B2)*(YEAR(应聘人员信息表!$K$2:$K$158)=YEAR($A2))*(MONTH(应聘人员信息表!$K$2:$K$158)=MONTH($A2))*

(应聘人员信息表!$L$2:$L$158="是"))",❷向下填充公式至I48单元格，统计出复试人数，如下图所示。

第10步❶在J2单元格中输入计算公式"=SUMPRODUCT((应聘人员信息表!$F$2:$F$158=$B2)*(YEAR(应聘人员信息表!$K$2:$K$158)=YEAR($A2))*(MONTH(应聘人员信息表!$K$2:$K$158)=MONTH($A2))*(应聘人员信息表!$M$2:$M$158="是"))"，❷向下填充公式至J48单元格，统计出复试通过人数，如下图所示。

第11步❶在K2单元格中输入计算公式"=SUMPRODUCT((应聘人员信息表!$F$2:$F$158=$B2)*(YEAR(应聘人员信息表!$N$2:$N$158)=YEAR($A2))*(MONTH(应聘人员信息表!$N$2:$N$158)=MONTH($A2)))"，❷向下填充公式至K48单元格，统计出通知入职人数，如下图所示。

第12步❶在L2单元格中输入计算公式"=SUMPRODUCT((应聘人员信息表!$F$2:$F$158=$B2)*(YEAR(应聘人员信息表!$O$2:$O$158)=YEAR($A2))*(MONTH(应聘人员信息表!$O$2:$O$158)=MONTH($A2)))"，❷向下填充公式至L48单元格，统计出实际报到人数，如下图所示。

第13步● ❶选择所有数据区域，添加边框效果，❷单击【开始】选项卡【对齐方式】组中的【居中】按钮，对表格进行适当美化即可，如下图所示。

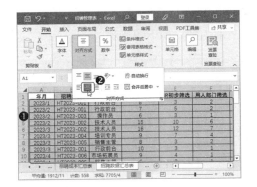

6.3.2 对招聘结果进行统计分析

对招聘结果进行评估时主要是看是否在要求的到岗时间内完成招聘工作，而统计分析可以从计划招聘人数和实际报到人数两方面来展开，它直接反映了招聘工作的完成情况，是检验招聘专员招聘绩效的关键性指标。

招聘结果的分析本质上就是对招聘计划完成率进行分析，其计算公式为：

招聘计划完成率=实际报到人数/计划招聘人数

招聘工作是长期性的，在对招聘结果进行统计分析时，不能按天统计，可以以月为单位来进行统计分析，具体操作步骤如下。

第1步● ❶新建一个工作表，并命名为"招聘结果分析表"，❷在A1:A4和B1:M1单元格区域中输入各项目名称，并对表格进行美化，❸在B2单元格中输入计算公式"=SUMPRODUCT((MONTH(招聘需求汇总表!$G$2:$G$29)=--LEFT(B$1,FIND("月",B$1)-1))*招聘需求汇总表!$D$2:$D$29)"，统计出1月的计划招聘数量，❹向右拖动填充控制柄复制公式至M2单元格，如下图所示。

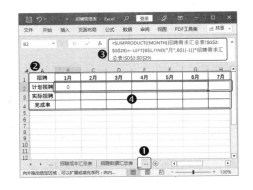

第2步● ❶在B3单元格中输入计算公式"=SUMPRODUCT((MONTH(招聘数据汇总表!$A$2:$A$48)=--LEFT(B$1,FIND("月",B$1)-1))*招聘数据汇总表!$L$2:$L$48)"，统计出1月的实际招聘数量，❷向右拖动填充控制柄复制公式至M3单元格，如下图所示。

第6章
案例实战：员工招聘管理

温馨提示

公式"SUMPRODUCT((MONTH(招聘需求汇总表!$G$2:$G$29)=--LEFT(B$1,FIND("月",B$1)-1))*招聘需求汇总表!$D$2:$D$29)"表示先用FIND函数查找"月"在B1单元格中第一次出现的位置（为2）减去1，结果为1，然后MONTH函数返回的月份要与用LEFT函数提取的数值格式数字相同，最后用SUMPRODUCT函数返回两个数组乘积的和。

第3步 ❶在B4单元格中输入计算公式"=IFERROR(B3/B2,"")"，计算出1月的招聘完成率，❷向右拖动填充控制柄复制公式至M4单元格，如下图所示。

第4步 保持B4:M4单元格区域的选中状态，单击【开始】选项卡【数字】组中的【百分比样式】按钮%，如下图所示。

第5步 ❶选择A1:M3单元格区域，❷单击【插入】选项卡【图表】组中的【插入折线图或面积图】按钮，❸在弹出的下拉列表中选择【折线图】选项，如下图所示。

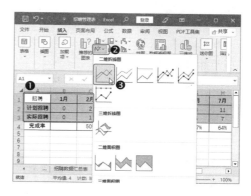

第6步 ❶调整图表大小和位置，❷修改图表标题为"招聘结果分析"，效果如下图所示。

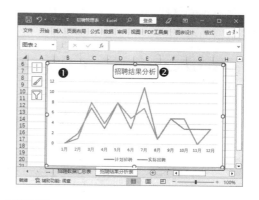

第7步 为了能直观看出实际完成率与规定完成率（100%）之间的差距，可以添加辅助数据，以使图表更直观。❶在B5:M5单元格区域中输入辅助数据"100%"，❷选择A1:M1和A4:M5单元格区域，❸单击【插

221

入】选项卡【图表】组中的【插入折线图或面积图】按钮，❹在弹出的下拉列表中选择【折线图】选项，如下图所示。

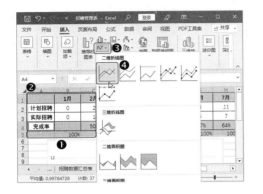

第8步 ❶选择B5:M5单元格区域，❷单击【开始】选项卡【字体】组中的【字体颜色】按钮，❸在弹出的下拉列表中选择【白色】选项，将输入的辅助数据字体颜色设置为白色，如下图所示，这样在表格中就看不到这些数据了，但图表中还是会显示辅助系列。

第9步 ❶修改图表标题为"完成率"，❷选择图表中的图例，按【Delete】键进行删除，如右图所示。

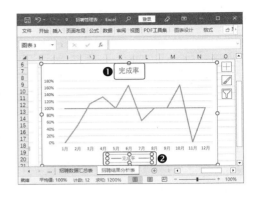

第10步 ❶选择图表，❷单击【图表设计】选项卡【数据】组中的【选择数据】按钮，如下图所示。

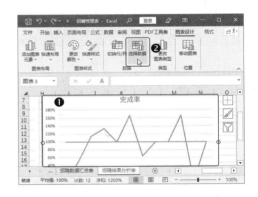

第11步 打开【选择数据源】对话框，❶在【图例项】列表框中选中【完成率】复选框，如下图所示，❷单击列表框上方的【下移】按钮，如下图所示，将【完成率】移动到【空白系列】下方，❸单击【确定】按钮。

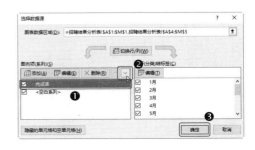

第6章 案例实战：员工招聘管理

第12步● 返回工作表中，可以看到图表中的完成率数据系列将显示在最前方，效果如下图所示。

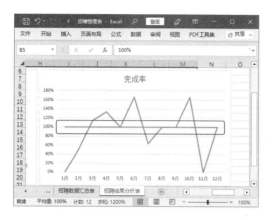

第13步● ❶选择并双击图表中的辅助数据系列，❷在显示出的【设置数据系列格式】任务窗格中单击【填充与线条】按钮，❸设置线条宽度为【1磅】，❹在【短划线类型】下拉列表框中选择【虚线】类型，如下图所示。

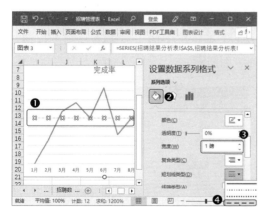

第14步● ❶选择图表中的【完成率】数据系列，❷在【设置数据系列格式】任务窗

格中选中【平滑线】复选框，原来的折线将变成平滑线，效果如下图所示。

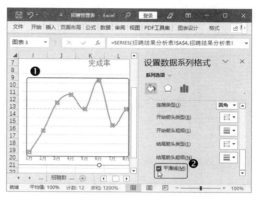

6.3.3 对招聘整个过程进行透视

对招聘过程进行统计分析主要是为了对招聘的各个环节进行把控，有助于招聘效果的提升，而且在下次招聘时，可以根据这次的招聘情况对招聘工作中遇到的问题进行改善，以提高招聘效率。

招聘过程的分析可以从多个角度展开，如根据确切的简历筛选通过率、初试通过率、复试通过率、录用率、报到率等指标来进行分析，也可以通过图示的方法直观展示各环节效果。本例选择使用数据透视表和数据透视图来分析，具体操作步骤如下。

第1步● ❶选择【招聘数据汇总表】工作表，❷选择A1:L48单元格区域，❸单击【插入】选项卡【表格】组中的【数据透视表】按钮，如下图所示。

223

第2步 打开【来自表格或区域的数据透视表】对话框，❶在【表/区域】文本框中确认数据透视表引用的数据区域，❷选中【新工作表】单选按钮，❸单击【确定】按钮，如下图所示。

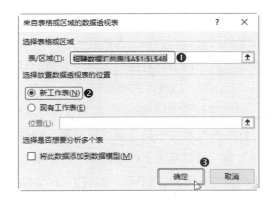

第3步 新建一个Sheet1工作表，并在该工作表中创建一个空白数据透视表。在【数据透视表字段】任务窗格中的列表框中选中【年月】【投递简历数量】【HR初步筛选】【用人部门筛选】【初试通过人数】【复试通过人数】【实际报到人数】【月】复选框，如右图所示。

第4步 创建的数据透视表如下图所示。

> **温馨提示**
> 在【数据透视表字段】任务窗格中字段选中的先后顺序表示在数据透视表中显示的先后顺序，所以，在选择表字段时一定要按需要显示的先后顺序来进行选择。

第5步 ❶选择数据透视表中的任意一个单元格，❷单击【数据透视表分析】选项卡【工具】组中的【数据透视图】按钮，如下图所示。

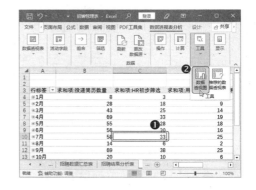

第6章
案例实战：员工招聘管理

第6步 ▶ 打开【插入图表】对话框，❶在左侧选择【柱形图】选项，❷在右侧选择【簇状柱形图】选项，❸单击【确定】按钮，如下图所示。

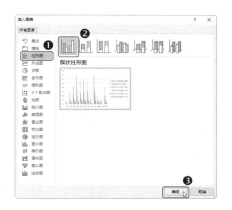

第7步 ▶ 此时，将根据数据透视表中的数据创建一个柱形透视图。❶选择数据透视图，❷单击【数据透视图分析】选项卡【筛选】组中的【插入切片器】按钮，如下图所示。

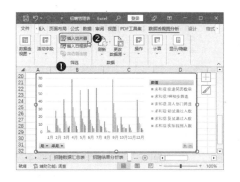

温馨提示 ●

使用切片器可以直观地筛选数据，当只需要对数据透视表或数据透视图中的某部分数据进行查看或分析时，可以使用切片器将其筛选出来。

第8步 ▶ 打开【插入切片器】对话框，❶选择需要筛选出来的字段，这里选中【月】复选框，❷单击【确定】按钮，如下图所示。

第9步 ▶ 在工作表中根据所选字段创建切片器，❶选择数据透视图，将其移动到数据透视表下方，并调整到合适的大小，然后将切片器移动到数据透视图右侧。❷选择切片器中的【12月】选项，数据透视表和数据透视图中将都只显示12月的招聘数据，如下图所示。

第10步 ▶ ❶选择数据透视图，❷单击【设计】选项卡【图表布局】组中的【添加图表元素】按钮，❸在弹出的下拉列表中选

225

择【数据标签】选项，❹在弹出的下级菜单中选择【数据标签外】选项，如下图所示，为数据透视图中的数据系列添加数据标签。

温馨提示

数据透视图也属于图表，所以数据透视图的编辑与美化操作与图表的操作是基本相同的。

第11步 ❶将工作表名称命名为"招聘情况一览图"，❷选择切片器中的其他选项，如选择【2月】选项，可以查看对应月份的招聘数据，如下图所示。

6.3.4 对招聘渠道进行统计分析

对招聘渠道进行统计分析，主要是针对不同渠道投入的招聘费用和产出（有效简历数、到岗人数、人均招聘成本）之间的比值，分析出选用的招聘渠道是否有效，以及哪个招聘渠道效果更好，具体操作步骤如下。

第1步 ❶新建一个工作表，并命名为"招聘渠道统计分析表"，❷设计表格结构，并输入各渠道收到的简历数量，❸在C2单元格中输入公式"=SUMPRODUCT((应聘人员信息表!$E$2:$E$158=A2)*(应聘人员信息表!$I$2:$I$158=0))+SUMPRODUCT((应聘人员信息表!$E$2:$E$158=A2)*(应聘人员信息表!$I$2:$I$158="是"))"，统计出有效简历数，如下图所示。

第2步 在D2单元格中输入公式"=C2/B2"，计算出简历转化率，如下图所示。

第3步 在E2单元格中输入计算公式"=COUNTIFS(应聘人员信息表!$E$2:$E$158,A2,应聘人员信息表!$N$2:$N$158,">0")",统计出录用人数,如下图所示。

第4步 在F2单元格中输入计算公式"=COUNTIFS(应聘人员信息表!$E$2:$E$158,A2,应聘人员信息表!$O$2:$O$158,">0")",统计出实际到岗人数,如下图所示。

第5步 在G2单元格中输入计算公式"=F2/SUM($F$2:$F$5)",计算出该渠道的招聘成功数据占比,如右图所示。

第6步 在H2单元格中输入计算公式"=SUM(招聘成本汇总表!$B$2:$B$13)",统计出招聘费用,如下图所示。

第7步 在I2单元格中输入公式"=H2/SUM($H$2:$H$5)",计算出该渠道的招聘费用占比,如下图所示。

第8步 ▶ 在J2单元格中输入公式"=H2/F2",计算出该渠道人均招聘费用,如下图所示。

第9步 ▶ ❶选择C2:J2单元格区域,❷向下拖动填充控制柄复制公式到C3:J5单元格区域,计算出其他渠道的对应数据,如下图所示。

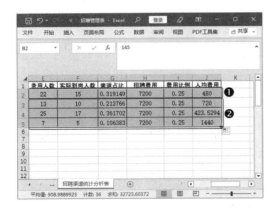

第10步 ▶ ❶选择D2:D5、G2:G5和I2:I5单元格区域,❷单击【开始】选项卡【数字】组中的【百分比样式】按钮,如右图所示。

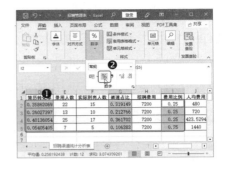

第11步 ▶ ❶选择H2:H5和J2:J5单元格区域,❷单击【开始】选项卡【数字】组中的【会计数字格式】按钮,如下图所示。

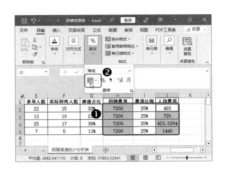

第12步 ▶ 修改H3单元格中的计算公式为"=SUM(招聘成本汇总表!$C$2:$C$13)",修改H4单元格中的公式为"=SUM(招聘成本汇总表!$D$2:$D$13)",修改H5单元格中的公式为"=SUM(招聘成本汇总表!$E$2:$E$13)",如下图所示。

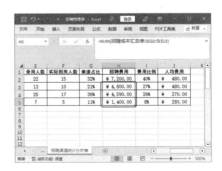

第 6 章
案例实战：员工招聘管理

第13步 ❶选择A1:D5单元格区域，❷单击【插入】选项卡【图表】组中的【推荐的图表】按钮，如下图所示。

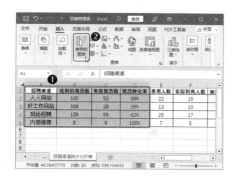

第14步 打开【插入图表】对话框，❶选择推荐的【簇状柱形图+折线图】组合图，❷单击【确定】按钮，如下图所示。

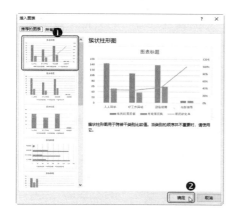

第15步 将图表标题更改为"各招聘渠道简历转化率分析"，❶单击【图表设计】选项卡【图表布局】组中的【添加图表元素】按钮，❷在弹出的下拉列表中选择【数据标签】选项，❸在弹出的下级菜单中选择【数据标签外】选项，为图表中的数据系列添加数据标签，如右图所示，并对图

表的效果进行其他适当设置。

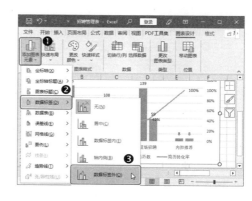

第16步 ❶选择A1:A5和G1:G5单元格区域，❷单击【插入】选项卡【图表】组中的【插入饼图或圆环图】按钮，❸在弹出的下拉列表中选择【饼图】选项，如下图所示。

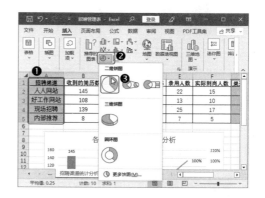

第17步 ❶将图表标题更改为"各渠道实际招聘人数占比分析"，❷添加数据标签并双击，❸在显示出的【设置数据标签格式】任务窗格中的【标签选项】选项卡下单击【标签选项】按钮，❹在【标签选项】栏中选中【类别名称】复选框，❺选择图例并删除，如下图所示。

229

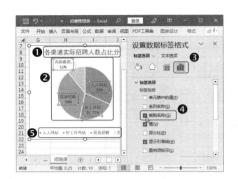

第18步 ❶选择A1:A5和J1:J5单元格区域,❷单击【插入】选项卡【图表】组中的【推荐的图表】按钮,如下图所示。

第19步 打开【插入图表】对话框,❶选择推荐的簇状柱形图,❷单击【确定】按钮,如下图所示。

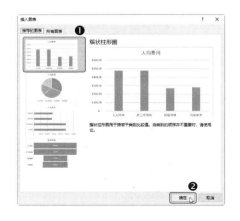

第20步 ❶修改图表标题,❷对图表进行适当的美化,最终效果如下图所示。

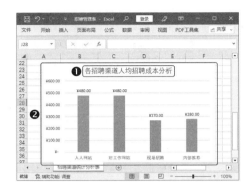

第21步 选择A1:A5和I1:I5单元格区域,创建饼图,分析各招聘渠道费用所占比例,❶修改图表标题为"各招聘渠道费用所占比例",❷添加数据标签,删除图例,对图表进行适当的美化,效果如下图所示。

> **教您一招:快速制作相同样式的图表**
>
> 如果要为不同的数据创建相同样式的图表,可以在创建好其中一个图表后,复制图表并修改图表数据源来快速完成。只需要选择图表,单击【图表设计】选项卡中的【选择数据】按钮即可。

AI 答疑与点拨

通过对前面知识的学习，相信读者已经了解员工招聘管理过程中常见表格的制作方法，在进行招聘时，一定要收集好招聘的相关数据，并及时进行数据管理和分析，这样才能为改进和提升工作质量提供重要的数据依据。此外，在招聘数据统计与分析时涉及很多招聘指标，我们必须掌握这些指标的计算方法，才能快速分析出结果。下面结合本章内容，让ChatGPT为读者介绍一些工作中的实用经验与技巧，以帮助HR更好地利用Excel完成员工招聘管理事务。

01 一键就能把"0"值显示成小横线

在统计人力资源数据时，有时一列中的某些单元格是空白的，而另一些单元格的值为"0"，如果将所有值都显示成数字，可能会让读者混淆哪些单元格已被填充，哪些是空白的。如果将"0"值显示出来，也会让读者重点关注这些"0"值。此时，可以将值为"0"的单元格显示成小横线，来强调它们的含义。下面先来问一问ChatGPT怎么设置。

提问 如何把表格中的"0"值显示成小横线？

ChatGPT 在Excel中，将表格中的"0"值显示成小横线可以使用以下方法。

方法一：

1. 选中需要修改的单元格，或者选中整个表格。

2. 右击，选择【格式单元格】选项。

3. 在弹出的【格式单元格】对话框中，选择【数字】选项卡。

4. 在【分类】列表中，选择【自定义】。

5. 在【类型】框中，输入"_(* #,##0.00_);_(* (#,##0.00);_;_(@_)"，然后单击【确定】按钮。

6. 这时，"0"值将会显示成小横线。

方法二：

1. 选中需要修改的单元格，或者选中整个表格。

2. 在【开始】选项卡中的【数字】组中，单击下拉箭头。

3. 在下拉列表中，选择【更多数字格式】。

4. 在弹出的【格式单元格】对话框中，选择【自定义】。

5. 在"类型"框中，输入"_(* #,##0.00_);_(* (#,##0.00);_;_(@_)"，然后单击【确定】按钮。

6. 这时，"0"值将会显示成小横线。

需要注意的是，以上方法对选定单元格或表格中的所有"0"值生效。在某些情况下，可以通过条件格式等方法针对特定的单元格或区域进行自定义显示。另外，在针对纯数字的表格时，这种格式化可能会影响数据计算，应该在相应的计算验证后才能使其生效。

可以看到，ChatGPT给出的两种方法其实是一种方法，就是通过自定义数字格式来完成的，只是有两种打开【设置单元格格式】对话框的方法。实际上有更简单的方法，通过千位分隔样式，可以一键将"0"值显示成小横线，具体操作步骤如下。

第1步 ▶ 打开"同步学习文件\素材文件\第6章\业务员销售业绩统计表.xlsx"文件，❶选择E2:H16单元格区域，❷单击【开始】选项卡【数字】组中的【千位分隔样式】按钮 ，如下图所示。

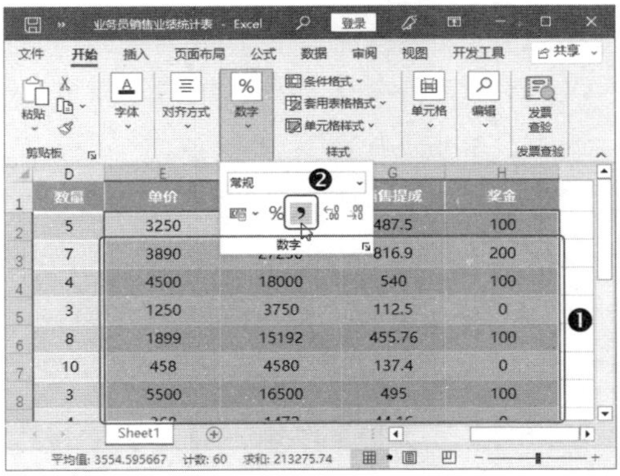

第2步 ▶ 此时所选单元格区域中的"0"值就变成了小横线，效果如右图所示。

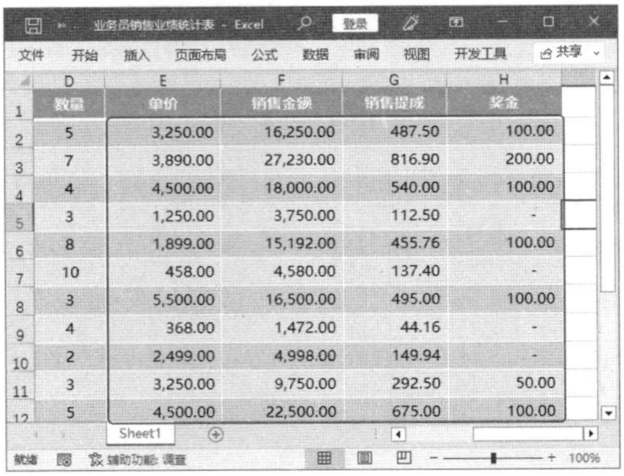

温馨提示 ●

为数据设置千位分隔样式后，不仅会将"0"值显示为"-"，还会将所选单元格区域的数字格式设置为【会计专用】。

02 在单元格内创建微型图表

表格单元格中的数据可以帮助分析者清楚了解具体数值的大小，图表数据可以帮助分析者直观了解数据概况。如果既想了解具体数值，又要求查看数据概况，那就要使用迷你图了。下面通过ChatGPT来了解一下迷你图。

提问 请介绍一下迷你图及其使用方法。

ChatGPT 迷你图是一种小型、简洁的图表，适用于展示单一的趋势或变化。相对于大型的图表，迷你图更省空间，同时读者也更容易理解其含义，因此在数据量大且需要突出趋势的情况下得到了广泛应用。以下是迷你图的

第6章
案例实战：员工招聘管理

使用方法。

1. 在Excel中，选择生成迷你图的数据区域，包括横轴和纵轴，先在【插入】选项卡选择【迷你图】，然后选择所需的迷你图类型。Excel提供了多种迷你图类型，包括线形、柱状、面积、点状等，用户可以根据需要自行选择。

2. 选择【迷你图】后，Excel会自动生成一个小型图表，并将其嵌入所选区域所在的单元格中。此时，用户可以对图表进行进一步的设置，包括调整颜色、样式，添加数据标签等。

3. 在快速分析工具栏中，可以快速添加、删除或更改迷你图所需的数据区域，并修改图表类型，简化了迷你图的编辑过程。

4. 在实际应用中，可以将多个迷你图放在同一工作表中，通过排序、筛选等操作来查看和比较不同的趋势。此外，也可以将迷你图作为独立的工作表或嵌入演示文稿中，以便更好地展示数据和趋势。

需要注意的是，虽然迷你图的设计简单，但为了展示准确的趋势，数据的选择和格式设置应该仔细考虑。此外，迷你图虽然可以在多种应用场景中使用，但其主要适用于单一的趋势和变化，不适合用于复杂的数据分析或多元变量分析。

根据ChatGPT的解释，我们可以得知迷你图是Excel中提供的微型图表工具，可以在单元格中绘制图表。它虽然是微型的，但具有图表的大多数功能。下面举例讲解在单元格中插入折线图类型迷你图的具体操作方法。

第1步 打开"同步学习文件\素材文件\第6章\销售业绩.xlsx"文件，❶选择要显示迷你图的E3单元格，❷在【插入】选项卡的【迷你图】组中单击要插入的迷你图类型，这里单击【折线】按钮，如下图所示。

第2步 ❶打开【创建迷你图】对话框，在【数据范围】参数框中设置迷你图的数据源，这里选择B3:D3单元格区域，❷单击【确定】按钮，如下图所示。

> **温馨提示**
> 迷你图通常用于在数据表内对一系列数值的变化趋势进行标识，如季节性增加或减少、经济周期，或者突出显示最大值和最小值。

第3步 返回工作表，可看见当前单元格创建了迷你图，向下拖动填充控制柄至E10单元格，即可制作出其他迷你图，效果如下图所示。可以看到复制的迷你图和公式一样，其中的单元格引用会自动进行变更，从而得到每个对应数据区域的迷你图。

第4步 保持单元格区域的选择状态，在【迷你图】选项卡的【显示】组中选中【高点】复选框，让每个迷你图的最高点数据都标记出来，如下图所示。

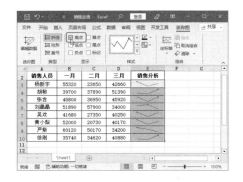

03 让系统辅助你检查公式错误

在使用公式函数进行计算时，难免会出现编写失误的情况，导致返回错误值，如#VALUE!、#NA、#NAME?等，这些错误值分别是什么原因导致的呢？我们来问一问ChatGPT。

提问 公式函数返回的错误值有哪些？它们分别是什么原因导致的？

ChatGPT 在使用Excel中的函数时，如果输入的参数不正确，或者计算结果出现错误，就会返回错误值。以下是常见的Excel函数返回的错误值及其原因。

1．#VALUE!：这是最常见的错误值，通常是函数中输入的参数不正确导致的。例如，如果函数的参数不是数值类型，则会返回此错误值。

2．#REF!：当函数中引用了一个无效的单元格或区域时，就会返回此错误值。通常情况下，这是由于插入列或行、删除单元格等操作导致的。

3．#DIV/0!：除以零错误，即当函数的某个参数或计算结果为零时出现的错误。例如，在除法函数中分母为零时会返回此错误值。

4．#NUM!：这是由于函数计算结果太大或太小而导致的错误。例如，在计算指数函数中，如果幂的值过大或过小，则会返回此错误值。

5. #NAME?：当函数或命名区域不存在时，会返回此错误值。例如，如果将函数或区域名称拼写错误，则会返回此错误值。

6. #NULL!：在引用区域时，当两个区域之间没有任何交集时，会返回此错误值。

7. #N/A：函数无法找到要求的信息或者有数据缺失时会返回此错误值。

需要注意的是，这里列出的错误值只是Excel函数可能返回的一部分，不同的函数可能还存在其他错误值。为了避免让函数返回错误值，应该仔细检查函数的所有参数，并按照函数的要求正确输入参数。此外，在使用复杂函数和较大数据量时，也应该谨慎处理以避免出现错误。

ChatGPT给出了错误值出现的最常见原因，根据这些提示我们可以判断出一部分错误值出现的原因并进行修改。如果遇到了不能直接看出问题的情况，HR还可借助Excel的公式错误检查功能检查计算错误。

第1步 打开"同步学习文件\素材文件\第6章\绩效报告.xlsx"文件，❶选择【业绩报表】工作表中包含错误值"#VALUE!"的D16单元格，❷单击【公式】选项卡【公式审核】组中的【错误检查】按钮，如右图所示。

第2步 打开【错误检查】对话框，在其中显示了检查到的第一处错误，单击【显示计算步骤】按钮，如下图所示。

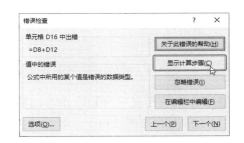

> **温馨提示**
> 在【错误检查】对话框中单击【关于此错误的帮助】按钮，在计算机正常连接网络的情况下，将打开Office帮助中心该错误的帮助界面，在其中可看到该错误的相关解决方法。

第3步 打开【公式求值】对话框，在【求值】文本框中可以看出该单元格中的数据不是数字，而是带有单位的文本。找出了问题所在，可单击【关闭】按钮，如下图所示。

第4步 返回【错误检查】对话框,单击【在编辑栏中编辑】按钮,如下图所示。

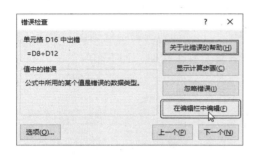

第5步 在工作表中分别将参与计算的D8、D12单元格中的单位文本删除,只保留金额数字,如右图所示。

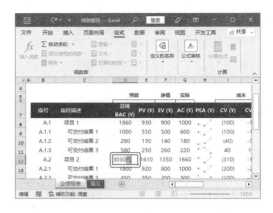

第6步 按【Enter】键,即可计算出正确的结果,如下图所示。

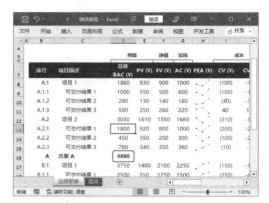

第 7 章

案例实战：员工面试与录用管理

本章导读

企业只要有招聘，就离不开面试与录用这两个过程。对于规范化的企业来说，招聘、面试和录用都有一套完整的章程。为了让面试工作开展得更加顺畅、高效，制作企业内部的面试登记表、评估表、录用登记表就显得非常重要。这些表格由于需要分发，用于收集信息，因此会制作成结果汇总表格，但是为了后期的数据分析，又最好制作成数据源表格，对所有相关数据进行汇总。本章将通过ChatGPT让读者学习面试与录用管理的基础知识，再通过制作面试和录用过程中常用到的结果汇总表，学习使用Excel制作员工面试与录用管理常用表格的方法，使HR的面试与录用工作更加顺利。

7.1 使用 ChatGPT 了解员工面试与录用管理

员工面试与录用管理都是招聘管理中非常重要的内容，而且用到Excel的地方比较多，本书将其单独罗列为一章来讲解。在具体讲解相关操作之前，让我们先跟着ChatGPT来了解一下员工面试与录用管理的基础知识。

7.1.1 面试人员必备的能力

面试是员工是否进入企业的最后一步甄选，面试人员需要通过针对性的提问和对应聘者的整体印象进行评估，了解其工作技能、领导能力、团队协作能力和对公司文化的适应性等方面的信息。那么，什么样的面试人员才能在短时间内做出更加精准的识人判断呢，下面通过ChatGPT来了解面试人员需要具备哪些能力。

提问 面试人员必备的能力有哪些？

ChatGPT 面试人员在进行招聘的过程中，需要具备以下几种能力。

1. 沟通能力：面试人员必须具备良好的沟通能力，熟练运用语言、形态、肢体语言等多种交流方式，与求职者进行有效沟通，了解其背景、经历和能力。

2. 技能评估能力：面试人员需要对求职者具备的相关技能和技术能力有深入了解和判断，并运用各种评估手段评估求职者各方面的能力水平。

3. 问题分析能力：面试人员应该具备分析和解决实际问题的能力，选择合适的问题进行提问，以了解求职者是否具备相关的技能、经验和素质，是否符合招聘要求和公司标准。

4. 队伍协作能力：面试人员应该具备良好的团队协作精神，紧密合作并共享信息，及时反馈问题和解决方案，共同确定有效的面试流程和招聘标准。

5. 应变能力：面试人员应该具备处理各种突发事件的应变能力，如对求职者所说经历的真实性和可靠性进行判断。

总之，面试人员需要具备一系列的能力和素质，如与人的交流能力、技能评估能力、问题分析能力、团队合作能力和应变能力等，以确保招聘过程的规范性和有效性，通过合适的人才引入填补企业战略发展所需的人才空缺。

从ChatGPT的反馈得知，面试人员作为企业筛选人才的一个关卡，需要具备各种能力来识别和录用对企业有用的人力资源，以确保企业的发展和人力资源的充分利用。

7.1.2 面试官在面试前的准备工作

了解了面试人员需要掌握的技能，接下来可以再了解一下面试官在面试前需要做哪些准备工作。

> **提问** 面试官在面试前需要做哪些准备工作？

ChatGPT 作为面试官，在面试前，需要进行以下准备工作。

1. 仔细研读求职者的简历和申请材料，熟悉其教育背景、工作经验和技能特长等，并了解候选人对公司的认识和立场。

2. 根据求职者申请的职位以及公司的需求，确定面试问题和考核指标，并列出需要关注的求职者的相关技能和素质等。

3. 面试官对自己的评估标准和招聘标准要有清晰的认识，确定面试的目的和方式，以及招聘岗位的开放时间。

4. 掌握面试流程、地点、时间、面试环境、人力资源招聘政策等有关信息，以及提前准备好问答模板等相关材料。

5. 确保面试官公正、平等对待每个求职者，避免偏见和歧视，提高整个面试过程的透明度和公正性。

6. 尊重求职者的隐私和权利，如果面试问题涉及保密内容，在面试前要先与求职者进行沟通，避免泄密。

7. 对求职者的提问要充分考虑到问题的客观性，从各种角度考查求职者的实际能力，避免偏见和掺杂个人情感。

总之，在进行面试之前，要进行必要的准备工作，了解招聘岗位及招聘公司的需求和标准，明确面试过程中的重点和考核要求，遵循招聘政策，并通过合适的面试流程和评估方式，准确、公正地评估求职者的能力和技能是否达到招聘标准。

从以上回复可知，面试官在面试前要做很多准备工作，在ChatGPT的提醒下，可以让HR做好各项准备，轻松应对每一场面试考核。

7.1.3 面试与录用过程中数据的记录要点

面试与录用过程中需要记录的数据很多，只有在一开始就注意收集相关信息，才能在后期进行数据整理和分析时把握好招聘进程和招聘质量，及时发现问题，调整和优化招聘策略，吸引和引导更多的人才流向企业，提高企业的招聘效率和招聘质量。下面让ChatGPT来为我们讲解面试与录用过程中记录数据的要点有哪些。

> **提问** 面试与录用过程中数据的记录要点有哪些？

ChatGPT 在面试与录用过程中，对于相关的数据和信息，需要进行必要的记录，以便于后续做出招聘决策和对相关问题的排查。以下是面试和录用过程中记录数据的要点。

1.求职者的基本信息：姓名、联系方式、教育背景、工作经验、专业技能等。

2.面试数据记录：面试日期、面试官、面试问题、面试答案、面试评估、面试评分等。

3.背景调查数据记录：个人信息、员工工作历史、技能等信息和调查结果、处理意见等。

4.录用数据记录：招聘岗位、工作内容、薪酬、福利、待遇、实习条件、协议签署、试用期决定等信息。

5.招聘数据分析记录：招聘时限、求职者数量、成功录用率、应答时间、背景调查处理时间等数据信息。

以上是面试和录用过程中一些需要记录的数据要点，需要注意的是，记录要点应根据企业实际情况进行规划和落实。而且，为了保护求职者的个人信息和企业的行业机密，要注意信息的保密工作。招聘管理并不仅仅是完成一次面试与录用，更多的是对面试数据的调查、收集、统计、分析，以完善和优化组织管理结构，建立合理的人员配置机制。

看到了ChatGPT给出的数据收集建议，结合自己的需求就可以分类收集相关数据了，主要包括求职者基本信息、面试记录、背景调查数据记录，以及录用数据记录等。对这些数据进行加工后就可以制作出招聘进程表、面试评估表、录用决策表、员工雇用跟踪表、招聘趋势分析报告等文件。

接下来，列举几个案例，讲解Excel在员工面试与录用管理中的实战应用。

7.2 制作面试评估表

📢 案例背景

对应聘人员进行面试是招聘专员的常态化工作，面试评估是每次必做的重要工作，可以在事后对面试过程进行再现。面试评估表的形式多种多样，常见的有两种：文档报告式和列表式。本例将制作一份文档报告式的面试评估表，制作完成后的效果如下图所示。实例最终效果见"同步学习文件\结果文件\第7章\面试评估表.xlsx"文件。

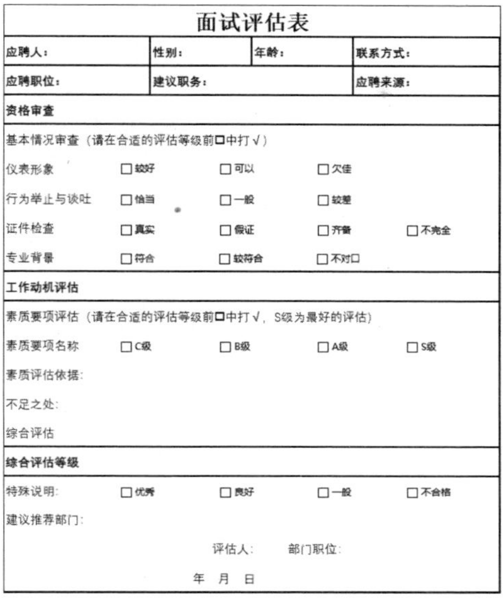

第 7 章
案例实战：员工面试与录用管理

7.2.1 创建面试评价表

文档报告式面试评估表相对于列表式评估表来说简单一些，只需要几步就能将制作完成，其具体操作步骤如下。

第1步 ❶新建一个空白工作簿并将其以"面试评估表"为名进行保存，❷在表格中根据需要记录的内容输入相应的数据，如下图所示。

第2步 ❶双击A5单元格进入编辑状态，将文本插入点定位在"前"和"中"两个字之间，❷单击【插入】选项卡【符号】组中的【符号】按钮，如下图所示。

第3步 打开【符号】对话框，❶在【字体】下拉列表框中选择【Wingdings】选项，❷在下方选择正方形符号，❸单击【插入】按钮，即可在文本插入点处插入选择

241

的正方形符号，❹单击【关闭】按钮，可关闭对话框，如下图所示。

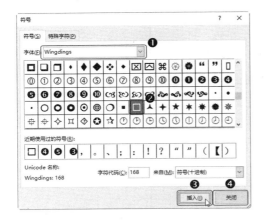

第4步 ❶选择刚刚插入的正方形符号，按【Ctrl+C】组合键进行复制，❷双击A11单元格进入编辑状态，将文本插入点定位在"前"和"中"两个字之间，按【Ctrl+V】组合键粘贴复制的正方形符号，如下图所示。由于A11单元格中的字体设置为【等线】，因此复制的正方形符号显示为引号。

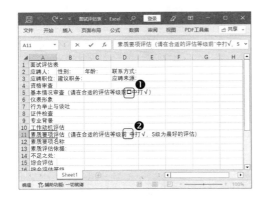

第5步 ❶选择复制得到的引号，❷在【开始】选项卡【字体】组中的【字体】下拉列表框中输入"Wingdings"，按【Enter

键确定使用该字体样式，此时选择的引号就显示成正方形符号了，如下图所示。

> **教您一招：解决插入符号变样问题**
>
> 一些时候读者会发现，插入的符号到表格中马上变成了其他样式，这是因为表格中的字体与插入的符号的字体不一样，这时，只需将符号所在的字体更改为【Wingdings】字体就可以了。

第6步 ❶选择A1:D1单元格区域，单击【合并后居中】按钮，将其合并成A1单元格，❷保持A1单元格的选中状态，在【开始】选项卡中设置字体、字号、字形分别为【宋体】【20】【加粗】，❸手动调整该行的行高到合适高度，如下图所示。

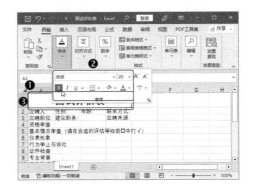

第7步 ▶ 手动调整A列、B列、C列、D列的列宽到合适宽度，如下图所示。

7.2.2 美化面试评价表

面试评估表作为结果汇总表格，不仅要有内容，也需要注意美观。下面手动对其进行格式设置，具体操作步骤如下。

第1步 ▶ ❶按住【Ctrl】键，同时选择A2:D3、A4、A10、A15单元格，❷单击【开始】选项卡【字体】组中的【加粗】按钮 B，如下图所示。

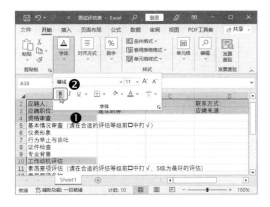

第2步 ▶ ❶选择A2:D20单元格区域，❷单击【开始】选项卡【字体】组中的【下框线】下拉按钮 ，❸在弹出的下拉列表中选择【粗外侧框线】选项，添加外边框线条，如下图所示。

第3步 ▶ ❶单击边框线下拉按钮，❷在弹出的下拉列表中选择【线型】选项，❸在弹出的下级菜单中选择较粗的线条选项，如下图所示。

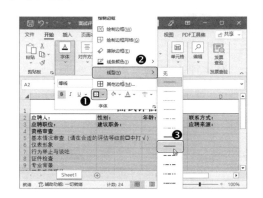

第4步 ▶ 此时鼠标指针变成 ⌀ 形状，在第2行和第3行之间拖动鼠标绘制黑色直线线条，如下图所示。

第5步 ▶ 以同样的方法在表格中绘制其他直线，如下图所示。

第6步 ▶ ❶选择第2～20行，并在其上右击，❷在弹出的快捷菜单中选择【行高】选项，如右图所示。

第7步 ▶ 打开【行高】对话框，❶设置【行高】为【28】，❷单击【确定】按钮，如下图所示，系统自动按指定数值调整行高。

7.2.3 用控件制作评估项

办公无纸化越来越普遍，因此，我们制作的面试评估表，也可以考虑直接在Excel中进行评估项目的选择，这就涉及控件的使用。

提供表格中的问题答案时，我们一般会用到"单选按钮"和"复选框"控件。当问题只能选择一个答案时，用"单选按钮"控件；当一个问题可以选择多个答案时，用"复选框"控件。

下面将使用窗体控件制作面试评估表中的多个答案选项，具体操作步骤如下：

第1步 ▶ ❶打开【Excel 选项】对话框，

选择【自定义功能区】选项卡，❷在右侧的列表框中选中【开发工具】复选框，❸单击【确定】按钮，如下图所示。

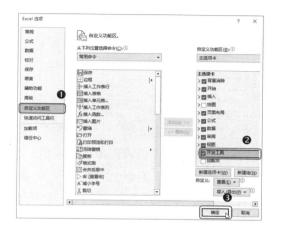

第2步 ❶单击显示出的【开发工具】选项卡【控件】组中的【插入】下拉按钮，❷在弹出的下拉列表中选择【复选框】控件，如下图所示。

第3步 ❶在表格中第6行单元格的合适位置拖动鼠标绘制复选框，并在其上右击，❷在弹出的快捷菜单中选择【编辑文字】选项，如右图所示。

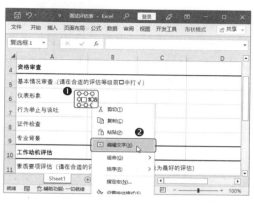

第4步 进入复选框控件名称编辑状态，❶删除原有的名称内容，输入"较好"，如下图所示，❷单击表格中其他任意位置退出文本编辑状态。

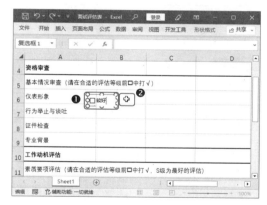

> **温馨提示**
>
> 在Excel中，控件又分为窗体控件和ActiveX控件两类。窗体控件只能在工作表中使用，只能通过设置控件格式和指定宏来使用它；而ActiveX控件不仅可以在工作表中使用，还可以在VBE编辑器用户窗体中使用，同时可对控件的属性，如字体、字号等进行设置。相对于窗体控件，ActiveX控件更灵活，但其操作方法基本类似。

第5步 ▶ 在控件上右击（单击左键不能正常选择控件，会直接将复选框选中）将其选中，按【Ctrl+C】组合键进行复制，按【Ctrl+V】组合键进行粘贴，进入名称编辑状态修改复选框控件名称为"可以"，如下图所示。

第6步 ▶ 通过复制粘贴的方法制作其他评估选项，完成后的效果如下图所示。

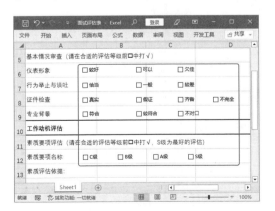

教您一招：完全显示控件自定义名称

复选框控件中，若是输入的名称较长，如在3个字以上，可能就无法显示，这时可通过拖动控件右侧文本框的宽度来解决，如

下图所示。

第7步 ▶ ❶选择【仪表形象】对应的3个复选框选项（按住【Ctrl】键，依次右击进行选择），❷单击【形状格式】选项卡【排列】组中的【对齐】按钮，❸在弹出的下拉列表中选择【垂直居中】选项，让选择的3个复选框控件在垂直方向上居中对齐，如下图所示。

第8步 ▶ 保持【仪表形象】对应的3个复选框的选择状态，❶单击【对齐】按钮，❷在弹出的下拉列表中选择【横向分布】选项，让选择的3个复选框控件在水平方向上相距相等，如下图所示。

第 7 章
案例实战：员工面试与录用管理

第9步 ❶选择第一列中需要左对齐的复选框控件，❷单击【对齐】按钮，❸在弹出的下拉列表中选择【左对齐】选项，让选择的复选框控件以第一个复选框的左侧为准对齐，如下图所示。

第10步 以同样的方法将表格中复选框控件以指定方式对齐，让整个评估选项整齐规范，如下图所示。

第11步 ❶单击【开始】选项卡【编辑】组中的【查找和选择】下拉按钮，❷在弹出的下拉列表中选择【选择对象】选项，如下图所示。

第12步 在表格中拖动鼠标选择所有的复选框控件，如下图所示。

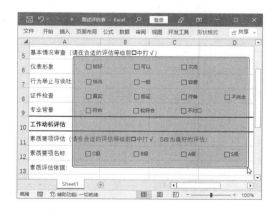

第13步 ❶单击【形状格式】选项卡【排列】组中的【组合】按钮，❷在弹出的下拉列表中选择【组合】选项，如下图所示，将所有复选框控件组合在一起。

247

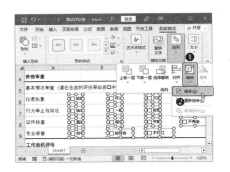

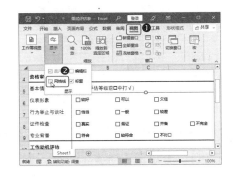

第14步 ❶选择【视图】选项卡，❷在【显示】组中取消选中【网格线】复选框，隐藏表格中的网格线，完成表格制作，如下图所示。

7.3 制作录用登记表

案例背景

通过公司面试甄选，人力资源部门将向招聘岗位最终确定的候选人发出录用通知。从候选人入职到员工转正期间的入职手续办理、试用期管理和转正考核是人力资源部门的重点工作。企业在这个环节中都会准备录用登记表，一般是两份：一份由入职人员填写、一份由用人单位或用人部门填写。用人单位或部门填写的录用登记表与职工填写的录用登记表共同构成一份完整的录用登记表，用于备案。

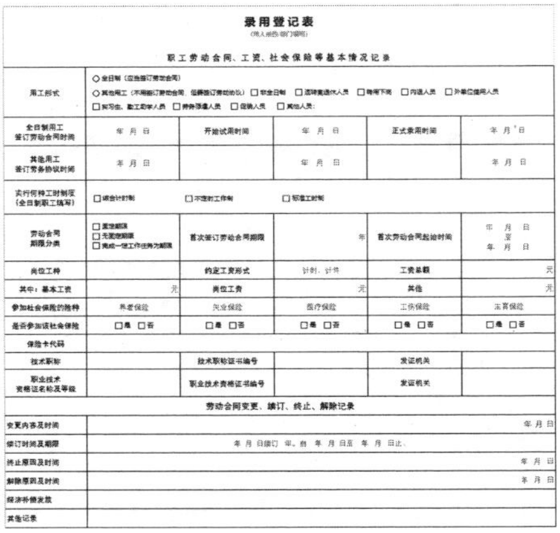

本例将制作一份完整的录用登记表，制作完成后的效果如下图所示。实例最终效果见“同步学习文件\结果文件\第7章\员工录用登记表.xlsx”文件。

录用登记表

部门：　　岗位：　　入职时间：　年　月　日

姓 名		性别		婚否	
文化程度		政治面貌		民族	
技术等级或职称		岗位工种		户籍种类（户口性质）	
身份证件		证件号码		技术等级或职称证号码	
户籍所在地住址	省 市 县	家庭电话			
现详细住址	区 街道 社区	联系电话（手机）			
用工形式	○全日制； ○其他用工：□非全日制 □返聘离退休人员 □聘用下岗、内退人员 □外单位借用人员 □实习生、勤工助学人员 □劳务派遣人员 □促销人员 □其他人员				
工作简历	工作起止时间	工作单位名称	工作部门	离职原因	
主要家庭成员情况	关系	姓名	所在工作单位名称	联系电话	
职工意见	以上填写内容属实，如有虚假，愿依法承担责任。				
填表人：	年 月 日				

录用登记表

[illegible]

职工劳动合同、工资、社会保险等基本情况记录

用工形式	○全日制（应当签订劳动合同） ○其他用工（不用签订劳动合同，但需签订劳动协议）□非全日制 □返聘离退休人员 □聘用下岗 □内退人员 □外单位借用人员 □实习生、勤工助学人员 □劳务派遣人员 □促销人员 □其他人员：				
全日制用工签订劳动合同时间	年 月 日	开始试用时间	年 月 日	正式录用时间	年 月 日
其他用工签订劳务协议时间	年 月 日		年 月 日		年 月 日
实行何种工时制度（全日制职工填写）	□综合计时制　□不定时工作制　□标准工时制				
劳动合同期限分类	□固定期限 □无固定期限 □完成一定工作任务为期限	首次签订劳动合同期限	年	首次劳动合同起始时间	年 月 日 至 年 月 日
岗位工种		约定工资形式	计时、计件	工资总额	元
其中：基本工资	元	岗位工资	元	其他	元
参加社会保险的险种	养老保险	失业保险	医疗保险	工伤保险	生育保险
是否参加该社会保险	□是 □否	□是 □否	□是 □否	□是 □否	□是 □否
保险卡代码					
技术职称		技术职称证书编号		发证机关	
职业技术资格证名称及等级		职业技术资格证书编号		发证机关	
劳动合同变更、续订、终止、解除记录					
变更内容及时间	年 月 日				
续订时间及期限	年 月 日续订 年，自 年 月 日至 年 月 日止。				
终止原因及时间	年 月 日				
解除原因及时间	年 月 日				
经济补偿发放					
其他记录					

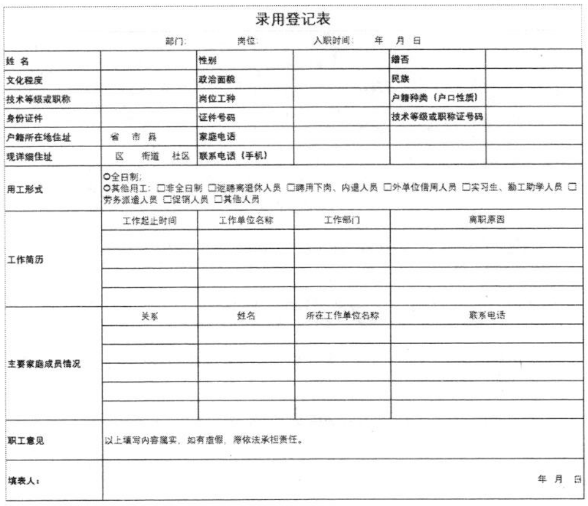

7.3.1 制作员工填写的录用登记表

员工填写的录用登记表，需要员工手动填写，也就是在纸质登记表上填写。所以，HR在制作时，只需考虑打印后的效果，不用考虑直接在电子表格中填写的情况。

1．制作表格整体结构

员工填写的录用登记表字段结构较为清晰简单，只需要几步操作就能轻松实现。

第1步 ❶新建空白工作簿，并将其以"员工录用登记表"为名进行保存，❷在表格中输入录用登记的关键字段数据，如下图所示。

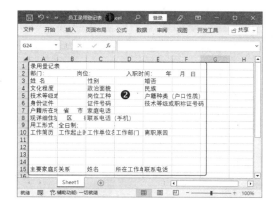

第2步 ❶选择A～F列并在其上右击，❷在弹出的快捷菜单中选择【列宽】选项，如右图所示。

第3步 打开【列宽】对话框，❶设置【列宽】为【19】，❷单击【确定】按钮，如下图所示。

第4步 保持列的选择状态，在【开始】选项卡中设置【字体】为【Time New Roman】，如下图所示。

第5步 ❶选择第1～22行并在其上右击，❷在弹出的快捷菜单中选择【行高】，如下图所示。

第6步 ▶ 打开【行高】对话框，❶设置【行高】为【24】，❷单击【确定】按钮，如下图所示。

第7步 ▶ 选择A1:F1单元格区域，如下图所示。

第8步 ▶ ❶按【Ctrl+1】组合键打开【设置单元格格式】对话框，❷选择【对齐】选项卡，❸在【水平对齐】下拉列表框中选择【居中】选项，❹在【文本控制】栏中选中【合并单元格】复选框，如右图所示。

> **温馨提示** ●
>
> 在Excel中，单元格中的数据垂直对齐方式默认为垂直居中对齐。

第9步 ▶ ❶选择【字体】选项卡，❷在【字形】列表框中选择【加粗】选项，❸在【字号】列表框中选择【18】选项，❹单击【确定】按钮，如下图所示。

第7章
案例实战：员工面试与录用管理

第10步 将鼠标指针移到第1～2行的交界处，当鼠标指针变成 ✥ 形状时，按住鼠标左键拖动调整第一行的行高，如下图所示，保证单元格中的内容正常显示并与边框有一定的空白距离即可。

第11步 用同样的方法手动调整第21行和第22行的行高，如下图所示。

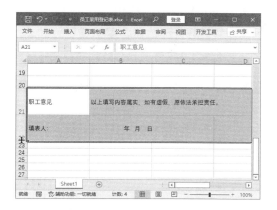

第12步 ❶按住【Ctrl】键，选择A2:F2、B9:F9、A10:A20单元格区域，❷单击【开始】选项卡【对齐方式】组中的【合并后居中】按钮，如右图所示。

第13步 ❶选择B9单元格，❷单击【对齐方式】组中的【自动换行】按钮，允许单元格中数据以多行显示，如下图所示。

第14步 ❶手动调整第9行的行高到合适高度，❷选择B9单元格，❸单击【左对齐】按钮 ≡，如下图所示，让单元格中的数据左对齐。

251

2. 插入符号作为选项

在录用登记表中可以提供一些备选项，员工只需要进行勾选就可以快速完成作答，如可以让其了解自己录用的形式。由于是打印后的选项，不用直接在计算机或其他设备上进行选择，因此这里的选项可以直接用圆形或正方形的符号充当，具体操作步骤如下。

第1步 ▶ 将光标定位在B9单元格的"其他用工"文本前，如下图所示，按【Alt+Enter】组合键进行分行。

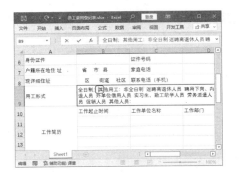

第2步 ▶ ❶在B9单元格中将文本插入点定位在"全日制"文本之前，❷单击【插入】选项卡【符号】组中的【符号】按钮，如下图所示。

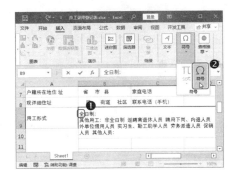

第3步 ▶ 打开【符号】对话框，❶在【字体】下拉列表框中选择【Wingdings】选项，❷选择【圆形】选项，❸单击【插入】按钮，❹单击【关闭】按钮，如下图所示。

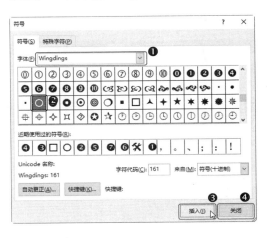

第4步 ▶ ❶在目标位置成功插入圆形符号，选择它并按【Ctrl+C】组合键复制，❷将光标定位在"其他用工"文本前，按【Ctrl+V】组合键粘贴，默认显示为"i"，如下图所示。

第5步 ▶ ❶选择"i"，❷在【开始】选项卡的【字体】下拉列表框中输入"Wingdings"，

按【Enter】键确定应用该字体，"i"变成圆形，如下图所示。

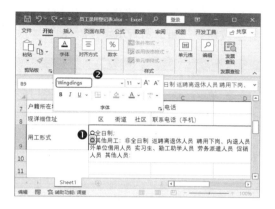

第6步 以同样的方法在B9单元格中插入需要的正方形符号，作为其他用工的选项，完成后的效果如下图所示。

3. 完善表格

经过前面的操作，已完成录用人员填写的录用登记表的框架制作，下面对表格中的细节进行完善，具体操作步骤如下。

第1步 ❶按住【Ctrl】键，同时选择A3:A22、C3:C8、E3:E6单元格区域，❷单击【开始】选项卡【对齐方式】组中的【左对齐】按钮，❸单击【字体】组中的【加粗】按钮，如下图所示，让小标题类的文本加粗显示。

第2步 ❶选择E10:F10单元格区域，❷单击【合并后居中】按钮，合并单元格并水平居中对齐，如下图所示。

第3步 保持E10单元格的选择状态，单击【开始】选项卡【剪贴板】组中的【格式刷】按钮，如下图所示。

第4步 ▶ 拖动鼠标选择E11:F20单元格区域，如下图所示，系统自动按E10与F10单元格的合并方式进行合并。

第5步 ▶ ❶按住【Ctrl】键，同时选择B10:D10、B15:D15单元格区域，❷单击【居中】按钮，如下图所示。

第6步 ▶ ❶选择B22:F22单元格区域，❷单击【合并后居中】按钮，❸保持合并后的B22单元格的选择状态，单击【右对齐】按钮，如下图所示。

第7步 ▶ ❶选择A3:F22单元格区域，❷单击【开始】选项卡【字体】组中【下框线】下拉按钮，❸在弹出的下拉列表中选择【所有框线】选项，如下图所示。

第8步 ▶ ❶将工作表名称更改为"员工填写"，❷单击【审阅】选项卡【保护】组中的【保护工作表】按钮，如下图所示。

第 7 章
案例实战：员工面试与录用管理

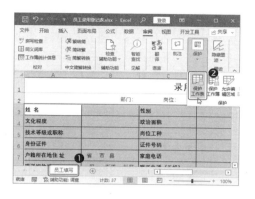

第9步 打开【保护工作表】对话框，❶在文本框中输入密码"123456"，❷在列表框中选中所有的复选框，❸单击【确定】按钮，如下图所示。

第10步 打开【确认密码】对话框，❶在文本框中再次输入设置的密码"123456"，❷单击【确定】按钮完成工作表的保护，如下图所示。完成当前整个表格制作与设计的操作。

7.3.2 制作用人单位填写的录用登记表

用人单位填写的录用登记表需要考虑到两种情况：一是打印填写，二是在计算机和其他设备中填写。所以，其与员工填写的录用登记表最明显的区别是单选按钮、复选框等用于提供选项的部分需要具备真正的选择功能。

1. 制作可供选择的录用项表格

要让表格中的选项可直接进行选择，需要使用单选按钮和复选框控件，具体操作步骤如下。

第1步 ❶单击工作表标签栏中的【新工作表】按钮⊕，新建空白工作表，❷重命名工作表名称为"用人单位、部门填写"，❸在表格中输入关键数据，如下图所示。

第2步 按照员工填写的录用登记表的制作方法，设置当前录用登记表的样式，完成后的效果如下图所示。

255

> **温馨提示**
>
> 表格中的副标题，相对于正标题，字号必须小一些，具体小多少没有硬性规定，完全根据制表者个人的习惯。如本例中副标题"（用人单位/部门填写）"的字号必须小于正标题"录用登记表"。
>
> 表格中的括号，用于补充、解释和说明时，必须是中文状态下输入，不能是英文状态下输入的半角括号。

第3步 ❶选择A1单元格，❷单击【开始】选项卡【对齐方式】组中的【自动换行】按钮，如下图所示。

第4步 ❶双击A1单元格进入编辑状态，将光标定位在"录用登记表"文本最后，按【Alt+Enter】组合键分行，输入"（用人单位/部门填写）"，❷选择输入的文字，在【字体】组中设置字体颜色为红色（起到明显的标识作用）、字号为9，单击【加粗】按钮，如下图所示。

第5步 ❶单击【开发工具】选项卡【控件】组中的【插入】下拉按钮，❷在弹出的下拉列表中选择【单选按钮】控件，如下图所示。

第6步 ❶在B3单元格中绘制单选按钮并在其上右击，❷在弹出的快捷菜单中选择【编辑文字】选项，如下图所示。

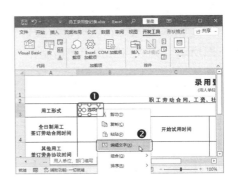

第7章 案例实战：员工面试与录用管理

第7步 ❶进入单选按钮控件名称编辑状态，删除原有的名称内容，输入"全日制（应当签订劳动合同）"，❷将鼠标指针移动到单选按钮的控制框上，当鼠标指针变成 ⇔ 形状时，按住鼠标左键不放进行拖动，直到输入的文字全部显示出来，然后释放鼠标，如下图所示。

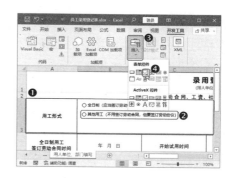

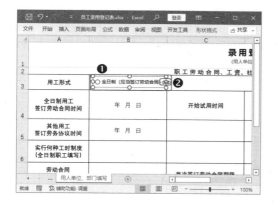

温馨提示

在调整控件宽度时，最好让控件宽度与文本内容宽度相当，以方便多个控件的选择和其他操作。

第8步 ❶调整第3行的高度，以便在B3单元格中添加选项，❷复制制作的单选按钮控件并粘贴，修改其中的文字为"其他用工（不用签订劳动合同，但要签订劳务协议）"，❸单击【开发工具】选项卡【控件】组中的【插入】下拉按钮，❹在弹出的下拉列表中选择【复选框】控件，如右图所示。

第9步 在B3单元格中的合适位置绘制复选框控件，输入对应的名称并调整控件的宽度，显示全部文本，如下图所示。

第10步 通过复制和修改文本内容制作出其他选项的控件，完成后的效果如下图所示。

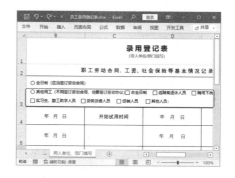

2. 完善表格

要让表格更加美观，让用人单位或部

257

门填写录用登记信息时不容易出错，需要对表格进行完善，对表格中的控件进行对齐和组合设置，具体操作步骤如下。

第1步 ❶单击【开始】选项卡【编辑】组中的【查找和选择】下拉按钮，❷在弹出的下拉列表中选择【选择对象】选项，如下图所示。

第2步 ❶拖动鼠标框选B3单元格中第2行的所有控件，❷单击【形状格式】选项卡【排列】组中的【对齐】下拉按钮，❸在弹出的下拉列表中选择【垂直居中】选项，让选择的控件在垂直方向上居中对齐，如下图所示。

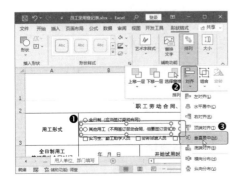

第3步 使用相同的方法对B3单元格中第3行的所有控件设置垂直居中对齐，❶拖动鼠标框选B7单元格中的所有控件，❷单击【对齐】下拉按钮，❸在弹出的下拉列表中选择【左对齐】选项，如下图所示。

第4步 以同样的方法将其他成组的控件对象对齐，如左对齐、垂直居中、横向分布等，❶拖动鼠标框选表格中所有的控件对象，❷单击【形状格式】选项卡【排列】组中的【组合】下拉按钮，❸在弹出的下拉列表中选择【组合】选项，如下图所示。

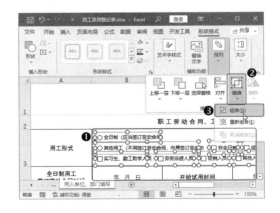

第7章
案例实战：员工面试与录用管理

> **第5步** ❶选择B6:F6单元格区域，❷单击【合并后居中】按钮，合并单元格，如下图所示。

AI 答疑与点拨

通过对前面知识的学习，相信读者朋友已经了解员工面试和录用管理过程中常见表格的制作方法。这类表格的制作方法大体相同，用到的知识点也大致类似，只是制作思路、先后顺序及功能实现的途径不一样。下面结合本章内容，让ChatGPT为读者介绍一些工作中的实用经验与技巧，以帮助HR提高制作此类表格的效率，或是解答一些操作上的疑惑。

01 如何用嵌入式的 ActiveX 控件

本章在讲解案例时使用的是表单控件，从截图中可以看到Excel中还提供了ActiveX控件，这类控件如何使用呢？我们先让ChatGPT来进行介绍。

提问 介绍 Excel 中控件的分类和使用方法。

ChatGPT Excel中的控件主要可以分为表单控件和ActiveX控件两类。

1. 表单控件：表单控件是Excel内置的一类控件，可以在【开发工具】选项卡的【插入】组中找到。它们是基于Excel表格单元格的控件，可以轻松地将输入文字制作的控件附加到工作表中的单元格上。

常见的表单控件包括如下组成部分。

文本框：用于在单元格中输入或显示文本。

标签：用于标识文本或图像。

259

按钮：在单元格中添加一个按钮，用于触发某种操作。

复选框：用于启用或禁用某个选项。

下拉列表框：在单元格中添加一个下拉选项框，用户可以从预定义列表中选择。

2. ActiveX控件：ActiveX控件是一种更强大、功能更多的控件，通常用于创建更复杂的自定义用户界面，包括对话框、标签页、工具条等。在【开发工具】选项卡的【插入工具】组中，可以找到【Active X控件】菜单。

常见的ActiveX控件包括如下组成部分。

组合框：允许用户从预定义列表中选择，也可以从列表中输入自定义值。

列表框：用于显示和选择单个或多个列表项。

图像框：在单元格中添加图像，也可以使用VBA代码在运行时动态更改图像。

日期选择器：通过日期选择器，用户可以轻松选择日期。

富文本框：允许用户输入和格式化富文本。

无论是表单控件还是ActiveX控件，它们都可以帮助Excel用户轻松实现数据输入和处理，提高工作效率和数据处理精度。在应用时需要根据具体的需求选择相应的控件类型，然后利用VBA等技术进一步定制或扩展它们。

ChatGPT的介绍比较模糊，实际上表单控件更适合在表格中直接使用；ActiveX控件更适合在窗体（用VBA代码控制的界面）中应用。但这不是绝对的，我们仍然可以将ActiveX控件直接用于表格中。

例如，要在【用人单位、部门填写】工作表中插入嵌入式的ActiveX控件，完善表格，具体操作步骤如下。

第1步 ▶ 打开"同步学习文件\素材文件\第7章\员工录用登记表2.xlsx"文件，❶单击【开发工具】选项卡【控件】组中的【插入】按钮，❷在弹出的下拉列表的【ActiveX控件】栏中选择需要的控件选项，如这里选择【复选框（ActiveX控件）】选项，如下图所示。

第2步 ▶ ❶在目标位置拖动鼠标绘制复选框控件，并在其上右击，❷在弹出的快捷菜单中选择【复选框 对象】选项，❸在弹出的下级菜单中选择【编辑】选项，如下图所示。

第7章 案例实战：员工面试与录用管理

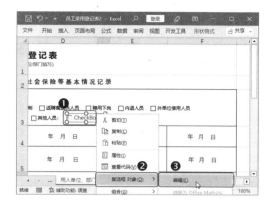

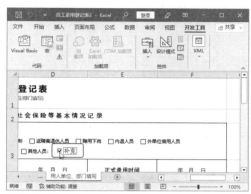

第3步 ❶进入ActiveX控件的编辑状态，删除原有的名称，输入需要显示的名称。❷单击【开发工具】选项卡【控件】组中的【设计模式】按钮，退出ActiveX控件的编辑状态，如下图所示。

教您一招：进入ActiveX控件编辑状态

选择ActiveX控件后，单击【开发工具】选项卡【控件】组中的【设计模式】按钮，可以进入或退出ActiveX控件编辑状态。当该按钮高亮显示时，表示进入了ActiveX控件编辑状态。

第4步 在ActiveX控件上单击进行选择或取消选择，如右图所示。

02 编辑嵌入式ActiveX控件的显示效果

嵌入表格的ActiveX控件显示效果都是采用的默认效果，还能通过设置进行美化吗？具体的设置方法是什么？ChatGPT可以告诉我们答案。

提问 如何编辑嵌入式ActiveX控件的显示效果？

ChatGPT 在Excel中，可以通过嵌入式ActiveX控件实现自定义用户界面。要编辑这些控件的显示效果，可以按照以下步骤进行操作。

1. 选择要编辑的ActiveX控件。在Excel中，可以通过【控件工具】选项卡上的工具栏或右击并选择【格式控件】来访问控件属性。

2. 在控件属性对话框中选择【外观】选项卡。该选项卡列出了一些控件显示效果方面的设置，如背景颜色、边框样式、字体等。

261

3. 单击【字体】按钮可以更改控件的字体属性。通过调整字体、字体大小、字体颜色等可以获得不同的显示效果。

4. 单击【颜色】按钮可以更改控件的颜色属性。可以设置背景色、前景色、字体颜色等。

5. 根据需要，可以设置控件的边框样式、填充色、透明度、旋转角度等属性。

6. 单击【预览】按钮可以查看控件效果的实际呈现效果。

需要注意的是，不同的ActiveX控件可能具有不同的属性和效果，且在编辑过程中调整控件属性的同时可能会更改控件的功能，因此在编辑过程中需要特别小心。此外，如果需要在运行时更改控件的外观效果，可以使用VBA代码等技术来实现，并将其绑定到特定的事件或条件上。

根据ChatGPT的提示，我们得知可以对嵌入表格的ActiveX控件的外观和名称文本格式进行设置，基本上是通过【属性】对话框来实现的。

下面接着上个案例，对插入的ActiveX控件的显示效果进行设置，大致操作步骤如下：

第1步 ❶单击【开发工具】选项卡中的【设计模式】按钮，❷在需要设置效果的ActiveX控件上右击，❸在弹出的快捷菜单中选择【属性】选项，如下图所示。

第2步 打开【属性】对话框，❶单击【ForeColor】文本框后的下拉按钮，❷在弹出的面板中选择【调色板】选项卡，❸在拾色器中单击需要的色块，如下图所示，即可为ActiveX控件中的文本设置字体颜色。

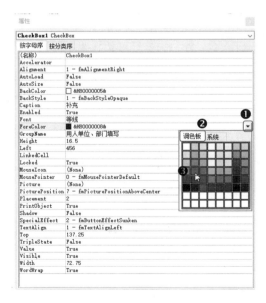

第3步 在【Font】文本框上双击，如下图所示。

第7章 案例实战：员工面试与录用管理

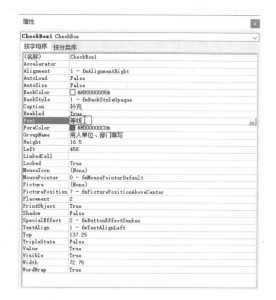

第4步 打开【字体】对话框，❶在对应的位置设置字体、字形、字号或效果，❷单击【确定】按钮，如下图所示。

第5步 返回【属性】对话框中，单击【关闭】按钮关闭对话框，如右图所示。

第6步 返回工作表中即可看到设置ActiveX控件格式后的效果，如下图所示。最后单击【开发工具】选项卡中的【设计模式】按钮，退出ActiveX控件编辑状态，结束操作。

03 设置控件的默认选中状态

单选按钮控件、复选框控件有选中状

263

态和未选中状态两种形式。创建好的控件默认都显示为未选中状态，除了手动进行选中外，我们也可以指定控件的默认状态为选中状态。具体如何操作，我们可以先来问一问ChatGPT。

提问 如何设置单选按钮控件和复选框控件的默认选择状态？

ChatGPT 在Excel中，可以使用单选按钮和复选框控件来实现数据输入和处理。为了更好地管理这些控件，有时需要设置它们的默认选择状态。下面是在Excel中设置单选按钮和复选框控件的默认选择状态的方法。

1. 设置单选按钮控件的默认选择状态的方法如下。

第一种方法：通过在工具栏中选择单选按钮控件并绘制单选按钮后，将其与相应的单元格绑定。在绑定后，可以在单元格中输入或选择一个预定义的单选按钮选项，该选项将被设置为默认选中状态。

第二种方法：在【控件工具】选项卡的【MyOptionButtons】下找到单选按钮组的名称。选择组名称后，可以设置按钮的预选值为True，即可将单选按钮设置为默认选中状态。

2. 设置复选框控件的默认选择状态的方法如下。

第一种方法：通过在工具栏中选择复选框控件并绘制复选框后，将其与相应的单元格绑定。当复选框与单元格绑定后，可以将单元格的值设置为True或False，以指示该复选框是否应为默认选择状态。

第二种方法：在【控件工具】选项卡中找到复选框控件并选择，然后在【属性设置】中将预选框选中或取消选中，以设置其默认选择状态。

需要注意的是，在设置控件的默认选择状态时，必须确保该控件与一个单元格绑定，只有当单元格的值设置正确时，该控件的默认选择状态才能被正确的显示。此外，在更改控件的默认选择状态时，用户通常也应该更新相关的工作表和数据处理功能以确保其准确性和完整性。

根据ChatGPT的提示，我们得知单选按钮和复选框控件的设置方法不一样。下面在【员工录用登记表2】工作表中对两种控件的设置方法进行演示。

1. 设置单选按钮控件的默认选择状态

为单选按钮设置默认选择状态的具体操作步骤如下。

第1步 ❶在需要设置默认选择状态的表单控件上右击，❷在弹出的快捷菜单中选择【设置控件格式】选项，如下图所示。

第7章
案例实战：员工面试与录用管理

第1步 ❶单击【开发工具】选项卡中的【设计模式】按钮，❷在需要设置默认选择状态的ActiveX控件上右击，❸在弹出的快捷菜单中选择【属性】选项，如下图所示。

第2步 打开【设置控件格式】对话框，❶选择【控制】选项卡，❷选中【已选择】或是【未选择】单选按钮，设置控件的默认选择状态，这里选中【已选择】单选按钮，❸单击【确定】按钮，如下图所示。返回工作表中即可看到所选控件显示为选中状态了。

第2步 打开【属性】对话框，❶在【Value】文本框中输入"True"（表示默认选择）或"False"（表示默认不选择），设置ActiveX控件的默认选择状态，这里输入"False"，❷单击【关闭】按钮，如下图所示。

2. 设置ActiveX控件的默认选择状态

为ActiveX控件设置默认选择状态的具体操作步骤如下。

265

第3步 返回工作表中即可看到所选控件显示为未选中状态了，如下图所示。

Excel

第 8 章

案例实战：员工培训管理

> **本章导读**
>
> 员工培训是现代企业人力资源管理中必不可少的一项，是对员工进行有目的、有计划的培养和训练的管理活动，能使员工的知识、技能得到提升，从而提高其思想水平和行为能力。在本章中我们将会通过 ChatGPT 来学习员工培训管理的基础知识，再通过案例的方式来学习使用 Excel 高效制作和设计培训管理中需要使用的表格的相关操作，帮助大家提升工作效率。

8.1 使用 ChatGPT 了解员工培训管理

员工培训管理是企业管理的重要组成部分，它涉及培训内容的策划、培训过程的组织管理，以及培训后的效果评估等方面。其主要目的是提升员工的职业素质和技能水平，使其更好地适应企业的发展需求，提升企业的核心竞争力。下面借助ChatGPT进一步了解员工培训管理的基础知识。

8.1.1 员工培训的意义

现在稍微大一些的企业都会对员工进行培训，员工进行有效的培训肯定是受益方，对于企业来说，开展员工培训有哪些好处？我们来问一问ChatGPT，进行员工培训的意义到底有哪些。

> **提问** 为什么要进行员工培训？
>
> **ChatGPT** 员工培训是企业管理的重要组成部分，它对于企业的长远发展和保持有竞争力的地位至关重要。以下是进行员工培训的几个重要原因。
>
> 1. 提升员工的职业素质和技能水平。员工是企业发展的基础和核心，员工拥有更好的职业素质和技能水平对于企业的竞争力和发展至关重要，通过培训可以帮助员工提升自身素质和技能水平，更好地适应企业需要。
>
> 2. 帮助企业发现、培养和留住人才。培训计划可以根据员工的特长和潜力来确定，通过对员工的培训和发掘，可以为企业培养更多的核心人才，留住企业的关键员工，提高员工的忠诚度和归属感。
>
> 3. 促进企业的创新和发展。通过培训，员工可以了解最新的技术、行业趋势和市场状况，帮助企业做出更明智的决策，推动企业的发展。
>
> 4. 提高员工的工作满意度和工作效率。员工的工作满意度和工作效率直接影响到企业的生产效益，通过培训，可以让员工了解自己的工作职责，提高工作满意度和工作热情。
>
> 综上所述，员工培训是对企业和员工双方都有益的，不仅可以提升企业的竞争力和发展潜力，还可以提高员工的职业素质和技能水平，同时也有助于员工和企业的共同发展。

由此可知，培训做好了是一件双赢的事情，既可以帮助员工实现自我价值，提高员工的工作效率，还可以提高员工综合能力，提升企业的核心竞争力，对企业的长远发展具有重要的战略意义。因此，有效的员工培训管理对企业而言是至关重要的。

8.1.2 了解员工培训管理的工作内容

对员工进行培训的意义重大，接下来我们可以通过ChatGPT了解具体如何开展员工培训。

提问 员工培训管理的工作内容包括哪些？

ChatGPT 员工培训管理的工作内容主要包括以下几方面。

1. 培训需求分析：了解企业的业务需要和员工的技能短板，发现员工培训的需求，为制订培训计划提供依据。

2. 培训计划制订：依据培训需求分析结果，将培训计划分解为不同的培训项目，确定培训的目标和内容，制作培训时间表和课程大纲。

3. 培训组织与实施：对于制订好的培训计划，需要安排具体的培训课程和师资力量，并对培训过程进行管理，确保培训的顺利进行。

4. 培训反馈和评估：对于培训的效果进行分析和总结，了解培训的实施情况，对培训的成果进行评估，提出合理化建议。

5. 培训档案管理：建立员工培训档案和电子档案，对培训的相关信息进行录入和存储，以备后续查阅和分析。

6. 学习支持与辅导：为员工提供培训课程的配套资料、学习工具、在线学习支持等帮助，以支持他们的自主学习和自我提升。

员工培训的管理工作需要全面而系统地进行规划和实施，涉及多个方面，只有充分完成这些工作任务，才能确保培训的质量和效果，为企业的发展提供人才保障。

从以上回复可知，员工培训工作并非小事，一次性就能完成，它是一个项目，执行过程中既要对培训的组织、安排、实施进行检查，也要对员工的培训意愿、学习效果等进行分析和评估。

8.1.3 制作培训安排表的方法

对员工进行培训的内容很多，可以是企业的基础理念、产品知识、工作岗位的基础知识或技能技巧，也可以是职业素养、思维能力等。一般情况下，企业会制作培训安排表对整个培训项目进行全面规划。这类表格如何制作呢？我们可以向ChatGPT寻求帮助。

提问 如何制作培训安排表？

ChatGPT 下面是制作培训安排表的方法。

1. 确定时间：首先要确定培训的时间，根据培训计划和培训内容来确定培训的起止时间和学习时间段。

2. 确定培训目标和内容：根据员工的工作岗位和职责，以及公司的商业计划，确定相应的培训需求和目标。根据培训目标，确定培训内容。员工需要掌握什么知识，学会哪些技能，这些都需要在培训计划中列出。

3. 制定课程大纲：针对培训内容，制定相应的课程大纲，概括具体内容和知识点，以及具体的讲课方式。

4. 分配时间：合理安排培训时间。

5. 确定学习方式：根据员工培训的细节，提出相应的建议和注意事项，并通过公司的平台（内网、云端平台或邮件等）发送给员工。

6. 制作安排表：根据以上信息，制作一个培训安排表，包括课程名称、时间、地点、授课讲师、授课方式等内容。

以上是制作员工培训安排表的基本步骤，通过这些步骤，我们可以比较科学地制订出培训计划和安排表，让员工在更紧凑和科学的安排下学得更好。

制作培训安排表是非常重要的，它可以为企业和员工创造良好的培训氛围，提高培训的效果和质量，培养出一批具有核心竞争力的人才。从ChatGPT的回答中，我们可以看到制作培训安排表的几大思路，以及表格中包含的一些重要内容，具体如何设计，可以再搜索一些模板来进行参考。

8.1.4 员工培训管理的注意事项

员工培训管理的工作内容比较多，需要掌握一些技巧才能更好地开展工作，所以在开始培训工作之前，可以先记住ChatGPT提醒的注意事项，让工作完成得更顺利。

提问 员工培训管理的注意事项。

ChatGPT 员工培训管理是企业管理的重要组成部分，为了确保培训的效果和质量，需要注意以下几个方面。

1. 培训课程设置要科学合理：培训计划和课程必须与企业的战略和业务需要相符合，使员工能够获得实用的知识和技能，提高员工的工作效率和质量。

2. 培训师资力量应当优秀：培训师资力量的质量对于培训的效果有重大影响，需要选择有丰富的实践经验、专业知识和教学技能的讲师或培训师。

3. 培训过程中应鼓励员工互动：培训过程中应当充分借助小组讨论、案例分享、团体任务等活动，鼓励员工积极参与，互相交流和学习，促进知识共享和经验传递。

4. 培训反馈应做到及时准确：培训过程中应当尽快获取员工对于培训的反馈，包括学习效果、掌握程度、个人感受等，以充分了解员工对于培训的真实需求和反映。

5. 员工对于培训的积极性要加以引导：对于员工参与培训的积极性要进行引导和激励，可以设置奖励机制，以及提供职业发展机会和晋升空间等，鼓励员工参与培训，提高他们的职业素养和能力水平。

6. 员工培训效果应进行评估和追踪：对培训的效果应进行追踪和评估，及时发现问题，对课程的质量和培训效果进行改进和优化。

综上所述，积极做好员工培训管理，对于企业发展和员工职业生涯都具有重要的促进作用，需要从多个方面加以关注和引导，保证培训的质量和效果。

从上述问题得知，员工培训管理工作具有全面性和系统性，需要从培训需求分析、培训计划制订、培训实施、培训效果评估等多个方面进行全方位的规划，以确保培训的质量和效果。具体工作开展过程中，HR可以参考ChatGPT的提醒注意更多细节。

接下来，列举几个案例，讲解Excel在员工培训管理中的实战应用。

8.2 制作培训需求调查表

📢 案例背景

在对培训进行管理时，并不是由员工或部门提出培训申请后，就安排后续的培训工作。员工是否需要进行培训，进行何种培训才能真正满足员工所需、公司所需，人力资源部需要进行培训需求调查，最后根据企业的培训计划和培训需求调查结果来确定具体的培训安排。

培训需求调查可以通过多种方式来实现，而培训需求调查表是最直接，也是最真实的调查方式。具体实施时需要先制作培训需求调查表，然后员工对培训需求调查表中的问题进行答复。本例将制作一份较为通用的培训需求调查表，制作完成后的效果如下图所示。实例最终效果见"同步学习文件\结果文件\第8章\培训需求调查表.xlsx"文件。

员工培训需求调查表										
部门：___ 姓名：___ 职位：___ 在职时间：___年 日期：___年__月__日										
培训类别	培训内容	是否同意	参加人员			培训方式				
^	^	^	自愿参加	指定人员	全体员工	课堂授课	现场示范	标杆	座谈提问	其他
公共教育	公司发展史、组织结构、主要业务									
^	公司规章制度及福利待遇									
^	其他	请说明								
业务知识	各部门员工根据各自的岗位特点提出需求	是否同意	参加人员			培训方式				
^	^	^	自愿参加	指定人员	全体员工	课堂授课	现场示范	标杆	座谈提问	其他
^	行业动态									
^	团队建设									
^	交际、谈判									
^	单据记录									
^	客户管理									
^	社交礼仪									
^	营销推广									
^	市场调查									
^	其他	请说明								
其他知识		请说明								

8.2.1 创建培训需求调查表

制作培训需求调查表时，主要就是将需要收集的信息以提问或选择的方式进行陈列，方便员工填写企业想要收集的信息。在开始制作前要考虑是否需要通过计算机或网络（如企业网站）收集员工反馈的表格，这涉及是否需要将表格中的一些内容以控件的形式制作，也涉及表格框架的搭建。

本例做成了传统的表单形式，相对于统计表或汇总表，结构稍微复杂一些。不过，我们仍然可以通过简洁的操作将其快速完成，具体操作步骤如下。

第1步 ❶新建一个空白工作簿并将其以"培训需求调查表"为名进行保存，❷在对应单元格中输入相应的数据，❸选择A1:K1单元格区域，❹单击【开始】选项卡【对齐方式】组中的【合并后居中】按钮合并单元格，如下图所示。

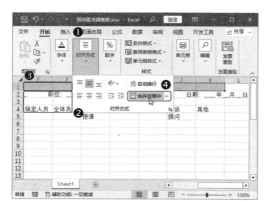

第2步 ❶继续合并A2:K2、D3:F3、G3:

K3单元格区域，❷按住【Ctrl】键选择A3:A5、B3:B5、C3:C5、D4:D5、E4:E5、F4:F5、H4:H5、I4:I5、K4:K5单元格区域，❸单击【合并后居中】按钮，系统自动按照选定的单元格区域逐个合并，如下图所示。

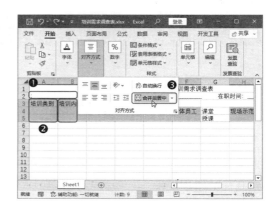

第3步 ❶按住【Ctrl】键选择A6:A8、A9:A20、B9:B11、C9:C11、D10:D11、E10:E11、F10:F11、H10:H11、I10:I11、K10:K11单元格区域，❷单击【合并后居中】按钮合并单元格，如下图所示。

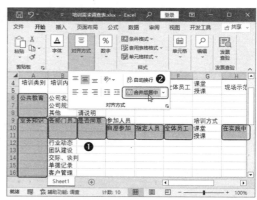

第4步 以同样的方法合并其他单元格，如下图所示。

第 8 章
案例实战：员工培训管理

第5步 ❶选择A1:K21单元格区域，❷设置【字体】为【微软雅黑】，如下图所示，然后按【Enter】键确认。

第6步 ❶选择A1单元格，❷在【字号】文本框中输入"18"，❸单击【加粗】按钮，如下图所示。

第7步 将鼠标指针移到第1行和第2行的交界处，当鼠标指针变成形状时，按住鼠标左键不放，拖动鼠标调整行高到合适高度，如下图所示。

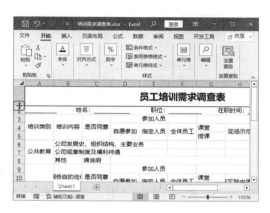

第8步 ❶按住【Ctrl】键选择第8行和第12～20行并在行号上右击，❷在弹出的快捷菜单中选择【行高】选项，如下图所示。

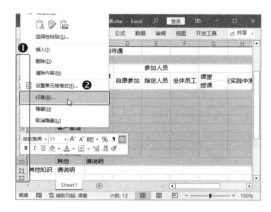

教您一招：避免没有【行高】选项情况

在选择包含跨行合并单元格的不连续多行时，最好不要通过在表格区域中右击来选择【行高】选项的方式，因为在这种情况下，快捷菜单中没有该选项，如下图所示。

第9步 ▶ 打开【行高】对话框，❶在【行高】文本框中输入"18"，❷单击【确定】按钮，如下图所示。

第10步 ▶ ❶选择第A～K列并在其上右击，❷在弹出的快捷菜单中选择【列宽】选项，如下图所示。

第11步 ▶ 打开【列宽】对话框，❶在【列宽】文本框中输入"10"，❷单击【确定】按钮，如下图所示。

第12步 ▶ ❶选择B6、B7、B9单元格，❷单击【自动换行】按钮，如下图所示。

第13步 ▶ 拖动鼠标调整其他行的高度，如下图所示。

第14步 ▶ ❶选择A6、A9单元格，❷单击【对齐方式】组中的【方向】按钮 ，❸在弹出的下拉列表中选择【竖排文字】选项，如下图所示。

第 8 章
案例实战：员工培训管理

第17步● ❶选择B21单元格，❷单击【顶端对齐】按钮≡，如下图所示，让【请说明】数据位于单元格的左上角位置。

第15步● ❶按住【Ctrl】键，选择需要居中对齐的单元格或单元格区域，❷在【对齐方式】组中单击【居中】按钮≡，如下图所示。

第18步● ❶选择A3:K21单元格区域，按【Ctrl+1】组合键，打开【设置单元格格式】对话框，❷选择【边框】选项卡，❸在【颜色】下拉列表框中设置颜色为【白色，背景1，深色25%】，❹分别单击【外边框】和【内部】按钮为表格添加内外边框线条，❺单击【确定】按钮，如下图所示。

第16步● ❶选择B9单元格，❷单击【对齐方式】组中的【左对齐】按钮≡，如下图所示。

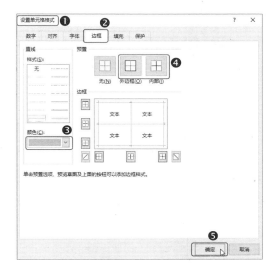

275

教您一招:第一列打印不出边框线的解决方法

如果表格的第一列不能打印出边框线,可以直接在A列前插入空白列,让系统自动在表格左侧添加边框线,让打印出来的表格具有完整的边框轮廓。

第19步 ❶选择A列并在其上右击,❷在弹出的快捷菜单中选择【插入】选项,如下图所示,插入空白列。

第20步 拖动鼠标调整A列到合适宽度,如下图所示。

8.2.2 打印培训需求调查表

培训需求调查表制作完成后,就可以打印为调查单,分发给员工填写了。本例中的表单稍微特殊,需要对打印参数进行设置,具体操作步骤如下。

第1步 ❶单击【页面布局】选项卡【页面设置】组中的【纸张方向】按钮,❷在弹出的下拉列表中选择【横向】选项,如下图所示。

第2步 ❶单击【纸张大小】按钮,❷在弹出的下拉列表中选择【B5】选项,如下图所示。

第 8 章
案例实战：员工培训管理

> **温馨提示**
> 在选择纸张大小时，不一定要一步到位，HR在没有事先设置的情况下，可以进行多次纸张大小的选择，以选择到最合适的纸张来打印培训需求调查表。

第3步 单击【页面设置】组右下角的【对话框启动器】按钮，如下图所示。

第5步 在打印界面的预览区域中即可预览到培训需求调查表的打印效果，单击【显示边距】和【缩放到页面】按钮，让显示区域适应打印区域显示，同时显示出页边距控制线条，如下图所示。

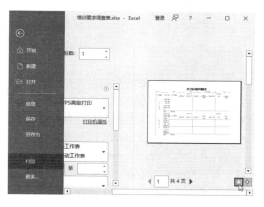

第4步 打开【页面设置】对话框，❶在【页面】选项卡中选中【缩放比例】单选按钮，在其后的数值框中输入"95"，❷单击【打印预览】按钮，如下图所示。

第6步 将鼠标指针移到页边距控制线条上，当鼠标指针变成┿形状时，按住鼠标左键进行微调，调整表格距左侧纸张的距离，如下图所示。

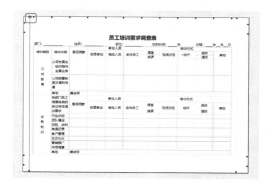

第7步 以同样的方法调整上、下、右侧的边距，效果如下图所示。

277

第8步 ❶设置打印份数，❷单击【打印】按钮，如下图所示，完成打印操作。

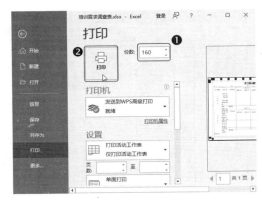

教您一招：查看表单行列是否同页

对于表单类表格，通常表格同行内容必须在同一页中，甚至是整张表格都在同一页中，所以，在调整页边距后，必须查看同行或同列内容有没有跨页的现象，方法为：若有多页，则会显示【共×页】，如右图所示，单击【下一页】按钮，可查看跨页内容；若只有一页，将显示为【共1页】，这样的情况。

8.3 构建培训体系表格

📢 案例背景

培训对于公司或企业来说，是一项长期的投资行为，需要花费大量的人力和财力。不仅需要HR对培训需求进行调查，做好培训前的准备，还需要对培训数据进行收集和分析，如年度培训计划实施情况、培训成本及培训考核结果等，以便对培训效果进行评估，及时改进培训过程中的不足，为下一次培训的改进提供数据依据。所以，培训是一项系统化的工作，在建立表格时也尽量统一框架格式，形成培训表格体系。

本例将模拟培训实际过程，使用Excel制作多个培训相关的表格，形成培训表格体系。制作完成后的表格效果如下图所示。实例最终效果见"同步学习文件\结果文件\第8章\培训管理表.xlsx"文件。

第8章 案例实战：员工培训管理

序号	培训内容	培训类型	培训形式	牵头部门	协助部门	培训对象	培训讲师	考核方式	1月	2月	3月	4月	5月	6月	7月	8月	9月	10月	11月	12月
1	建账做账（内外账）	内训	课堂讲授	财务部	人力资源部	财务部全体	财务部经理	实操	●											
2	团队合作与工作管理	内训	课堂讲授	销售部	人力资源部	销售部全体	销售部经理	培训体会							●					
3	货物摆放的艺术	内训	现场示范	仓储部	人力资源部	仓储部全体	仓储部经理	实操				●								
4	基础单据常见问题处理	内训	课堂讲授	财务部	人力资源部	财务部全体	财务部经理	实操								●				
5	招聘与面谈技巧	内训	课堂讲授	人力资源部	人力资源部	人力资源部全体	人力资源部经理	实操			●									
6	产品检验标准	内训	现场示范	生产部	人力资源部	检验员	生产部主任	实操	●									●		
7	ERP成本模块结算	内训	课堂讲授	财务部	人力资源部	财务部全体	财务部经理	实操					●							
8	产品基本知识与原理	内训	现场示范	生产部	人力资源部	生产部全体	生产部经理	实操+笔试			●						●			
9	公关危机处理技巧	内训	课堂讲授	市场部	人力资源部	公关人员	外聘	笔试		●										
10	销售沟通与抱怨处理	内训	课堂讲授	销售部	人力资源部	市场部与销售部全体	外聘	培训体会	●								●			
11	标杆模仿与整合再造	外训	培训讲座	总经办	人力资源部	总经办全体	外聘	培训总结												●
12	社交礼仪	内训	课堂讲授	行政部	人力资源部	行政部全体	行政部经理	实操+笔试						●						
13	营销策划与创新	内训	课堂讲授	市场部	人力资源部	市场部全体	外聘	笔试						●						
14	营销战争	外训	培训讲座	总经办	人力资源部	总经办全体	外聘	培训总结									●			
15	消费者行为研究	内训	课堂讲授	市场部	人力资源部	市场部全体	市场部经理	培训总结										●		
16	生产技术革新	外训	现场观摩	生产部	人力资源部	技术人员	外聘	培训体会												●

序号	培训内容	培训类型	培训形式	牵头部门	协助部门	培训对象	培训讲师	考核方式	计划实施月份	实际实施月份	取消培训
1	产品检验标准	内训	现场示范	生产部	人力资源部	检验员	生产部主任	实操	1月	1月	
5	公关危机处理技巧	内训	课堂讲授	市场部	人力资源部	公关人员	外聘	笔试	2月	1月	
2	销售沟通与抱怨处理	内训	课堂讲授	销售部	人力资源部	市场部与销售部全体	外聘	培训体会	1月	2月	
3	营销策划与创新	内训	课堂讲授	市场部	人力资源部	市场部全体	外聘	笔试	1月	2月	
4	建账做账（内外账）	内训	课堂讲授	财务部	人力资源部	财务部全体	财务部经理	实操	2月	2月	
7	产品基本知识与原理	内训	现场示范	生产部	人力资源部	生产部全体	生产部经理	实操+笔试	3月	2月	
6	招聘与面谈技巧	内训	课堂讲授	人力资源部	人力资源部	人力资源部全体	人力资源部经理	实操	3月	3月	
8	货物摆放的艺术	内训	现场示范	仓储部	人力资源部	仓储部全体	仓储部经理	实操	4月	4月	
9	ERP成本模块结算	内训	课堂讲授	财务部	人力资源部	财务部全体	财务部经理	实操	5月	5月	
10	社交礼仪	内训	课堂讲授	行政部	人力资源部	行政部全体	行政部经理	实操+笔试	6月	6月	
12	营销策划与创新	内训	课堂讲授	市场部	人力资源部	市场部全体	外聘	笔试	7月	6月	
11	团队合作与工作管理	内训	课堂讲授	销售部	人力资源部	销售部全体	销售部经理	培训体会	7月	7月	
13	基础单据常见问题处理	内训	课堂讲授	财务部	人力资源部	财务部全体	财务部经理	实操	8月	8月	
14	销售沟通与抱怨处理	内训	课堂讲授	销售部	人力资源部	市场部与销售部全体	市场部经理	培训体会	8月	9月	
16	消费者行为研究	内训	课堂讲授	市场部	人力资源部	市场部全体	市场部经理	培训总结	10月	10月	
17	产品检验标准	内训	现场示范	生产部	人力资源部	检验员	生产部主任	实操	10月	11月	
19	标杆模仿与整合再造	外训	培训讲座	总经办	人力资源部	总经办全体	外聘	培训总结	12月	12月	
20	生产技术革新	外训	现场观摩	生产部	人力资源部	技术人员	外聘	培训体会	12月	12月	
15	产品基本知识与原理	内训	现场示范	生产部	人力资源部	生产部全体	生产部经理	实操+笔试	9月		是
18	营销战争	外训	培训讲座	总经办	人力资源部	总经办全体	外聘	培训总结			是

培训编号	培训班名称	培训时间	培训类型	培训形式	牵头部门	培训讲师	计划培训人数	实际培训人数	考核方式	培训学时	培训讲师费用
HT-2023-001	产品检验标准	2023/1/12	内训	现场示范	生产部	生产部主任	18	14	实操	2	400
HT-2023-002	公关危机处理技巧	2023/1/30	内训	课堂讲授	市场部	外聘	7	7	笔试	1	800
HT-2023-003	销售沟通与抱怨处理	2023/2/8	内训	课堂讲授	销售部	外聘	17	15	培训体会	2	500
HT-2023-004	营销策划与创新	2023/2/10	内训	课堂讲授	市场部	外聘	25	25	笔试	3	2000
HT-2023-005	建账做账（内外账）	2023/2/15	内训	课堂讲授	财务部	财务部经理	18	10	实操	2	1500
HT-2023-006	产品基本知识与原理	2023/2/23	内训	现场示范	生产部	生产部经理	5	5	实操+笔试	1	300
HT-2023-007	招聘与面谈技巧	2023/3/7	内训	课堂讲授	人力资源部	人力资源部经理	5	4	实操	1	350
HT-2023-008	货物摆放的艺术	2023/4/12	内训	现场示范	仓储部	仓储部经理	6	5	实操	4	800
HT-2023-009	ERP成本模块结算	2023/5/11	内训	课堂讲授	财务部	财务部经理	5	4	实操	3	800
HT-2023-010	社交礼仪	2023/6/6	内训	课堂讲授	行政部	行政部经理	9	9	实操+笔试	2	400
HT-2023-011	营销策划与创新	2023/6/15	内训	课堂讲授	市场部	外聘	13	12	笔试	3	1600
HT-2023-012	团队合作与工作管理	2023/7/18	内训	课堂讲授	销售部	销售部经理	14	11	培训体会	2	400
HT-2023-013	基础单据常见问题处理	2023/8/10	内训	课堂讲授	财务部	财务部经理	5	4	实操	2	400
HT-2023-014	销售沟通与抱怨处理	2023/9/4	内训	课堂讲授	销售部	市场部经理	25	16	培训体会	4	800
HT-2023-015	消费者行为研究	2023/10/18	内训	课堂讲授	市场部	市场部经理	12	9	培训总结	1	450
HT-2023-016	产品检验标准	2023/11/8	内训	现场示范	生产部	生产部主任	18	3	实操	4	400
HT-2023-017	标杆模仿与整合再造	2023/12/7	外训	培训讲座	总经办	外聘	4	4	培训总结	5	5000
HT-2023-018	生产技术革新	2023/12/22	外训	现场观摩	生产部	外聘	7	7	培训体会	3	3000

培训编号	成本分类	项目明细	发生日期	金额
HT-2023-001	直接成本	培训讲师费	2023/1/12	400
HT-2023-001	直接成本	办公后勤费	2023/1/12	55
HT-2023-001	间接成本	薪酬福利费用	2023/1/12	600
HT-2023-001	间接成本	其他费用	2023/1/12	150
HT-2023-002	直接成本	培训设施费	2023/1/30	800
HT-2023-002	直接成本	培训设施费	2023/1/30	300
HT-2023-002	直接成本	制作费用	2023/1/30	80
HT-2023-002	直接成本	招待费用	2023/1/30	480
HT-2023-002	间接成本	薪酬福利费用	2023/1/30	140
HT-2023-002	间接成本	课时设计费	2023/1/30	40
HT-2023-003	直接成本	培训讲师费	2023/2/8	500
HT-2023-003	直接成本	制作费用	2023/2/8	20
HT-2023-003	间接成本	薪酬福利费用	2023/2/8	450
HT-2023-004	直接成本	培训讲师费	2023/2/10	2000
HT-2023-004	直接成本	培训设施费	2023/2/10	530
HT-2023-004	直接成本	招待费用	2023/2/10	240
HT-2023-004	间接成本	薪酬福利费用	2023/2/10	600
HT-2023-004	间接成本	课时设计费	2023/2/10	120
HT-2023-005	直接成本	培训讲师费	2023/2/15	1500
HT-2023-005	直接成本	办公后勤费	2023/2/15	70
HT-2023-005	直接成本	培训设施费	2023/2/15	380
HT-2023-005	间接成本	薪酬福利费用	2023/2/15	1500
HT-2023-005	间接成本	其他费用	2023/2/15	180
HT-2023-006	直接成本	培训讲师费	2023/2/23	300
HT-2023-006	直接成本	培训设施费	2023/2/23	200
HT-2023-006	间接成本	其他费用	2023/2/23	65
HT-2023-007	直接成本	培训讲师费	2023/3/7	350
HT-2023-007	直接成本	培训设施费	2023/3/7	300
HT-2023-007	间接成本	课时设计费	2023/3/7	150
HT-2023-008	直接成本	培训讲师费	2023/4/12	800
HT-2023-008	间接成本	薪酬福利费用	2023/4/12	220
HT-2023-009	直接成本	培训讲师费	2023/5/11	800
HT-2023-009	直接成本	办公后勤费	2023/5/11	176
HT-2023-009	间接成本	薪酬福利费用	2023/5/11	220
HT-2023-010	直接成本	培训讲师费	2023/6/6	800
HT-2023-010	直接成本	制作费用	2023/6/6	135
HT-2023-010	间接成本	薪酬福利费用	2023/6/6	300

员工编号	姓名	部门	培训编号	培训班名称	考核成绩	考核结果
0010	王睿言	生产部	HT-2023-001	产品检验标准	85	优秀
0017	齐美	生产部	HT-2023-001	产品检验标准	65	合格
0029	谢志材	生产部	HT-2023-001	产品检验标准	87	优秀
0032	张紫影	生产部	HT-2023-001	产品检验标准	87	优秀
0045	邰志伟	生产部	HT-2023-001	产品检验标准	90	优秀
0049	嘉维新	生产部	HT-2023-001	产品检验标准	68	合格
0072	杨曼馨	生产部	HT-2023-001	产品检验标准	84	良好
0076	张紫影	生产部	HT-2023-001	产品检验标准	51	不合格
0080	王贲真	生产部	HT-2023-001	产品检验标准	77	良好
0084	王梦莹	生产部	HT-2023-001	产品检验标准	86	优秀
0085	钱振贤	生产部	HT-2023-001	产品检验标准	94	优秀
0098	孔建琛	生产部	HT-2023-001	产品检验标准	65	合格
0100	卫桂珍	生产部	HT-2023-001	产品检验标准	73	合格
0102	傅远熙	生产部	HT-2023-001	产品检验标准	51	不合格
0012	何彤玮	市场部	HT-2023-002	公关危机处理技巧	75	良好
0042	谢耀玉	市场部	HT-2023-002	公关危机处理技巧	59	不合格
0110	魏晓奇	市场部	HT-2023-002	公关危机处理技巧	78	良好
0111	嘉博鸟	市场部	HT-2023-002	公关危机处理技巧	62	合格
0112	李盈星	市场部	HT-2023-002	公关危机处理技巧	66	合格
0113	嘉莉	市场部	HT-2023-002	公关危机处理技巧	56	不合格
0010	冯壮佳	生产部	HT-2023-003	销售沟通与抱怨处理	68	合格
0017	齐美	生产部	HT-2023-003	销售沟通与抱怨处理	85	优秀
0029	谢志材	生产部	HT-2023-003	销售沟通与抱怨处理	74	合格
0032	张紫影	生产部	HT-2023-003	销售沟通与抱怨处理	86	优秀
0045	邰志伟	生产部	HT-2023-003	销售沟通与抱怨处理	57	不合格
0049	嘉维新	生产部	HT-2023-003	销售沟通与抱怨处理	93	优秀
0072	杨曼馨	生产部	HT-2023-003	销售沟通与抱怨处理	83	良好
0076	张紫影	生产部	HT-2023-003	销售沟通与抱怨处理	71	合格
0080	王贲真	生产部	HT-2023-003	销售沟通与抱怨处理	95	优秀
0084	王梦莹	生产部	HT-2023-003	销售沟通与抱怨处理	81	良好
0085	钱振贤	生产部	HT-2023-003	销售沟通与抱怨处理	82	良好
0098	孔建琛	生产部	HT-2023-003	销售沟通与抱怨处理	60	合格
0100	卫桂珍	生产部	HT-2023-003	销售沟通与抱怨处理	68	合格
0102	傅远熙	生产部	HT-2023-003	销售沟通与抱怨处理	76	良好
0063	刘涛	销售部	HT-2023-004	营销策划与创新	79	良好
0011	刘秀	销售部	HT-2023-004	营销策划与创新	87	优秀

8.3.1 制作年度培训计划表

开展培训之前，企业首先需要制订培训计划，不能盲目或临时安排培训。这个培训计划需要基于企业经营目标，综合企业现有资源条件和各层级员工的能力素质，既要考虑企业可以投入的培训成本预算及设备、时间等，还要考虑员工的培训需求，以及培训效果的不确定性，进而确定培训方式和培训内容。

大企业一般会制作一个年度培训计划表，用于对年度培训计划进行规划和布局。年度培训计划表应该从企业的战略出发，在全面客观的培训需求分析的基础上制作，对培训内容、培训时间、培训地点、培训者、培训对象、培训方式和培训费用等进行设定。

这种表为了方便从课程和时间两个维度进行规划，会设计一个像棋盘一样的区域，然后就可以像下棋一样根据需要布局课程的具体时间安排，这样可以统筹规划培训课程，还方便调整，不至于某个时间段内课程太少或太多。制作年度培训计划表的具体操作步骤如下。

第1步 ❶新建一个空白工作簿并将其以"培训管理表"为名进行保存，❷新建一个工作表，并命名为"年度培训计划表"，❸输入培训计划内容，对表格格式进行设置，效果如下图所示。

第2步 ❶因为这里第一个课程准备安排在2月，所以选择K2单元格，❷单击【插入】选项卡【符号】组中的【符号】按钮，如下图所示。

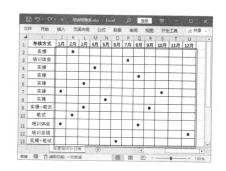

第3步 打开【符号】对话框，❶在【字体】下拉列表框中选择【Wingdings 2】选项，❷选择需要插入的黑色圆点符号，❸单击【插入】按钮，如下图所示。

第4步 根据规划的各培训课程开展时间在对应的单元格中插入圆点符号，完成后如右图所示。

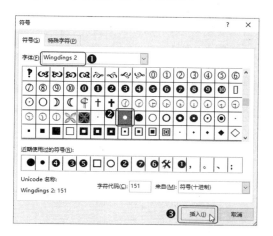

8.3.2 制作年度培训计划统计表

并不是每项培训都能按照培训计划进行，中途可能会因为各种原因导致培训时间的变化、内容的变化等，这都是正常的。所以还需要制作年度培训计划统计表，用于对年度培训计划完成情况进行统计，当培训计划发生变化时，只需要在统计培训情况的表格中做好标注即可。

年度培训计划统计表是基于年度培训计划表修改得来的，具体操作步骤如下。

第1步 ❶复制【年度培训计划表】工作表并粘贴，将其命名为"年度培训计划统计表"，❷将J~U列单元格删除后，重新根据原表格数据输入具体的计划实施月份，效果如下图所示。

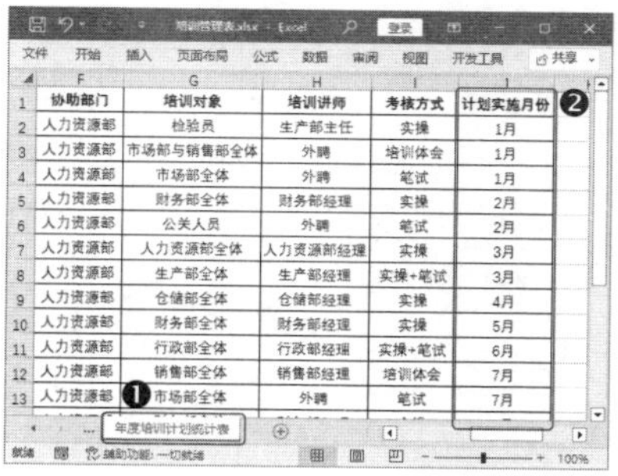

第2步 ❶在K列中根据实际情况输入各课程的实际实施月份数据，❷在L1单元格中输入"取消培训"，❸在L2单元格中输入公式"=IF(AND(J2<>"",K2<>""),"","是")"，向下拖动填充控制柄复制公式至L21单元格，对取消培训的课程进行标注，如下图所示。

第4步 打开【新建格式规则】对话框，❶选择规则类型为【使用公式确定要设置格式的单元格】，❷在文本框中输入公式"=$J2<>$K2"，❸单击【格式】按钮，在打开的对话框中设置底纹填充颜色为【蓝色】，❹单击【确定】按钮，如下图所示。

第3步 为了便于区分哪些培训课程实际实施月份与计划实施月份不同，可以通过设置条件格式来突出显示。❶选择A2:L21单元格区域，❷单击【开始】选项卡中的【条件格式】按钮，❸在弹出的下拉列表中选择【新建规则】选项，如下图所示。

> **教您一招：修改条件格式的应用范围**
>
> 对于已经设置好的条件格式，可以在【条件格式】下拉列表中选择【管理规则】选项，打开【条件格式规则管理器】对话框，在需要修改的条件格式的【应用于】文本框中设置其应用范围。

第5步 返回表格中，即可看到已经按设置的条件格式突出显示实际实施月份与计划实施月份不相同的行，效果如下图所示。

8.3.3 制作培训班汇总表

本例中的年度培训计划统计表只是根据年度计划统计出了完成或未完成的培训计划，但培训过程中的一些数据无法体现，如具体的培训时间、培训课时、参加培训的具体人数、培训讲师费用等，就需要通过培训班汇总表来统计培训相关数据。在设计培训班汇总表时需要注意，一个培训内容可能在一年中会多次出现，为了保证培训班次的唯一性，需要使用具有唯一性的培训编号来进行区分，而培训班则可以按培训内容进行划分，具体操作步骤如下。

第1步 ❶新建一个工作表，并命名为"培训班汇总表"，❷对表格的结构进行设计，❸选择A2:A50单元格区域（假设每年培训不超过50次），❹单击【数据】选项卡【数据工具】组中的【数据验证】按钮，如下图所示。

第2步 打开【数据验证】对话框，❶设置允许条件为【自定义】，❷在【公式】文本框中输入"=AND(LEN(A2)=11,COUNTIF($A:$A,A2)=1)"，如下图所示。

第3步 ❶选择【出错警告】选项卡，❷在【错误信息】文本框中输入"请检查培训编号是不是11位数，是不是唯一的！"，❸单击【确定】按钮，如下图所示，完成"培训编号"列序列的设置。

第4步 因为汇总表中记录培训数据时，通常是按照开展的时间先后进行记录的，为了方便在【培训班汇总表】工作表中通过引用获取培训班相关内容，需要按时间

先后顺序对【年度培训计划统计表】中的内容进行排序。但原表格中的【实际实施月份】数据为文本，不能正常排序。❶在M列相关单元格中输入实际实施月份的数字，❷选择M列中的任意非空单元格，❸单击【数据】选项卡中的【升序】按钮，如下图所示。

第5步▶ ❶在B2单元格中输入公式"=IF(年度培训计划统计表!L2="",年度培训计划统计表!B2,"")"，❷双击B2单元格的填充控制柄向下复制公式，得到"培训班名称"列的相关数据，如下图所示。

第6步▶ ❶在C列中输入各课程的具体培训时间，❷在D2单元格中输入计算公式"=VLOOKUP($B2,年度培训计划统计表!$B$1:$K$21,2,0)"，❸双击D2单元格的填充控制柄向下复制公式，得到"培训类型"列的相关数据，如下图所示。

第7步▶ ❶在E2单元格中输入计算公式"=VLOOKUP($B2,年度培训计划统计表!$B$1:$K$21,3,0)"，❷双击E2单元格的填充控制柄向下复制公式，得到"培训形式"列的相关数据，如下图所示。

第8步▶ ❶在F2单元格中输入计算公式

"=VLOOKUP($B2,年度培训计划统计表!$B$1:$K$21,4,0)",❷双击F2单元格的填充控制柄向下复制公式,得到"牵头部门"列的相关数据,如下图所示。

培训计划统计表!$B$1:$K$21,8,0)",❸双击J2单元格的填充控制柄向下复制公式,得到"考核方式"列的相关数据,如下图所示。

第9步 ❶在G2单元格中输入计算公式"=VLOOKUP($B2,年度培训计划统计表!$B$1:$K$21,7,0)",❷双击G2单元格的填充控制柄向下复制公式,得到"培训讲师"列的相关数据,如下图所示。

第11步 ❶在K列和L列中输入各课程的培训学时和培训讲师费用,❷选择返回错误值的多余行,❸单击【开始】选项卡【单元格】组中的【删除】按钮,删除多余的空白行,如下图所示。

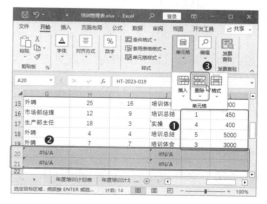

第10步 ❶在H列和I列中输入各课程的计划培训人数和实际培训人数,❷在J2单元格中输入公式"=VLOOKUP($B2,年度

第12步 ❶选择所有包含数据的单元格,❷设置边框,并单击【对齐方式】组中的【居中】按钮,使单元格内容居中对齐,

285

如下图所示。

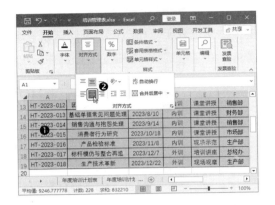

> **温馨提示**
> 本例我们是假设实际展开培训的时间先后顺序与排序后的【年度培训计划统计表】工作表中的顺序一致，才采用VLOOKUP函数。实际使用中如果数据复杂，可能还需要调整该函数的具体设置方式，最终要保证【培训班汇总表】工作表中内容要按培训时间进行升序排列，才方便后续的数据分析。

8.3.4 制作培训成本表

企业对培训成本是有一定预算的，一般人力资源部会在培训之前提交针对这次培训的相关计划进行申报，其中比较重要的一项就是费用预算。而且培训完之后，还需要对培训费用进行统计，以计算出实际花费的培训费用。

接下来将制作全年的培训成本表，便于确定下一次或来年培训费用的预计金额。

因为本案例后期对培训费用进行统计分析时，需要用到培训成本表，所以我们在设计培训成本表时，需要结合培训费用统计表来进行考虑，主要考虑因素如下。

（1）对培训费用进行统计时，需要按时间顺序对培训直接成本和培训间接成本进行统计，所以，培训成本表中需包括发生日期和成本分类；另外，各个成本分类中又包含多个项目类别，为了方便区分每一笔培训费用，需要将培训成本的项目明细列出来。

> **温馨提示**
> 培训成本分为培训直接成本和培训间接成本两种，直接成本是指企业为员工培训直接付出的各项费用，包括培训讲师费（内部或外聘）、场所使用费用、培训设备费用、教材及资料等相关物品费用、课程费用、外部机构培训费用、外派培训的交通和食宿费用、培训组织和管理人员薪酬费用等；间接成本主要是指员工由于参加培训没有完成本职工作而企业仍然要付出的薪酬成本。

（2）一年中培训的次数很多，要区分每一次培训涉及的培训费用，就需要通过培训编号来进行区分，因为培训编号是唯一的。

（3）由于每一种成本分类下包含多个项目类别，因此我们可以通过设置二级下拉列表来实现联动选择输入。

综上所述，培训成本表中应包含的字段包括培训编号、成本分类、项目明细、发生日期和金额等，具体操作步骤如下。

第1步 ❶新建【培训成本表】工作表，❷在第1行和第2行中输入直接成本和间接成本的项目明细，选择非空白单元格，❸单击【公式】选项卡【定义的名称】组中的

【根据所选内容创建】按钮，如下图所示。

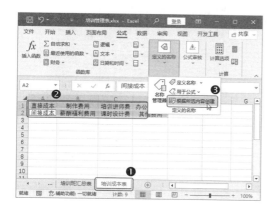

第2步 ● 打开【根据所选内容创建名称】对话框，❶选中【最左列】复选框，❷单击【确定】按钮，如下图所示。

第3步 ● ❶在A3:E3单元格区域中输入字段，❷选择A4:A300单元格区域，❸单击【数据】选项卡中的【数据验证】按钮，如下图所示。

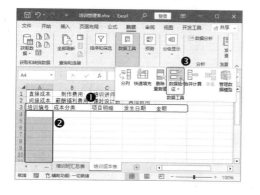

第4步 ● 打开【数据验证】对话框，❶在【允许】下拉列表框中将条件设置为【序列】，❷在【来源】文本框中输入公式"=OFFSET(培训班汇总表!$A$1,1,,COUNTA(培训班汇总表!$A:$A)-1,)"，如下图所示。

第5步 ● ❶选择【出错警告】选项卡，❷在【错误信息】文本框中输入"请在下拉菜单中选择，不要手动输入"，❸单击【确定】按钮，如下图所示。

温馨提示 ●

公式"=OFFSET(培训班汇总表!$A$1,1,,COUNTA(培训班汇总表!$A:$A)-1,)"表示使用COUNTA函数统计非A列中的非空白单元格，其结果作为OFFSET函数的第4个参数的某一部分。公式的整体含义表示以A1单元格为参照，向下偏移一行，返回18行，也就是返回A2:A19单元格区域中的培训编号。

第6步 ❶选择B4:B300单元格区域，打开【数据验证】对话框，❷将条件设置为【序列】，【来源】设置为【=$A$1: $A$2】，❸选择【出错警告】选项卡，设置出错警告为"请在下拉菜单中选择，不要手动输入"，单击【确定】按钮，如下图所示，完成对"成本分类"列的数据验证条件设置。

第7步 ❶选择C4:C300单元格区域，打开【数据验证】对话框，❷将条件设置为【序列】，【来源】设置为【=INDIRECT(B4)】，❸选择【出错警告】选项卡，设置出错警告为"请在下拉菜单中选择，不要手动输入"，❹单击【确定】按钮，如右图所示，完成对"项目明细"列的数据验证条件设置。

第8步 ❶在A4:C73单元格区域中输入需要的数据，❷由于各课程培训日期与【培训班汇总表】中的培训时间相同，因此在D4单元格中输入公式"=VLOOKUP(A4,培训班汇总表!$A$1:$L$19,3,0)"，❸向下拖动填充控制柄复制公式到D5:D300单元格区域，返回各培训课程的具体开展日期。❹保持D4:D300单元格区域的选择状态，在【开始】选项卡的【数字】组中设置数字格式为【日期】，如下图所示。

第9步 ❶在E列单元格中输入金额，❷对表格格式进行设置，❸选择第1行和第2行

第8章 案例实战：员工培训管理

单元格，❹单击【开始】选项卡【单元格】组中的【格式】按钮，❺在弹出的下拉列表中选择【隐藏和取消隐藏】→【隐藏行】选项，如下图所示。

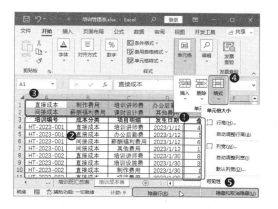

8.3.5 制作员工培训考核表

对员工进行培训后，HR应该对员工的培训情况进行考核，以检验培训的成果。本例制作的员工培训考核表展示对员工培训考核的年度统计情况，具体操作步骤如下。

> **温馨提示**
> 在实际工作中，HR应该对每次培训的相关情况进行记录。年度的培训成本、培训考核表都可以从每次的记录表中提取相关数据进行制作。

第1步 ❶新建【培训考核表】工作表，❷输入表格字段，❸选择D2:D200单元格区域，❹单击【数据】选项卡【数据工具】组中的【数据验证】按钮，如右图所示。

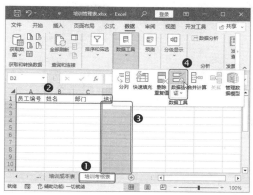

第2步 打开【数据验证】对话框，❶在【允许】下拉列表框中将条件设置为【序列】，❷将【来源】设置为【=OFFSET(培训班汇总表!$A$1,1,,COUNTA(培训班汇总表!$A:$A)-1,)】，❸选择【出错警告】选项卡，设置出错警告为"请在下拉菜单中选择，不要手动输入"，❹单击【确定】按钮，如下图所示。

第3步 ❶在E2单元格中输入计算公式"=IFERROR(VLOOKUP(D2,培训班汇总表!$A$1:$B$19,2,0),"")"，❷向下拖动填充控制柄，复制公式至E200单元格，如下图所示，返回"培训班名称"列的数据。

289

> **温馨提示**
> 公式"=IF(F2="","",LOOKUP(F2,{0,60,75,85},{"不合格","合格","良好","优秀"}))"表示，若F2单元格为空，则返回空，若F2单元格中的值为0～60，则返回"不合格"；为60～75返回"合格"；为75～85返回"良好"，85以上返回"优秀"。

第4步 ❶在A～D列、F列中输入对应的数据，❷在G2单元格中输入公式"=IF(F2="","",LOOKUP(F2,{0,60,75,85},{"不合格","合格","良好","优秀"}))"，❸向下拖动填充控制柄，复制公式至G200单元格，根据F列的考核成绩判断出各员工对应的考核结果，如下图所示。

第5步 ❶选择表格中的非空单元格，设置对齐方式为居中对齐，❷单击【开始】选项卡【字体】组中的【所有框线】按钮，添加边框，如下图所示。

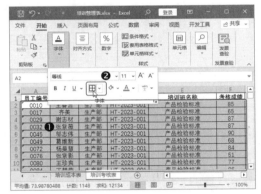

> **温馨提示**
> 【培训考核表】工作表中的一些固定式字段内容，如员工编号、姓名、部门等，可以通过编写函数根据条件引用员工信息表中的数据来获取。

8.4 员工培训效果评估分析

📢 案例背景

培训的目的是解决、预防工作中的问题，或者为即将到来的新任务做准备。为了检验培训成果，培训结束后，企业一般都会对员工的每一个培训项目效果进行评估，最终

第8章 案例实战：员工培训管理

用于分析培训方式、方法、方案等是否对员工有效。

本例将使用Excel制作员工培训效果评估分析表，对计划培训与实施培训情况、培训投入与产出等进行分析。制作完成后的效果如下图所示，实例最终效果见"同步学习文件\结果文件\第8章\培训管理表.xlsx"文件。

部门	项目	1月	2月	3月	4月	5月	6月	7月	8月	9月	10月	11月	12月	合计
生产部	计划培训次数	1	0	0	0	0	0	0	0	1	1	0	1	5
生产部	实际培训次数	1	1	0	0	0	0	0	0	1	1	1	1	4
市场部	计划培训次数	1	1	0	0	0	0	0	1	0	0	1	0	4
市场部	实际培训次数	1	1	0	0	0	0	0	1	0	1	0	0	4
销售部	计划培训次数	1	0	0	0	0	1	0	1	1	0	0	0	3
销售部	实际培训次数	1	0	0	0	0	0	1	0	1	0	0	0	3
总经办	计划培训次数	0	0	0	0	0	0	0	0	0	0	1	1	2
总经办	实际培训次数	0	0	0	0	0	0	0	0	0	0	1	0	1
行政部	计划培训次数	0	0	0	0	0	1	0	0	0	0	0	0	1
行政部	实际培训次数	0	0	0	0	0	1	0	0	0	0	0	0	1
人力资源部	计划培训次数	0	0	1	0	0	0	0	0	0	0	0	0	1
人力资源部	实际培训次数	0	0	0	1	0	0	0	0	0	0	0	0	1
财务部	计划培训次数	0	0	0	0	1	0	1	0	1	0	0	0	3
财务部	实际培训次数	0	1	0	0	1	0	0	0	1	0	0	0	3
仓储部	计划培训次数	0	0	0	0	0	0	0	0	0	0	1	0	1
仓储部	实际培训次数	0	0	0	0	1	0	0	0	0	0	0	0	1

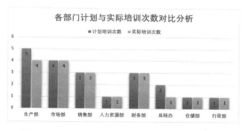

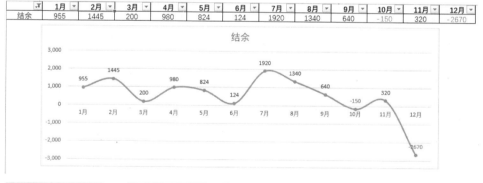

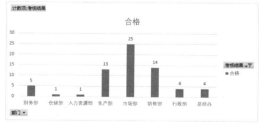

8.4.1 对培训班情况进行统计分析

对培训班的情况进行统计,主要是对年度内、季度内各部门每月计划培训次数和实际培训次数进行统计,以及对年度内各部门总的计划培训次数和实际培训次数进行统计。

如果将各部门每月计划培训次数和实际培训次数与总的计划培训次数和实际培训次数放在一个表格中,其实并不利于查看,也不便于使用图表进行分析,这时可以将各部门年度内总的计划培训次数和实际培训次数通过公式单独提取出来,这样更直观,具体操作步骤如下。

第1步 ❶新建【培训班情况统计表】工作表,❷对表格结构和格式进行设计,❸在C2单元格中输入公式"=COUNTIFS(年度培训计划统计表!$E$2:$E$21,$A2,年度培训计划统计表!$J$2:$J$21,C$1)",计算出1月生产部计划培训次数,如下图所示。

> 当遇到连续的单元格是相同部门时,也不能只在一个单元格中输入部门,这样会对后面的计算造成影响,导致计算不出来或计算出错。

第2步 在C3单元格中输入计算公式"=COUNTIFS(年度培训计划统计表!$E$2:$E$21,$A2,年度培训计划统计表!$K$2:$K$21,C$1)",计算出1月生产部实际培训次数,如下图所示。

第3步 ❶选择C2:C3单元格区域,❷向右拖动填充控制柄复制公式到D2:N3单元格区域,计算出各月生产部计划和实际培训次数,如下图所示。

温馨提示
表格A列中的部门不能进行单元格合并,

第4步 ▶ 保持C2:N3单元格区域的选择状态，向下拖动填充控制柄复制公式到C4:N17单元格区域，计算出其他部门各月计划和实际培训次数，如下图所示。

第6步 ▶ ❶在A20:A27单元格区域中输入各部门名称，❷在B19:C19单元格区域中输入项目名称，❸在B20单元格中输入公式"=SUMPRODUCT(($A$2:$A$17=$A20)*($B$2:$B$17=B$19)*$O$2:$O$17)"，❹向右拖动填充控制柄复制公式到C20单元格，将生产部的计划培训次数和实际培训次数进行统计，如下图所示。

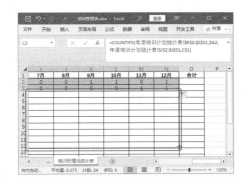

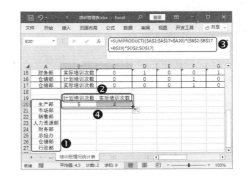

第5步 ▶ ❶在O2单元格中输入公式"=SUM(C2:N2)"，计算出生产部计划培训的总次数，❷向下拖动填充控制柄复制公式到O3:O17单元格区域，统计出各部门一年中计划培训次数和实际培训次数，如下图所示。

第7步 ▶ 保持B20:C20单元格区域的选择状态，向下拖动填充控制柄复制公式到B21:C27单元格区域，如下图所示。

温馨提示 ●

这里由于相邻行的公式不同，因此可能会出现错误提示，忽略单元格中的错误提示即可。

第8步 ▶ ❶选择A19:C27单元格区域，❷单击【插入】选项卡中的【插入柱形图或条形图】按钮，❸在弹出的下拉列表中选择【簇状柱形图】选项，如下图所示。

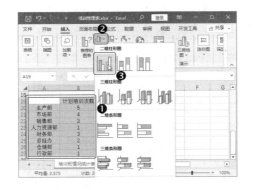

第9步 ❶调整插入的柱形图的大小，❷修改图表标题，❸调整图例的显示位置，❹调整数据系列的系列重叠值为"–15%"，间隙宽度值为"80%"，最终效果如下图所示。

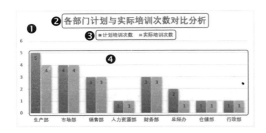

8.4.2 对培训费用进行统计分析

企业为了更好地生存下去，需要对所有投入成本进行控制，培训成本也不例外。而且培训费用也是检验培训效果的指标之一，其分析结果对企业未来员工培训方案、计划的制订有重要的参考价值。

在对培训费用进行统计、分析时，为了了解花费的培训费用是否在合理范围内，不仅需要统计出当月的实际支出情况，还要和预算进行对比，具体操作步骤如下。

第1步 ❶新建【培训费用统计分析表】工作表，❷设计表格结构并对表格格式进行简单设置，❸由于前面在记录培训数据时，没有涉及培训预算，因此这里需要在B2:M2单元格区域中手动输入每月的培训预算，如下图所示。

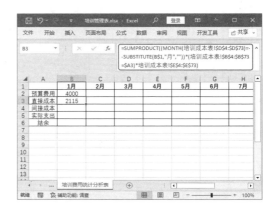

第2步 在B3单元格中输入计算公式"=SUMPRODUCT((MONTH(培训成本表!$D$4:$D$73)=--SUBSTITUTE(B$1,"月",""))*(培训成本表!$B$4:$B$73=$A3)*培训成本表!$E$4:$E$73)"，计算出1月的直接成本，如下图所示。

第3步 在B4单元格中输入计算公式"=SUMPRODUCT((MONTH(培训成本表!$D$4:$D$73)=--SUBSTITUTE(B$1,"月",""))*(培训成本表!$B$4:$B$73=$A4)*培训成本表!$E$4:$E$73)",计算出1月的间接成本,如下图所示。

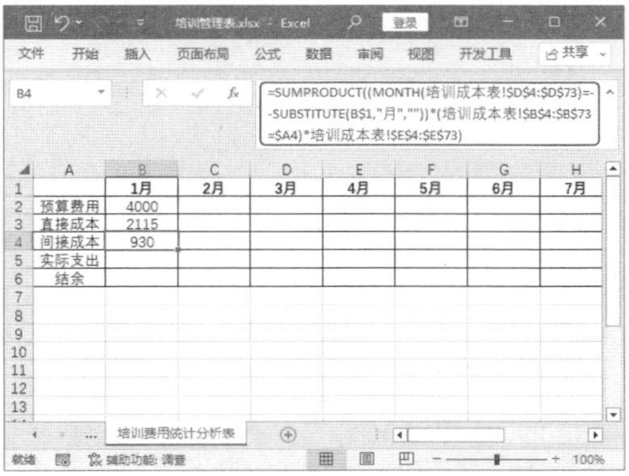

第4步 在B5单元格中输入公式"=B3+B4",计算出1月的实际支出,如下图所示。

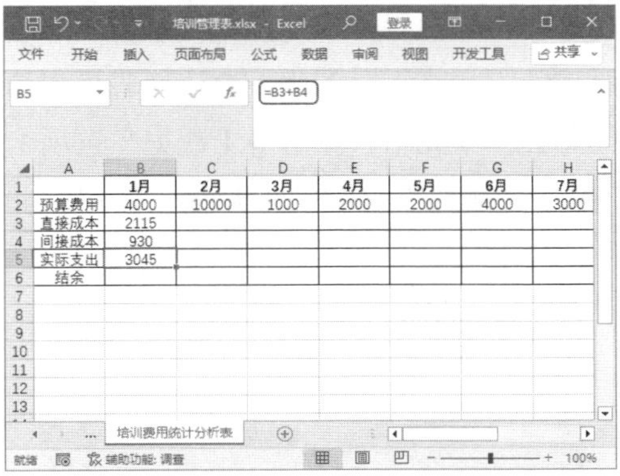

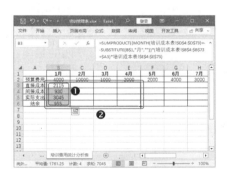

第5步 在B6单元格中输入公式"=B2-B5",计算出1月的培训费用结余,如右图所示。

第6步 ❶选择B3:B6单元格区域,❷向右拖动填充控制柄复制公式到C3:M6单元格区域,如下图所示,计算出各月培训费用的相关统计数据。

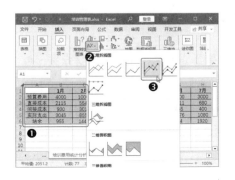

第7步 ❶选择A1:M6单元格区域,❷单击【插入】选项卡中的【插入折线图或面积图】按钮,❸在弹出的下拉列表中选择【带数据标记的折线图】选项,如下图所示。

第8步 ❶拖动鼠标调整图表的大小，❷选择图例，如下图所示，按【Delete】键删除。

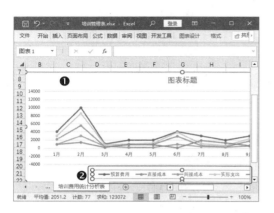

第9步 ❶选择图表中的所有数据系列，❷显示出【设置数据系列格式】任务窗格，❸在【填充与线条】界面的最下方选中【平滑线】复选框，如下图所示，将折线设置为平滑线。

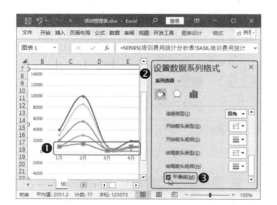

第10步 ❶为图表添加数据标签，❷选择纵坐标轴，❸在【设置坐标轴格式】任务窗格中的【坐标轴选项】选项卡中单击【坐标轴选项】按钮，❹在【类别】栏中设置类别为【数字】，小数位数为【0】，负数以带负号的红色数字显示，如下图所示。

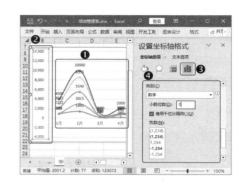

教您一招：通过按钮设置图表样式和配色方案

选择图表，在图表右侧会出现 🖌 按钮，单击该按钮，在弹出的面板中的【样式】选项卡中显示图表的样式，选择需要的样式即可应用于图表中；单击【颜色】文本，面板中将显示图表的配色方案，选择需要的配色方案即可应用于图表中。

第11步 目前图表中展示的数据系列太多，并不能直观体现数据，这时可以通过筛选的方式来拆分图表。❶选择表格中的任意数据单元格，❷单击【数据】选项卡【排序和筛选】组中的【筛选】按钮，如下图所示。

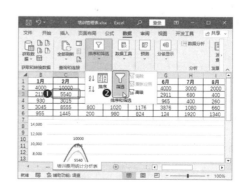

第12步● 进入自动筛选状态，❶单击A1单元格中的筛选按钮，❷在弹出的下拉列表中选中图表中需要展示的类别名称，如仅选中【实际支出】复选框，❸单击【确定】按钮，如下图所示。

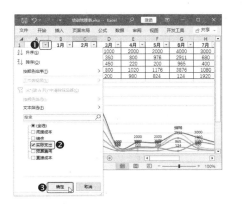

> **温馨提示**
> 在自动筛选下拉列表中同时选中两个项目类别的复选框，那么表格和图表中也将同时展示这两个项目对应的数据，但图表标题不会自动显示，需要手动进行设置。

第13步● 表格和图表中将只展示年度每月实际支出的培训费用，并且图表标题将自动显示为项目名称，接着可以对图表效果进行设置，如下图所示。

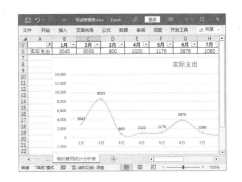

第14步● 如果需要对年度每月结余的培训费用进行分析，那么可以在表格中将结余数据筛选出来，并且图表也将只对每月结余的培训费用进行分析，如下图所示。

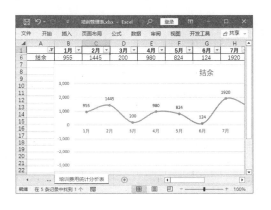

8.4.3 对培训考核结果进行分析

各部门各岗位培训的内容不一样，所以，在对培训结果进行分析时，需要根据实际情况来选择分析方式。如果在培训前先对员工进行了测试，那么可通过对培训前的成绩和培训后的成绩进行对比分析，得出培训的效果。如果只在培训后进行了考核，那么通过对培训成绩进行分析并不能看出培训的效果，这时可以利用数据透视表和数据透视图对培训考核结果进行多方位的分析，具体操作步骤如下。

第1步● ❶切换到【培训考核表】工作表，❷选择A1:G165单元格区域，❸单击【插入】选项卡【表格】组中的【数据透视表】按钮，如下图所示。

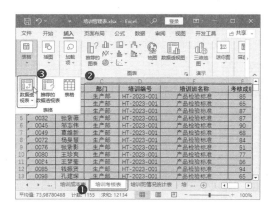

第2步 打开【来自表格或区域的数据透视表】对话框，❶选中【新工作表】单选按钮，❷单击【确定】按钮，如下图所示。

第3步 创建空白数据透视表，❶修改该数据透视表的名称为"培训考核结果分析表"，❷将【部门】字段拖动到【行】列表框中，将【考核结果】字段拖动到【列】和【值】列表框中，如右图所示。

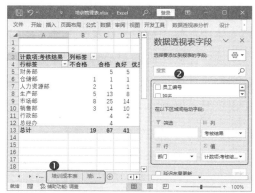

第4步 由于数据透视表中只显示了各部门考核合格的人数，如果要对各部门考核"不合格"人数、"良好"人数、"优秀"人数进行分析，就需要通过切片器进行筛选。❶选择数据透视表中的任意单元格，❷单击【数据透视表分析】选项卡【筛选】组中的【插入切片器】按钮，如下图所示。

第5步 打开【插入切片器】对话框，❶选中【考核结果】复选框，❷单击【确定】按钮，如下图所示。

第8章
案例实战：员工培训管理

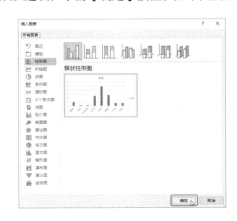

第8步 ▶ 打开【插入图表】对话框，保持默认选项，单击【确定】按钮，如下图所示。

第6步 ▶ 插入【考核结果】切片器，选择其中的【合格】选项，即可显示出各部门考核合格的人数，如下图所示。

第9步 ▶ 插入默认的柱形图数据透视图，为图表添加数据标签，并设置数据透视图的效果，最终效果如下图所示，可以更直观地看到各部门考核合格的人数。

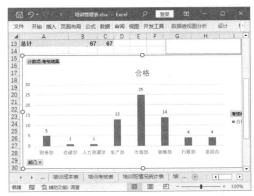

第7步 ▶ 单击【工具】组中的【数据透视图】按钮，如下图所示。

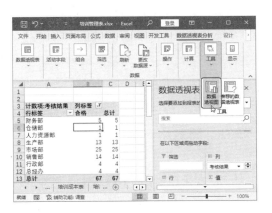

> **温馨提示** ●
>
> 使用【更改颜色】功能对图表颜色进行更改时，只能对图表中数据系列等组成部分的颜色进行更改，不能对图表原有的底纹颜色进行更改。

AI 答疑与点拨

在本章中为大家介绍了员工培训管理过程中常见表格的制作过程,在其中应用到的 Excel 知识,既有最基础的数字格式处理,又有稍微高级的数据计算和分析。下面结合本章内容,让 ChatGPT 为读者介绍一些工作中的实用经验与技巧,以帮助 HR 更好地利用 Excel 制作和处理人事表格。

01 通过高级筛选功能快速筛选出在职员工信息

收集的人事数据很多时,当要对表格中的数据进行多条件筛选,如果用常规方法依次设置筛选条件,就会很麻烦。当需要设置的筛选字段较多,且条件比较复杂时,用这种方法还容易出错,此时可以通过高级筛选来实现。具体如何操作,我们可以问一问 ChatGPT。

提问 Excel 中进行高级筛选时,筛选条件应该如何设置?

ChatGPT 在 Excel 中,高级筛选是一种更加高级的数据过滤技术,可以将筛选条件应用于多个列并提供更多的操作选项。以下是在 Excel 中进行高级筛选的一般步骤,以及如何设置筛选条件。

1. 将数据转换为表格(建议,但不是必须)。在 Excel 的【插入】选项卡中,选择【表格】选项,并按照提示将原始数据转换为表格。

2. 在表格中选择一个列标题单元格。在【数据】选项卡中选择【筛选】选项卡中,选择【高级】选项。

3. 在【高级筛选】对话框中,选择要筛选的数据区域(通常是整个表格)。

4. 如果数据区域包含列标题,则选择【包含列标题】选项。

5. 在【条件】区域中,使用下拉列表来选择一个要筛选的列。选择列后,将根据不同的数据类型显示不同的比较操作选项(如等于、不等于、大于、小于等)。

6. 在条件区域中填写值或单击【选择区域】按钮来选择筛选条件,如数据范围、单元格引用、常量等。

7. 选择【与】或【或】选项来连接多个筛选条件。根据需要添加更多条件。

8. 选择【Copy to another location】选项,将数据筛选结果复制到新的位置。

9. 在【Copy to】区域中选择新的位置,存储筛选结果。

第8章 案例实战：员工培训管理

10. 选择【OK】以应用所选的高级筛选条件并复制筛选结果到新的位置。

需要注意的是，在设置筛选条件时，必须根据实际需求选择正确的数据类型和比较操作符，并验证筛选条件是否正确。此外，高级筛选功能还支持更高级的操作，如使用公式、正则表达式等，可以根据实际需要进行选择。

ChatGPT将高级筛选的设置步骤详细地解说了一遍，下面举例说明。例如，要在【员工信息表】工作表中通过高级筛选方法筛选出2020年前入职的在职员工信息，具体操作步骤如下。

第1步 打开"同步学习文件\素材文件\第8章\员工信息表.xlsx"文件，❶在数据区域下方的空白单元格中输入筛选条件，❷选择数据区域内的任意单元格，❸单击【数据】选项卡【排序和筛选】组【筛选】中的【高级】按钮，如下图所示。

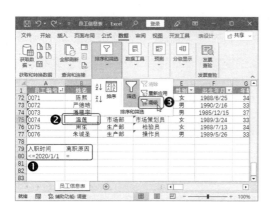

> **温馨提示**
> 通过高级筛选功能筛选数据时，一定要根据被筛选区域中的字段名称来设计筛选条件，保证名称一致，才能起到筛选的作用。

教您一招：输入"或"关系的筛选条件区域数据

如果要筛选的条件是"或"关系，即只要满足其中的一个条件就能被筛选出来，那么在设置筛选条件时，需要将不同字段的筛选条件放在不同的行中。本例中将筛选条件放在同一行中，是因为它们的筛选关系是"与"关系，必须两个条件都满足时才会被筛选出来。

第2步 打开【高级筛选】对话框，❶【列表区域】参数框中自动设置了参数区域（若有误，需手动修改），将文本插入点定位在【条件区域】参数框中，在工作表中拖动鼠标选择刚刚设置的筛选条件放置区域，❷单击【确定】按钮，如下图所示。

第3步 返回工作表，即可看到筛选出了未离职且于2020年前入职的员工信息，如下图所示。

会导致表格内容难以读取。

2. 断开并打印列标题：在【页面布局】选项卡中，选择【打印标题】选项。选择【在一页之后】选项，然后在【行】文本框中输入要断开打印的行号。这将断开表格并在每页顶部打印列标题。

3. 使用缩放选项：在【页面布局】选项卡中，可以使用【缩放比例】选项来缩小或放大文档。通过调整文档缩放比例，可以将整个表格打印到一个或多个页面中，要注意不能将比例设置得太小。

4. 分隔线：可以在Excel中添加分隔线将表格内容分成多个可打印的部分。在【页面布局】选项卡中，选择【分隔线】选项，然后选择要添加分隔线的列和行。这将使表格内容分成不同的部分，每个部分在单独的页面上打印。

5. 连接文档：在【页面布局】选项卡中，可以使用【连接多页】选项将文档连接在一起。这将允许您在多个页面上打印整个表格内容，并将它们连接在一起以生成一个统一的文档。

需要注意的是，在打印表格时，应该预览打印文档，并进行必要的调整，以保证打印的质量和完整性。

根据ChatGPT的提示，我们不仅能将表格内容打印到多页中，还能通过设置打印到一页中。其实要将一个工作表分为多

02 插入分页符对表格进行分页

当制作的表格需要手动填写某些内容，或需要以纸质的形式进行传阅和保存时，就需要将表格打印出来。默认情况下，一页中能打印多少内容就会打印多少内容到该页面中，不能打印的部分再换页打印。但有时候需要将本可以打印在一页上的内容分两页甚至多页来打印，应该如何实现呢？

提问 如何将表格内容打印到多个页面中？

ChatGPT 如果要将一个大表格的内容打印到多个页面中，Excel提供了如下简便的方法。

1. 调整页面大小：在【页面布局】选项卡中，可以通过选择【大小】和【缩放】选项来更改打印页面大小。如果将页面大小设置得适合您的表格，可以将所有内容打印到一张纸张上。但请注意，设置太小的页面大小可能

页进行打印最常用的方法是在工作表中插入分页符对表格进行分页。

第1步 ▶ 打开"同步学习文件\素材文件\第8章\培训费用明细表.xlsx"文件，❶选择要进行分页的单元格，本例将把1季度的费用明细打印到一页，所以，选择F33单元格，❷单击【页面布局】选项卡【页面设置】组中的【分隔符】按钮，❸在弹出的下拉列表中选择【插入分页符】选项，如下图所示。

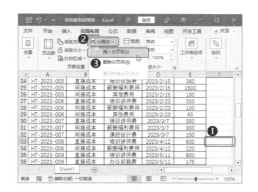

第2步 ▶ 即可在F33单元格前面和上方添加两条灰色的分隔线，为了方便查看，可以单击【视图】选项卡【工作簿视图】组中的【分页预览】按钮，如下图所示。

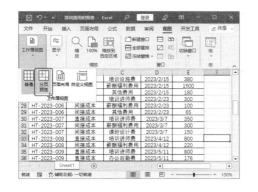

第3步 ▶ 进入分页预览视图，即可更清晰地查看分页后的效果，如下图所示。

教您一招：在分页预览视图中调整页面中显示的内容范围

单击状态栏中的【分页预览】按钮，也可以进入分页预览视图。在该视图中，将鼠标指针移动到页与页之间的蓝紫色分页符上，然后拖动鼠标可以更直观地调整表格分页符的位置。

03 将表格变成网页文件，便于上传到网站

若公司有企业内网，也就是自己的网站，为了方便下载表格或是在线填写表格，HR可以将表格保存为网页文件，便于将其直接上传到网站中。

提问 如何将表格变成网页文件？

ChatGPT 在Excel中将表格转换为网页文件可以很方便地将数据发布到网站或共享给其他人。以下是

在Excel中将表格转换为网页文件的步骤。

1. 打开Excel表格，选择要转换的表格。

2. 单击【文件】选项卡，选择【另存为】选项。

3. 在【另存为】对话框中，在【文件类型】下拉列表中，选择【网页(.htm/.html)】选项。

4. 在下方进行更多保存选项的设置。例如，可以选择是将整个工作簿或者单个工作表保存为网页，以及选择用作页标题的文本。

5. 单击【确定】按钮，返回【另存为】对话框。

6. 在【另存为】对话框中，指定要保存的目录和文件名，然后单击【保存】按钮。

7. Excel将生成一个网页文件，并将表格数据包括在内，可以在任何网页浏览器中查看和访问该文件。

需要注意的是，在将表格转换为网页时，Excel会尝试在生成的网页文件中包含原始表格的样式和格式。但是，在某些情况下，由于浏览器的差异或其他问题，生成的网页文件的视觉效果可能会稍有不同。因此，在转换表格为网页时，建议进行测试和预览，以确保生成的网页文件的质量和准确性。

根据ChatGPT的提示，我们就能将表格变成网页文件了。下面，找一个案例来实操一下。例如，要将培训需求调查表保存为网页文件，具体操作步骤如下。

第1步 ► 打开"同步学习文件\素材文件\第8章\培训需求调查表.xlsx"文件，按【F12】键打开【另存为】对话框，❶在【保存类型】下拉列表框中选择【网页】或【单个文件网页】选项，❷单击【保存】按钮，如下图所示。

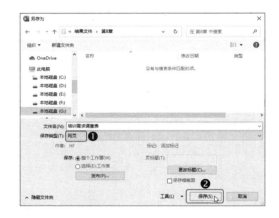

第2步 ► 在打开的提示对话框中单击【是】按钮，如下图所示。

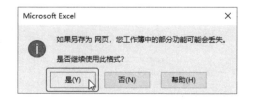

第3步 ► 系统自动将表格变成网页或是单个文件网页，保存在指定的位置，如下图所示。

第 8 章
案例实战：员工培训管理

第4步 直接在网页或单个文件网页图标上双击，系统自动以网页形式打开表格，如右图所示。

第 9 章

案例实战：绩效考核管理

本章导读

绩效考核管理在企业人力资源管理中占据着核心地位，发挥着重要的作用，与人力资源管理的其他几个模块相辅相成。该项工作又划分为两大部分：绩效管理和绩效评估，前者是一种让员工完成工作的提前投资，通过绩效管理，员工知道企业希望他们做什么，必须把工作做到什么样的程度，需要有哪些输出；后者是对员工过去一定时间内的工作表现和工作成果给予考核、评判和总结，来判定以前的绩效管理手段是否有效，起到了多大的作用，弥补绩效管理中的不足。本章将围绕绩效管理和分析，借助 ChatGPT 帮助 HR 通过量化的数字来辅助自己开展工作。

9.1 使用 ChatGPT 了解绩效考核管理

每个企业都是要追求利益的，不然就没有存在的价值了。所以企业对员工的价值也需要评估，而绩效考核就是最常见的形式。绩效考核是针对企业中每个员工所承担的工作，应用各种科学的方法，对员工的工作行为、工作效果或对企业的贡献进行评价。想深入了解绩效考核相关的内容，不如与ChatGPT聊一聊。

9.1.1 绩效考核的意义

建立科学的绩效考核制度，实现全员考核和全面考核，是企业提升管理水平和推动可持续发展的必要条件之一，也是企业人力资源管理的核心内容之一。在进行员工考核之前，可以问一问ChatGPT为什么要进行绩效考核。

> **提问** 为什么要进行绩效考核？
>
> **ChatGPT** 绩效考核是一个管理机制和管理工具，其目的在于使员工有更好的工作表现，提高员工的工作效率和绩效水平，激励员工实现工作目标，同时也有助于落实公司的战略目标。以下是进行绩效考核的主要原因。
>
> 1. 增强工作动力：员工要求自己在培养专业技能、提升工作能力和提高绩效等方面不断进步，绩效考核可以根据关键绩效指标的表现结果，量化表现价值，激励员工进一步提升绩效水平，增强工作动力。
>
> 2. 优化工作方法：绩效考核可以帮助企业发现员工在工作中的优点和不足之处，并针对不足进行改进，进一步优化工作方法，提高生产效率。
>
> 3. 促进效率和效果并重：绩效考核可以通过制订计划、任务分配、基于执行结果进行考核、反馈和沟通等方式，促进员工工作能力的提高和企业运营效益的提升。
>
> 4. 鼓励卓越表现：绩效考核可以激励员工"好的表现"，避免无所事事的冷漠，鼓励员工在个人努力和自我发展方面不断努力，提高员工工作积极性和创造力，从而帮助企业实现战略目标。
>
> 因此，绩效考核不仅是人力资源管理工作的一项重要任务，也是企业优化运营模式、加强人才管理和激励员工的重要手段之一。

由此可知，绩效考核是企业管理的重要手段之一，可以帮助企业提高绩效和生产效率，促进员工的发展和成长，进而实现企业的长期发展目标。只有明白了绩效考核的意义，才能在接下来的管理中更加游刃有余。

9.1.2 了解绩效考核管理的工作内容

绩效考核管理需要做些什么工作呢？为了更好地开展绩效管理工作，来看看ChatGPT是如何解释绩效考核管理的工作内容的。

> **提问** 绩效考核管理的工作内容有哪些？

> **ChatGPT** 绩效考核管理的工作内容包括如下内容。

1．制定考核指标和标准：制定符合公司战略和员工实际工作需要的考核指标和标准，如绩效目标、工作任务完成情况、工作质量、工作态度等。

2．确定考核周期和方法：确定考核周期和方式，如月度、季度或年度考核，采用定量和定性相结合的方法对员工工作表现进行评估和考核。

3．各部门或项目的考核排名：对各部门或项目的绩效考核结果进行排名，根据排名情况确定相应的激励措施和对应改进方案。

4．绩效考核结果分析：对绩效考核结果进行分析，了解员工表现和潜在问题，找出提高绩效的关键因素和瓶颈，并有针对性地制订相应的个人发展计划和改进方案。

5．反馈和沟通：向员工提供明确的绩效考核结果反馈，及时和员工进行沟通交流，解释考核结果，帮助员工提高工作能力和绩效水平。

6．奖惩和激励：根据绩效考核结果，对员工进行奖惩和激励，如奖金、晋升或培训等。

7．绩效考核管理软件：应用绩效考核管理软件，帮助企业建立更加高效的绩效管理系统，实现绩效管理工作的数字化和自动化。

8．监测和改进：对绩效考核过程进行监测和改进，逐步优化绩效考核过程和管理方法，提高绩效考核的精确性和科学性。

因此，绩效考核管理的工作内容十分丰富，需要对每个环节的工作进行认真规划，以保证企业能够有效提高员工的绩效水平，提高企业的核心竞争力。

从以上回复可知，对绩效考核进行管理，包括设置考核指标和标准、执行考核、反馈和沟通等。实际工作中，可以根据公司的战略和业务需要，建立与之相匹配的绩效考核体系，并结合员工工作特点采取多种方式综合考核，让考核更加科学规范。

9.1.3 制定合理的绩效考核制度

想要开展好绩效考核工作，需要制定合理的绩效考核制度，帮助公司建立明确的绩效标准和评价体系，激发员工的工作积极性和创造力，推动公司实现持续发展。

下面来咨询一下ChatGPT具体如何制定绩效考核制度。

提问 如何制定合理的绩效考核制度？

ChatGPT 制定合理的绩效考核制度，需要考虑多个方面，以下是一些制定合理绩效考核制度的建议。

1. 确定考核指标：确定绩效目标和关键考核指标，并根据员工具体岗位和职责、工作环境、工作内容确定指标内容，让考核指标能够最大程度反映员工能力。

2. 确定考评组成人员：选定合适的考评小组，包括员工上级、同事、下级、其他部门和客户，以确保绩效考核的公正性和客观性。

3. 制定考核标准：根据设定的绩效目标和考核指标，设置科学、合理和公正的考核标准。考核标准宜量化，明确绩效标准和工作标准，以便监控和量化评估绩效表现。

4. 定期进行绩效考核：定期对员工进行绩效考核，包括年度绩效考核和季度性或月度性的绩效考核，以便及时发现问题并改进。

5. 及时反馈和沟通：及时向员工反馈绩效考核结果，与员工进行沟通。

6. 采取多种奖惩方式：针对员工绩效水平和考核绩效结果，定期进行奖惩，如工资调整、晋升升职、奖金、培训和工作简化，等等。

总之，制定合理而有效的绩效考核制度，需要一个科学合理及明确的绩效目标、量化的考核标准和可供查看的绩效指标、公正公平的考评流程。通过公正的评估，及时反馈和沟通，从而优化员工绩效表现，提高企业生产效率。

从以上回复可知，合理的绩效考核制度除了有完善的考评依据和考评团队，最主要是对员工的岗位表现和工作贡献进行量化、客观的评价。这些量化后的结果就可以进一步在Excel中进行分析了。

接下来，列举几个案例，讲解Excel在绩效考核管理中的实战应用。

9.2 制作绩效考核表

案例背景

绩效考核是针对企业中每个员工所承担的工作，应用各种科学的方法，对员工的工作行为、工作效果进行评价。考核是激励员工的重要手段，能促使员工不断提高工作积极性与主动性，促进各项工作的顺利开展。不同的企业、不同的部门，其绩效考核标准和考核项目、考核时间会有所区别，所以绩效考核人员在制作绩效考核表时要根据企业和部门自身特点来灵活确定考核标准和考核项目。

本例使用Excel制作年度绩效考核表，通过对员工的工作能力、工作态度及其他各个方面进行评价和统计，判断该员工是否符合当前岗位的基本要求。制作完成后的效果如下图所示。实例最终效果见"同步学习文件\结果文件\第9章\绩效考核表.xlsx"文件。

员工编号	姓名	部门	考勤考评	工作能力	工作态度	奖惩记录	绩效总分	评定结果	年终奖
0005	常珂熙	市场部	8	38	38	8	92	优	5000
0008	毕珞茹	总经办	8	35	38	10	91	优	5000
0051	曹康轩	市场部	10	38	34	6	88	优	5000
0001	陈果	市场部	10	38	39	0	87	优	5000
0033	尤秀琳	销售部	7	34	35	10	86	优	5000
0002	张达鸣	行政部	10	36	38	1	85	优	5000
0003	施芳	财务部	8	36	35	6	85	优	5000
0021	金鹭	总经办	5	35	38	7	85	优	5000
0004	喻梦纤	市场部	9	32	37	6	84	优	5000
0016	冯雨	仓储部	8	38	34	4	84	优	5000
0025	傅瑶芸	财务部	9	31	36	8	84	优	5000
0048	喻子孝	生产部	5	35	35	9	84	优	5000
0006	许瑶荟	财务部	6	37	35	4	82	优	5000
0053	邬荔媛	销售部	7	38	28	9	82	优	5000
0064	傅文林	人力资源部	8	38	32	4	82	优	5000
0020	陶桂珍	销售部	4	33	34	10	81	优	5000
0059	冯泰恒	市场部	9	34	35	3	81	优	5000
0040	周雅婵	行政部	3	38	32	7	80	优	5000
0010	施尚林	生产部	3	34	36	6	79	良	4000
0023	唐静芯	总经办	10	35	27	6	78	良	4000
0034	常展轩	行政部	8	23	38	9	78	良	4000
0041	李舒菁	人力资源部	3	30	37	8	78	良	4000
0045	秦昭智	生产部	5	29	35	9	78	良	4000
0062	孔彰振	市场部	6	35	32	5	78	良	4000
0007	康薇惠	财务部	9	32	34	2	77	良	4000
0030	魏珲鑫	人力资源部	5	35	30	7	77	良	4000
0036	胡媛静	人力资源部	10	37	29	1	77	良	4000

员工编号	0001
姓名	陈果
部门	市场部
考勤考评	10
工作能力	38
工作态度	39
奖惩记录	0
绩效总分	87
评定结果	优
年终奖	5000

部门	考勤考评	工作能力	工作态度	奖惩记录	绩效总分	评定结果	年终奖
销售部	7	34	35	10	86	优	5000
销售部	7	38	28	9	82	优	5000
销售部	4	33	34	10	81	优	5000

第9章
案例实战：绩效考核管理

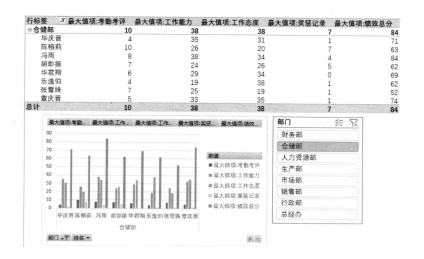

9.2.1 计算员工绩效考核成绩和年终奖

很多企业发放年终奖都是根据当年的年终绩效考核成绩来判断的，所以，HR在制作绩效考核表时，可根据考核成绩或评定结果来判断员工年终奖的多少。计算员工绩效考核成绩和年终奖的具体操作步骤如下。

第1步 打开"同步学习文件\素材文件\第9章\绩效考核表.xlsx"文件，在H2单元格中输入公式"=SUM(D2:G2)"，如下图所示，统计出第一个员工的绩效总分。

第2步 在I2单元格中输入计算公式"=IF(H2>=80,"优",IF(H2>=65,"良","差"))"，判断出第一个员工绩效等级的评定结果，如下图所示。

> **温馨提示**
>
> 公式"=IF(H2>=80,"优",IF(H2>=65,"良","差"))"表示，若H2单元格中的分数大于等于80，则I2单元格中将返回结果"优"；大于等于65则返回结果"良"；小于60则返回结果"差"。

第3步 在J2单元格中输入公式"=IF(I2="优",5000,IF(I2="良",4000,3000))",判断出第一个员工的年终奖,如下图所示。

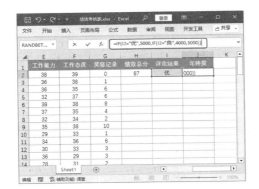

第4步 ❶选择H2:J2单元格区域,❷将鼠标指针移动到所选区域的右下角,显示出填充控制柄并双击,如下图所示,复制公式到下方的空白区域,得到其他员工的绩效总分、评定结果和年终奖。

教您一招:快速输入要复制的公式

如果单元格中的公式可以通过复制单元格得到,那么可以先选择这些单元格,然后输入所选第一个单元格中的公式,最后按【Ctrl+Enter】组合键进行统一输入。注意,编写公式时需要以选择的第一个单元格来进

行编写。如果公式中有相对引用,那么其位置会根据所选单元格与当前单元格中的位置进行变动,原理与复制公式相同。

9.2.2 突出显示单元格中符合条件的值

在统计和分析人力资源数据时,有时为了查看某些特殊的数据,需要突出显示单元格中的值,这时可以使用条件格式快速突出显示单元格中满足一定条件的值。本例中,【奖惩记录】列的数据总分是10分,基础分为5分,有奖励的就会高于5分,有惩罚的就会低于5分。为了便于区分,可突出显示低于5分的数据,具体操作步骤如下。

第1步 ❶选择G2:G77单元格区域,❷单击【开始】选项卡【样式】组中的【条件格式】按钮,❸在弹出的下拉列表中选择【突出显示单元格规则】选项,❹在弹出的下级菜单中选择【小于】选项,如下图所示。

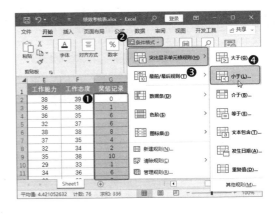

第2步 ▶ 打开【小于】对话框，❶在【为小于以下值的单元格设置格式】文本框中输入"5"，❷在【设置为】下拉列表框中选择【红色文本】选项，❸单击【确定】按钮，如下图所示。

第3步 ▶ 返回工作表中，即可看到已经突出显示所选单元格区域中值小于5的数字，如下图所示。

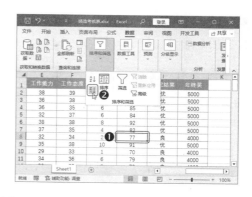

第2步 ▶ 返回工作表编辑区，即可看到对绩效总分进行降序排列的效果，如下图所示。

9.2.4 找出指定条件绩效考核数据

在对员工的绩效考核成绩进行分析前，通常情况下，需要将符合一定条件的人员考核成绩数据从众多数据中找出来。但是在具体操作前，需要备份好数据源，避免后期找不到分析前的原始数据，具体操作步骤如下。

9.2.3 按评定结果进行降序排列

如果一个表格数据经常需要按某个顺序查看，可以使用Excel提供的排序功能进行排序。例如，本例中主要长期查看【绩效总分】列数据，并希望按从高到低的顺序排列，设置排序的具体操作步骤如下。

第1步 ▶ ❶选择H列中的任意非空单元格，❷单击【数据】选项卡【排序和筛选】组中的【降序】按钮，如右图所示。

第1步 ▶ ❶修改Sheet1工作表的名称为"考核数据"，❷复制【考核数据】工作表并粘贴，将其重命名为"销售部考核数据"，

313

❸在L2:N3单元格区域中输入高级筛选条件，如下图所示。

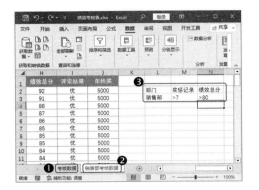

第2步 单击【数据】选项卡【排序和筛选】组中的【高级】按钮，如下图所示。

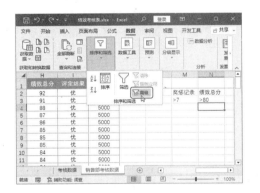

第3步 打开【高级筛选】对话框，❶选中【在原有区域显示筛选结果】单选按钮，❷在【列表区域】文本框中引用A1:J77单元格区域，❸在【条件区域】文本框中引用L2:N3单元格区域，❹单击【确定】按钮，如右图所示。

温馨提示●

在【高级筛选】对话框中选中【将筛选结果复制到其他位置】单选按钮，可以在

【复制到】文本框中设置筛选结果要复制到的起始单元格。

第4步 系统自动筛选出销售部门获得奖励超过2分，且绩效总分超过80分的考核数据，如下图所示。

温馨提示●

数据筛选完成后，可以将前期设置的筛选条件区域内的数据删除，不会影响已经筛选出的结果。

9.2.5 使用数据透视表/图分析各部门的绩效考核成绩

在查看绩效考核结果时，除了需要对每位员工的绩效考核成绩进行分析，还经常需要按部门来进行统计分析，因为需要查看多个部门的统计数据，用筛选的方法来统计就会比较烦琐。此时，通过数据透

第 9 章
案例实战：绩效考核管理

视表/图能轻松实现，具体操作步骤如下。

第1步 ❶选择【考核数据】工作表中的任意非空单元格，❷单击【插入】选项卡【表格】组中的【数据透视表】按钮，如下图所示。

> **温馨提示**
> 创建数据透视表时，添加字段的先后顺序也会影响数据透视的最终效果。

第2步 打开【来自表格或区域的数据透视表】对话框，保持默认设置，单击【确定】按钮，如下图所示。

第3步 ❶将新建的工作表名称更改为"绩效考核分析表"，❷在【数据透视表字段】任务窗格中的【选择要添加到报表的字段】列表框中选中【姓名】【部门】【考勤考评】【工作能力】【工作态度】【奖惩记录】【绩效总分】复选框，如下图所示。

第4步 在【数据透视表字段】任务窗格的【行】列表框中选择【部门】选项，并按住鼠标左键不放将其拖动到【姓名】选项的上方，此时数据透视表中的同部门数据就排列在一起，并进行了汇总，如下图所示。

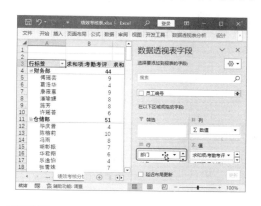

第5步 ❶选择数据透视表中的任意一个单元格，❷单击【数据透视表分析】选项卡【操作】组中的【移动数据透视表】按钮，如下图所示。

315

第6步 ● 打开【移动数据透视表】对话框，❶选中【现有工作表】单选按钮，❷在【位置】文本框中将【A3】更改为【A1】，❸单击【确定】按钮，如下图所示。

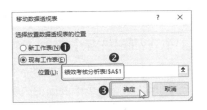

第7步 ● 移动数据透视表到设置的单元格中，❶在【数据透视表字段】任务窗格的【值】列表框中选择第一个选项，并单击其右侧的下拉按钮，❷在弹出的下拉列表中选择【值字段设置】选项，如下图所示。

第8步 ● 打开【值字段设置】对话框，❶在【值汇总方式】选项卡下的列表框中选择【最大值】选项，❷单击【确定】按钮，如下图所示。

第9步 ● 返回工作表中可以看到，数据透视表中的【考勤考评】字段从值汇总方式变更为求最大值方式了，所有数据汇总时都会统计出相应的考勤考评成绩的最大值。使用相同的方法修改【工作能力】【工作态度】【奖惩记录】【绩效总分】字段的值汇总方式为求最大值，完成后的效果如下图所示。

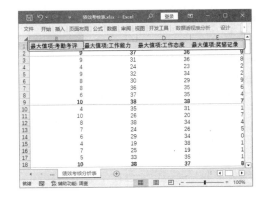

第9章
案例实战：绩效考核管理

第10步 ❶选择数据透视表中的任意单元格，❷单击【数据透视表分析】选项卡【工具】组中的【数据透视图】按钮，如下图所示。

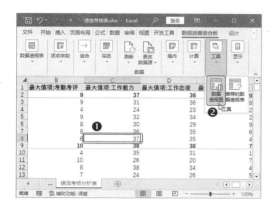

第11步 打开【插入图表】对话框，保持默认选择的【簇状柱形图】选项，单击【确定】按钮，如下图所示。

第12步 ❶选择插入的数据透视图，❷单击【数据透视图分析】选项卡【筛选】组中的【插入切片器】按钮，如右图所示。

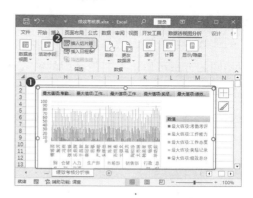

第13步 打开【插入切片器】对话框，❶选中【部门】复选框，❷单击【确定】按钮，如下图所示。

第14步 在插入的切片器中选择【财务部】选项，数据透视表和数据透视图中将筛选出【财务部】各员工的绩效考核信息，如下图所示。

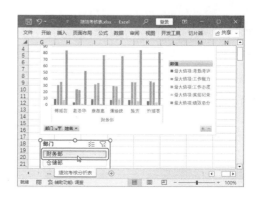

317

第15步● 使用相同的方法筛选出仓储部员工的绩效考核数据，效果如下图所示。使用相同的方法可以查看其他部门的绩效考核数据。

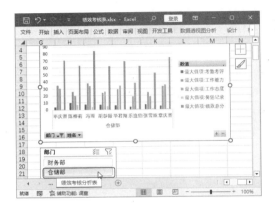

9.2.6 制作考核查询表

当绩效考核表中的数据较多时，单独查看某个员工的考核成绩就比较麻烦，此时可以通过VLOOKUP函数根据员工编号显示出员工的姓名和其他考核信息，快速查询各个员工的绩效考核成绩。具体操作步骤如下。

第1步● ❶新建一个工作表，并重命名为"绩效考核查询表"，❷在A1:B10单元格区域中输入相应的数据，并对单元格格式进行设置，❸选择B1单元格，❹单击【数据】选项卡【数据工具】组中的【数据验证】按钮，如右图所示。

第2步● 打开【数据验证】对话框，❶在【设置】选项卡的【允许】下拉列表中选择【序列】选项，❷在【来源】文本框中输入引用的单元格区域【=考核数据!$A$2:$A$77】，如下图所示。

第3步● 选择【出错警告】选项卡，❶在【样式】下拉列表中选择【停止】选项，❷在【错误信息】文本框中设置出错警告对话框中要显示的提示信息，❸单击【确定】按钮，如下图所示。

第4步 在B2单元格中输入计算公式"=VLOOKUP($B$1,考核数据!A1:J77,2,FALSE)",按【Enter】键计算出结果,如下图所示。

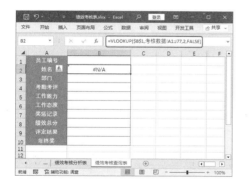

温馨提示
公式"=VLOOKUP($B$1,考核数据!A1:J77,2,FALSE)"表示,根据B1单元格中的员工编号在【考核数据】工作表A1:J77单元格区域中横向查找第2列中与B1单元格相同的值。

第5步 ❶复制B2单元格中的公式,计算出B3:B10单元格区域,❷分别对B3:B10单元格区域中公式横向查找的列数参数进行修改,必须与数据源中的列数完全相同,如下图所示。

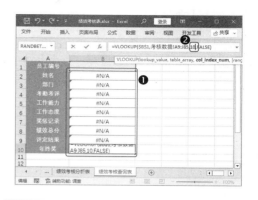

第6步 ❶在B1单元格中输入"0001",❷按【Enter】键,会打开提示对话框,提示输入的员工编号不存在,单击【取消】按钮,如下图所示。

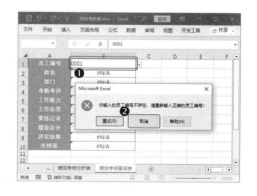

第7步 在【考核数据】工作表中查看A列中的数据,发现编号"0001"的员工信息是存在的。那么检查【绩效考核查询表】工作表中的表格框架设计是否有误。发现是单元格格式设置出错,系统将输入的"0001"理解为"1"了,与设置的数据验证允许输入的条件内容不符,所以提

319

示出错。于是，❶选择B1单元格，❷在【开始】选项卡【数字】组的下拉列表框中选择【文本】选项，如下图所示。

第8步 ❶在B1单元格中输入"0001"，❷按【Enter】键，显示出查询的结果，如下图所示，发现返回的查询数据出错。

第9步 仔细检查公式后，发现公式返回结果出错的原因是复制公式时，其中的单元格引用区域出错。所以，依次将B2:B10单元格区域中公式横向查找的区域参数修改为"考核数据!$A$1:$J$77"，即对【考核数据】工作表中的A1:J77单元格区域进行绝对引用。这样就能正确返回该员工编号对应的考核信息了，如下图所示。

温馨提示

在实际工作中，编写不熟悉或者复杂一些的公式时一般需要多次修改才能完成。编写完成后最好多用几组数据对公式的运行结果进行验证，从源头上保证公式的正确性，避免后期数据出错带来更大的影响。

涉及公式的复制时，一定要注意单元格引用正确与否。如本例中如果一开始就将被复制的公式中的单元格引用修改为绝对引用，就可以避免很多不必要的修改。

9.3 制作员工业绩评定表

🔊 案例背景

绩效考核是根据给定的工作目标和绩效标准，对员工的工作任务完成情况及业绩进行评估，并将评估结果反馈给员工的过程，是企业人力资源管理的重要内容，更是企业

第 9 章
案例实战：绩效考核管理

管理强有力的手段之一。业绩评定表可以根据所限定的因素来对员工的绩效进行考核并评出等级，不仅使用方便，给员工反馈情况时也可以做到一目了然，所以业绩评定表在人力资源管理中广受欢迎，HR需要掌握其制作方法。

本例将制作一份较为通用的业绩评定表，会使用大量公式让整个评定表能自动进行数据计算、评估等，制作完成后的示例如下图所示。实例最终效果见"同步学习文件\结果文件\第9章\业绩评定表.xlsx"文件。

业绩评定表							
姓名	何静		销售分区	销售二区		评估日期	2023/2/6
月份	阶段完成业绩（金额）	完成任务比重（%）(A)	综合排名	业绩考评分析（等级）	单项得分（满分100）(B)	加权得分(B)×50%	评估
1月	¥ 57,919	82.74%	14	3	83	41	良
2月	¥ 69,678	99.54%	16	3	100	50	良
3月	¥ 74,948	107.07%	12	3	100	50	良
4月	¥ 29,415	42.02%	30	4	42	21	差
5月	¥ 69,784	99.69%	12	3	100	50	良
6月	¥ 97,361	139.09%	3	1	100	50	特优
7月	¥ 64,989	92.84%	16	3	93	46	良
8月	¥ 33,432	47.76%	29	4	48	24	差
9月	¥ 43,109	61.58%	23	4	62	31	差
10月	¥ 96,322	137.60%	5	1	100	50	特优
11月	¥ 60,213	86.02%	17	3	86	43	良
12月	¥ 65,657	93.80%	14	3	94	47	良
加权平均得分	41.92						

直接主管签字 _____
员工签字 _____
部门经理签字 _____

9.3.1 制作和设置表格格式

业绩评定表可以是独立的，也可以是绩效考核表中的一部分。为了对指定时间段内的员工业绩进行更加细化的评估或评定，本例单独制作业绩评定表，具体操作步骤如下。

第1步 ▶ 打开"同步学习文件\素材文件\第9章\销售业绩表.xlsx"文件，❶将工作簿以"员工业绩评定表"为名进行另存，❷修改Sheet1工作表的名称为"销售业绩表"，❸新建工作表并将其重命名为"评定表"，❹输入如右图所示的表格具体内容并

进行字体格式、行高列宽等设置。

第2步 ▶ ❶选择C4:C15单元格区域，❷在【开始】选项卡【数字】组中的列表框中设置数据类型为【百分比】，如下图所示。

第3步 取消选中【视图】选项卡【显示】组中的【网格线】复选框,取消工作表中显示的网格线,如下图所示。

9.3.2 使用函数显示出附加信息

业绩评定表标题与表格之间一般都有一些附加信息,如员工姓名、销售分区、评估日期等,为了使附加信息也能实现自动化填写,可以通过IF、VLOOKUP和TODAY函数来实现。

第1步 在D2单元格中输入公式"=IF(B2="","",VLOOKUP(B2,销售业绩表!$B$1:$O$36,2,0))",如右图所示,根据输入的员工姓名查找出该员工所属的销售分区。

第2步 在B2单元格中输入【销售业绩表】工作表中的任意一个员工姓名,如输入"章森",之后按【Enter】键,将自动查找出该员工对应的销售分区,如下图所示。

第3步 在G2单元格中输入计算公式"=TODAY()",返回系统当前显示的日期,如下图所示。

9.3.3 插入批注进行补充说明

对业绩评定时，需要让评估者知道一些关键信息，如目标业绩是多少，权重比例是多少，保证评估人能使用正确系数进行计算。这些信息可以直接显示在表格的最下方，也可以用批注的方式进行补充说明。

本例因为需要在计算机上操作，所以直接以批注的方式添加到对应的单元格中即可让评估者获取信息。插入批注进行说明的具体操作步骤如下。

第1步 ❶选择需要添加批注内容的C3单元格，❷单击【审阅】选项卡【批注】组中的【新建批注】按钮，如下图所示。

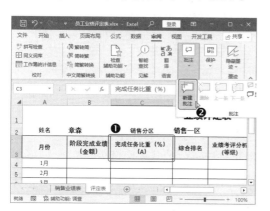

第2步 新建一个批注框，❶在其中输入批注内容"员工每月销售业绩目标为70000元"，❷在【开始】选项卡【字体】组中将批注框中的文本字号设置为【11】，❸选择批注框中的"70000"，❹单击【加粗】按钮加粗显示，如右图所示。

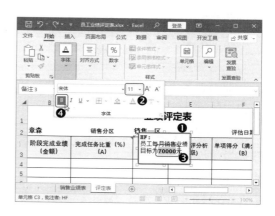

第3步 选择其他单元格后，插入的批注将自动隐藏，只在单元格右上角显示出一个红色的三角形标记。使用相同的方法在G3单元格中创建批注，对加权或是权重比值进行说明，如下图所示。

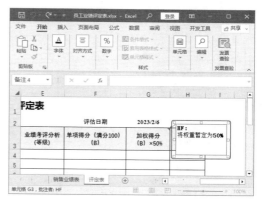

> **教您一招：编辑批注**
>
> 如果需要对批注框中的内容进行修改，直接选择批注框是不能进行修改的，需要选择批注框所在的单元格，右击，在弹出的快捷菜单中选择【编辑批注】选项，此时光标将定位到批注框中，然后就可以对批注框中的内容进行修改或编辑了。

9.3.4 使用函数和公式计算各项数据

业绩评定表一般都是根据已有的数据进行评估、评定，所以，HR可使用公式和函数自动进行评定，提高准确性和效率，具体操作步骤如下。

第1步 ❶复制D2单元格中的公式，选择B4:B15单元格区域，❷将复制的公式粘贴到编辑栏中，并将公式修改为"=IF($B$2="","",VLOOKUP($B$2,销售业绩表!$B$1:$O$36,3,0))"，如下图所示。

第2步 ❶按【Ctrl+Enter】组合键，计算出B4:B15单元格区域的结果。由于公式查找的列数都相同，因此B4:B15单元格区域的计算结果都相同，但是B5:B15单元格区域的计算结果并不正确，还需要对其进行修改。❷选择B5单元格，❸根据要返回的绩效成绩月份在查找区域中所在的位置，在编辑栏中将公式中查找的列数更改为"4"，如右图所示。

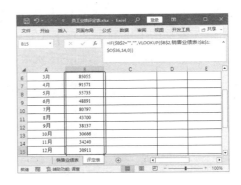

第3步 按【Enter】键计算出正确的结果，然后使用相同的方法分别对B6:B15单元格区域中的公式进行修改，计算出正确的结果，如下图所示。

第4步 ❶选择C4:C15单元格区域，❷在编辑栏中输入公式"=B4/70000"，如下图所示。

第9章 案例实战：绩效考核管理

第5步 ❶按【Ctrl+Enter】组合键计算出各月完成任务的比重，❷选择D4:D15单元格区域，❸在编辑栏中输入公式"=RANK.EQ(B4,销售业绩表!D2:D36,0)"，如下图所示。

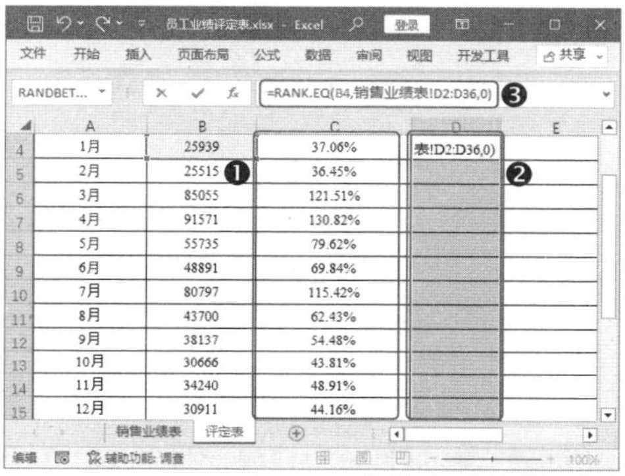

温馨提示
公式"=RANK.EQ(B4,销售业绩表!D2:D36,0)"表示，在【销售业绩表】的D2:D36单元格区域中计算B4单元格销售业绩的排名情况。

第6步 按【Ctrl+Enter】组合键计算出结果，可发现单元格中显示着错误值"#N/A"，表示公式中引用的单元格错误，如下图所示。

第7步 ❶选择D5单元格，❷在编辑栏中选择公式中的"销售业绩表!D3:D37"内容，❸单击【销售业绩表】工作表标签，如下图所示。

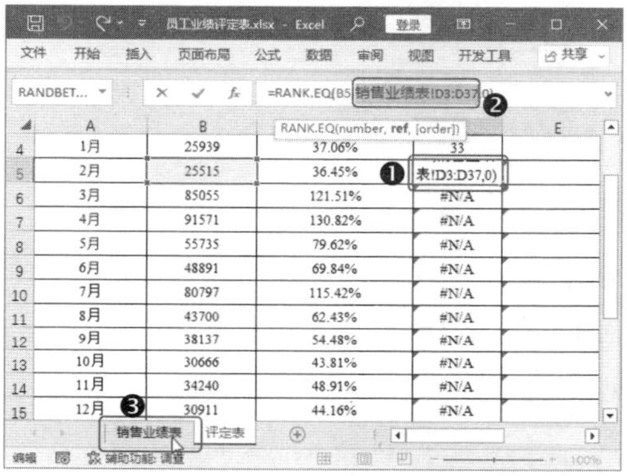

第8步 切换到【销售业绩表】工作表中，拖动鼠标选择E2:E36单元格区域，如下图所示。

第9步 按【Enter】键即可计算出结果。使用相同的方法分别对该列其他单元格中的公式进行修改，完成后的效果如下图所示。

325

第10步 ❶选择E4:E15单元格区域，❷在编辑栏中输入公式"=IF(D4<6,1,IF(D4<11,2,IF(D4<21,3,4)))"，按【Ctrl+Enter】组合键计算出结果，如下图所示。

温馨提示

公式"=IF(D4<6,1,IF(D4<11,2,IF(D4<21,3,4)))"表示，如果综合排名小于6，那么业绩考评等级为1级；如果综合排名小于11，那么业绩考评等级为2级；如果综合排名小于21，那么业绩考评等级为3级；剩余的则为4级。

第11步 ❶选择F4:F15单元格区域，❷在编辑栏中输入公式"=IF(100*C4>=100,100,100*C4)"，按【Ctrl+Enter】组合键计算出结果，如右图所示。

温馨提示

公式"=IF(100*C4>=100,100,100*C4)"表示，如果完成任务占比超过100%，那么按100分统计，否则以实际占比进行统计。

第12步 ❶选择G4:G15单元格区域，❷在编辑栏中输入公式"=F4*0.5"，按【Ctrl+Enter】组合键计算出加权得分，如下图所示。

第13步 ❶选择H4:H15单元格区域，❷在编辑栏中输入公式"=CHOOSE(E4,"特优","优","良","差")"，按【Ctrl+Enter】组合键返回评估结果，如下图所示。

温馨提示

本例直接根据业绩考评等级返回了评估结果，业绩考评等级中的1级、2级、3级、4级分别对应了评估结果中的"特优""优""良""差"。

第9章
案例实战：绩效考核管理

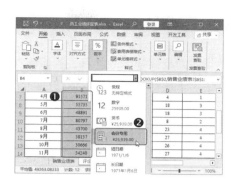

9.3.5 完善表格效果

为了快速查看考评的平均权重分数，可以使用公式对员工某段时期内的权重分数平均值进行计算。为了方便查看金额很大的业绩数据，可以设置【销售业绩表】中对应的数字格式。最后还可以多换几个员工姓名，进行数据查看，检查公式的编写是否正确，具体操作步骤如下。

第1步 在B16单元格中输入计算公式"=AVERAGE(G4:G15)"，计算出加权平均得分，如下图所示。

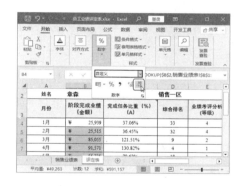

第2步 ❶选择B4:B15单元格区域，❷在【开始】选项卡【数字】组中的下拉列表框中设置数字类型为【会计专用】，如右图所示。

第3步 单击【开始】选项卡【数字】组中的【减少小数位】按钮两次，取消小数位数的显示，如下图所示。

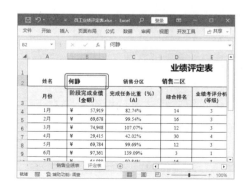

第4步 在B2单元格中输入【销售业绩表】工作表中的其他员工姓名，如输入"何静"，按【Enter】键，工作表中就会显示何静的业绩评定成绩，效果如下图所示。

327

AI 答疑与点拨

通过对前面知识的学习，相信读者朋友已经了解绩效考核管理过程中常见表格的制作方法。下面结合本章内容，让ChatGPT为读者介绍一些工作中的实用经验与技巧，以帮助HR更好地利用Excel完成工作，让你早做完，不加班。

01 一次性全部显示表格中的批注

表格中若有批注，且是处于隐藏状态，为了方便查看全部的批注信息，HR可以在需要时一次性将其全部显示出来。具体如何操作，我们可以先来问一问ChatGPT。

提问 如何显示出表格中的所有批注？

ChatGPT 在Excel中，如果表格里面包含了很多批注，可以使用以下方法显示所有的批注。

1. 在工作表上右击，并选择【显示批注】选项。

2. 这将会在工作表上显示出所有批注。但是，如果批注很多的话，会覆盖表格内容。

3. 如果需要更好地浏览批注内容，可以单击【显示批注】上的三角形图标，并选择【批注窗口】。这将打开一个特殊的窗口，显示当前单元格的批注内容。

4. 如果需要浏览其他单元格的批注，可以在批注窗口中单击左右箭头，或在工作表上单击带有红色小三角形的单元格，以浏览其他批注。

5. 如果需要在工作表中查看所有的批注内容，可以使用【审阅】选项卡上的工具。在【审阅】选项卡中，单击【显示所有批注】即可在工作表中显示所有批注，并在顶部出现一个批注窗口。

需要注意的是，虽然可以方便地查看和浏览表格中的批注，但显示所有批注可能会占用大量的屏幕空间，并导致工作表的内容难以查看。因此，在显示所有批注之前，有必要考虑屏幕空间和个人习惯。

ChatGPT给出了多种显示和查阅批注的方法，下面选择第5种方法进行演示，具体操作方法如下。

第1步 打开"同步学习文件\素材文件\第9章\员工业绩评定表2.xlsx"文件，单击【审阅】选项卡【批注】组中的【显示所有批注】按钮，如下图所示。

第2步 即可将该工作表中的所有批注显示出来，效果如下图所示。

教您一招：一次性隐藏所有批注

要将显示的批注统一隐藏，可再次单击【显示所有批注】按钮。

02 自定义一个常用的表格样式，让效果一步到位

对于HR来说，经常需要制作同类型的很多表格，当需要制作的表格效果都基本相同时，可以自定义需要的表格样式，然后每次设置表格外观效果时直接应用定义的表格样式，这样就可以减少设置步骤，提高工作效率。

提问 如何自定义表格样式？

ChatGPT 在Excel中，可以使用【表格样式】功能来自定义表格的外观。以下是自定义表格样式的一些基本步骤。

1. 选择一个要自定义样式的表格，单击【表格工具】选项卡，在【样式】组中选择【表格样式】。

2. 在【表格样式】下拉列表中，选择【新建样式】按钮。这将打开【新建表样式】对话框。

3. 在【新建表样式】对话框中，可以命名新样式并选择要应用的格式选项。例如，可以选择填充颜色、边框线型、文本样式等。

4. 使用【格式】下拉列表可以选择要添加或修改的样式元素，如单元格格式、表格格式或表头格式。

5. 添加或修改样式元素后，在【预览】窗格中可以实时查看样式的效果。如果需要对样式进行进一步修改，可以返回【格式】下拉列表进行更改。

6. 如果认为新样式满足了要求，可以单击【确定】按钮并将其保存为自定义样式。此样式将出现在【表格样式】下拉列表中，并可以轻松地在不同的表格之间重复使用。

需要注意的是，在添加或修改样式时，建议对样式进行适度的调整，以使表格内容更加清晰、易于阅读。在自定义样式时，应使用间距和行高等格式选项来调整表格中的空间和布局，以获得更好的外观效果。另外，不同的表格样式可以满足不同的需求，建议根据具体情况选择适当的样式。

根据ChatGPT的提示，我们来创建一个常用的表格样式，具体操作方法如下。

第1步 ▶ 打开"同步学习文件\素材文件\第9章\考核成绩表.xlsx"文件，❶单击【开始】选项卡【样式】组中的【套用表格格式】按钮，❷在弹出的下拉列表中选择【新建表格样式】选项，如下图所示。

温馨提示●
在定义常用的表格样式时，如果表格中某些元素可能有不同的设置需求，这部分内容可以不定义，只对统一的元素样式进行定义，后续套用表格样式后再单独进行个性化的设置。

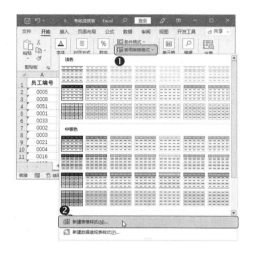

第3步 ▶ 打开【设置单元格格式】对话框，❶选择【字体】选项卡，❷在【字形】列表框中选择【加粗】选项，❸单击【确定】按钮，如下图所示。

第2步 ▶ 打开【新建表样式】对话框，❶在【名称】文本框中输入该样式的名称，如输入"常用样式"，❷在【表元素】列表框中选择要设置的表格组成部分，如选择【标题行】选项，❸单击【格式】按钮，如下图所示。

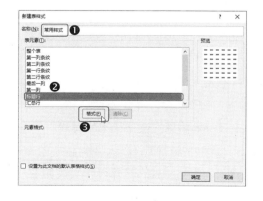

第4步 ▶ 返回【新建表样式】对话框，❶在【表元素】列表框中选择【整个表】选项，❷单击【格式】按钮，如下图所示。

第9章
案例实战：绩效考核管理

第5步 打开【设置单元格格式】对话框，❶选择【边框】选项卡，❷在【颜色】下拉列表框中选择【浅灰色,背景2,深色25%】选项，❸在【样式】列表框中选择【双横线】选项，❹单击【外边框】和【内部】按钮，为表格外边框和内部都统一应用浅灰色双横线效果，❺单击【确定】按钮，如下图所示。

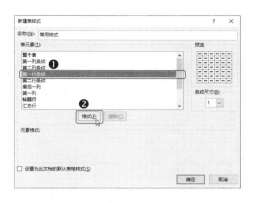

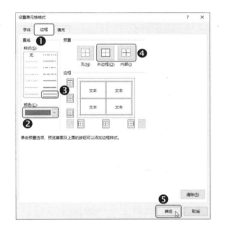

> **温馨提示**
>
> 单击【外边框】和【内部】按钮，表示为表格添加外边框和内边框，如果只需要为表格添加某一边的边框，那么可单击【边框】栏中相应的按钮，只为表格相应的部分添加边框。

第6步 返回【新建表样式】对话框，❶在【表元素】列表框中选择【第一行条纹】选项，❷单击【格式】按钮，如右图所示。

第7步 打开【设置单元格格式】对话框，❶选择【填充】选项卡，❷在【背景色】栏中选择需要的底纹颜色，❸单击【确定】按钮，如下图所示。

> **教您一招：设置图案底纹**
>
> 如果需要使用图案来填充单元格底纹效果，那么可在【设置单元格格式】对话框【填充】选项卡中的【图案颜色】下拉列表框中设置图案的颜色，在【图案样式】下拉列表框中选择图案的样式。

第8步 返回【新建表样式】对话框，在【预览】栏中查看当前设置的表格效果，

331

满意后单击【确定】按钮，如下图所示。

第9步 返回工作表，❶选择需要应用表样式的A1:J77单元格区域，❷单击【开始】选项卡【样式】组中的【套用表格格式】按钮，❸在弹出的下拉列表中选择【自定义】栏中的【常用样式】选项，如下图所示。

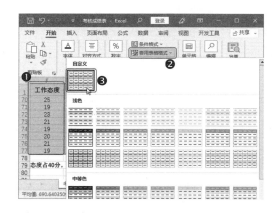

第10步 打开【创建表】对话框，单击【确定】按钮，如下图所示。

第11步 返回工作表中，即可看到已经为所选单元格区域应用了自定义的样式。在【表设计】选项卡【表格样式选项】组中取消选中【筛选按钮】复选框，如下图所示。

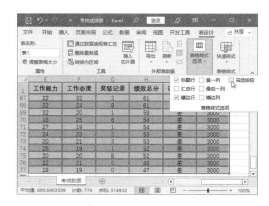

教您一招：更改表样式

如果【套用表格格式】下拉列表中有与所需样式类似的样式，那么可直接在类似的样式上右击，在弹出的快捷菜单中选择【复制】选项，打开【修改表样式】对话框，可以在该样式的基础上对表样式进行简单的修改。

03 预测员工未来业绩

在分析数据时，经常需要对未来的数据发展趋势进行预测，如对未来的销售进行预测，具体应该如何去预测呢？我们来向ChatGPT学习一下。

提问 如何对 Excel 中的数据进行预测？

ChatGPT 在Excel中，可以使用

内置的预测函数来预测数据。以下是一些用于预测Excel数据的常用函数。

1. 线性回归：线性回归可以用于预测基于已知数据集的线性模型。使用此函数时，需要选择要用于预测的因变量列和作为自变量列的一组或多组数据，然后使用【趋势线】功能来绘制最佳拟合线并计算与该线相关的方程和R值。

2. 移动平均：移动平均是统计分析时间序列数据的重要工具。使用此函数时，需要选择要用于预测的数据列和参考周期。该函数将返回每个周期的预测值。

3. 指数平滑：指数平滑是一种时间序列预测方法，用于预测平滑离散数据并寻找趋势线。使用此函数时，需要选择要用于预测的数据列、平滑因子和平滑器类型。通过该函数，可以预测随着时间的推移，数据趋势将如何变化。

4. 双曲线拟合：双曲线拟合可以拟合一组测量数据，并使用双曲线方程预测未来值。使用此函数时，需要选择要用于预测的数据列和自变量列。该函数将返回与双曲线方程相关的参数及每个周期的预测值。

需要注意的是，Excel内置的预测函数提供了基础的预测方法，可以帮助用户进行快速预测。但是，对于更复杂的应用和更准确的预测，可能需要使用统计软件、数据分析工具或机器学习算法。在选择预测方法之前，需要评估所需的数据和准确性。

从ChatGPT的回复中得知，数据预测的方式很多，主要涉及函数的使用。掌握这些预测方法和对应的函数使用方法才能准确预测数据。不过，针对新手，我们也可以使用Excel中的一键预测功能简单预测一组数据的未来走向。

第1步 打开"同步学习文件\素材文件\第9章\销售业绩.xlsx"文件，❶复制Sheet1工作表，并重命名为"业绩管理分析"，❷选择任意数据单元格，❸单击【数据】选项卡【排序和筛选】组中的【筛选】按钮，如下图所示。

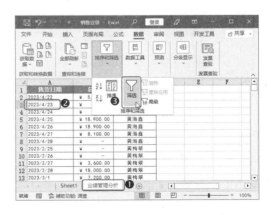

第2步 进入筛选状态，❶单击C1单元格右侧的下拉按钮，❷在弹出的下拉列表的列表框中仅选中要筛选的人的名称，这里选中【江月】复选框，❸单击【确定】按钮，如下图所示。

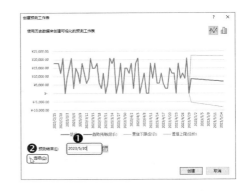

> **教您一招：处理预测图表不出图的情况**
>
> 系统默认预测期限是7天，同时，需要提供的数据明细至少有7天，而且是连续的日期数据项，否则将不能创建图表，或创建的图表为空白图表，也可能出现报错情况。所以，在进行预测前需要检查自己提供的数据信息是否符合上述标准。

第3步 ❶选择B列中的任意单元格，❷单击【数据】选项卡【预测】组中的【预测工作表】按钮，如下图所示。

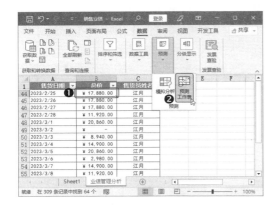

第4步 打开【创建预测工作表】对话框，❶在【预测结束】文本框中输入"2023/5/30"，❷单击【选项】折叠按钮，如右图所示，展开更多的设置选项。

第5步 ❶在【预测开始】文本框中输入"2023/4/28"（预测开始日期只能是已经包含已知数据的日期），❷选中【包含预测统计信息】复选框，❸单击【创建】按钮，如下图所示。

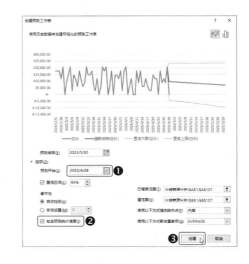

第9章
案例实战：绩效考核管理

第6步 ▶ 在新建的工作表中，系统自动对指定的未来时间段的业绩数据进行预测，得出明确数据的同时，会绘制出对应的走势图表，如下图所示。

字】栏中的【类别】下拉列表框中选择【日期】选项，❷单击【类型】下拉列表框右侧的下拉按钮，❸在弹出的下拉列表中选择【12/3/14】选项，如下图所示。

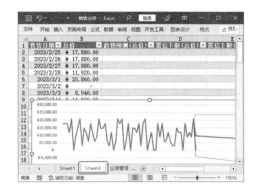

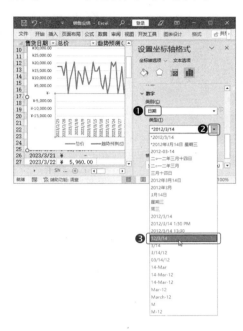

> 温馨提示 ●
>
> 预测图表中的置信上限和置信下限，可简单理解为最大值和最小值，用来标识未来值的范围。

第7步 ▶ ❶在图表的横坐标轴上右击，❷在弹出的快捷菜单中选择【设置坐标轴格式】选项，如下图所示。

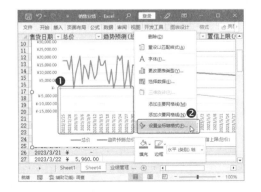

第9步 ▶ ❶将图表移到合适位置，并调整其高度和宽度，使其更便于阅读，❷在图表上右击，在弹出的快捷菜单中选择【复制】选项，如下图所示。

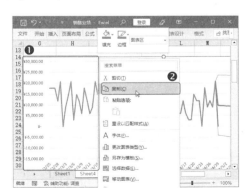

第8步 ▶ 显示出【设置坐标轴格式】任务窗格，❶在【坐标轴选项】选项卡【数

335

第10步 ❶选择【业绩管理分析】工作表并复制，❷按【Ctrl+V】组合键粘贴复制的图表到该工作表中，并移动到空白位置，如下图所示。

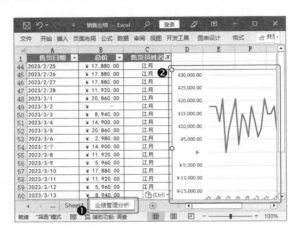

Excel

第10章

案例实战：薪酬福利管理

本章导读

在人力资源管理工作中，薪酬福利管理是非常重要的工作内容。薪酬福利与员工的切身利益相关，直接影响着其去留、工作努力程度和奉献程度，甚至现在有很多企业的人才是因为企业薪酬福利规则不合理和具体待遇不理想而流失的。对于企业管理者而言，薪酬福利管理是一系列成本开支方面的权衡和取舍，要确保未来财政支出的可调整性和可控制性。本章先通过ChatGPT让读者了解薪酬福利管理的基础知识，再通过制作薪酬福利管理过程中需要的文档，讲解使用Excel制作类似文档的具体操作步骤，以使薪酬充分发挥激励作用，同时为管理者决策提供意见和数据支撑。

10.1 使用 ChatGPT 了解薪酬福利管理

薪酬福利管理是企业管理的重要组成部分，其作用在于提供合理的经济奖励，以激发员工的工作积极性和创造力，同时也是留住人才、提高员工满意度的重要手段。因此，薪酬福利管理要科学合理，以达成公司战略目标，并和员工个人发展目标契合。具体如何管理，与其苦苦思索，不如与ChatGPT聊一聊，了解薪酬福利管理的基础知识。

10.1.1 薪酬福利管理的具体工作内容

通过名称就知道，薪酬福利管理是对薪酬和福利进行管理，具体包含哪些工作内容呢？来看看ChatGPT是如何说的。

提问 薪酬福利管理具体要做些什么？

ChatGPT 薪酬福利管理需要考虑以下几点。

1.确定薪酬福利策略：明确公司的薪酬福利政策，包括所在行业的市场水平、人才竞争情况、企业文化和价值观等因素，以确保薪酬福利体系科学合理。

2.制定薪酬福利方案：制定具体的薪酬福利方案，包括工资体系、绩效考核体系、激励计划、奖惩政策、福利制度等。

3.评估员工绩效：建立科学、客观的绩效评估体系，以评估和反馈员工的工作表现，为薪资及晋升决策提供依据。

4.合理分配薪酬：根据员工的工作表现和岗位等级，采用公正、合理的薪酬分配方式，保证薪酬福利分配的公平性和合理性。

5.提供福利待遇：为员工提供具体的福利待遇，包括医疗保险、社会保险、带薪假期、节假日福利、培训发展等。

6.持续调整完善：根据公司业务的变化、市场需求的变化及员工需求的变化，持续调整和完善薪酬福利体系，以保证公司薪酬福利体系的良性循环和企业的持续发展。

从以上回复可知，薪酬福利管理工作内容具有多元化和复杂性的特点。管理者需要针对公司与员工的需求，建立科学、客观的绩效评估体系，制定公正合理的薪酬福利管理方案，并不断完善薪酬福利体系。此外，薪酬福利管理还需要结合具体的行业市场情况、企业发展战略、员工整体素质水平和个体差异性等多种因素，仔细分析和考量，因此，薪酬福利管理需要有一定的专业知识和理论支持，同时需要管理者不断学习，与社会环境和员工需求保持同步。

10.1.2 薪酬福利管理的注意事项

薪酬福利管理是一项非常重要的工作，直接影响到员工的工作积极性和企业的业务发展。在进行薪酬福利管理时，有哪些需要注意的地方？可以请ChatGPT来为我们解答。

提问 薪酬福利管理的注意事项有哪些？

ChatGPT 薪酬福利管理是企业管理中非常重要的一项工作，以下是薪酬福利管理中需要注意的几个重要事项。

1. 公平性和合理性：公司的薪酬福利方案必须公平、合理，不偏袒或歧视任何一个员工，同时也不会给公司造成过重的负担。

2. 透明度和可操作性：公司的薪酬福利管理方案应该对员工透明，让员工清楚地了解薪酬福利体系的构成，方案要简单易懂，方便操作。

3. 指标量化：针对公司的薪酬福利管理方案，必须有一套明确的指标和量化标准，并且这些标准必须合理，能真正反映出员工的绩效水平和价值。

4. 差异化：薪酬福利管理需要针对员工的不同需求和特点，提供不同类型的薪酬福利管理体系，使其能够满足员工的特定需求和个性化发展。

5. 长期性和持续性：薪酬福利管理需要具备长期性和持续性的特点，以此来提高员工的满意度和归属感，使员工更加愿意长期为公司发展贡献自己的力量。

6. 考虑国家法律规定：薪酬福利管理需要充分考虑国家相关的法律规定，合法合规，不会因为管理不当而出现违法情况或有法律风险。

由此可见，薪酬福利管理需要综合考虑公司的经济情况、市场环境、企业文化和员工需求等多种因素的工作，只有遵循公平公正原则，制定合理的薪酬政策和激励机制，确保薪酬体系的合法合规并能及时调整，才能激励员工积极进取，为公司的发展提供稳定的人力资源支持。

10.1.3 了解薪酬福利管理中需要分析的数据

明白了薪酬福利管理工作的内容和注意事项后，接下来可以再了解一下对薪酬福利进行管理时，有哪些数据是需要借助Excel来进行分析的。

提问 薪酬福利管理中需要分析哪些数据？

ChatGPT 薪酬福利管理中需要分析的数据涉及多个方面，包括以下几个方面。

1. 员工薪资数据：需要收集和分析员工的薪资数据，包括平均薪资、最高薪资、最低薪资、薪资结构和分布等指标，以此为公司薪酬福利策略的制定提供依据。

2. 绩效数据：绩效数据是评价员工工作表现的重要依据，包括个人绩效评价、团队绩效评价、项目绩效评价等多种维度，需要开展绩效评估和分析，为薪资调整和激励计划提供数据支持。

3. 市场薪资数据：需要了解所在行业的薪资水平和趋势，以此为公司的薪酬福利管理提供参考，建立符合市场需求的薪酬福利策略。

4. 福利数据：需要收集和分析公司提供的福利数据，包括医疗保险、社会保险、健身房、带薪假期等福利项目，了解员工的福利需求和期望，制定恰当的福利策略。

5. 员工调查数据：需要开展员工调查，了解员工的态度、满意度、信任感、忠诚度等指标，以此为公司制订薪酬福利计划、完善员工培训和发展计划提供数据支持。

通过收集和分析这些数据，薪酬福利管理者可以有针对性地制定合理的薪酬福利管理方案，促进公司获得高绩效和长期稳定的发展。

在ChatGPT的提醒下，我们知道了薪酬福利管理工作中需要进行数据分析的数据方向，根据提醒收集好相关原始数据，就可以制作出薪酬福利管理中常用的表格了，如薪资结构表、年度奖金表、福利计划表、薪资调整表等。通过这些表格可以清晰、明了地展示薪酬福利管理的方案和具体情况，帮助公司制定合理的薪酬福利政策，提高员工的工作积极性和满意度，从而有效促进公司的长期稳定发展。

接下来，列举几个案例，讲解Excel在薪酬福利管理中的实战应用。

10.2 制作考勤表

案例背景

考勤表是企业员工每天上班的凭证，其中记录的数据与员工的绩效考核、年终奖和工资挂钩，是员工薪酬计算中涉及的基础数据。任何企业都离不开考勤，特别是对于大型或正规企业来说，严格的考勤管理不仅可以增强员工的时间观念，提高工作效率，也是维护企业正常工作秩序、实现规范化管理的一种方式。

本例将使用Excel制作考勤相关的表格。制作完成后的效果如下图所示。实例最终效果见"同步学习文件\结果文件\第10章\考勤管理.xlsx"文件。

第 10 章
案例实战：薪酬福利管理

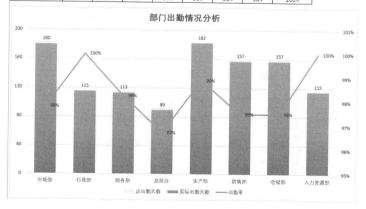

341

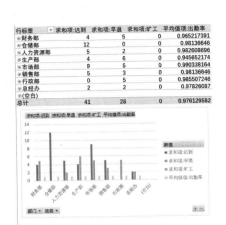
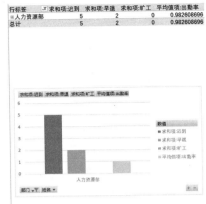

10.2.1 统计休假数据

考勤管理中除了需要记录员工上班的天数，具体的上下班时间，包括迟到、早退等情况，还需要统计休假的数据。休假的原因有很多种，有些休假是员工福利，属于正常休息；有些休假则涉及工资的不同计算方式。所以，对于HR来说，不仅需要掌握员工休假的时间，还需要对员工的休假情况分门别类地进行统计，为考勤提供数据支撑。

1. 统计员工带薪年假的天数

在员工福利方面，不同企业的福利有所不同。但《职工带薪年休假条例》第三条明确规定了带薪年假的具体事项，所以带薪年假是企业中最常见的一种员工福利。

一般情况下，职工累计工作一年以上，就可以享受一定时间的带薪年假，在带薪年假期间，职工享受与正常工作期间相同的工资收入。带薪年假一般按照员工的社会工龄进行计算，而不是按照员工的入职时间来计算，在计算员工的带薪年假天数时，一定要注意正确的计算方法。

下面假定某企业的带薪年假规定为"职工累计工作已满1年不满3年的，年休假5天；已满3年不满5年的，年休假7天；已满5年不满10年的，年休假10天；已满10年不满15年的，年休假12天；已满15年的，年休假15天"。

在计算员工带薪年假天数时，首先需要根据员工参加工作时间计算出其社会工龄，然后根据社会工龄来确定员工的年假天数，具体操作步骤如下。

第1步 打开"同步学习文件\素材文件\第10章\员工入职时间表.xlsx"文件，❶将工作簿以"考勤管理"为名进行另存，❷重命名工作表名称为"员工年休假天数统计表"，❸在E2单元格中输入公式"=IF(D2="","",DATEDIF(D2,DATE(2022,12,30),

"Y"))"，计算出第一个员工的工龄，如下图所示。❹双击E2单元格的填充控制柄，复制公式到下方的单元格中，计算出其他员工的工龄。

> **温馨提示**
>
> 公式"=LOOKUP(E2,{0,1,3,5,10,15},{0,5,7,10,12,15})"表示将E2单元格中的值分成6个区域，当E2在某个值区域，就返回该区域对应的值，其结果就是员工应休的年假天数。当E2单元格的值为0～1时，则返回0；当E2单元格中的值为1～3时，返回5；当E2单元格中的值为3～5时，返回7；当E2单元格中的值为5～10时，返回10；当E2单元格中的值为10～15时，返回12；当E2单元格中的值大于15时，返回15。

第2步 ❶在F1单元格中输入"应休天数"，❷在F2单元格中输入公式"=LOOKUP(E2,{0,1,3,5,10,15},{0,5,7,10,12,15})"，计算出第一个员工应休年假天数，❸为F1:F2单元格区域设置普通的边框样式，❹双击F2单元格的填充控制柄，复制公式到下方的单元格中，计算出其他员工的应休年假天数，如下图所示。

2. 设计员工休假统计表

员工除了年假，还包括事假、病假、婚假、产假、丧假、工伤假等请假情况，对于大部分企业来说，这些请假都需要出具纸质请假单，方便相关部门领导签字盖章，对于病假、婚假、产假、丧假、工伤假等，还需要提供专门的证据来证明请假的真实性。

所以，HR不仅需要对休假过程进行记录，还需要对员工休假情况进行统计。为了直观看出员工在哪天休了什么类型的假，在设计表格时，可以参考常规的考勤表的格式进行设置，具体操作步骤如下。

第1步 ❶新建一个工作表，并命名为"员工休假统计表"，❷在C1单元格中输入"日期"，❸选择D1单元格，❹单击【数据】选项卡【数据工具】组中的【数据验证】按钮，如下图所示。

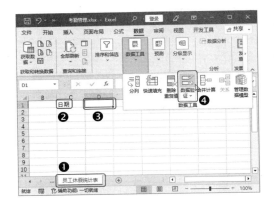

第2步 打开【数据验证】对话框，❶设置数据验证【允许】为【序列】，❷在【来源】文本框中输入"2021,2022,2023,2024,2025,2026"，❸单击【确定】按钮，如下图所示。

温馨提示

员工休假统计表的前期制作稍有点麻烦，但制作好后，将会为后续的考勤表或加班统计表的制作提供极大的便利。

第3步 ❶使用相同的方法为F1单元格设置数据验证【允许】为【序列】，❷【来源】设置为"1,2,3,4,5,6,7,8,9,10,11,12"，

❸单击【确定】按钮，如下图所示。

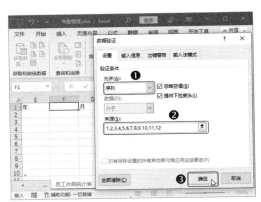

第4步 ❶在A2单元格中输入公式"=员工年休假天数统计表!A1"，❷向右拖动填充控制柄复制公式至C2单元格，❸继续向下拖动填充控制柄复制公式至C53单元格，如下图所示。直接引用【员工年休假天数统计表】工作表中的员工编号、姓名和部门信息。

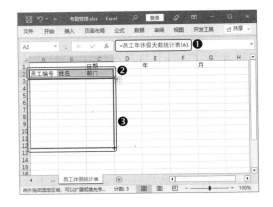

第5步 ❶选择第3行单元格，❷单击【开始】选项卡【单元格】组中的【插入】按钮，如下图所示，插入一行空白单元格。

第10章
案例实战：薪酬福利管理

第6步 ❶在D1和F1单元格中选择任意年、月，❷在D2单元格中输入公式"=IF(MONTH(DATE($D$1,$F$1,COLUMN(A1)))=$F$1,DATE($D$1,$F$1,COLUMN(A1)),"")"，如下图所示，根据年月判断日期数。

选择状态，单击【开始】选项卡【数字】组右下角的【对话框启动器】按钮，如下图所示。

第8步 打开【设置单元格格式】对话框，❶在【分类】列表框中选择【自定义】选项，❷在【类型】文本框中输入"d"，❸单击【确定】按钮，如下图所示。返回工作表中就可以看到D2:AH2单元格区域中的值变成对应的日期了。

> **温馨提示**
> 公式"=IF(MONTH(DATE($D$1,$F$1,COLUMN(A1)))=$F$1,DATE($D$1,$F$1,COLUMN(A1)),"")"中的D1表示年，F1表示月，COLUMN(A1)的结果表示日，如果D1年F1月1日的月份为F1，那么返回D1年F1月1日，否则返回空，由于F1可能会大于12，因此它判断的是F1取值是否为1～12。

第7步 ❶向右拖动填充控制柄复制公式至AH2单元格，❷发现显示的计算结果并不是需要的日期格式，保持单元格区域的

> **教您一招：快速打开【设置单元格格式】对话框**
> 按【Ctrl+1】组合键，可以快速打开【设置单元格格式】对话框。

345

温馨提示●

通过公式来返回表格数据时，如果公式编写无误，返回的结果却不符合需求，一般是因为单元格格式不匹配造成的。例如，本例中用到的是日期占位符"d"，其他常用的还有数字占位符"0"、文本占位符"@"、日期占位符"yyyy""m"、条件符号"[ ]"等。编写公式时，可以先在【设置单元格格式】对话框的【分类】列表框中选择【自定义】选项，在【类型】列表框中选择一种近似的格式代码，然后进行修改，这样会更便捷。

第9步● ❶在D3单元格中输入公式"=TEXT(D3,"AAA")"，根据日期计算出对应的星期，❷向右拖动填充控制柄复制公式至AH3单元格，计算出日期对应的星期，如下图所示。

第10步● 因为每月要展示的考勤数据比较多，有31列，而这些列中要显示的数据常常只有一个字，为了方便查看，可以适当缩小列宽。❶选择D～AH列，❷在列标签上拖动鼠标指针调整列宽到合适宽度，如右图所示。

第11步● 如果企业正常上班时间是周一至周五，周末双休，那么在制作考勤表时可以通过条件格式突出显示周末，这样就能清楚知道哪几天是周末。要突出显示周末，通过内置的条件格式并不能实现，这时就需要新建格式规则来完成。保持列的选择状态，❶单击【开始】选项卡【样式】组中的【条件格式】按钮，❷在弹出的下拉列表中选择【新建规则】选项，如下图所示。

第12步● 打开【新建格式规则】对话框，❶在【选择规则类型】列表框中选择【使用公式确定要设置格式的单元格】选项，❷在【为符合此公式的值设置格式】参数框中输入"=D$3="六""，❸单击【格式】

按钮，如下图所示。

第13步 打开【设置单元格格式】对话框，❶选择【填充】选项卡，❷设置填充颜色为淡蓝色，❸单击【确定】按钮，如下图所示，设置好条件格式底纹填充。

> **温馨提示**
> 日常使用中，要突出显示单元格中的数据，一般通过加粗字体、放大字号、调整字体颜色、设置单元格填充颜色来实现。

第14步 返回【新建格式规则】对话框，在【预览】框中即可看到设置条件格式的单

元格效果，单击【确定】按钮，如下图所示。

第15步 保持单元格区域的选择状态，再次打开【新建格式规则】对话框，❶在【选择规则类型】列表框中选择【使用公式确定要设置格式的单元格】选项，❷在【为符合此公式的值设置格式】参数框中输入公式"=D$3="日""，❸单击【格式】按钮，使用相同的方法设置满足该类条件的单元格格式，这里设置为浅橙色填充，❹单击【确定】按钮，如下图所示。即可为所选区域中的星期日数据设置浅橙色填充。

第16步 ● 观察发现，设置的条件格式应用范围有误，导致有些特殊单元格也设置了底纹，需要调整条件格式生效的范围。❶单击【开始】选项卡【样式】组中的【条件格式】按钮，❷在弹出的下拉列表中选择【管理规则】选项，如下图所示。

第17步 ● 打开【条件格式规则管理器】对话框，❶在第一条规则的【应用于】参数框中修改该规则的应用范围为"=$D2:$AH54"，❷修改第二条规则的应用范围为"=$D2:$AH54"，❸单击【确定】按钮，如下图所示。

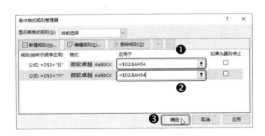

第18步 ● 保持单元格区域的选择状态，单击【开始】选项卡【对齐方式】组中的【居中】按钮，让单元格中的内容居中对齐，如下图所示。

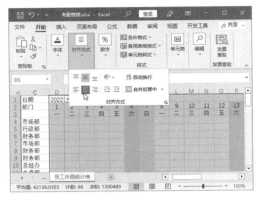

第19步 ● ❶选择D4:AH54单元格区域，❷打开【数据验证】对话框，将【允许】设置为【文本长度】，❸将【数据】设置为【等于】，❹在【长度】参数框中输入"1"，如下图所示。

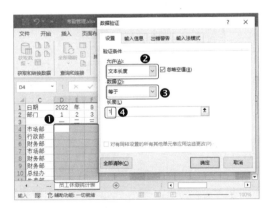

第20步 ● ❶选择【出错警告】选项卡，❷在【样式】下拉列表框中选择【警告】选项，❸将出错警告中的错误信息设置为【只能输入一个数字或文本！】，❹单击【确定】按钮，如下图所示。

第 10 章
案例实战：薪酬福利管理

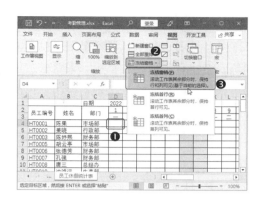

第21步● ❶分别合并A2:A3、B2:B3、C2:C3单元格区域，❷选择A2:AH54单元格区域，❸单击【开始】选项卡【字体】组中的【边框】按钮，❹在弹出的下拉列表中选择【所有框线】选项，如下图所示。

第23步● ❶在第1行中选择需要统计的请假年月，可以看到表格中的天数、星期数据和突出显示的星期六和星期日所在列，都会随着年份和月份的变化而发生相应的变化，❷根据请假单将员工的休假情况填入表格，完成后的效果如下图所示。

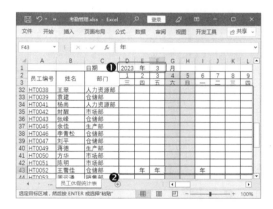

第22步● 考勤表中的数据比较多，为了方便后期填写和查阅数据明细，可以设置冻结窗格，固定最左侧和最上方的行列，使其不随着鼠标滚轮的滑动而滑出视线外。❶选择D4单元格，❷单击【视图】选项卡【窗口】组中的【冻结窗格】按钮，❸在弹出的下拉列表中选择【冻结窗格】选项，如右图所示。

10.2.2 整理考勤数据

现在大部分企业都采用定位打卡或指纹打卡的方式来记录考勤，减少了因考勤登记不清引起的劳资关系紧张，而且也降低了管理方面的人力成本。虽然考勤系统的功能很多，但一般只是使用它来记录打

349

卡情况，因为其中记录的考勤数据只有员工卡号、姓名、打卡日期、上下班打卡时间等，至于员工迟到、早退、未打卡、请假等情况，就需要根据考勤系统中导出的数据进行统计。

整理和统计考勤系统数据的具体操作步骤如下。

第1步 ▶ 打开"同步学习文件\素材文件\第10章\3月考勤数据.xlsx"文件，❶在【考勤数据】工作表标签上右击，❷在弹出的快捷菜单中选择【移动或复制】选项，如下图所示。

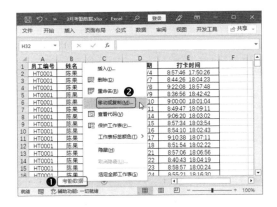

第2步 ▶ 打开【移动或复制工作表】对话框，❶在【将选定工作表移至工作簿】下拉列表框中选择打开的【考勤管理】工作簿选项，❷在【下列选定工作表之前】列表框中选择【移至最后】选项，❸选中【建立副本】复选框，❹单击【确定】按钮，如右图所示，即可复制【考勤数据】工作表到【考勤管理】工作簿的所有工作表之后。

第3步 ▶ ❶修改复制得到的【考勤数据】工作表名称为"3月考勤数据"，❷因为从该考勤系统导出来的数据将上班打卡时间和下班打卡时间显示在同一列中了，这不便于查看，也不能计算出迟到、早退情况，所以，需要将上下班打卡时间分开到不同的列中。选择E列单元格，❸单击【数据】选项卡【数据工具】组中的【分列】按钮，如下图所示。

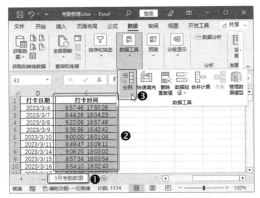

第4步 ▶ 打开【文本分列向导第1步，共3步】对话框，设置分列依据，这里保持默认设置，即选中【分隔符号】单选按钮，单击【下一步】按钮，如下图所示。

第10章
案例实战：薪酬福利管理

素，所以，分隔符号必须是分列数据中所包含的符号，不能随便选择，否则将无法分列。

第6步 在打开的对话框中设置列数据格式和目标区域，这里保持默认设置，单击【完成】按钮，如下图所示。

> **温馨提示**
> 如果需要分列的数据具有相同的字符串个数，就可以采用【固定宽度】方式来进行分列。

第5步 ❶在打开的对话框中设置分隔符号，因为本例是由空格分隔上班打卡时间和下班打卡时间的，所以这里选中【空格】复选框，❷单击【下一步】按钮，如下图所示。

> **温馨提示**
> 分隔符号是决定如何分列数据的关键因

第7步 在工作表中可看到将一列数据分到两列显示的效果，❶修改E1单元格内容为"上班卡"，F1单元格内容为"下班卡"，分别输入G1、H1单元格内容为"迟到情况""早退情况"，❷为F1:H1174单元格区域设置边框，❸选择F列单元格，❹在【开始】选项卡【数字】组中设置数字格式为【时间】，如下图所示。

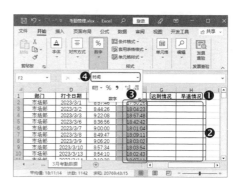

351

第8步 ❶在G2单元格中输入公式"=IF(E3="","",IF(E2-"9:00:00">0,"迟到",""))"，❷双击G2单元格的填充控制柄，向下复制公式至G1174单元格，判断员工的迟到情况，如下图所示。

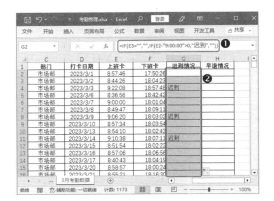

第9步 ❶在H2单元格中输入公式"=IF(F2="","",IF(F2-"18:00:00"<0,"早退",""))"，❷双击H2单元格的填充控制柄，向下复制公式至H1174单元格，判断员工的早退情况，如下图所示。

10.2.3 生成完整考勤表

为了方便查看员工考勤的整体情况，还需要将整理好的考勤数据和核对后的休假数据汇总到一张完整的考勤表中，这样也方便HR查阅签字和领导审核，对于后续的数据分析也是必须准备好的基础数据表。考勤表的结构与休假情况统计表类似，可以在休假情况统计表的基础上进行加工得到，具体操作步骤如下。

第1步 ❶复制【员工休假统计表】工作表，将其重命名为"考勤表"，❷因为汇总考勤数据时，考勤标识文字有超过1个字符的，所以需要将原来工作表中设置的限制输入文本长度为1的数据验证条件删除。选择D4:AH54单元格区域，❸单击【数据】选项卡【数据工具】组中的【数据验证】按钮，如下图所示。

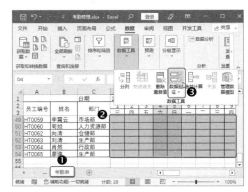

第2步 打开【数据验证】对话框，❶单击【全部清除】按钮，❷单击【确定】按钮，如下图所示，清除所选单元格区域中设置的所有数据验证规则。

第 10 章 案例实战：薪酬福利管理

第3步 ● 在D4单元格中输入计算公式"=IFERROR(VLOOKUP($A4,员工休假统计表!$A:$AH,COLUMN(D1),0)&"","")&IFERROR(VLOOKUP($A4&DAY(D$2),IF({1,0},'3月考勤数据'!$A$2:$A$1174&DAY('3月考勤数据'!$D$2:$D$1174),'3月考勤数据'!$G$2:$G$1174),2,0),"")&IFERROR(VLOOKUP($A4&DAY(D$2),IF({1,0},'3月考勤数据'!$A$2:$A$1174&DAY('3月考勤数据'!$D$2:$D$1174),'3月考勤数据'!$H$2:$H$1174),2,0),"")"，按【Shift+Ctrl+Enter】组合键，创建数组公式，返回员工当天的考勤情况，如下图所示。

> **温馨提示 ●**
>
> 公式"=IFERROR(VLOOKUP($A4,员工休假统计表!$A:$AH,COLUMN(D1),0)&"","")&IFERROR(VLOOKUP($A4&DAY(D$2),IF({1,0},'3月考勤数据'!$A$2:$A$1174&DAY('3月考勤数据'!$D$2:$D$1174),'3月考勤数据'!$G$2:$G$1174),2,0),"")&IFERROR(VLOOKUP($A4&DAY(D$2),IF({1,0},'3月考勤数据'!$A$2:$A$1174&DAY('3月考勤数据'!$D$2:$D$1174),'3月考勤数据'!$H$2:$H$1174),2,0),"")"，从整体来分析就是，根据员工编号在【员工休假统计表】工作表中查找员工休假数据，根据员工编号在【3月考勤数据】工作表中查找员工迟到和早退数据，将所有符合条件的数据都返回考勤表中对应的单元格中。

第4步 ● ❶向右拖动填充控制柄复制公式至AH4单元格，❷向下拖动填充控制柄复制公式至AH54单元格，如下图所示，计算出所有员工当月的迟到、早退和休假情况。

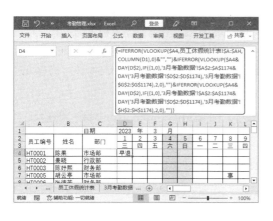

10.2.4 统计员工出勤情况

汇总考勤数据后，为了快速查看和分

析员工当月总共的迟到、早退、休假、出勤等情况，HR还需要对考勤表中的出勤情况进行统计。

本例在计算出勤天数时，需要用到NETWORKDAYS函数和EOMONTH函数，具体操作步骤如下。

第1步 ❶在AJ3:AV54单元格区域中对考勤统计区域进行设置，❷在AJ4单元格中输入公式"=COUNTIF($D4:$AH4,AJ$3)"，统计出第一个员工请事假的次数，如下图所示。

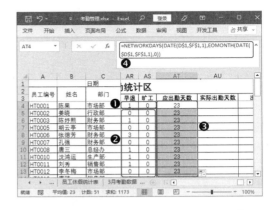

第2步 ❶向右拖动填充控制柄复制公式至AT4单元格，❷向下拖动填充控制柄复制公式至AT54单元格，对员工的考勤情况进行统计，❸选择AT4:AT54单元格区域，❹输入计算公式"=NETWORKDAYS(DATE(D$1,$F$1,1),EOMONTH(DATE($D$1,$F$1,1),0))"，按【Ctrl+Shift+Enter】组合键，创建数组公式，计算出当月应出勤天数，如右图所示。

温馨提示

NETWORKDAYS函数用于返回开始日期和结束日期之间的所有工作日数，其中，工作日包括周末和专门指定的假期，其语法结构为：NETWORKDAYS(start_date,end_date,holidays)，其中，start_date表示开始日期；end_date表示结束日期；holidays表示在工作日中排除的特定日期。

EOMONTH函数用于计算指定日期之前或之后几个月的最后一天的日期，其语法结构为：EOMONTH(start_date,months)，其中，start_date表示起始日期的日期；months表示start_date之前或之后的月份数。

本例用NETWORKDAYS函数计算一个月内的所有工作日，其中统计的开始日期为D1年F1月1日，统计的结束日期为用EOMONTH函数计算的D1年F1月的最后一天。

第3步 ❶选择AU4:AU54单元格区域，❷输入公式"=AT4-SUM(AJ4:AP4,AS4)"，按【Ctrl+Shift+Enter】组合键，创建数组公式，计算出各员工在3月的实际出勤天数，如下图所示。

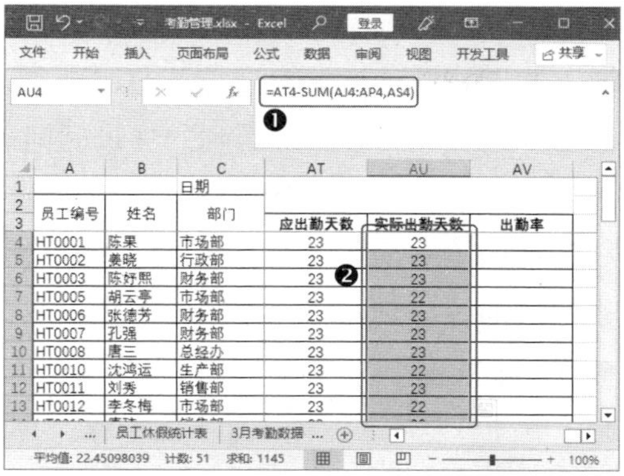

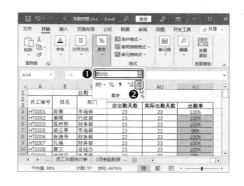

10.2.5 对员工加班情况进行统计

第4步 ❶选择AV4:AV54单元格区域，❷输入公式"=AU4/AT4"，按【Ctrl+Shift+Enter】组合键，创建数组公式，计算出各员工在3月的出勤率，如下图所示。

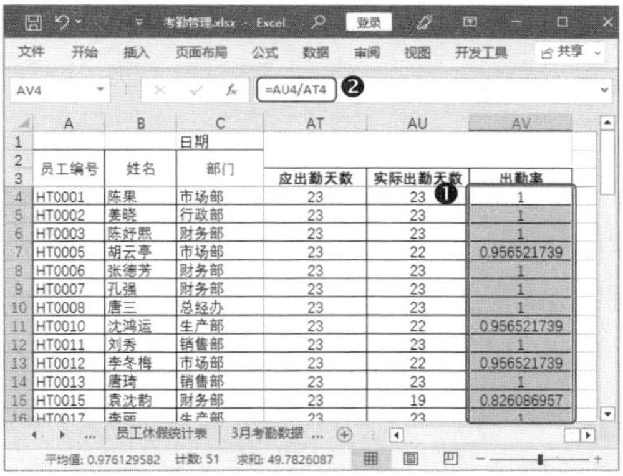

第5步 保持AV4:AV54单元格区域的选择状态，❶在【开始】选项卡【数字】组设置单元格数字格式为【百分比】，❷连续两次单击【减少小数位数】按钮，取消小数的显示，如右图所示。

企业在经营过程中，难免会遇到一些不确定的因素，需要员工在标准工作时间之外继续工作，特别是对于生产型企业来说，这种情况不可避免。但因为加班超出了员工的正常上班时间，所以用人单位需要支付一定的加班费用。

HR需要制定相关的员工加班制度，规范员工的加班管理，并且还需要对员工的加班费用进行计算和核对。一般情况下，不会将加班表与考勤表放在一起，一是因为两个表格合并在一起会显得复杂，二是因为两个表的计算方法不同，合并后不便于编写计算公式。

HR在对员工的加班情况进行统计时，可以根据加班情况多少来制作加班统计表，当加班人数和加班次数较多时，可以参考本例中考勤表的格式来统计加班时间和加班费；当加班人数较少或加班次数较少时，可以直接在表格中输入加班情况，然后对加班时数和加班费进行计算。

本例中需要统计的加班数据比较少，提供的素材文件中已经记录了员工的加班起止时间，只需要对员工每天加班的小时数进行计算和数据统计汇总即可，具体操作步骤如下。

第1步 打开"同步学习文件\素材文件\第10章\3月加班统计表.xlsx"文件，❶将Sheet1工作表复制到"考勤管理"工作簿的所有工作表后面，并重命名为"加班统计表"，❷在I2单元格中输入公式"=(H2-G2)*24"，❸向下拖动填充控制柄复制公式至I15单元格，计算出各员工加班小时数，如下图所示。

> 温馨提示
> 计算加班小时数时，由于上班开始时间和结束时间中的数据是时间型数据，因此如果直接用公式"=H2-G2"来计算，得到的结果也是时间型数据，即使将单元格的数字格式设置为【常规】也不会以小时数进行显示。而公式"=(H2-G2)*24"计算得到的结果才是小时数，公式中的24表示一天24个小时，将时间乘以24，就可以将时间转化为小时数。

第2步 不同的加班类别，其加班费不同，所以，要计算员工当月总的加班费，需要分别统计出各加班类别的加班时间。❶在K1:P1单元格区域中设计员工加班统计区域的表头内容，❷复制C2:C15单元格区域的内容到K列，并保持选择状态，❸单击【数据】选项卡【数据工具】组中的【删除重复值】按钮，如下图所示。

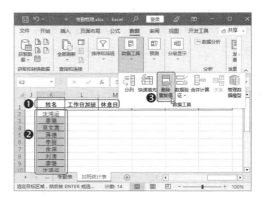

第3步 打开【删除重复项警告】对话框，❶选中【以当前选定区域排序】单选按钮，确定本次删除操作不涉及其他未选定的区域，❷单击【删除重复项】按钮，如下图所示。

第4步 打开【删除重复值】对话框，❶选中【姓名】复选框，❷单击【确定】按钮，

如下图所示。

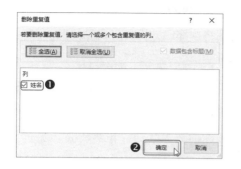

第5步 打开提示对话框，提示删除的重复值个数和保留唯一项的个数，单击【确定】按钮关闭对话框，如下图所示。

第6步 返回工作表中，可以看到统计区域的姓名不再有重复的内容。❶选择L2:L8单元格区域，❷输入计算公式"=SUMPRODUCT(($C$2:$C$15=K2)*($E$2:$E$15=$L$1),$I$2:$I$15)"，按【Ctrl+Shift+Enter】组合键，创建数组公式，计算出各员工的工作日加班时长，如下图所示。

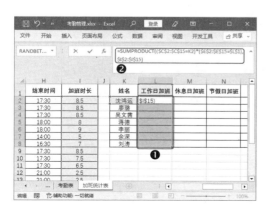

第7步 ❶选择M2:M8单元格区域，❷输入公式"=SUMPRODUCT(($C$2:$C$15=K2)*($E$2:$E$15=$M$1),$I$2:$I$15)"，按【Ctrl+Shift+Enter】组合键，创建数组公式，计算出各员工的休息日加班时长，如下图所示。

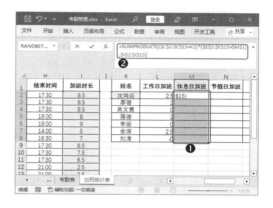

第8步 ❶选择N2:N8单元格区域，❷输入公式"=SUMPRODUCT(($C$2:$C$15=K2)*($E$2:$E$15=$N$1),$I$2:$I$15)"，按【Ctrl+Shift+Enter】组合键，创建数组公式，计算出各员工的节假日加班时长，如下图所示。

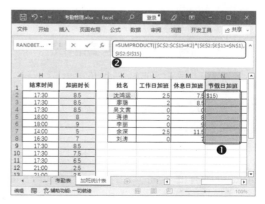

第9步 ● 假设该公司正常上班的小时工资为18元，工作日加班工资是正常小时工资的1.5倍，休息日加班工资是正常小时工资的2倍，节假日加班工资是正常小时工资的3倍。❶选择O2:O8单元格区域，❷输入公式"=(L2*18*1.5)+(M2*18*2)+(N2*18*3)"，如下图所示，按【Ctrl+Shift+Enter】组合键，创建数组公式，计算出各员工的加班费。

温馨提示 ●
为了保障员工的加班利益，企业一般会把加班分为多个类别，不同类别加班费是不一样的。

10.2.6 按部门分析考勤情况

统计好员工当月的考勤情况后，还可使用图表对考勤情况进行分析，以便为考勤制度的调整提供相关依据。

对员工考勤情况进行分析时，并不一定要对所有的考勤统计结果进行分析，可以根据实际情况来分析，如按部门分析员工的出勤情况、按个人分析出勤情况等，本例将按部门分析员工出勤情况。

1. 通过函数+图表分析

使用图表对员工出勤进行分析，可以更加直观地看出员工当月的出勤情况，但是制图前要先整理好相关数据。例如，本例中要对各部门数据进行分析，就需要先对要分析的目标数据进行整理汇总，具体操作步骤如下。

第1步 ● ❶新建【考勤分析表】工作表，❷在A1:I4单元格区域中输入要汇总数据的行、列字段名，并进行简单格式设置，❸在B2单元格中输入公式"=SUMIF(考勤表!$C$4:$C$54,B1,考勤表!$AT$2:$AT$54)"，得到市场部的应出勤天数，如下图所示。

第2步 ● 在B3单元格中输入公式"=SUMIF(考勤表!$C$4:$C$54,B1,考勤表!$AU$2:$AU$54)"，计算出市场部的实际出勤天数，如下图所示。

第10章
案例实战：薪酬福利管理

第3步 在B4单元格中输入公式"=B3/B2"，计算出市场部的出勤率，如下图所示。

第4步 ❶选择C2:C4单元格区域，❷向右拖动填充控制柄复制公式至I4单元格，❸选择B4:I4单元格区域，❹单击【开始】选项卡【数字】组中的【百分比样式】按钮，如下图所示。

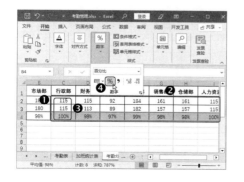

第5步 ❶在第5行增加【平均出勤率】字段，并设置单元格边框效果，❷选择B5:I5单元格区域，❸输入公式"=AVERAGE($B$4:$I$4)"，如下图所示，按【Ctrl+Shift+Enter】组合键，创建数组公式，计算出当月各部门的平均出勤率。

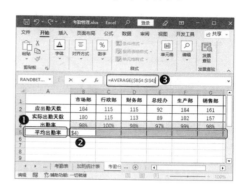

第6步 ❶选择A1:I5单元格区域，❷单击【插入】选项卡【图表】组中的【推荐的图表】按钮，如下图所示。

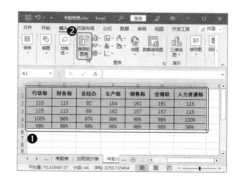

第7步 打开【插入图表】对话框，❶选择【所有图表】选项卡，❷在左侧选择【组合图】选项，❸在右侧列表框中选中【出勤率】和【平均出勤率】的次坐标轴复选框，❹单击【确定】按钮，如下图所示。

359

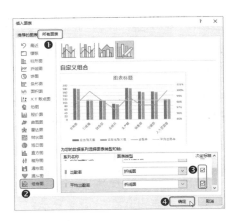

温馨提示

当不知道所选数据使用什么图表进行分析时,可以使用推荐的图表功能,Excel自动根据所选数据显示适合的图表。

第8步 返回工作表编辑区,可看到插入的图表,❶将图表调整到合适的大小和位置,❷选择并双击左侧的纵坐标轴,❸在显示出的【设置坐标轴格式】任务窗格中单击【坐标轴选项】按钮,❹在【坐标轴选项】栏中的【大】文本框中输入"40.0",如下图所示。

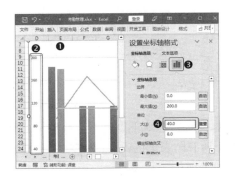

第9步 ❶输入图表标题"部门出勤情况分析",❷单击图表右侧的【图表元素】按

钮,❸在弹出的下拉列表中选中【数据标签】复选框,为所有数据系列添加数据标签,如下图所示。

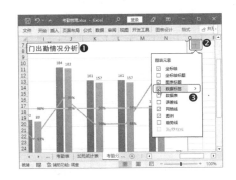

温馨提示

选择图表,然后在【图表元素】下拉列表中选中【数据标签】复选框,可以为所有数据系列添加数据标签。如果先选择了某个数据系列,再执行该操作将只为对应的数据系列添加数据标签。

第10步 ❶选择代表【应出勤天数】数据系列的深色柱形,❷在【设置数据系列格式】任务窗格中单击【填充与线条】按钮,❸在【填充】栏中单击【颜色】下拉按钮,❹在弹出的下拉列表中选择淡黄色,如下图所示。

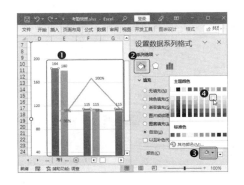

第10章 案例实战：薪酬福利管理

第11步● ❶单击【系列选项】按钮，❷设置【系列重叠】为"100%"，【间隙宽度】为"80%"，使【应出勤天数】和【实际出勤天数】两个数据系列重叠在一起，并增宽柱形的宽度，如下图所示。

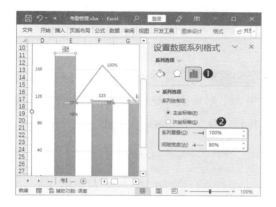

第12步● 选择【应出勤天数】数据系列的数据标签，如下图所示，按【Delete】键进行删除。

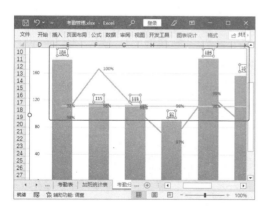

第13步● ❶选择表格中任意数据单元格，❷单击【数据】选项卡【排序和筛选】组中的【筛选】按钮，如右图所示。

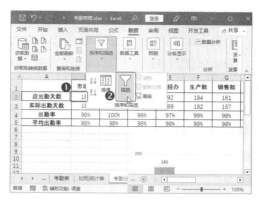

第14步● 进入数据筛选状态，❶单击A1单元格中的筛选按钮，❷在弹出的下拉列表的列表框中取消选中【平均出勤率】复选框，❸单击【确定】按钮，如下图所示，可以隐藏图表中的【平均出勤率】数据系列。

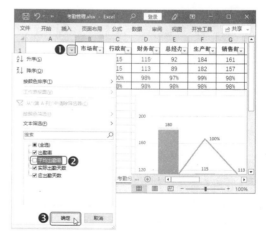

教您一招：通过编辑数据源改变图表效果

对创建图表的数据源进行排序、筛选时，可以直观地反映到图表上。因此，可以通过编辑数据源改变图表效果。

2. 数据透视分析

通过函数汇总数据后创建图表的方法只能根据固定的分析目标来实现图表展示，如果需要从多个维度来查看数据就可以创建数据透视图，这样可以灵活切换查看方式。例如，要查看各个部门的出勤情况，通过数据透视进行分析的具体操作步骤如下。

第1步 ❶复制【考勤表】工作表，并重命名为"考勤分析（2）"，❷选择AI列单元格，❸单击【开始】选项卡【单元格】组中的【删除】按钮，如下图所示。

第3步 打开【来自表格或区域的数据透视表】对话框，❶选中【新工作表】单选按钮，❷单击【确定】按钮，如下图所示。

第4步 在新建的工作表中，在【数据透视表字段】任务窗格的列表框中选中【姓名】【部门】【迟到】【早退】【旷工】【出勤率】复选框，如下图所示。

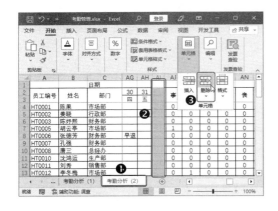

> **温馨提示**
> 需要透视的数据必须保留在一个表格中，中间不能有空行空列，用于分析的数据字段也尽量保持一行字段名，整体结构是一个简单的一维表。

第2步 ❶选择任意非空单元格，❷单击【插入】选项卡【表格】组中的【数据透视表】按钮，如右图所示。

第 10 章
案例实战：薪酬福利管理

第5步 发现数据透视表中所有的值字段都是以默认的求和方式进行统计的，但是出勤率以求和方式进行汇总不正确。❶在下方的【值】列表框中选择【求和项：出勤率】选项，并单击其后的下拉按钮，❷在弹出的下拉列表中选择【值字段设置】选项，如下图所示。

第6步 打开【值字段设置】对话框，❶在【计算类型】列表框中选择【平均值】选项，❷单击【确定】按钮，如下图所示，即可将【出勤率】字段以求平均值的方式进行统计。

第7步 ❶修改工作表名为"考勤分析（3）"，❷选择数据透视表中的任意单元格，❸单击【数据透视表分析】选项卡【工具】组中的【数据透视图】按钮，如下图所示。

第8步 打开【插入图表】对话框，保持默认设置，选择簇状柱形图类型，单击【确定】按钮，如下图所示。

第9步 根据数据透视表创建的数据透视图效果如下图所示。

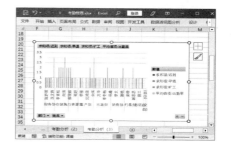

363

第10步● ❶选择数据透视表中任意部门的汇总数据行中的单元格，❷单击【数据透视表分析】选项卡【活动字段】组中的【折叠字段】按钮，如下图所示。

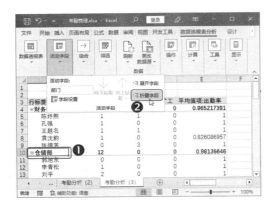

第11步● 折叠字段后将只看到各部门的汇总数据，同时数据透视图中的字段也会折叠，显示效果如下图所示。

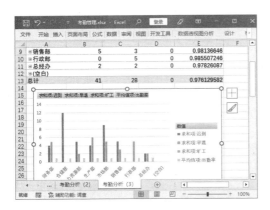

第12步● ❶单击数据透视图中的【部门】下拉按钮，❷在弹出的下拉列表的列表框中仅选中【人力资源部】复选框，❸单击【确定】按钮，如右图所示。

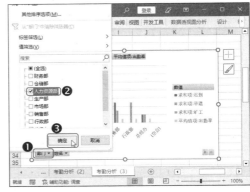

温馨提示●

同一个数据源和相同透视设置的数据透视表和数据透视图之间是有联动关系的，无论是对数据透视表进行修改还是对数据透视图进行调整，都会同时改变数据透视表和数据透视图的效果。

第13步● 此时数据透视表和数据透视图中的数据都只显示人力资源部的汇总数据，效果如下图所示。

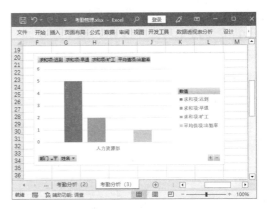

10.3 制作员工工资表

🔊 案例背景

员工工资管理是人力资源管理中的一个重要部分，是保障公司正常运转的基础。规范的工资管理既可调动员工的积极性，也可提高公司的整体效率。员工工资管理一般包含工资表和工资条两部分，工资表是对公司所有员工的工资进行统计，而工资条则反映员工每月工资总额，通过它员工可快速查看自己的工资详细情况。

本例将在上一个案例的基础上，使用Excel制作工资相关表格。制作完成后的效果如下图所示。实例最终效果见"同步学习文件\结果文件\第10章\薪酬管理.xlsx"文件。

员工编号	姓名	部门	岗位	标准绩效工资	绩效考核得分	绩效工资
HT0001	陈果	市场部	经理	5000	88	4632
HT0002	姜晓	行政部	经理	5000	84	4421
HT0003	陈妤熙	财务部	往来会计	4500	92	4358
HT0005	胡云亭	市场部	促销推广员	4500	77	3647
HT0006	张德芳	财务部	经理	5000	77	4053
HT0007	孔强	财务部	总账会计	4500	70	3316
HT0008	唐三	总经办	副总	10000	99	10421
HT0010	沈鸿运	生产部	技术人员	8500	95	8500
HT0011	刘秀	销售部	销售代表	5500	82	4747
HT0012	李冬梅	市场部	公关人员	6500	78	5337
HT0013	唐琦	销售部	经理	5000	72	3789
HT0015	袁沈韵	财务部	出纳	5500	84	4863
HT0017	李丽	生产部	操作员	4500	70	3316
HT0018	谢艳	销售部	销售代表	5500	90	5211
HT0019	刘林	行政部	行政前台	3500	89	3279
HT0020	谭素月	销售部	销售代表	5500	83	4805
HT0021	杨利瑞	总经办	总经理	20000	94	19789
HT0023	蒋晓冬	总经办	副总	10000	79	8316
HT0024	张雪	行政部	清洁工	2500	73	1921
HT0026	郭旭东	仓储部	理货专员	4500	82	3884
HT0028	赵嫣然	总经办	副总	10000	80	8421
HT0029	余深	生产部	技术人员	8500	85	7605
HT0032	吴文茜	生产部	技术人员	7500	79	6237
HT0033	高飞	销售部	经理	5000	87	4579
HT0034	姜倩倩	行政部	保安	3500	75	2763
HT0035	蔡依蝶	人力资源部	薪酬专员	3000	78	2463
HT0036	蔡骏麒	人力资源部	经理	5000	84	4421
HT0037	谢思思	行政部	司机	3500	71	2616
HT0038	王翠	人力资源部	培训专员	5500	99	5732
HT0039	袁建	仓储部	理货专员	4500	74	3505
HT0041	杨尚	人力资源部	培训专员	5500	95	5500

2023年3月工资表

员工编号	姓名	部门	岗位	基本工资	岗位工资	绩效工资	工龄津贴	加班工资	考勤扣款	全勤奖	应发工资	养老保险(8%)	失业保险(0.4%)	医疗保险(2%)	公积金(5%)	个人所得税	实发工资
HT0001	陈果	市场部	经理	8000	5000	4632	450	0	0	90	17992	1439.36	71.968	359.84	899.6	812.12	14409
HT0002	姜晓	行政部	经理	8000	5000	4421	600	0	0	200	18221	1457.68	72.884	364.42	911.05	1315.5	14583
HT0003	陈妤熙	财务部	挂末会计	4500	500	4358	450	0	50	0	9758	780.64	39.032	195.16	487.9	115.53	8140
HT0005	胡云华	市场部	促销推广员	3000	500	3647	450	0	60	0	7537	602.96	30.148	150.74	376.85	41.29	6335
HT0006	张德芳	财务部	经理	9000	5000	4053	600	0	20	0	18563	1485.04	74.252	371.26	928.15	860.43	14844
HT0007	孔强	财务部	总账会计	4500	500	3316	450	0	20	0	8746	699.68	34.984	174.92	437.3	71.97	7327
HT0008	唐三	总经办	副总	10000	8000	10421	600	0	30	0	28991	2319.28	115.964	579.82	1449.55	2495.28	22031
HT0010	沈鸿运	生产部	技术人员	3500	500	8500	450	796.5	30	0	13717	1097.32	54.866	274.33	685.825	450.42	11154
HT0011	刘秀	销售部	销售代表	3000	500	4747	450	0	30	0	8667	693.36	34.668	173.34	433.35	69.97	7262
HT0012	李冬梅	市场部	公关人员	3500	500	5337	450	0	50	0	9237	738.96	36.948	184.74	461.85	84.44	7730
HT0013	唐洁	销售部	经理	8000	5000	3789	500	0	200	0	17489	1399.12	69.956	349.78	874.45	769.57	14026
HT0015	贾沈韵	销售部	出纳	4500	500	4863	400	0	20	0	8743	699.44	34.972	174.86	437.15	71.9	7325
HT0017	张羽	生产部	普工	3000	500	3316	400	324	20	0	7490	599.2	29.96	149.8	374.5	40.1	6296
HT0018	谢胜	销售部	销售代表	3000	500	5211	400	0	20	0	9091	727.28	36.364	181.82	454.55	80.73	7610
HT0019	刘林	生产部	技术人员	3500	500	3279	300	0	30	0	7049	563.92	28.196	140.98	352.45	28.57	5935
HT0020	潭素月	销售部	销售代表	3000	500	4805	350	0	20	0	8635	690.8	34.54	172.7	431.75	69.16	7236
HT0021	唐利国	总经办	总经理	12010	10000	19789	600	0	20	200	42599	3407.92	170.396	851.98	2129.95	5099.69	30939
HT0023	蒋晋冬	总经办	副总	10000	8000	8316	500	0	30	0	26896	2151.68	107.584	537.92	1344.8	2140.8	20613
HT0024	张震	生产部	清洁工	2500	500	1921	550	0	30	0	5441	435.28	21.764	108.82	272.05	0	4603
HT0026	郭旭东	仓储部	理货专员	3500	500	3884	500	0	50	200	8084	646.72	32.336	161.68	404.2	55.17	6784
HT0028	赵婧然	总经办	副总	10000	8000	8421	550	0	170	0	26801	2144.08	107.204	536.02	1340.05	2124.73	20549
HT0029	余滨	生产部	技术人员	3500	500	7605	350	481.5	50	0	12387	990.92	49.546	247.73	619.325	337.9	10141
HT0032	吴文薇	生产部	技术人员	3500	500	6237	400	459	30	0	11066	885.28	44.264	221.32	553.3	226.18	9135
HT0033	方飞	生产部	经理	8000	5000	4579	500	0	50	0	18029	1442.32	72.116	360.58	901.45	815.25	14437
HT0034	姜倩倩	行政部	保安	2763	500	1100	0	0	30	0	7333	586.64	29.332	146.66	366.65	36.11	6168
HT0035	蔡征麒	人力资源部	薪酬专员	3000	500	2463	500	0	70	0	6393	511.44	25.572	127.86	319.65	12.25	5396
HT0036	廖东伟	行政部	司机	4500	500	4421	400	0	40	0	17781	1422.48	71.124	355.62	889.05	794.27	14195
HT0037	谢思思	行政部	司机	4000	500	2616	400	0	60	0	7456	596.48	29.824	149.12	372.8	39.23	6269
HT0038	王漱	生产部	培训专员	4500	500	5732	500	0	20	0	9712	776.96	38.848	194.24	485.6	111.64	8105
HT0039	袁庐	仓储部	理货专员	3000	500	3505	400	0	30	0	7345	587.6	29.38	146.9	367.25	36.42	6177
HT0041	杨尚	人力资源部	培训专员	4500	500	5500	350	0	70	0	9290	743.2	37.16	185.8	464.5	85.78	7774
HT0042	封颢	市场部	公关人员	4000	500	5611	350	0	50	0	10431	834.48	41.724	208.62	521.55	172.46	8652
HT0043	张柔	销售部	销售代表	3000	500	4226	350	0	40	0	8036	642.88	32.144	160.72	401.8	53.95	6745
HT0045	佘佳	仓储部	仓管员	3000	500	5842	350	0	70	0	10122	809.76	40.488	202.44	506.1	146.32	8417
HT0046	李青松	仓储部	仓库管理员	3000	500	4263	350	0	20	0	8093	647.44	32.372	161.86	404.65	55	6791
HT0047	刘亮	仓储部	经理	4500	5000	5053	350	0	40	0	18363	1469.04	73.452	367.26	918.15	843.51	14692
HT0049	潭凌	生产部	操作员	3000	500	4405	350	342	200	0	8797	703.76	35.188	175.94	439.85	73.27	7369
HT0050	方华	市场调研员	市场调研员	3000	500	3628	450	0	30	0	7320	585.6	29.28	146.4	366	35.78	6157
HT0051	陈明	生产部	市场专员	3000	500	3611	350	0	50	0	7411	592.88	29.644	148.22	370.55	38.09	6232
HT0052	王雪佳	仓储部	检验专员	3000	500	6295	500	0	40	0	10255	820.4	41.02	205.1	512.75	157.57	8518

10.3.1 计算绩效工资

工资表用于对公司员工的工资进行统计，无论是小公司还是大公司，都需要建立工资表。但由于公司体制的不同，工资表的组成结构各不相同，因此在设计工资表时，公司需要结合实际情况对其进行设计。

工资表一般由基本工资、岗位工资、绩效工资、工龄津贴、考勤工资、加班工资、福利津贴及各种代缴保险和代缴个人所得税等部分组成，而这些数据也基本上是在其他表格中已经计算好的，可以通过引用其他相关表格中的数据计算得来。所以，在制作工资表时，可以先设计好与工资表配套的表格内容，然后在已建好的相关表格上进行复制修改，提高工资表的制作效率。

例如，本例中工资表的制作就需要用到如下图所示的配套表格中的数据。在实际工作中，并不是所有的配套表格都是由一个人设计的，如员工休假统计表、考勤表、加班统计表等一般由考勤专员设计；绩效工资表一般由绩效专员来设计，薪酬专员在设计工资表时，需要与人力资源部门的其他同事配合，才能设计出需要的工资表。

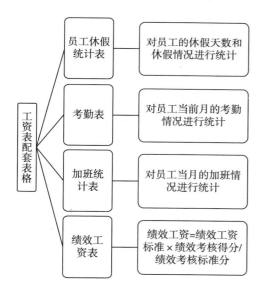

部分表格已经在上一个案例中制作好了，这里只需要对绩效工资表进行制作即可，具体操作步骤如下。

第1步 ► 打开"同步学习文件\素材文件\第10章\考勤管理.xlsx"文件，❶重命名【考勤管理】工作簿名称为"薪酬管理"，❷按住【Ctrl】键同时选择【考勤分析（1）】【考勤分析（2）】【考勤分析（3）】工作表，并在其中一个工作表标签上右击，❸在弹出的快捷菜单中选择【删除】选项，如下图所示。

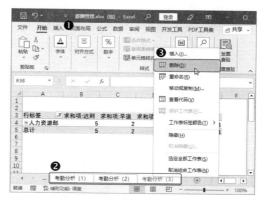

第2步 ► 打开提示对话框，单击【删除】按钮，如下图所示。

第3步 ► 打开"同步学习文件\素材文件\第10章\3月绩效工资.xlsx"文件，❶复制【3月绩效工资】工作簿中的Sheet1工作表到【薪酬管理】工作簿中，并重命名为"绩效工资"，❷在G2单元格中输入公式"=ROUND(E2*F2/95,0)"，❸双击填充控制柄向下复制公式至G52单元格，计算出员工的绩效工资，如下图所示。

> **温馨提示**
> 本例中假设公司的绩效考核标准分为95，所以编写公式如上。

规则输入公式"=IF(D3="总经理",10000,IF(D3="副总",8000,IF(D3="经理",5000,IF(D3="主管",1000,500))))",计算出第一个员工的岗位工资,如下图所示。

10.3.2 计算员工工资

完成配套表格的制作后,就可以开始制作工资表了。工资表主要是对其他表格中的数据进行引用,然后编写公式对工资各组成部分进行计算,具体操作步骤如下。

第1步 ❶新建【工资表】工作表,❷根据工资组成设计表格结构,❸在A3单元格中输入公式"=绩效工资!A2",❹向右拖动填充控制柄复制公式至D3单元格,❺向下拖动填充控制柄复制公式至D53单元格,如下图所示,完成对工资表固定数据的引用。

温馨提示

本例中假设员工的岗位工资分为4个类别,若岗位是"总经理",则岗位工资为10000元;"副总"的岗位工资为8000元,"经理"的岗位工资为1000元,其他的岗位工资为500元,所以编写公式如上。

第3步 在G3单元格中输入计算公式"=VLOOKUP(A3,绩效工资!$A$1:$G$52,7,0)",计算出第一个员工的绩效工资,如下图所示。

第2步 ❶在E列输入员工的基本工资,❷在F3单元格中根据公司岗位工资设计

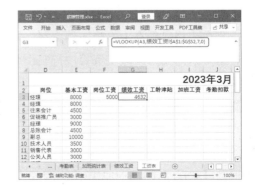

第4步 在H3单元格中输入计算公式"=VLOOKUP(A3,员工年休假天数统计表!$A$2:$E$52,5)*50",计算出第一个员工的工龄津贴,如下图所示。

第5步 在I3单元格中输入计算公式"=IFERROR(VLOOKUP(B3,加班统计表!$K$1:$P$8,5,0),0)",计算出第一个员工的加班工资,如下图所示。

第6步 在J3单元格中根据公司考勤管理规则输入公式"=考勤表!AJ4*60+考勤表!AK4*30+考勤表!AQ4*20+考勤表!AR4*30",计算出第一个员工的考勤扣款金额,如下图所示。

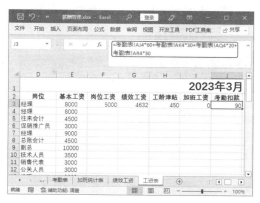

> **温馨提示**
> 本例中假设请事假1次扣款60元,病假1次扣款30元,迟到1次扣款20元,早退1次扣款30元,所以编写公式如上。

第7步 在K3单元格中根据公司考勤管理规则输入公式"=IF(J3=0,200,0)",计算出第一个员工的全勤奖金额,如下图所示。

> **温馨提示**
> 本例中假设公司对一月内全勤的员工奖励200元,所以编写公式如上。

第8步● 在L3单元格中输入公式"=SUM(E3:I3)-J3+K3",计算出第一个员工的应发工资,如下图所示。

第9步● 在M3单元格中输入公式"=L3*8%",计算出第一个员工应缴纳的养老保险金额,如下图所示。

温馨提示

公司必须为在职员工购买社保,社保是按照税前工资计算的,由公司和个人共同负担,各地规定的缴纳比例不同。本例中需要计算的是员工个人需缴纳的社保费用(公司代为缴纳)部分。社保中包括养老保险、医疗保险、失业保险、生育保险和工伤保险,其中生育保险和工伤保险由用人单位缴纳,

个人不缴纳。常用的社保缴纳比例如下表所示。

社保缴纳比例

社保	单位缴纳比例	个人缴纳比例
养老保险	19%	8%
失业保险	0.6%	0.4%
医疗保险	6%	2%

第10步● 在N3单元格中输入公式"=L3*0.4%",计算出第一个员工应缴纳的失业保险金额,如下图所示。

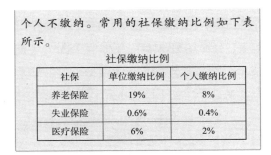

第11步● 在O3单元格中输入公式"=L3*2%",计算出第一个员工应缴纳的医疗保险金额,如下图所示。

第10章 案例实战：薪酬福利管理

第12步 在P3单元格中输入公式"=L3*5%"，计算出第一个员工应缴纳的公积金金额，如下图所示。

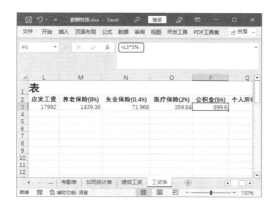

> **温馨提示**
> 本例中假设公司为员工缴纳住房公积金，住房公积金的个人缴纳比例为5%，所以编写公式如上。

第13步 在Q3单元格中输入计算公式"=ROUND(MAX((L3-SUM(M3:P3)-5000)*{3,10,20,25,30,35,45}%-{0,210,1410,2660,4410,7160,15160},0),2)"，计算出第一个员工应缴纳的个人所得税金额，如下图所示。

教您一招：个人所得税计算规则

个人所得税是员工工资中必不可少的一部分，当员工工资超过一定限额时，就需要按超出的限额进行纳税。个人所得税税率是由国家相应的法律法规规定的，根据个人的收入计算，不同时期政策标准可能不一样。其计算公式为：应纳税额=（工资薪金所得－"五险一金"－扣除数）×适用税率－速算扣除数。根据2023年6月政策，个人所得税税率的按月速算扣除表如下表所示。

个人所得税税率表

级数	全月应纳税所得额	税率%	速算扣除数
1	不超过3000元的	3	0
2	超过3000元至12000元的部分	10	210
3	超过12000元至25000元的部分	20	1410
4	超过25000元至35000元的部分	25	2660
5	超过35000元至55000元的部分	30	4410
6	超过55000元至80000元的部分	35	7160
7	超过80000元的部分	45	15160

> **温馨提示**
> 公式"=ROUND(MAX((L3-SUM(M3:P3)-5000)*{3,10,20,25,30,35,45}%-{0,210,1410,2660,4410,7160,15160},0),2)"表示，计算的数值是（L3-SUM(M3:P3)）后的值与相应税级百分数（3%,10%,20%,25%,30%,35%,45%）的乘积减去税率所在级数的速算扣除数（0、210、1410……）所得到的最大值，并使用ROUND函数取整。

第14步 在R3单元格中输入公式"=L3-SUM(M3:Q3)"，计算出第一个员工的实发工资，如下图所示。

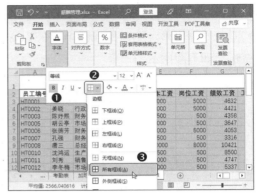

> **温馨提示**
> 实发工资是除去所有的扣除项目，员工真正拿到手的工资。

第15步 ❶选择F3:R3单元格区域，❷向下拖动填充控制柄复制公式至R53单元格，如下图所示，计算出所有员工的工资数据。

第16步 ❶选择A1:R53单元格区域，❷单击【开始】选项卡【字体】组中的【边框】按钮，❸在弹出的下拉列表中选择【所有框线】选项，如右图所示，为表格添加边框效果，完成工资表的制作。

10.3.3 生成工资条发给员工

制作完工资表后，还需要根据工资表中的数据制作员工工资条，以便反馈给每个员工当月工资的发放情况。工资条看似很简单，但对于员工比较多的公司，制作工资条时需要花费一定的时间。在Excel中制作工资条的方法比较多，下面介绍几种常用的方法，大家在制作工资条时可自行选择制作工资条的方法。

1. 利用排序法生成工资条

通过输入序列号，对序列号按从小到大的顺序进行排列，即可生成工资条，具体操作步骤如下。

第1步 ❶复制【工资表】工作表，并重命名为"工资条1"，❷选择A2:R2单元格区域，❸单击【开始】选项卡【剪贴板】组中的【复制】按钮，或按【Ctrl+C】组合键进行复制，如下图所示。

第10章
案例实战：薪酬福利管理

温馨提示

制作工资条时，如果直接在工资表中执行操作，那么工资表将不复存在，为了不破坏工资表，最好是在复制的工资表中执行操作。

第2步 ❶选择A54:R103单元格区域，❷单击【开始】选项卡【剪贴板】组中的【粘贴】按钮，如下图所示，或按【Ctrl+V】组合键将复制的内容粘贴到A54:R103单元格区域。

第3步 ❶在S3单元格中输入"1"，❷双击填充控制柄，向下填充数据，此时的数据会以复制的形式进行填充，❸单击显示

出的【自动填充选项】按钮，❹在弹出的下拉列表中选中【填充序列】单选按钮，如下图所示。

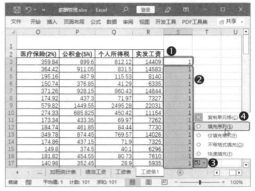

第4步 可以看到S列中输入的辅助列序号为"1、2、3……"，❶在复制的第一行表头对应的S列（即S54单元格）中输入"1"，❷双击填充控制柄，向下填充数据，❸单击显示出的【自动填充选项】按钮，❹在弹出的下拉列表中选中【填充序列】单选按钮，如下图所示，重新以该单元格为起始从"1"开始填充序列。

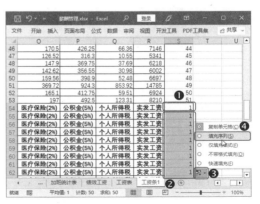

第5步 ❶选择S列中的任意非空单元格，

373

❷单击【数据】选项卡【排序和筛选】组中的【升序】按钮,如下图所示,根据S列数据的大小进行排序。

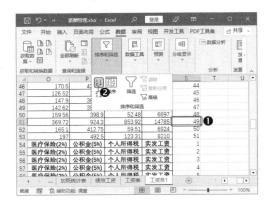

第6步 ▶ 可以看到表格中的数据已经按照从低到高的顺序进行了排列,同时生成了完整的工资条,❶选择S列单元格,并在其上右击,❷在弹出的快捷菜单中选择【删除】选项,如下图所示,删除作为辅助的S列数据。

2. 通过辅助列生成工资条

工资条其实就是要在每行具体的工资数据前添加表头内容,方便切割后的数据能对应表头内容。除了前面介绍的方法来生成工资条,还可以通过辅助列来增加空白行,然后添加表头字段,具体操作步骤如下。

第1步 ▶ ❶复制【工资表】工作表,并重命名为"工资条2",❷在S4和S6单元格中分别输入"1"和"2",在T5和T7单元格中分别输入"2"和"3",❸选择S4:T7单元格区域,如下图所示,并向下拖动填充控制柄填充数据。

第2步 ▶ ❶选择S4:T53单元格区域,❷单击【开始】选项卡【编辑】组中的【查找和选择】按钮,❸在弹出的下拉列表中选择【定位条件】选项,如下图所示。

第3步 ▶ 打开【定位条件】对话框，❶选中【空值】单选按钮，❷单击【确定】按钮，如下图所示。

第4步 ▶ 保持选择的空值单元格的选择状态，❶单击【开始】选项卡【单元格】组中的【插入】按钮，❷在弹出的下拉列表中选择【插入工作表行】选项，如下图所示。

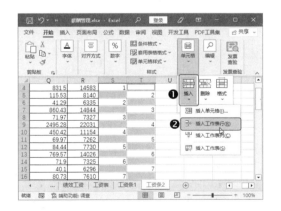

第5步 ▶ 在选择的空值单元格前插入空白行，❶选择A2:R2单元格区域，❷单击【开始】选项卡【剪贴板】组中的【复制】按钮，如右图所示，或按【Ctrl+C】组合键进行复制。

第6步 ▶ ❶选择A2:R103单元格区域，❷打开【定位条件】对话框，选中【空值】单选按钮，❸单击【确定】按钮，如下图所示。

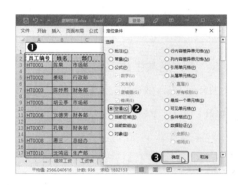

第7步 ▶ 保持选择的空白行单元格的选择状态，单击【开始】选项卡中的【粘贴】按钮，如下图所示，或按【Ctrl+V】组合键将复制的内容粘贴到所有空白行中。

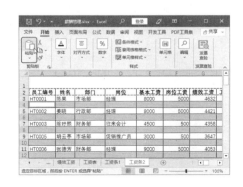

第8步 ▶ 完成工资条的制作，❶选择S列和T列单元格，❷单击【开始】选项卡【单元格】组中的【删除】按钮，删除作为辅助的数据，如下图所示。

3. 通过函数生成工资条

HR要想高效制作出工资条，还可以结合OFFSET、ROW和COLUMN函数来实现，具体操作步骤如下。

第1步 ▶ ❶复制【工资表】工作表，并重命名为"工资条3"，❷选择A3:R53单元格区域，并在其上右击，❸在弹出的快捷菜单中选择【删除】选项，如下图所示，删除表格中的员工工资数据。

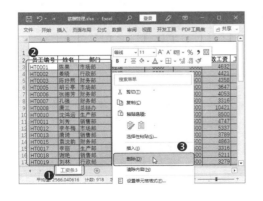

第2步 ▶ ❶在A3单元格中输入公式"=OFFSET(工资表!$A$2,ROW()/3,COLUMN()-1)"，❷向右拖动填充控制柄复制公式至R3单元格，如下图所示。

> **温馨提示** ●
>
> OFFSET函数是指以指定的引用为参照系，通过给定偏移量返回新的引用。其语法格式为：OFFSET(reference, rows, cols, [height], [width])。
>
> A3单元格中的公式"=OFFSET(工资表!$A$2,ROW()/3,COLUMN()-1)"中的ROW()表示返回当前单元格行号，A3是第3行，所以返回3；COLUMN()表示返回当前单元格列标，A3是第1列，所以返回1，那么公式表示以A2单元格为参照，向下偏移1行，向右不偏移，最后返回工资表A3单元格中的值。

第3步 ▶ 保持A3:R3单元格区域的选择状态，❶单击【开始】选项卡【字体】组中的【边框】按钮，❷在弹出的下拉列表中选择【下框线】选项，如下图所示，为该单元格区域添加下框线，以与其他工资条区分。

第10章
案例实战：薪酬福利管理

第4步 ❶选择A1:R3单元格区域，❷向下拖动填充控制柄复制公式至R153单元格，引用出其他员工的工资数据，如下图所示。

第5步 这样生成的工资表表头单元格中的月份、养老保险比例、失业保险比例、医疗保险比例、公积金比例等数据会自动递增，效果如下图所示。

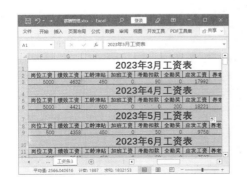

第6步 保持A1:R153单元格区域的选择状态，❶单击【开始】选项卡【编辑】组中的【查找和选择】按钮，❷在弹出的下拉列表中选择【替换】选项，如下图所示。

第7步 打开【查找和替换】对话框，❶在【替换】选项卡的【查找内容】下拉列表框中输入"2023年*月"，❷在【替换为】下拉列表框中输入【2023年3月】，❸单击【全部替换】按钮，如下图所示。

第8步 对查找到的内容进行替换，并打开提示对话框，提示替换完成，且显示替换的数量，如下图所示，单击【确定】按钮，关闭提示对话框。

第9步 使用相同的方法继续替换养老保险比例、失业保险比例、医疗保险比例、公积金比例等，完成工资条的制作，效果如下图所示。

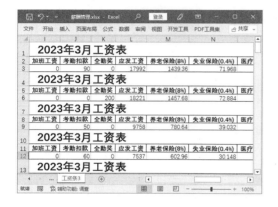

10.3.4 打印工资数据

工资直接关系着员工的切身利益，对公司"吸""留"人才、提高员工工作积极性等方面发挥着不可忽视的作用。HR首先要确保计算出的和发放的工资是正确的，所以对工资数据进行核对及与当事人核对明细都是必不可少的过程。一般情况下，HR会打印出工资相关的表格，在纸质表格上进行核对。

1. 调整打印内容到一页纸上

工资条制作好以后，可以直接以图片的形式发送给员工，也可以打印并进行裁剪后发给对应的员工。

在打印工资条时要保证同一个员工的工资信息打印在完整的页面中。由于工资条明细字段数据较多，需要对单元格列宽、打印参数（如纸张大小、纸张方向、缩放打印）等进行手动设置，具体操作步骤如下。

第1步 ❶切换到【工资条1】工作表，❷单击【页面布局】选项卡【页面设置】组中的【纸张方向】按钮，❸在弹出的下拉列表中选择【横向】选项，如下图所示。

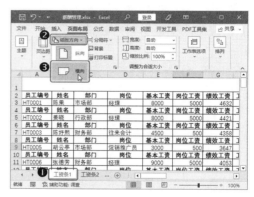

第2步 在【文件】菜单中选择【打印】选项，如下图所示。

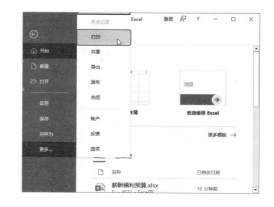

第 10 章
案例实战：薪酬福利管理

第3步 ▶ 在打印预览界面看到同一行的数据并没有显示在一页中，页面边框处还有很多空白位置，如下图所示。

第5步 ▶ 此时可以切换到打印预览界面查看效果，在工作表编辑界面中也可以看到表示页面大小的虚线，发现仍然没有将同一行的数据调整到一页中，❶选择M～Q列单元格，❷将鼠标指针移到列与列之间的交界线上，按住鼠标左键并拖动调整这几列的列宽，如下图所示。

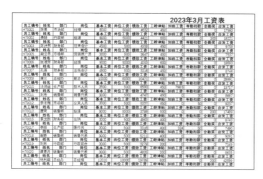

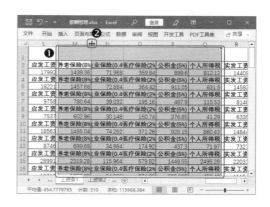

第4步 ▶ 返回工作表编辑界面，❶单击【页面布局】选项卡中的【页边距】按钮，❷在弹出的下拉列表中选择【窄】选项，如下图所示。

第6步 ▶ 调整列宽后，超出单元格宽度的内容就显示不出来了。保持单元格区域的选择状态，单击【开始】选项卡【对齐方式】组中的【自动换行】按钮，让每个单元格中的数据换行显示完整，如下图所示。

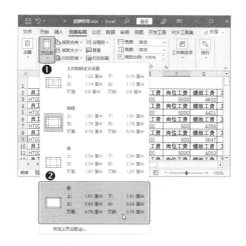

> **教您一招：快速预览表格打印效果**
>
> 在设置表格页面效果时，可以按【Ctrl+P】组合键快速切换到打印预览界面查看打印效果。

第7步 ▶ 按【Ctrl+P】组合键快速切换到打印预览界面，❶单击中间栏中的【无缩放】下拉按钮，❷在弹出的下拉列表中选择【将所有列调整为一页】选项，如下图所示。

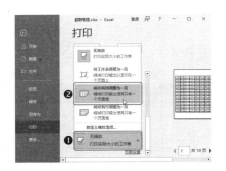

温馨提示 ●

如果实在不能将表格行中的内容调整到一页中，就只能通过缩放表格大小来调整页面中的显示内容了，但是这样会导致打印出的内容变小。在【页面布局】选项卡【调整为合适大小】组中的【缩放比例】数值框中输入数值，也可以调整打印时的缩放大小。

第8步 ▶ 在右侧的打印预览区域中可以看到一行中的所有内容都显示在一页中了，如下图所示。

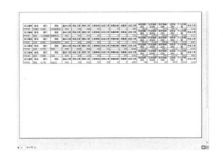

第9步 ▶ ❶在中间栏的【份数】数值框中输入要打印的份数，这里输入"2"，❷单

击【打印】按钮进行打印，如下图所示。

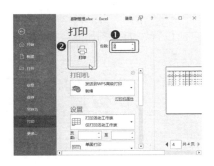

2. 设置打印区域

有些工资数据也需要统一打印出来进行核对，但是工资类的数据比较敏感，打印时要注意信息的保密，不相关的数据尽量不打印。例如，要打印计算好的加班工资数据方便核对，具体操作步骤如下。

第1步 ▶ ❶切换到【加班统计表】工作表，❷选择需要打印的K1:P8单元格区域，❸单击【页面布局】选项卡【页面设置】组中的【打印区域】下拉按钮，❹在弹出的下拉列表中选择【设置打印区域】选项，如下图所示，即可将当前选择的单元格区域设置为打印区域。

第2步 ▶ 按【Ctrl+P】组合键快速切换到

第 10 章
案例实战：薪酬福利管理

打印预览界面，❶在右侧可预览打印效果，❷确认无误后，在中间栏的【份数】数值框中输入要打印的份数，这里输入"1"，❸单击【打印】按钮进行打印即可，如右图所示。

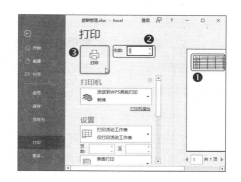

> **教您一招：打印选定区域的其他方法**
>
> 在打印预览界面中，单击【打印活动工作表】下拉按钮，在弹出的下拉列表中选择【打印选定区域】选项，也可以设置选定的单元格区域为打印区域。

AI 答疑与点拨

通过对前面知识的学习，相信读者朋友已经了解薪酬福利管理过程中常见表格的制作方法。下面结合本章内容，让ChatGPT为读者介绍一些工作中的实用经验与技巧，以帮助HR更好地利用Excel完成人力资源管理工作。

01 对多张工作表进行合并计算

合并计算可以将多个相似格式的工作表或数据区域，按指定的方式进行自动匹配计算。如果所有数据在同一张工作表中，则可以在此工作表中进行合并计算。

人事表格中，经常会有很多结构相似的表格，当需要汇总这些表格中的数据时，使用合并计算可以快速完成数据汇总工作。具体如何操作，我们先来问一问ChatGPT。

提问 Excel 中的合并计算功能如何使用？

ChatGPT 在Excel中，可以使用合并计算功能对数据进行合并和计算，如求和、平均值、计数等。以下是使用合并计算功能的一些步骤。

1. 选择数据区域：在要合并计算的数据区域中单击并拖动鼠标，选择要合并计算的单元格区域。

2. 打开合并计算功能：在Excel菜单栏的【数据】选项卡下，单击【合并计算】，选择要应用的函数类型（如【求和】【平均】【计数】等）。

3. 选择合并计算的列：在打开的【合并计算】对话框中，选择要合并计算的列（也可以选择多个列）。

4. 配置合并计算功能：根据需要配置【合并计算】对话框中的选项，如选择是否包括筛选，为计算结果指定输出位置，设置计算选项等。

5. 应用合并计算功能：单击【确定】按钮，将选定的单元格区域中的数据进行合并计算，并将结果显示在指定位置或新的单元格区域中。

需要注意的是，合并计算功能可以快速计算大量数据并节省时间。但是，在应用此功能之前，需要确保所选数据区域中只包含正确的数据，没有错误值或不必要的字符。此外，在计算结果中，需要检查和验证合并计算的准确性，并进行必要的数据错误和异常处理。

根据ChatGPT的提示，一步步操作就可以实现多张工作表的合并计算了。例如，要将各个季度的工资发放数据汇总成年度数据时，使用合并计算功能对多张工作表数据进行汇总的具体操作步骤如下。

第1步 打开"同步学习文件\素材文件\第10章\工资发放情况汇总.xlsx"文件，❶在要存放结果的【年度汇总】工作表中选中汇总数据要存放的起始单元格，即A2单元格，❷单击【数据】选项卡【数据工具】组中的【合并计算】按钮，如下图所示。

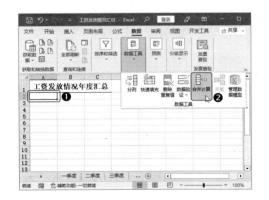

第2步 打开【合并计算】对话框，❶在【函数】下拉列表框中选择汇总方式，如【求和】，❷单击【引用位置】参数框后的折叠按钮，如下图所示。

第3步 ❶单击参与计算的工作表标签，这里选择【一季度】工作表，❷在工作表中拖动鼠标选择参与计算的数据区域，这里选择A2:C10单元格区域，❸单击折叠后【合并计算】对话框中的【展开】按钮，如下图所示。

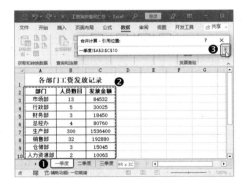

第4步 完成选择后，单击【添加】按钮，将选择的数据区域添加到【所有引用位置】列表框中，如下图所示。

第 10 章
案例实战：薪酬福利管理

02 为表格页面添加页眉页脚

一些表格需要在页眉页脚处添加单位名称、制表日期等，形成统一的内部文件风格。在Excel中如何为表格页面添加页眉页脚呢？我们来问一问ChatGPT。

提问 如何为表格页面添加页眉页脚？

ChatGPT 在Excel中，可以为表格页面添加页眉和页脚，以在打印时显示有用的信息并调整页面布局。以下是添加页眉页脚的简单步骤。

1. 打开Excel表格：打开包含表格的Excel工作簿。

2. 进入页面设置：单击【页面布局】选项卡，并单击【页面设置】按钮。

3. 定位到页眉页脚：在【页面设置】对话框中，单击【页眉/页脚】选项卡，以进入页眉/页脚设置。

4. 编辑页眉：在页眉区域，单击左、中、右三个部分的文本框中的任意一个，并输入相应的文本或图像，如公司名称、日期、页码等。

5. 编辑页脚：在页脚区域，按照相同的方式添加需要显示的信息，如打印时间、文件路径等。

6. 预览和调整：单击【预览】按钮查看页眉/页脚设置的效果，并根据需要进行微调。

7. 应用页眉页脚：单击【确定】

第5步 ❶参照上述方法，添加其他需要参与计算的数据区域，❷选中【首行】和【最左列】复选框，❸单击【确定】按钮，如下图所示。

第6步 返回工作表，完成对多张工作表的合并计算，如下图所示。

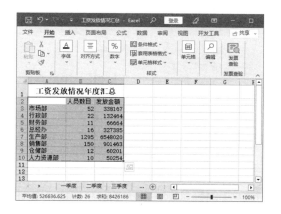

按钮,将页眉/页脚应用于Excel表格页面,并在打印时显示相关信息。

需要注意的是,页眉/页脚中可以包含文本、图片、日期、页码等信息,并且可以通过在【页面设置】对话框中进行配置,使用不同的格式、字体和颜色。此外,在设置页眉/页脚之前,需要考虑页面边距和边界限制,以确保设置的信息不会被裁剪或覆盖。

根据ChatGPT的回答,我们得知Excel中不能直接在表格中添加页眉页脚,需要通过页面布局视图来实现。

第1步 打开"同步学习文件\素材文件\第10章\员工录用登记表.xlsx"文件,单击【视图】选项卡【工作簿视图】组中的【页面布局】按钮,如下图所示。

第2步 切换到页面布局视图中,❶在【页眉】区域中选择任意单元格,❷单击【页眉和页脚】选项卡【导航】组中的【转至页脚】按钮,如右图所示。

第3步 ❶在页脚区域的任意单元格中输入公司名称,这里输入"制表者:成都恒图教育",❷选择另一页脚单元格,❸单击【页眉和页脚元素】组中的【当前日期】按钮,插入动态的日期,如下图所示。

温馨提示
在页脚中插入的动态日期会自动获取当前系统的日期,所以,整个日期会不断地更新变化。若要静态日期,也就是固定的日期,可在单元格中直接输入。

第4步 在表格其他任意位置单击,退出页脚编辑状态,显示当前获取的系统日期,如下图所示。

第 10 章
案例实战：薪酬福利管理

第5步 按【Ctrl+P】组合键切换到打印预览界面，可以看到添加页脚的实际打印效果，如下图所示。

他页表格的查看，如何让其他页面也添加标题行呢？具体如何操作，我们还是来问一问ChatGPT。

提问 打印表格时，如何让每一页上都显示出相同的标题行？

ChatGPT 在对Excel表格进行打印时，可以设置相同的标题行在每一页上都显示出来。以下是设置方法。

1. 选择标题行：在Excel表格中选择要在打印时显示为标题行的行。通常情况下，标题行是表格的第一行，但也可以选择其他行。

2. 进入【页面布局】：在Excel菜单栏的【页面布局】选项卡下，单击【打印标题】按钮。

3. 配置打印标题：在【打印标题】对话框中，选择【行】选项卡，并在【行】文本框中输入标题行所在的行数，如"1"。如果需要将多个标题行一起打印，可以在【行】文本框中输入多个行号，以逗号分隔。然后单击【确定】按钮。

4. 预览和打印：在打印预览中，可以看到标题行已经显示在每一页的顶部。完成设置后，选择要打印的打印机，并单击【打印】按钮。

需要注意的是，打印标题功能只适用于表格顶部或左侧的标题行或列，而不适用于其他位置的标题。在设置打印标题之前，确保选择的标题行包

03 打印表格时，如何快速设置多页相同的标题行

当一个表格中包含的内容很多，需要在多页中才能完成打印时，Excel默认只在第1页打印表格字段行，但这样不利于其

385

含需要打印的信息，并且在表格打印区域之内。此外，在打印选项卡中，还可以选择其他打印选项，如页面大小、缩放比例、打印方向等，以优化打印效果。

ChatGPT的回复中，我们可以知道只要利用打印标题功能进行设置，就可以让打印出来的每一页都显示出表头字段行了，下面举例进行实操。

第1步 打开"同步学习文件\素材文件\第10章\考勤数据.xlsx"文件，单击【页面布局】选项卡【页面设置】组中的【打印标题】按钮，如下图所示。

第2步 打开【页面设置】对话框，❶单击【工作表】选项卡中【顶端标题行】文本框后的⬆按钮，折叠对话框，在工作表中拖动鼠标选择标题行，单击⬇按钮展开对话框，在【顶端标题行】文本框中将自动显示标题行的信息，❷单击【打印预览】按钮，如右图所示。

第3步 切换到打印预览界面，在其中可看到第1页的打印预览效果，单击【下一页】按钮▶，如下图所示。

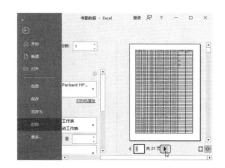

第4步 即可预览第2页的打印效果，可以看到已经在第1行中显示出标题行了，如下图所示。

> **教您一招：打印工作表的行号和列标**
>
> 默认情况下，打印工作表不会将行号和列标打印出来，如果要将行号和列标打印出来，可以在【页面设置】对话框【工作表】选项卡的【打印】栏中选中【行和列标题】复选框。

员工编号	姓名	部门	打卡日期	上班卡	下班卡	迟到情况	早退情况
HT0003	陈妍熙	财务部	2023/3/16	8:41:24	18:59:06		
HT0003	陈妍熙	财务部	2023/3/17	8:42:40	18:02:40		
HT0003	陈妍熙	财务部	2023/3/20	8:57:20	18:07:10		
HT0003	陈妍熙	财务部	2023/3/21	8:45:06	18:08:51		
HT0003	陈妍熙	财务部	2023/3/22	8:51:28	18:11:55		
HT0003	陈妍熙	财务部	2023/3/23	8:55:39	18:11:45		
HT0003	陈妍熙	财务部	2023/3/24	8:55:21	18:20:07		
HT0003	陈妍熙	财务部	2023/3/27	8:58:56	18:02:32		
HT0003	陈妍熙	财务部	2023/3/28	8:50:12	18:12:45		
HT0003	陈妍熙	财务部	2023/3/29	8:38:37	18:12:34		
HT0003	陈妍熙	财务部	2023/3/30	8:58:52	18:10:24		
HT0003	陈妍熙	财务部	2023/3/31	8:44:13	18:27:30		
HT0005	胡云亭	市场部	2023/3/1	8:53:31	18:05:28		
HT0005	胡云亭	市场部	2023/3/2	8:47:32	18:05:25		
HT0005	胡云亭	市场部	2023/3/3	8:57:01	18:00:52		
HT0005	胡云亭	市场部	2023/3/6	8:51:17	18:09:58		
HT0005	胡云亭	市场部	2023/3/7	8:49:00	18:09:17		
HT0005	胡云亭	市场部	2023/3/8				
HT0005	胡云亭	市场部	2023/3/9	8:58:52	18:10:24		
HT0005	胡云亭	市场部	2023/3/10	8:43:50	18:09:38		
HT0005	胡云亭	市场部	2023/3/13	8:47:49	18:11:14		
HT0005	胡云亭	市场部	2023/3/14	8:50:30	18:14:13		
HT0005	胡云亭	市场部	2023/3/15	8:47:26	18:07:25		
HT0005	胡云亭	市场部	2023/3/16	8:54:23	18:06:30		
HT0005	胡云亭	市场部	2023/3/17	8:52:56	18:14:00		
HT0005	胡云亭	市场部	2023/3/20	8:44:23	18:48:20		
HT0005	胡云亭	市场部	2023/3/21	8:58:15	18:24:05		
HT0005	胡云亭	市场部	2023/3/22	8:58:46	18:04:29		
HT0005	胡云亭	市场部	2023/3/23	8:53:58	18:04:17		
HT0005	胡云亭	市场部	2023/3/24	8:52:00	18:09:33		
HT0005	胡云亭	市场部	2023/3/27	8:48:14	18:14:40		
HT0005	胡云亭	市场部	2023/3/28	8:57:51	18:15:51		
HT0005	胡云亭	市场部	2023/3/29	8:54:59	18:10:58		
HT0005	胡云亭	市场部	2023/3/30	8:46:15	18:04:15		
HT0005	胡云亭	市场部	2023/3/31	8:52:35	18:28:22		
HT0006	张德芳	财务部	2023/3/1	8:49:28	18:05:12		
HT0006	张德芳	财务部	2023/3/2	8:56:49	18:24:10		
HT0006	张德芳	财务部	2023/3/3	9:00:00	18:33:49		
HT0006	张德芳	财务部	2023/3/6	8:58:41	17:05:06		早退
HT0006	张德芳	财务部	2023/3/7	8:54:24	18:05:54		
HT0006	张德芳	财务部	2023/3/8	8:52:41	18:07:09		
HT0006	张德芳	财务部	2023/3/9	8:46:15	18:14:05		
HT0006	张德芳	财务部	2023/3/10	8:57:14	18:06:04		
HT0006	张德芳	财务部	2023/3/13	8:52:24	18:35:48		
HT0006	张德芳	财务部	2023/3/14	8:40:02	18:00:21		
HT0006	张德芳	财务部	2023/3/15	8:38:37	18:02:34		
HT0006	张德芳	财务部	2023/3/16	8:57:36	18:04:43		
HT0006	张德芳	财务部	2023/3/17	8:47:35	18:00:45		
HT0006	张德芳	财务部	2023/3/20	8:54:24	18:04:17		
HT0006	张德芳	财务部	2023/3/21	8:38:58	18:07:09		
HT0006	张德芳	财务部	2023/3/22	8:30:38	18:00:50		
HT0006	张德芳	财务部	2023/3/23	8:49:35	18:00:22		
HT0006	张德芳	财务部	2023/3/24	8:50:05	18:00:34		
HT0006	张德芳	财务部	2023/3/27	8:50:05	18:00:35		
HT0006	张德芳	财务部	2023/3/28	8:50:05	18:00:36		
HT0006	张德芳	财务部	2023/3/29	8:52:30	16:12:30		早退
HT0006	张德芳	财务部	2023/3/30	8:46:44	17:18:04		早退